기독교문서선교회(Christian Literature Center: 약칭 CLC)는 1941년 영국 콜체스터에서 켄 아담스에 의해 시작되었으며 국제 본부는 미국 필라델피아에 있습니다. 국제 CLC는 59개 나라에서 180개의 본부를 두고, 약 650여 명의 선교사들이 이동 도서차량 40대를 이용하여 문서 보급에 힘쓰고 있으며 이메일 주문을 통해 130여 국으로 책을 공급하고 있습니다. 한국 CLC는 청교도적 복음주의 신학과 신앙 서적을 출판하는 문서선교기관으로서, 한 영혼이라도 구원되길 소망하면서 주님이 오시는 그날까지 최선을 다할 것입니다.

추천사

이 근 수 목사
서울 홍성교회 원로 목사 | 교갱협 고문 | 사랑의장기기증운동본부 이사

경주박물관에는 신라 시대의 금관, 금귀고리, 금요대, 금신, 금그릇, 금수저 등 수많은 금 장식품들이 눈부시게 전시되어 있다. 나는 너무 아름답고 놀라워서 그 앞에서 얼어버렸다. 이들은 그 옛날 뜨거운 용광로를 지나 장인의 손을 거쳐 아름답게 만들어져 귀하게 쓰이다가 무덤에서 수 백년 잠을 자다 깨어나 후손들을 감동시키고 있다.

한 사람, 목사, 학자가 되기까지 그가 어떤 환경에서 태어나 자라며 교육을 받고, 누구에게 어떤 지도와 무슨 연구와 훈련을 받았는가 하는 것으로 그 인생의 가치가 결정된다. 추천자는 저자를 청년 때, 신학생 때, 그 후 지금까지 동역자로 잘 아는 관계다. 그는 보리밭, 과수원 길 등 – 명시를 남긴 대한민국 대표 문학가 박화목 시인의 아들이다. 저자는 시와 글을 쓰며 가르치는 아버지에게 배우며 자랐다. 그는 연세대학교(B.A.)를 졸업하고 총신대학교 신학대학원(M.Div., Th.M., Ph.D.)에서 구약신학을 전공한 학자요, 교수요, 오늘에는 섬김의교회를 목양하는 목사다.

저자가 이스라엘의 여러 왕을 연구했다. 이는 매우 방대하고 난해한 연구다. 히브리어, 이스라엘 역사, 구약학을 모르면 엄두도 내지 못할 일이다. 그러나 그는 이스라엘 열왕(烈王)을 한눈에 알아 볼 수 있도록 깊게 연구하여 우리 앞에 대작을 내놓았다. 나는 먼저 그 노고를 위로하고 귀한 연구의 열매를 거두게 된 것을 축하하고 싶다. 이스라엘에는 믿음 좋은 훌륭한 왕, 선한 왕, 우상을 섬긴 악한 왕, 좋은 교훈을 주는 왕, 타산지석이 되는 어리석고 못난 왕들이 있다.

왕들을 보면 그들의 선조, 부모의 신앙과 결혼 생활, 부모의 가정 교육, 왕이 될 자의 신앙과 교육과 인간관계 훈련, 왕으로 세워지는 과정, 왕의 결혼과 신앙생활, 왕의 리더십과 인간관계, 그리고 왕 자신과 하나님과의 관계가 얼마나 중요한가를 우리에게 교훈을 준다. 저자의 글에 이 모든 내용이 담겨져 있다.

그래서 나는 오늘을 사는 교회 리더십, 정치 리더십, 사회 리더십 및 목사와 성도, 특히 자녀의 신앙 교육과 그 미래에 대해 큰 비전을 가진 부모는 이 책을 꼭 읽어야 할 필독서(必讀書)라 믿어 기쁨으로 강력히 추천한다.

김 경 원 박사
서현교회 원로 목사 | 전 웨스트민스터신학대학원대학교 총장
| 교갱협 전임회장, 상임총무

역사를 모르는 민족에게 미래는 없다는 말이 있다. 오늘을 사는 지혜와 하나님의 뜻을 역사를 통해서 배울 수 있기 때문이다. 성경에 나타난 이스라엘의 역사 즉 열왕들의 역사를 통해 오늘 민족과 개인의 삶의 방향을 교훈 받는다는 의미에서 이 책은 대단히 중요하다. 박성혁 목사님의 해박한 강해가 우리에게 큰 교훈을 전해주는 저서이다.

이 유 정 박사
예배사역연구소 소장 | 리버티대학교 겸임교수 | 듀엣좋은씨앗

이스라엘 일곱 왕들의 따분한 역사를 마치 시즌 드라마 보듯이 이토록 생생하게 풀어낸 성경 이야기를 읽어본 일이 없다.
경쟁자를 제거하는 데 인생을 건 세속적 왕의 대명사인 사울, 신앙으로 고대 근동에서 가장 강력한 국가를 이룩하고 신정의 모범을 보여준 메시아의 모형 다윗, 지혜와 부귀영화로 전성기 권력을 누리다 배교로 마무리한 허무의 시인 솔로몬, 어쩌면 기독교인들에겐 자기 나라 왕들보다 더 친숙한 세 왕이다.
그런데 저자는 그동안 우리가 미처 몰랐던, 사람 냄새 풀풀 나는 이들의 이면을 현장감 있게 파헤쳐 보여준다. 게다가 우리에게 익숙하지 않은 나머지 네 왕(르호보암, 여로보암, 아사, 아합)의 실감나는 연기까지 독자들의 안방으로 선사해 준다.
반역과 술수, 치정과 야합으로 점철 된, 영화보다 더 영화 같은 일곱 왕들의 살아있는 스토리를 읽다보면 어렵게만 느껴졌던 구약이 열릴 것이다.
이 책이 탁월한 이유는 깊이 주해된 성경 텍스트를 고대 근동 역사와 연결해서 이토록 치밀하게 재현해 낸 저자의 탄탄한 구성력은 물론, 읽는 내내 독자의 시선을 사로잡는 섬세한 글력에 있다.
뻔한 사랑 타령으로 피곤해진 드라마 전성시대에 이 책은 거룩한 재미를 선사할 청량제다.

16명의 왕을 통해서 본
이스라엘 왕정사

The Royal Regime of Israel
Written by Seonghyuk Park
All rights reserved.
Korean Edition Copyright ⓒ 2020 by Christian Literature Center, Seoul, Korea

16명의 왕을 통해서 본
이스라엘 왕정사

2020년 6월 30일 초판 발행

지은이	|	박성혁
편집	|	박민구
디자인	|	박나라
펴낸곳	|	(사)기독교문서선교회
등록	|	제16-25호(1980.1.18.)
주소	|	서울특별시 서초구 방배로 68
전화	|	02-586-8761~3(본사) 031-942-8761(영업부)
팩스	|	02-523-0131(본사) 031-942-8763(영업부)
이메일	|	clckor@gmail.com
홈페이지	|	www.clcbook.com
송금계좌	|	기업은행 073-000308-04-020 (사)기독교문서선교회

ISBN 978-89-341-2133-6(94230)
ISBN 978-89-341-1768-1(세트)

이 도서의 국립중앙도서관 출판예정도서목록(CIP)은 서지정보유통지원시스템 홈페이지 (http://seoji.nl.go.kr)와 국가자료공동목록시스템(http://www.nl.go.kr/kolisnet)에서 이용하실 수 있습니다. (CIP제어번호: CIP2020015092)

이 책의 저작권은 저자와 (사)기독교문서선교회가 소유합니다. 신저작권법에 의하여 한국 내에서 보호받는 저작물이므로 무단 전재와 무단 복제를 금합니다.

고대 근동 시리즈 31

The Royal Regime of Israel

16명의 왕을 통해서 본

이스라엘 왕정사

박성혁 지음

CLC

고대 근동 시리즈는 홍수 이후의 수메르 문명에서부터 페르시아가 멸망하는 기원전 331년까지를 주로 다루며, 기원전 27년 아우구스투스에 의해 로마제국이 시작되고 로마의 통치 아래 이스라엘 땅에서 예수님이 탄생한 내용까지 포함한다.

목차

추천사   이 근 수 목사(서울 홍성교회 원로 목사)   1
          김 경 원 박사(서현교회 원로 목사)   2
          이 유 정 박사(예배사역연구소 소장)   2

저자 서문   13

제1장 "싸우는 무기가 망하였도다"
1. 이스라엘의 미래를 바꾼 에벤에셀 전투   19
2. 이스라엘은 왜 블레셋 사람들과 싸웠는가?   31
3. 하나님의 백성이 왜 할례를 받지 못한 백성에게 참패당했는가?   39
4. 세대교체가 필요한 이유   51
5. 정신 못 차린 이스라엘   55
6. 이스라엘에도 왕이 생기다   64
7. 종교적이지만 믿음이 없는 사람   70
8. 첫 단추가 중요하다   84
9. 훌륭한 교사 사울   91

제2장 하나님의 마음에 합한 사람
1. 도시락 배달 갔다 사고 친 소년   96
2. 왕의 사위가 된 목동   110
3. 쫓겨 다니면서 강해지는 다윗   120
4. 다윗을 중심으로 두 왕국이 통합되다   130
5. 다윗이 블레셋을 비롯한 주변 국가들을 정복하다   140
6. 다윗이 존경받는 이유   153
7. 허물 많은 인간, 다윗   173

제3장 성전을 지은 손으로 이방 신들을 위한 사당도 지은 왕

1. 마음을 꿰뚫어 보는 명판사 … 178
2. 다크호스가 승리한 이유 … 182
3. 솔로몬 통치의 시작과 하나님의 축복 … 192
4. 지혜로운 왕의 지혜로운 통치 … 197
5. 성전 건축을 위해 태어난 사람 … 214
6. 과유불급(過猶不及): 부와 영광이 넘치면 어떻게 되는가? … 227
7. 왕국에 짙게 드리우는 어두운 그림자 … 239
8. 성령으로 시작해서 육체로 마친 사람 … 243

제4장 금수저와 흙수저가 만들어낸 합작품

1. 과격한 말은 분노를 일으킨다(잠 15:1) … 245
2. 역사는 하루아침에 이뤄지지 않는다(분열의 잠재적 원인) … 254
3. 혼자서는 할 수 없는 일: 여로보암을 도운 반란 세력 … 267
4. 여로보암의 핸디캡과 종교 정책 … 277
5. 분단 직후의 두 왕국의 모습 … 294
6. 암몬 여인의 아들이 유다의 첫 왕이 되다 … 296

제5장 개혁의 대상이 된 개혁 군주

1. 이이제이(以夷制夷)가 뭔지를 보여주다 … 308
2. 같은 민족인데 서로 싸우는 이유가 뭘까? - 분열 후 두 왕국의 갈등 … 320
3. 대왕대비를 폐위시킨 유다 최초의 개혁 군주 … 328
4. 내 사전에는 국경 분쟁이란 없다: 분열 초기 국경 분쟁이 아사에 이르러 종결됨 … 335
5. 자기 꾀에 배부르리라(잠 1:31): 아사의 책략이 가져온 치명적인 결과 … 341
6. 블레셋이 사라지자 아람이 등장하다 … 347

제6장 외국인 공주와 가죽옷을 입은 선지자

1. 외국인 공주가 이스라엘 왕자와 결혼하다   350
2. 존재감 없는 오므리가 이룬 큰 업적들: 왕조를 건립하고 평화를 가져오다.   354
3. 페니키아와 바알 멜카르트   363
4. 엘리야의 출현과 전쟁의 선포   368
5. 아합은 영웅인가, 악인인가?   373

요약 및 결론   384

참고 문헌   388

삽화 목록

[그림1] 전형적인 블레셋 보병의 모습 · 20
[그림2] 에벤에셀 전투 지도 · 21
[그림3] 다섯 명 블레셋 보병분대 · 22
[그림4] 메디넷하부에 부조된 블레셋인 · 23
[그림5] 모세 시대의 성막 복원도 · 29
[그림6] 메디넷 하부에 새겨진 전투장면 · 33
[그림7] 블레셋인들이 살던 도시 · 34
[그림8] 해양민족의 출현(지도) · 40
[그림9] 팔레스타인 횡단면 · 42
[그림10] 게셀에서 발굴된 철기시대 초기의 창끝 · 44
[그림11] 법궤 상상도 · 50
[그림12] 사울에게 기름 붓는 사무엘 · 69
[그림13] 이스라엘 전형적인 산과 들 · 72
[그림14] 엘라 골짜기 입구 · 97
[그림15] 라기스에서 발굴된 물맷돌 · 105
[그림16] 양을 인도하는 이스라엘 목자 · 107
[그림17] 이스라엘의 물맷군(부조) · 109
[그림18] 남동쪽에서 바라본 유대 광야, 유다 남부지역 · 127
[그림19] 길보아산 · 129
[그림20] 헤브론 위치 지도 · 130

[그림21] 벤산에서 발굴된 관 뚜껑 · 143

[그림22] 암몬인 통치자의 조상 · 145

[그림23] 암몬성(랍바성) · 146

[그림24] 이스라엘 주변국 지도 · 150

[그림25] 다윗이 정복한 주변국들 지도 · 152

[그림26] 현대 예루살렘의 모습 · 154

[그림27] 다윗의 탑 · 155

[그림28] 밧세바를 보는 다윗 · 157

[그림29] 예루살렘 산과 골짜기와 고도 · 158

[그림30] 다윗 시대의 예루살렘 복원도 · 163

[그림31] 악기 연주하는 레위인들 · 169

[그림32] 기원전 8세기 음악가들 · 171

[그림33] 다윗의 무덤에 있는 석관 · 177

[그림34] 다윗-솔로몬 왕국의 통치 영역 지도 · 207

[그림35] 페니키아 도시국가들 지도 · 213

[그림36] 레바논의 백향목 · 217

[그림37] 성전 놋바다 · 219

[그림38] 물두멍 · 220

[그림39] 성전 복원도 · 221

[그림40] 므깃도 성문 · 229

[그림41] 므깃도 마굿간 터 · 229

[그림42] 딤나의 성벽과 성문 · 231

[그림43] 솔로몬의 상선 모형 · 233

[그림44] 텔 카실레 돌 조각 · 235

[그림45] 아스다롯 여신 · 237

[그림46] 성벽이 없는 작은 마을 · 248

[그림47] 세겜의 초기 요새-성전의 복원도　　　　　　　　　　　　　·250

[그림48] 요단계곡 횡단면　　　　　　　　　　　　　　　　　　　·257

[그림49] 팔레스타인의 지형　　　　　　　　　　　　　　　　　　·259

[그림50] 현대 팔레스타인 지도　　　　　　　　　　　　　　　　　·266

[그림51] 텔 단의 요단강 수원　　　　　　　　　　　　　　　　　·283

[그림52] 텔 단, 므깃도에서 발굴된 제단　　　　　　　　　　　　　·291

[그림53] 시삭의 이름 새겨진 비문　　　　　　　　　　　　　　　·303

[그림54] 풍요여신 피규어　　　　　　　　　　　　　　　　　　　·331

[그림55] 팔레스타인의 도로들　　　　　　　　　　　　　　　　　·336

[그림56] 아람 왕 바르 라캅의 옆모습　　　　　　　　　　　　　　·339

[그림57] 우가릿 왕비의 두상　　　　　　　　　　　　　　　　　　·351

[그림58] 페니키아전함 부조　　　　　　　　　　　　　　　　　　·354

[그림59] 페니키아 귀족의 모습　　　　　　　　　　　　　　　　　·360

[그림60] 사마리아 오스트라카(도편)　　　　　　　　　　　　　　·363

[그림61] 페니키아인들의 상선　　　　　　　　　　　　　　　　　·365

[그림62] 바알 모습 부조, 바알 청동상　　　　　　　　　　　　　　·369

[그림63] 브엘세바의 우물과 물 공급시스템　　　　　　　　　　　·371

[그림64] 페니키아 사람　　　　　　　　　　　　　　　　　　　　·372

[그림65] 날개 달린 생물, 상아로 만든 가구 장식　　　　　　　　　·375

[그림66] 송아지에게 젖을 먹이는 암소 상　　　　　　　　　　　　·379

[그림67] 사마리아에서 발굴된 청동 황소　　　　　　　　　　　　·383

저자 서문

박 성 혁 박사
섬김의교회 담임

　나는 오랫동안 신학교나 선교지에서 구약을 가르쳤다. 강의를 들었던 학생들 중에는 만학도들이 많았는데, 그런 학생들을 가르치면서 항상 염두에 뒀던 것은 쉽고 재미있게 가르치는 것이었다.
　아무리 내용이 좋아도, 듣는 사람이 전혀 흥미를 느끼지 못하거나 알아듣지 못한다면 무슨 소용이 있겠는가?
　이런 마음으로 강의안을 준비하곤 했었는데, 이 책을 쓰게 된 가장 중요한 동기도 그런 것이었다. 이스라엘 역사를 알고 싶어 하는 한국교회 성도들에게 어려운 역사를 쉽고 재미있게 들려주겠다는 것이다. 나같이 작은 교회를 목회하는 목사는 한국교회 성도들을 만날 기회가 거의 없기 때문에, 내가 한국교회의 성도들에게 말을 걸 수 있는 유일한 길은 책을 쓰는 것이다. 그래서 나는 이 책을 쓰기 시작했다.
　나는 이 책을 꽤 오랫동안 준비했는데 글을 쓰면서도 책이 출간될 수 있을지 의문이었다. 출판의 길이 막막했기 때문이다. 그렇기 때문에 이 책이 출판될 수 있었던 것은 전적으로 하나님의 은혜라고 생각한다. 나는 아주 실력이 있거나 아주 용기 있는 사람만 책을 쓴다고 생각했었는데, 이도 저도 없는 내가 책을 쓸 수 있었던 것은, 몇 명의 사람들에게라도 내 생각을 말하고 싶다는 작은 소망을 포기하지 않았기 때문이다. 그것이 믿음 때문인지 미련함 때문인지 모르겠지만, 하나님께서 오랫동안 기다려주신 것 같아서 먼저 인자하신 하나님께 감사와 찬양과 영광을 돌리고 싶다.

나 같은 무명 작가에게는 책을 출판한다는 것이 꿈같은 얘기다. 나는 그런 현실을 탓해본 적도 없고, 내 책의 출판을 정중하게 거절한 출판사들에게 조금도 서운한 마음이 없다. 우리가 사는 시대가 어떤 시대인지 조금이나마 알기 때문이다. 그래서 이 보잘 것 없는 원고가 세상에 나올 수 있도록 기꺼이 모험을 감행해 주신 기독교문서선교회(CLC)의 박영호 사장님과 좋은 책을 만들려고 수고해 주신 편집부에게 진심으로 감사드린다. 특히, 고대 근동시리즈 31권으로 출간되는 영광을 감사드린다.

추천사를 써 주신 이근수 목사님, 김경원 목사님, 이유정 목사님에게도 감사를 드린다. 누군가의 글을 추천해 준다는 것이 쉬운 일은 아닐 텐데, 흔쾌히 부탁을 들어주셔서 감사드린다. 오경진 집사, 문송운 집사를 비롯해 섬김의교회 성도들에게도 감사를 드린다.

매번 제자도에 따라 살라는, 부담감만 주는 설교를 들으면서도 교회를 떠나지 않는 성도들이 고마울 뿐이다. 헌신적으로 교회를 섬겼던 제자 권병렬 목사에게 감사한다. 이 책에 관심을 갖고 지지와 격려를 아끼지 않았던 친구들에게도 감사한다. 나를 위해 항상 기도해 주시는 어머니와 장인께도 감사를 드린다.

마지막으로, 언제 어디서나 진심 어린 충고를 주저하지 않고 해 주는 아내와 항상 내게 기쁨과 힘을 주는 세 딸에게 감사한다. 가족이 없었다면 글을 쓸 동력을 잃었을 것이다. 그밖에도 수많은 사람들에게 빚을 졌다. 일일이 열거하며 감사의 인사를 드리고 싶지만 지면이 부족해서 그러지 못하는 것을 너그러이 이해해 주시길 바란다.

내가 이스라엘 역사 중 왕정사에 주목하는 것은, 여기에 오늘날 한국교회가 꼭 들어야 할 메시지가 담겨있기 때문이다. 왕정사는 사울이 이스라엘 최초의 왕이 될 때부터 유다 왕국이 멸망하던 기원전 586년까지, 500

년도 되지 않는 기간의 역사다. 이 기간은 구약 이스라엘 역사가 시작되는 아브라함부터 예수님이 오실 때까지의 기간의 3분의 1도 안 된다.

하지만 역사서의 절반 이상이(사무엘상하, 열왕기상하, 역대상하) 이 시기를 다루고 있으며, 아모스로부터 예레미야까지 문서 선지자들 대부분도 이 기간(기원전 8-7세기)에 활동했다. 이것은 왕정사가 이스라엘 역사뿐 아니라, 구약 전반을 이해하는 데도 매우 중요하다는 것을 보여준다. 그런데도 한국교회가 이 중요한 역사에 관심을 두지 않는 것 같아 안타깝다. 한국교회는 왕정이 들어서고 난 후 왕국의 멸망으로 끝난 이 역사에 직면하여 교훈을 얻어야 한다. 왜냐하면, 지금 한국교회의 모습 속에서 이스라엘을 패망의 길로 몰아넣던 어리석은 군주들의 모습이 보이기 때문이다.

지금 한국교회는 초대교회와 많이 다른 것은 두말할 것도 없고, 이 땅에 복음이 들어와 교회가 세워진 초창기 때의 모습과도 많이 다르다. 교회를 바라보는 사회의 시선도 달라졌다. 교회는 더이상 신실한 신자들의 모임이 아니라, 같은 종교를 가진 사람들을 위한 커뮤니티일 뿐이다. 세금을 내지 않는 것만 빼면 기업하고 다를 바가 없다고 말하는 사람들도 있다.

교회가 사회적 책임은 외면하고, 진실에는 눈 감고, 교인 수만 늘리려 하고 기복신앙만 가르친다는 생각은 더이상 논쟁거리도 되지 않는다. 자신은 기독교인이라고 생각하면서도 교회를 나가지 않는, 소위 '가나안' 교회 성도가 180만 명을 넘어섰다고 하는데, 한국교회가 서구교회의 전철을 밟는 것 같아 안타깝다.

이런 통계 앞에서 부모의 신앙이 자식에게 그대로 이어지는 신앙전승률 같은 것은 더이상 의미가 없다. 신학생들이 모인 자리에서 어떤 강사가 예수님 믿으라고 외쳤다는 말이 하나도 이상하게 들리지 않는다. 한국교회는 덩치만 커졌지 생명력을 점점 잃어가고 있다. 콘스탄티누스 이후 기독교가 제국의 종교가 되면서 교회가 세속화의 길을 걸어왔기에, 한국교회에 대한 걱정은 이전에 계속 있어왔던 걱정의 반복일지 모른다. 그랬으면 좋겠다. 하지만 지금 한국교회의 문제는 답이 없어 보이기 때문에 더 절박하게 느껴진다.

전략적인 사고를 하지 못하고 고립만 자초하고 있는 한국교회가 세속화의 물결을 거슬러 올라갈 수 있을까?

한국교회가 살아나려면 몸집도 줄이고 좀 더 가난해져야 하는데 그게 가능한 일인가?

나는 독자들이 이 질문을 가지고 책을 읽어주시길 바란다. 작가로서의 개인적인 욕심도 있지만, 이 책이 한국교회가 바로 세워지는데 조금이나마 도움이 되었으면 하는 바람 때문이기도 하다. 이 책은 이스라엘에 군주제가 들어서게 된 사건부터 시작해서 유다가 멸망할 때까지의 역사를 16명의 왕들을 통해 살펴보는 책의 첫 권이다.

이 책은 몇 가지 점에서 이스라엘 역사를 다룬 기존의 책들과 다르다. 기존의 책들은 1차적으로 이스라엘 역사를 살펴보는 것이 주된 관심사지만, 이 책은 중요한 왕들을 통해 이스라엘 왕정사를 들여다보면서, 그들의 믿음이 왕국의 미래에 어떤 영향을 주었는지, 신앙의 문제에 집중하고 있다. 그런 점에서 역사 자체보다는 이스라엘 왕들과 백성의 신앙에 관심이 있었던 구약의 역사서(여호수아-역대기)와 비슷한 책이라고 볼 수도 있다. 독자들이 졸저를 인내심을 가지고 끝까지 읽어주신다면, 적어도 한 가지 사실을 배울 수 있으리라 기대한다. 하나님께서 왕들에게 요구하신 처음이자 마지막이 믿음이었다는 사실을 말이다.

나는 이 책을 쓰면서 구약 이스라엘사 책들을 많이 참고했다. 특히 존 브라이트에게 많은 빚을 졌고 유진 메릴의 책도 많이 참고했다. 팔레스타인의 지리를 다룬 아하로니의 책은 아주 유용했다. 이밖에도 좋은 책들이 많이 있다. 내가 쓴 글들에는 여러 책 속에서 가져온 주장과 정보들이 혼재되어 있다. 다른 학자들의 견해를 빌려올 경우엔 각주를 달아 출처를 밝혔지만, 혹시 실수로 출처가 누락된 경우가 있을지 모르겠다. 만약 그런 게 있다면 실수를 너그러이 용서해 주시길 바란다. 남의 생각을 내 생각처럼 포장하려고 할 의도는 전혀 없다.

대부분의 글들은 책에서 가져온 정보와 내 생각이 혼합된 것이지만, 각 장의 첫 부분은 나의 순수한 창작물로서 성경 본문을 근거로 상상력을 가미해서 쓴 일종의 역사 소설이다. 나는 전지적 작가 시점으로 기술된 성경 본문을 입체적으로 재구성하여 이야기를 들려줌으로써, 독자가 마치 현장에 있는 것처럼 느끼게 하는 작업이 필요하다고 생각한다. 그것은 멀리서 산을 바라보는 사람을 데리고 직접 그 산으로 들어가서 산을 직접 밟아보게 하는 가이드의 역할과 같은 것이다.

나는 독자들이 성경을 읽을 때마다 이런 방식으로 읽어야만 성경을 적용할 접촉점을 제대로 찾을 수 있다고 생각한다. 이 책의 각 장 마다 첫 부분에 그런 글들을 실은 것은 이런 이유에서다.

이 글을 쓸 때 봉준호 감독이 만든 영화 '기생충'이 아카데미 작품상 등 4개 부문의 상을 받은 사건이 일어났다. 비-영어권 영화가 아카데미 작품상을 받은 것은 이례적인 일이지만, 오스카의 판단이 현대 세계가 나아가는 방향과 일치한다는 점에서 이상한 일은 아니다. 세계는 이미 다원주의 사회에 살고 있거나 그런 사회를 향해 나아가고 있으며, 세계가 지향하는 보편적인 가치들은 문화라는 옷을 입고 국경을 넘어 전 세계에 영향을 끼치고 있다. 진리보다는 관용을 중요시 여기는 다원주의 사회에서, 배타적 진리를 주장하는 기독교는 점점 더 설 자리가 없어진다.

인도에서 오랫동안 복음을 전하다가 고국으로 돌아온 레슬리 뉴비긴이 다원화된 영국 사회를 새로운 선교지로 받아들인 것처럼, 우리도 그런 사회 속에 사는 현대인들을 선교 대상으로 마주대하고 있다. 이런 상황에서 진실에는 눈감은 채 배타적인 진리만 주장하는 종교인(목사)의 말이 귀에 들어올 리가 없다.

그래도 좋은 소식은, 이 세상은 변해도 하나님은 변치 않는 분이시며 그분의 말씀도 변하지 않는다는 사실이다. 우리가 할 수 있는 최선의 길은 매일매일 하나님의 말씀 앞에 자신의 모습을 비춰보는 것이다. 나는 한국교회 성도들이 성경을 자기중심적으로 읽는 태도를 버리고 성경이 전하고자 하는 참된 메시지에 귀를 기울일 때 한국교회에 소망이 있다고 믿는다.

이스라엘 역사를 읽을 때도, 거시적인 안목과 건전한 관점에 따라 읽어야 한다. 이스라엘 역사의 가장 큰 아이러니는, 왕정이 들어선 후 이스라엘이 멸망했다는 사실이다. 절대로 일어날 수 없을 것 같던 일이 일어났다.

하나님이 지상에 세우신 나라가 왜 멸망했는가?

이 책은 처음부터 끝까지 이 문제와 씨름하고 있다. 그 답을 찾는 과정에서 우리는 한국교회의 위기를 극복할 해법을 찾기를 바랄뿐이다. 독자 여러분도 이런 기대를 가지고 과거 이스라엘로 여행을 떠나보시라고 제안하는 바이다.

제1장

"싸우는 무기가 망하였도다"

이스라엘 최초의 왕 사울: 이스라엘에 왕정이 시작되다

1. 이스라엘의 미래를 바꾼 에벤에셀 전투

기원전 1050년경의 어느 날, 이스라엘. 지중해에서 20km도 떨어지지 않은 거리에 있는 샤론 평원의 도시 아벡에,[1] 일단의 군대가 대열을 갖추고 서 있다. 그들은 모두 4열 종대로 서 있는데, 같은 줄에 서 있는 네 사람은 전투가 벌어지면 한 팀을 이뤄 싸우는 멤버들로서, 현대식 군대의 분대와 같은 것이다.

이들은 몸에 꼭 맞는 상의를 입고 하의는 허리부터 무릎 위에까지 내려오는 킬트(짧은 스커트)를 입었는데, 한 손에는 동그란 모양의 방패를 들고 한 손에는 2m가 넘는 창을 들고 서 있다. 머리에는 깃털이 장식되어 있는 투구를 썼는데, 가죽으로 된 끈이 깔끔하게 면도한 턱을 당겨서, 투구가 머리에 단단히 고정되어 있는 것처럼 보인다. 허리에는 50cm 정도 길이의

---

[1] 아벡은 해안의 평지(샤론평야)로부터 에브라임 산지까지 갈 수 있는 진입로에 위치해 있기 때문에 전략적으로 중요한 곳이었다(W. H. Morton, "Aphek," *IDB The Interpreter's Dictionary of the Bible* 1 [Nashville: Abingdon Press, 1962], 156). 아벡은 나중에 블레셋 북방의 경계 도시가 된다. Y. 아하로니, M.아비요나, 『아가페 성서지도』(*The Agape Bible Atlas*), 문창수 역 (서울: 아가페출판사, 1983), 58.

칼을 차고 있으며, 삼각형의 단검도 하나씩 차고 있는데, 위급할 땐 그걸 적에게 던지기도 한다.

그림1. 전형적인 블레셋 보병의 모습

가까이 가서 살펴보면, 많은 사람의 몸이나 얼굴에 칼 같은 것으로 베이거나 찍힌 자국이 한두 개쯤은 나 있는데(그중에는 한쪽 눈이나 한쪽 귀가 없는 사람들도 종종 눈에 뜨인다), 이 상처들은 그들 사이에선 일종의 훈장 같은 것으로서, 풍부한 전투 경험과 용맹스러움의 상징이다. 병사들 중에는 긴 창 대신 긴 칼을 들고 서 있는 사람들도 있는데, 그들이 들고 있는 칼은, 창을 든 병사들이 허리에 차고 있는 칼보다 더 길어서, 이들이 맡은 역할은 창을 들고 검을 찬 병사들과는 다른 것임을 알 수 있다.

이들은 적진의 정면을 돌파하거나 측면을 무너뜨릴 때 앞장서는 선봉대다. 이 보병들 뒤에는 활을 든 궁수들이 서 있는데, 그들은 딱 벌어진 어깨에 굵고 튼튼해 보이는 팔뚝을 지니고 있으며, 굳은살이 박인 그들의 손바닥과 손가락들은 그들이 노련한 궁수임을 알려 준다.

이들 보병과 선봉대와 궁수 부대 뒤에는 전차 부대가 버티고 서있다. 이들이 사용하는 전차는 두 마리의 말이 끄는데, 이 전차들은 여섯 개의 살(스포크)로 이뤄진 수레바퀴를 사용하기 때문에 대단히 견고하며 빠른 속도로 적진을 누비며 적들을 도륙할 수 있다.[2] 전차 위에는 세 명의 전사가 타고 있는데, 말을 모는 병사 양옆으로 서 있는 병사들의 긴 창이 햇빛을 받아 번쩍거리고 있다. 아쉽게도, 이번 전투처럼 산지에서 치러지는 전투에선, 이들이 활약할 기회가 없을 것 같다. 아군이 적들에게 밀려 이곳 평원까지 내려오지 않는 한 이들이 활약할 기회는 없을 것이다.

이렇게 용감하고 노련한 전사들로 이뤄졌고 조직을 잘 갖춘 이 군대는, 이름만으로도 상대방을 겁먹게 만드는 블레셋 군대다. 병사들 하나하나가 싸움을 잘할 뿐 아니라, 전투가 벌어지면 자기 역할에 따라 조직적으로 움직이기 때문에 숫자는 많지 않아도 상당히 강한 군대였다. 이들이 전투 대형을 갖춰 진군하자 머리에 쓴 빗자루 모양의 투구들이 마치 시냇물이 흐르듯이, 적진을 향해 흘러가고 있었다.

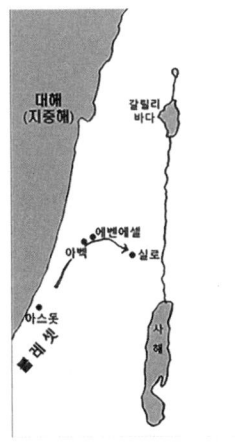

그림 2. 에벤에셀 전투. 아벡에 진치고 있던 블레셋 군대는 에벤에셀에 집결해 있던 이스라엘 군을 처부순 후 중앙산지의 실로까지 쳐들어가 실로를 파괴했다.

---

[2] A. Mazar, *Archaeology of the Land of the Bible* (New York: Doubleday, 1990), 304-305 참고.

그림 3. 다섯 명으로 이뤄진 블레셋 보병 분대. 두 사람은 창을 지니고 있고, 셋은 곧은 단검을 지니고 있다. 창을 지닌 병사 중 한 명은 전형적인 둥근 방패를 지니고 있다.

한편 이곳에서 내륙으로 3km 떨어진 에벤에셀에는[3] 이들과는 전혀 다른 모습의 군대가 진을 치고 있다. 그들의 손에는 창이나 칼 대신 곡괭이나 쟁기가 들려 있고, 전투복이라고 말하기에는 민망한, 헐렁한 옷을 입었고, 오(伍)와 열(列)이 흐트러진 상태로 서 있는 모습을 보면, 싸움을 별로 해 본 적이 없는 훈련이 제대로 되어 있지 않은 군대라는 것을 대번에 알 수 있다. 이들은 소집 명령을 받고 나온 농부들로 구성된 이스라엘 군대로서, 자기네 쪽으로 밀고 올라오는 블레셋 군대의 공격을 막으려는 것이다.

겉모습만 보고 섣불리 판단해서는 안 된다고 말하는 사람도 있겠지만, 누가 봐도 이 전투는 블레셋 군대가 승리하리라 예측할 수 있었다.

평소에 농사나 짓고 가축이나 기르던 사람들이[4] 곡괭이나 쟁기 같은 임시방편의 무기를 들고, 칼과 창으로 무장한 잘 훈련된 병사들과 싸운다면 누가 이기겠는가?

---

[3] 에벤에셀의 정확한 위치는 알려져 있지 않으나 아벡의 동쪽에 있었던 것만은 확실하다. 대부분의 학자는 아벡에서 동쪽으로 약 3km 떨어진 '이즈벳 사르타'를 에벤에셀로 본다 (R. W. Klein, *1 Samuel* [Waco: Word Books, 1983], 41).

[4] 이스라엘에 상비군이 출현한 것은 사울 이후다. 사울이 이스라엘 사람 3천(혹은 3개 부대)을 택하였다는 삼상 13:2은, 사울이 상비군을 창설했다는 뜻으로 이해할 수 있다 (Klein, *1 Samuel*, 125; J. W. Wevers, "Army," *IDB* 1, 229).

그래도 이스라엘 군대가 유리한 점이 두 가지 정도는 있었는데, 블레셋 군대보다 숫자가 월등히 많다는 점과, 유리한 지형에서 싸운다는 점이다. 그러나 그것도 실제로 전투가 벌어지면 반드시 이점으로 작용하지 않을지 모른다.

실제로 세계사에 결정적 역할을 한 유명한 전투들은 수적으로 열세인 측이 승리를 거둔 경우가 많았다.[5] 학자들은 숫적으로 소수였던 군대를 이끌었던 장수의 탁월한 전략을 승리의 요인이라고 말하지만, 심리적으로 보면, 아마 수적으로 다수인 측이 자만했거나, 소수인 측이 더욱 열심히 싸웠거나 더 일사분란하게 싸웠기 때문일 것이다.

에벤에셀 전투에서도 이스라엘 사람들은 수적으로 우세하다는 장점을 살리지 못하고 패배했다. 게다가 산지를 등지고 싸우는 이스라엘 사람들로서는, 약간의 경사로라 할지라도 오르막길을 올라와야 하는 블레셋 사람들에 비해 조금 유리한 입장이었다. 그러나 그것도 돌격해오는 적들을 마주 대할 때의 이야기이지, 적에게 등을 보이고 도망칠 때엔 아주 불리한 입장으로 바뀌는 것이다. 실제로 이날 전투에서 전사한 이스라엘 사람들 중, 적과 전투를 벌이다 죽은 사람보다 도망치다 죽은 사람이 더 많았다.

그림4. 메디넷 하부(Medinet Habu)에 부조된 기원전 12세기 블레셋인의 얼굴.

---

5   이순신 장군이 12척의 배로 적함 133척과 싸워 30여 척을 침몰시킨 명량대첩, 알렉산더가 이끄는 마케도니아군이 페르시아의 다리우스 3세의 대군을 물리친 이수스 전투 등이 이에 속한다.

전투가 벌어지자 전쟁터는 아수라장으로 변했다. 화살이 바람을 가르며 날아다니는 소리가 "쉭쉭"하며 여기저기서 들릴 때마다, 이스라엘 사람들이 하나둘씩 쓰러져 갔다. 조금 전까지만 해도, 전투가 끝나면 집으로 돌아가서 암소가 새끼 낳는 것을 돌봐 줘야 한다거나, 무화과나무의 가지를 쳐 줘야 한다는 등, 집에 돌아가면 할 일들을 생각하고 전쟁터로 나온 농부들이 어디에선가 날아온 화살들을 맞고 고꾸라졌다.

초반에 아군들이 쓰러지는 것을 보고 겁이 난 이스라엘 병사들이 적에게 등을 보이기 시작하자, 적에게 맞서 싸우던 병사들마저 도망치는 대열에 합류하기 시작했다. 수많은 이스라엘 사람이 도망치다가 적의 창에 찔려 피를 흘리며 쓰러져 갔다. 어디선가 날아온 전투용 도끼에 쓰러지는 사람들도 있었다. 부상 당한 상처로 인해 고통과 몰려오는 죽음의 공포 속에서 신음하며 울부짖는 수많은 이스라엘 사람에게, 사정없이 내리치는 적의 칼들이 마치 자비라도 베풀 듯이 그들의 고통을 멈춰주었다. 적군의 창과 칼이 햇빛을 받아 번쩍일 때마다 적의 무자비한 전쟁 도구에 베이거나 찔리거나 찍힌 상처로 인해 고통당하는 이스라엘 사람들의 수는 늘어만 갔다.

간혹 목숨이 서너 개는 되는 것처럼 몰려오는 적들과 맞서 싸우겠다고, 임시변통의 무기를 들고 싸우는 용감한 이스라엘 사람들도 있었지만, 그들의 용기가 무모함으로 판명이 나기까지는 그리 오랜 시간이 걸리지 않았다. 그것이 곡괭이든, 도끼든, 낫이든,[6] 이스라엘 사람들이 휘두르는 무기는 적에게 큰 타격을 주지 못했다.

삼손이 나귀의 턱뼈로 블레셋 사람 천 명을 죽였고 삼갈이 소 모는 막

---

[6] 이런 농기구들의 모양과 용도에 관해서는, H. N. Richardson, "Mattock," *IDB* 3, 314-315; R. W. Funk, "Axe," *IDB* 1, 323-324 참고.

대기로 블레셋 사람 600명을 죽인 것을 보면, 무기가 문제가 아닐 것도 같은데, 이스라엘 사람들 모두가 삼손이나 삼갈이 되지는 못했다. 그들의 무기력한 시도는 블레셋 전사들의 방패에 막히고, 보잘것없는 무기들은 블레셋 군대의 강한 무기 앞에서 무릎을 꿇듯이 두 동강이 나기도 하고, 깨어져 나가기도 하면서, 이날 전투는 싸움의 기술과 무기와 전술과 용기에서 모두 압도적인 차이를 보인 블레셋의 손쉬운 승리로 끝나는 듯했다.

이스라엘 군대는 초전에 벌써 4천 명이나 죽었다.[7] 공중에서 내려다보면 적진을 향해 돌진하는 블레셋 군사들의 모습이 마치 쓰나미가 건물들을 삼키는 것과 같았다. 쓰나미가 한 번 휩쓸고 간 자리에 폐허가 된 건물들과 부러진 나무들만이 파괴의 흔적을 담고 있듯이, 여기저기 널려있는 이스라엘 사람들의 시체와 버려진 무기들과 고통 속에서 병사들이 내뱉는 신음이 블레셋 군대의 파괴력을 보여 주고 있었다.

이스라엘 군대는 큰 타격을 입자, 전선에서 후퇴하여 본진으로 돌아왔다. 여기에서 이스라엘 장로들은 패배를 인정하고 전투를 멈추었어야 했다. 그러나 그들은 전투에서 승리할 것이라고 너무 확신한 나머지, 눈앞에 벌어진 일들을 보고도 현실을 인정하지 않았다. 그들은 공황상태에 빠진 채 이렇게 자문했다(삼상 4:3).

---

[7] 4천 명에 해당하는 히브리어 '아르바앗 알라핌'은 직역하면 네 엘렢인데, '엘렢'은 부대의 단위를 가리킬 수도 있다. 그래서 일부 학자들은 "네 개의 부대"로 읽으려고 하는데(P. Kyle McCarter, Jr., *1 Samuel*. AB[New York: Doubleday, 1980], 105, 107), 한 부대의 구성원이 10명(Humphreys의 주장), 혹은 5-14명(McCarter의 주장)이므로, 이렇게 읽으면 전사자의 숫자는 적게는 20명, 많게는 56여 명이 되는 것이다. 그러나 이렇게 읽으면 삼상 4:10에 나오는 3만 명도 30엘렢으로 읽어야 하는데, 그러면 많게는 420명 정도가 죽었다는 말이 된다. 이 숫자는 당시 전쟁의 규모로 봐선 그렇게 큰 숫자가 아니다. 한글 개역개정판의 번역처럼 4천 명으로 보는 것이 맞는 것 같다(D. T. Tsumura, *The First Book of Samuel*. NICOT [Grand Rapids: Eerdmans, 2007], 189-190; Klein, *1 Samuel*, 36).

"야웨께서[8] 어찌하여 우리에게 오늘 블레셋 사람들 앞에 패하게 하셨는고?"

장로들은 야웨께서 자신들을 패하게 하셨다고 생각했지만, 하나님이 왜 그렇게 하셨는지, 그리고 앞으로 어떻게 해야 할지를 묻지 않았다. 심지어 영적 지도자인 사무엘에게도 물어보지 않고,[9] 급히 사람들을 30km 정도 떨어진[10] 실로로 보내어 법궤를 가져오게 했다.

법궤는 당시 에브라임 산지의 중앙에 위치한 실로에 있었는데, 실로는 여호수아 시대에 회막이 세워졌던 곳이고 이스라엘 지파들에게 땅을 나눠 줄 때 이스라엘 사람들이 모인 곳으로서(수 18:1-10), 그 후로 이스라엘의 종교적 중심지가 된 곳이다.

이곳은 남서쪽을 제외하면 사방이 언덕으로 싸여 있는 높지 않은 고원

---

[8] 이스라엘의 하나님의 이름을 여호와(Jehovah)라고 표기하는 것은 명백한 오류다. 히브리인들은 하나님의 이름을 네 글자의 **자음**('테트라그람마톤'이라고 한다)으로만 표기했기 때문에 하나님의 이름이 정확히 무엇이었는지는 알 수 없다. 다만 야웨, 혹은 야훼로 추정할 뿐이다. 그들은 하나님의 이름을 함부로 불러서는 안 된다는 생각 때문에 성경에 하나님의 이름(자음 네 글자)이 나오면, '아도나이'(주님이란 뜻)라고 읽었다. 그런데 마소라 학자들(기원후 500년경부터 팔레스타인의 티베리아와 바빌로니아의 수라에서 활동한 사람들로서 히브리어 자음 본문을 정확하게 전수해 준 사람들)은 모음 기호를 개발하여 자음으로만 된 본문(히브리어 성경의 원문에는 모음을 표기하는 글자들이 없다)에 모음 기호들을 표기했는데, 하나님의 이름(자음 네 글자)이 나오면, '아도나이'(주님이란 뜻)라고 읽으라는 뜻에서 아도나이에 해당하는 모음을 적었다. 그러니까 네 글자의 자음은 이스라엘의 하나님의 원래 이름인 야웨(혹은 야훼)에 해당하는 자음을 표기하고, 모음은 '아도나이'라고 읽도록 표기를 한 것이다. 따라서 이 네 글자의 자음 기호에 찍힌 모음 기호를 자음과 결합해서 읽으면 안 되는데, 야웨/야훼를 표기하는 자음 네 글자와 아도나이를 표기하는 모음들을 붙여서 읽으면 '여호와'라는 이상한 이름이 생긴다. 아마 한글 성경의 번역자들도 이 이름이 잘못된 것인 줄 알지만, 오랜 세월 동안 여호와라는 이름을 사용해왔기 때문에 야웨나 야훼로 고쳐서 표기하지 않고 있는 것 같다. 하지만 구약을 제대로 알기 원하는 독자들은, 이스라엘 백성의 신명이 여호와가 아니라 야웨, 혹은 야훼였다는 사실을 알 필요가 있다. 졸저에서는 '여호와'라는 신명을 모두 '야웨'로 표기할 것이다.

[9] Tsumura, *The First Book of Samuel*, 191 참고.

[10] McCarter, *1 Samuel*, 107.

에 있으나, 적으로부터 방어하기가 쉬운 곳은 아니었다.[11]

　다음 날 아침, 제사장 홉니와 비느하스가 레위인들에게 법궤를 들게 한 채 이스라엘 진영에 나타났다. 법궤를 멘 레위인들이 진영으로 들어오는 것을 보자 이스라엘 군대는 사기가 충천해서 소리를 질러댔다.

　"우와~~~~~아! 야웨께서 오셨다!"

　이스라엘 사람들이 법궤를 보고 질러대는 함성이, 블레셋 군의 진영까지 들렸다. 블레셋 사람들은 무슨 일인지 알아보기 위해 군인 몇 명을 올려 보냈다. 상황을 파악하고 돌아온 블레셋 병사들이 이스라엘 신을 모신 궤가 진영에 들어왔다고 보고하자, 블레셋 진영은 일순간 공포에 휩싸였다. 그들은 여러 가지 재앙으로 당시 초강대국이던 이집트의 신들을 물리친 이스라엘 신의 위력을 잘 알고 있었다. 그 신은 이스라엘 사람들을 이집트에서 구출해 내고 그들을 추격해온 이집트의 전차 부대를 궤멸한 신이다. 미신을 믿던 그들은 법궤가 온 것을 알고 겁이 났지만 두려움을 물리치려는 듯 큰소리로 외쳤다.

　"큰일 났다. 잘못하면 다 죽게 생겼다. 이스라엘의 신이 진에 도착했다! 재앙으로 이집트의 신들을 물리친 신이다. 누가 우리를 건져주겠느냐? 우리가 서로 도와줘야 한다. 형제들이여, 힘을 내자. 물러서지 말고 대장부답게 용감하게 싸우자. 놈들의 종이 되느니 차라리 죽음을 택하자!"

　두려움이 더 큰 용기를 불러일으켰다. 배수진을 친 블레셋 전사들은 죽음을 두려워하지 않는 불사신처럼 정말 용감히 싸웠다. 그들은 여신 아스타르테의 이름을 외치며 적진으로 뛰어들었다.[12] 그들이 창과 칼을 휘두르

---

[11] W. L. Reed, "Shiloh," *IDB* 4, 329.
[12] 블레셋 사람들이 믿던 신들 중 우리에게 알려진 신은 셋인데, 다곤, 아스다롯(아스타르테), 바알세붑이 그것이다. 아스다롯은 이집트에서는 전쟁의 여신으로, 바빌로니아와 에블라에선 사랑과 전쟁의 여신으로 알려져 있었다. 데이빗 M. 하워드, "블레셋인," 알프레드 J. 허트 외 2인, 『고대 근동 문화』(*Peoples of the Old Testament World*), 신득일·김

때마다, 법궤가 승리를 가져다줄 것이라는 미신을 믿고 전투에 임한 이스라엘 군인들은, 마치 잘 드는 낫에 쓰러지는 풀잎들처럼, 힘없이 쓰러져 갔다. 그들이 믿었던 법궤는 아무런 능력도 발휘하지 못했고, 이스라엘 군인들은 이렇다 할 저항도 하지 못한 채, 블레셋 군대 앞에서 무기력하게 쓰러졌다.

이날 전투의 결과는 참담했다. 전사한 이스라엘 사람의 숫자가 무려 3만 명에 이르렀고, 이스라엘 사람들이 친 방어선이 무너지면서 이스라엘 진영까지 유린당했다. 법궤를 지키고 있던 제사장 홉니와 비느하스는 살해당했고 법궤는 블레셋 사람들에게 빼앗겼다(이후로 법궤가 다시 이스라엘의 손에 들어오기까지 상당한 시간이 걸린다).

당시 이스라엘의 지도자였던 엘리 제사장은 실로의 성소에서 초조하게 소식을 기다리고 있었다. 그는 전투가 어떻게 되었는지도 궁금했지만 전쟁터에 가져간 법궤 때문에 신경이 쓰였다. 자기 두 아들을 딸려 보내긴 했지만 몹시 불안했다. 그가 마을의 북쪽으로 올라가는 언덕의 한 곳에서 의자에 앉아 초조하게 소식을 기다리고 있을 때, 옷은 찢어지고 머리에는 먼지를 뒤집어쓴 어떤 사람이 마을의 남쪽에 나타났다.[13] 그 사람은 베냐민 지파 출신인데, 전쟁터에서 빠져나와 이스라엘 군대가 참패했고 블레셋 군대가 이쪽으로 몰려오고 있다는 소식을 알리려고 이곳까지 달려온

백석 역 (서울: CLC, 2012), 356. 블레셋 사람들은 특히 여신을 많이 숭배했다고 한다 (칼 S. 에어리히, "블레셋과 블레셋 사람들," 빌 T. 아놀드, 브렌트 A. 스트런 편집, 『구약성경 주변 세계 탐구』(The World around the Old Testament), 임요한 역 [서울: CLC, 2019], 545-546).

[13] 윌슨(C. W. Wilson)은 실로의 성막이, 고대 실로로 밝혀진 곳(텔 세일룬)의 정상에서 북쪽으로 약 150m 떨어진 곳에 있었다고 주장한다. 이 주장처럼 성막은 실로의 북쪽에 있었을 것으로 추정된다. 이 베냐민 사람은 남쪽으로 와서 마을 사람들에게 소식을 알린 후 성막이 있는 북쪽으로 올라가다가 엘리를 만났을 것이다. 마을이 있는 남쪽을 제외한 삼면은 가파른 비탈로 둘러싸여 있다(월터 카이저, 『이스라엘의 역사』(A History of Israel), 류근상 역 [서울: 크리스챤출판사, 2003], 307).

것이다.[14] 그는 마을을 돌아다니며 실로 사람들에게 빨리 도망치라고 외친 후 곧바로 성막을 향해 올라갔다. 온 마을은 순식간에 슬픔과 혼란과 공포에 휩싸였다.

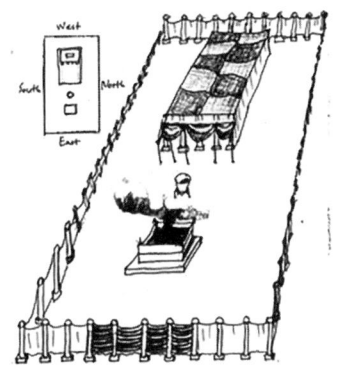

그림 5. 모세 시대의 성막 복원도. 블레셋 사람들한테 파괴된 실로에 있던 성막도 이런 모습이었을 것이다.

당시 엘리는 98세의 나이에 눈도 잘 보이지 않는 상태였지만, 사람들이 부르짖는 소리를 듣고 안 좋은 소식이 있다는 것을 직감했다. 성막으로 올라가는 길의 언덕 한 곳에서 의자에 앉아서 근심하며 소식을 기다리고 있던 엘리에게, 베냐민 사람이 소식을 자세히 전해주었다.

"제사장님, 큰일 났습니다. 전멸입니다! 거의 다 죽었습니다! 지휘관 야아시엘도[15] 죽었고 두 제사장님(홉니와 비느하스를 가리킴)도 죽었습니다." 이 말을 들은 엘리의 얼굴이 하얗게 변했다. 그리고 떨리는 목소리로 물었다.

---

14 이 베냐민 사람은, 실로에서 춤추다가 베냐민 지파 사람에게 잡혀 시집온 여인(삿 21:21)의 후손이었을지 모른다. 실로에 자기 친척들이 살고 있었기 때문에 소식을 알리려고 온 것이 아닐까?
15 가공의 인물이다.

"버, 버…. 법궤는?"

"…."

그가 대답을 못 하자 엘리가 다그쳤다. "말해 보아라."

베냐민 사람은 비통한 목소리로 대답했다. " … 빼앗겼습니다."

법궤가 빼앗겼다는 소식을 듣자, 엘리는 충격을 받아 의자에서 뒤로 넘어졌는데, 넘어지면서 그만 목이 부러져 죽고 말았다. 한편 비느하스의 아내는 임신 중이었는데, 비보를 듣고 갑자기 산통을 겪고 아이를 낳다 죽었다. 이렇게 에벤에셀 전투는 이스라엘의 참패로 끝났다.

그날 밤 블레셋의 다섯 도시에서는 전사한 용사들을 위한 장례식과 승리를 축하하는 축하연과 승리를 준 신들에게 감사하는 제사가 진행되었다. 신전을 밝히는 불꽃들은 마치 승리를 기뻐하며 춤을 추듯 넘실거리고 있었고, 신전 앞뜰에 모인 블레셋의 방백들과 전사들, 그리고 이를 축하하기 위해 모인 시민들은 포도주 잔을 기울이며 승리를 축하했다. 여사제가 케르노스[16]를 들고 다곤 신상 앞에서 신에게 헌주하자 다곤이 기뻐서 크게 웃는 것 같았다.

한편 온 이스라엘은 슬픔에 싸였다. 사랑하는 남편, 아들, 아버지를 잃은 수많은 가족의 통곡 소리가 어두운 밤하늘을 더욱 어둡게 물들였다. 이번 전투로 이스라엘은 지도자인 엘리 제사장을 잃었고, 그의 두 아들이 죽게 되었고 며느리도 한 명 죽었다. 법궤도 빼앗겼고 실로의 성막도 파괴되었다. 이런 대참패로 온 이스라엘은 충격에 휩싸였다. 하지만 슬퍼하고 주저앉아 있을 수만 없던 사람이 있었다. 젊은 지도자 사무엘이다. 그는 조용히 기도하며 하나님의 뜻을 곰곰이 생각하던 중 이전에 어떤 하나님의

---

[16] 종교 행사에 사용된 속이 비어 있는 도기로서, 직경이 약 25cm이며, 새와 과일, 술잔과 같은 작은 물건들이 그것의 바깥 고리에 매달려 있는데, 음료가 고리를 통해서 부어져 나왔다(알프레드 J. 허트 외 2인, 『고대 근동 문화』, 359).

사람이 엘리에게 와서 전했던 심판의 말씀(삼상 2:27-36)을 떠올렸다. 그는 하나님께 나와 회개하고 자비를 구하는 것만이 유일한 희망임을 확신하며 이 난국을 어떻게 수습할지 고민하고 있었다.

2. 이스라엘은 왜 블레셋 사람들과 싸웠는가?

이스라엘과 블레셋 사이에 대규모 전투가 벌어진 이유는 무엇이고 이 전투에서 이스라엘이 대패한 이유는 무엇일까?

우리가 이스라엘 역사를 읽고 그 역사에서 올바른 교훈을 얻으려면, 이 질문에 대해 두 가지 차원의 답변이 있다는 사실을 깨달아야 한다.

이 세상에서 일어나는 모든 일은 대부분 과학적으로 규명될 수 있다. 그것은 하나님이 우주 만물을 창조하시면서 이 세상을 질서정연한 세상으로 만드셨기 때문이다. 하나님이 만드신 이 세상은 태초부터 지금까지 하나님이 세우신 법칙이나 창조 질서에 따라 운행되고 있는데(창 1:14; 8:22), 이런 법칙들에 따라 신자나 불신자나 할 것 없이 모든 인간은 하나님이 주시는 은총을 값없이 받고 있다.

하나님은 해를 악인과 선인에게 비추게 하시며 비를 의로운 자와 불의한 자에게 내리신다(마 5:45). 이처럼 하나님은 이 세상의 모든 사람에게 베푸시는 은총을 일반은총이라고 부른다.

농부건 상인이건 직장인이건 상관없이 하나님을 믿지 않는 사람이라도 열심히 일하면 노동에 대한 열매를 얻을 수 있는 것은 하나님이 모든 사람에게 일반은총을 베푸시기 때문이다. 그래서 이 세상에서 일어나는 모든 일의 99.9%는 과학적으로 설명이 가능한 것이다. 이런 차원에서 설명한다면, 전쟁은 인구의 증가와 자원 부족, 집단 이기주의나 두려움 같은 요인들 때문에 발생하는 것이다. 즉 블레셋의 인구 증가와 그에 따른 영토 확장의 필요성 때문에 전쟁이 일어났고, 무기나 전투 기술 등 군사력에서 압도적인 우위에 있었던 블레셋이 이스라엘에게 승리를 거둔 것이다.

이것을 좀 더 자세히 설명해 보면 이렇다. 성경의 무대가 된 이스라엘 땅(히브리어로 에레쯔 이스라엘이라고 한다)을 오늘날에는 '팔레스타인'이라고 부르는데, 이 명칭은 블레셋 족속에서 온 것이다.[17] 그런데 블레셋 족속들은 가나안 땅에 살던 원주민들이 아니었다. 성경은 블레셋 사람들이 갑돌(Caphtor)에서 왔다고 말한다(렘 47:4; 암 9:7). 갑돌은 에게해(the Aegean Sea) 남단부 중앙에 있는 크레타섬(Crete)을 가리킨다.[18] 이들은 어느 시점에 가나안 땅에 들어와 그 땅에 정착하기 시작했다.

---

[17] 이 땅의 원래 명칭은 가나안 땅(에레쯔 커나안)이다(창 11:31; 13:12 등). 성경에는 '블레셋 사람의 땅'(에레쯔 펄리슈팀)이라는 말이 나오는데(창 21:32, 34; 출 13:17; 왕상 4:21 등), 이 말은 블레셋 족속들이 거주하던 해안 평야 지역만을 일컫는 말이었다. 그러다가 기원전 5세기의 그리스 역사가인 헤로도투스(Herodotus)가 북쪽으로 페니키아와 남쪽으로 애굽에 이르기까지의 전 지역을 '필리스티네 시리아'(Philistine Syria)라고 부르면서 '필리스티네'라는 명칭은 가나안 땅 전체를 가리키는 말로 사용되었다. 헤로도투스를 따라 알렉산더의 필로와 요세푸스가 이 명칭을 사용했고, 기원후 2세기의 로마 황제 하드리안이 바르-코크바의 반란(132년)을 진압한 후 이 지역을 '프로빙키아 시리아 팔라이스티나(Provincia Syria Palaestina)'라고 부르면서(이 말은 '시리아 팔라이스티나 지방'이라는 뜻이다), 팔라이스티나, 혹은 필리스티네는 가나안 땅을 가리키는 용어가 되어버렸다. 시간이 흐르면서 '프로빙키아 시리아 팔라이스티나'가 그냥 '팔라이스티나'라고 불리게 되었고 여기에서 영어 팔레스타인(Palestine)이 온 것이다(Aharoni, *The Land of the Bible*, 79; C. C. McCown, "Palestine, geography of," *IDB* 3, 627).

[18] H. W. Wolff, *Joel and Amos*. trans. W. Janzen etc., ed. S. D. McBride, Jr. (Philadelphia: Fortress Press, 1977), 347-348; Klein, *1 Samuel*, 283.

그림 6. 메디넷 하부 부조(浮彫)에 새겨진 이집트인들과 해양 민족 사이의 전투. 그림을 자세히 보면 윗부분에 있는 해양 민족들은 깃털 달린 투구를 쓰고 있고, 아래쪽 해양 민족은 뿔 달린 투구를 쓰고 있다 블레셋 인들도 이런 해양민족 중 하나다.

이들이 성경 이외의 문헌에 처음으로 언급된 것은, 기원전 12세기 라암세스 3세(기원전 1195-1164년경으로 추정됨)가 메디넷 하부(Medinet Habu)에 있는 아몬 신전의 벽에 새긴 부조(浮彫)에서다.[19] 그는 자신이 해양 민족들을 물리쳤다고 자랑하면서 다른 해양 민족들의 이름과 함께 '블레셋'이라는 이름을 언급했다. 그래서 대부분의 학자들은 이들이 기원전 12세기 초에 시리아-페니키아 해안의 수많은 도시를 파괴하고 이집트의 나일강 삼각주 지역을 공격하다가 패배하여 가나안 땅의 해안 지대에 정착하게 되었다는 가설을 받아들인다.[20]

그러나 성경에서는 블레셋이라는 이름이 그 이전부터 나타난다. 아비멜렉과 그 군대 장관 비골이 '블레셋 사람의 땅'으로 돌아갔고 아브라함은 '블레셋 사람의 땅'에서 여러 날을 지냈다(창 21:32, 34). 이삭은 그랄로 가서 '블레셋 왕' 아비멜렉에게 이르렀다고 한다(창 26:1). 하나님이 출애굽

---

[19] Mazar, *Archaeology*, 302-303. 전문을 보려면 Pritchard, James B. (ed.) *Ancient Near Eastern Texts*(ANET). 3rd. ed. (Princeton: Princeton University Press, 1969), 261-262를 볼 것.

[20] Aharoni, *The Land*, 267; McCown, "Palestine, geography of," 628.

한 이스라엘 백성을 '블레셋 사람의 땅의 길'로 인도하지 않으셨다는 기사도 나온다(출 13:17). 모세를 통해 주신 언약서 가운데 '블레셋 바다'라는 지명도 나온다(출 23:31).

또 이스라엘 사람들은 여호수아의 지도하에 가나안 땅의 주요 거점들을 정복했지만, 정복하지 않고 남겨둔 땅들이 있었는데, 그런 미정복지에는 '블레셋 사람의 모든 지역'도 포함되었다(수 13:2). 그 지역들을 설명하면서 기자는 그 지역을 '블레셋 사람의 다섯 통치자의 땅'이라고 말한다. 그 땅에는 블레셋의 다섯 개의 주요 도시인 가사, 아스돗, 아스글론, 가드, 에그론이 모두 포함되어 있다(수 13:3).[21]

그림 7. 블레셋 인들이 살던 다섯 도시. 지도 왼쪽 아래의 검게 칠한 부분이 블레셋 영토다. 성경에 나오는 주요 다섯 도시를 확인할 수 있다.

즉 블레셋 사람들은 기원전 12세기 이전부터 이미 가나안 땅에 살고 있었다.[22] 그러나 이들은 기원전 12세기 이후 다섯 도시 연맹을 이루어 이스

---

[21] 블레셋의 다섯 도시 중 에그론, 아스돗, 가사를 정복하라는 명령은 유다 지파가 받았다(수 15:45-47). 이중 가장 북쪽에 있던 에그론은 후에 단 지파에게 다시 주어진다(수 19:43).
[22] 성경에 오류가 있다고 생각하는 역사 비평학자들은 이런 기사들을 시대착오적인 것이라고 주장한다. 예를 들어, Roland de Vaux, *The Early History of Israel*. trans. D. Smith

라엘을 괴롭혔던 블레셋과 동일한 집단은 아니었을 것이다.[23] 족장들 이야기에서 아비멜렉이 '블레셋 왕'이라 불리는 것은 블레셋이라는 이름이 포괄적으로 사용된 경우다. 고대의 민족명은 아주 정확하게 사용되지 않았기 때문에,[24] 이삭이 대면한 '블레셋' 왕은 기원전 12세기에 온 블레셋 족속과는 다른 족속일 것이다. 그들은 블레셋의 다섯 도시가 아니라 그랄 주변에 살았고 이름도 셈족 이름을 가지고 있었다. 이런 점들은 기원전 12세기에 온 블레셋 족속들이 자기들의 고유한 문화를 가지고 있었다는 사실과 차이가 난다.[25]

앞에서도 얘기했듯이 성경 이외의 문헌에서는 이들이 기원전 12세기 초에 시리아-페니키아의 해안 지역과 이집트의 삼각주 지역에 집단으로 이주한 사실이 언급된다. 그 이전에 어떤 일이 있었는지는 말하지 않지만, 여호수아서에는 여호수아가 정복하지 않고 남겨둔 땅의 목록에 블레셋의 5대 도시가 모두 언급되며 이 도시들은 '블레셋 사람의 다섯 통치자의 땅'이라고 불린다(수 13:3). 여호수아가 이끄는 이스라엘 사람들이 가나안 땅을 정복한 연대가 기원전 1400년경으로 추정되므로,[26] 블레셋 사람들이 다섯 도시에 정착한 것은 기원전 1400년 이전일 것이다.

스바냐 2:5과 에스겔 25:16에선, 블레셋 사람이 그렛 족속(크레타 사람)

(Philadelphia: Westminster Press, 1978), 503-504; 레스터 그래비(Lester Grabbe), 『고대 이스라엘 역사』(*Ancient Israel*), 류광현, 김성천 역 (서울: CLC, 2007), 156이다. 하지만 그렇게 주장할 만한 확실한 근거는 없다.

[23] 데이빗 M. 하워드, "블레셋인," 허트 외 2인 편, 『고대 근동 문화』, 341-343.
[24] Mitchell, "Philistines, Philistia," 933.
[25] K. A. Kitchen, "The Philistines," *People of Old Testament Times*. ed. D. J. Wiseman (Oxford: Claredon Press, 1973), 56.
[26] 유진 H. 메릴, 『제사장의 나라』(*Kingdom of Priests*), 곽철호 역 (서울: CLC, 1997), 153. 출애굽의 연대에 관해서는 크게 두 가지 견해가 있는데, 초기 연대를 주장하는 학자들은 이스라엘이 기원전 1446년경에 이집트에서 나왔다고 본다. 후기 연대를 주장하는 학자들은 출애굽 사건이 기원전 13세기에 있었다고 주장한다. 이 문제는 이스라엘 역사에서 논쟁이 되는 여러 문제 중 하나다. 필자는 초기 연대설을 받아들인다.

이라 불리며, 사무엘상 30:14에선 그들이 정착했던 지역을 '그렛 족속의 남방'이라고 부른다.[27] 또 신명기 2:23에 따르면 갑돌에서 나온 갑돌 사람이 가사까지 각 촌에 거주하는 아위 사람을 멸하고 그들을 대신하여 거기에 거주했다고 하는데(여기서 갑돌 사람은 블레셋 사람을 가리킨다),[28] "가사까지 각 촌"이라는 표현은, 이들이 상륙한 해변 지역으로부터 가사까지의 각 촌을 가리킬 것이다.

가사는 블레셋의 다섯 도시들 가운데 가장 남쪽에 있는 도시이므로, "가사까지 각 촌"이 가사의 남쪽 지역을 가리킨다면, 신명기 2:23이 말하고 있는 것은, "갑돌 사람들(블레셋 족속)이, 기원전 12세기에 블레셋 족속이 거주하던 지역의 남부 지역을 점령하고 거기에 거주했다"라는 말이다. '그렛 사람의 남방'도 블레셋의 남쪽 지역이므로,[29] 이 둘이 동일 지역을 가리킬 수도 있다.

이런 정보들을 종합하면 다음과 같은 결론이 나온다. 여호수아가 가나안 땅을 정복하기 이전부터, 혹은 그때 즈음에, 여러 차례에 걸쳐, 크레타섬에서 가나안 땅의 해안 평야로 갑돌 사람들(블레셋 족속)이 이주해 왔다. 물론 이 이주는 소규모였기 때문에 별로 주목받지 못했을 것이다. 크레타섬과 가나안 땅의 해변은 바다(지중해)로 연결되어 있다. 크레타섬을 떠나 동쪽으로 직진하면 같은 위도(북위 35도) 상에 있는 키프로스섬(성경의 구브로)이 나오며, 키프로스섬에서 약 100km만 가면 시리아 해안이 나온다.[30] 거기서부터는 해안을 따라 계속 내려오면 블레셋 평야가 나온다. 또 레반트(Levant) 지역은 소아시아 반도와 육지로 연결되어 있다.

---

[27] H. W. Wolff, *Joel and Amos*. trans. W. Janzen etc., ed. S. D. McBride, Jr. (Philadelphia: Fortress Press, 1977), 347-48; Klein, *1 Samuel*, 283.
[28] P. C. Craigie, *The Book of Deuteronomy*. NICOT (Grand Rapids: Eerdmans, 1976), 113.
[29] 아하로니, 아비요나, 『아가페 성서지도』, 63.
[30] cf. Mitchell, T. C. "Cyprus," *NBD*, 257.

사실 갑돌 사람들은 아주 오래전부터 가나안 땅의 사람들과 관계를 맺고 있었다.[31] 중기 미노아 2기(기원전 1900-1700년경)에 에게해의 무역이 크게 확장되었고 에게해 지역의 수공업 같은 것들의 영향이 시리아의 라스 샤므라(Ras Shmra), 팔레스타인의 하솔, 므깃도, 이집트의 토드 등에서 이 시기부터 발견되고 있다. 그들은 대체로 직물과 같은 소모품을 무역했다. 이 시기에 애굽과 아시아(마리)에서 새로운 유형의 나선형 디자인이 나타난다. 또 기원전 18세기의 것으로 보이는 마리에서 나온 토판에는, 하솔 왕이 카프타라(갑돌)에 선물을 보냈다는 사실이 기록되어 있다.

정리하면 이렇다. 에벤에셀 전투가 벌어지기 오래전부터 크레타섬에서 블레셋 평야 지역으로 사람들이 (해로 혹은 육로로) 소규모로 이주해 오는 일들이 자주 있었다. 그들은 일찍이 블레셋 평야에 도시들을 건설하며 살았다. 도시가 생기고 발전하던 초기에는 이들이 수도 적고 힘도 약했기 때문에 이스라엘에 위협이 되지 않았다. 하지만 어느 시점에 수도 많아지고 힘도 강해지자 이스라엘을 괴롭히기 시작한 것이다.

유다 지파는, 땅을 분배받은 후, 아스글론을 포함하여 가사와 에그론을 곧 점령했다고 하는데(삿 1:18), 이것은 당시 블레셋의 힘이 그다지 강하지 않았기 때문일 것이다. 사사기 3:3에는 하나님이 남겨두신 이방 민족들의 명단에 블레셋의 다섯 군주들이 나타난다. 이것은 사사 시대가 시작되기 전과 사사 시대 초기에 블레셋이 가나안 땅에 존재하고 있었지만, 그들이 강하지는 않았다는 뜻이다.[32] 그러다가 사사 시대 말기에 가면 전세가 역

---

[31] 이하 Mitchell, "Philistines, Philistia," 933.
[32] 웹은 블레셋과 이스라엘이 거의 같은 시기에 가나안 땅에 들어왔는데, 이스라엘은 동쪽에서 블레셋은 서쪽에서 왔다는 것이다. 블레셋은 가나안 사람들과는 상생 관계를 유지했지만, 이스라엘과는 자주 충돌했는데, 그것은 이스라엘 사람들을 경쟁적인 침략자들로 보았기 때문이라고 주장한다(Barry G. Webb, *The Books of Judges. NICOT* [Grand Rapids: Eerdmans, 2012], 152).

전되어 이스라엘이 블레셋 사람들에게 지배당하고 나중에는 유다 지파 사람들이 블레셋의 지배를 인정하여, 블레셋과 싸우는 삼손을 책망하기까지 한다(삿 15:11).

"너는 블레셋 사람들이 우리를 다스리는 줄을 알지 못하느냐?"

삼손 이야기는 사사 시대 말기의 이야기로 여겨지는데, 사사 시대가 얼마나 오래 지속되었고, 사사 시대 기간 중 어떤 일이 발생해서 상황이 역전되었는지는 알 수 없지만, 삼손 이야기를 읽어보면 이스라엘이 수세에 있는 것처럼 보인다.

단 지파의 삼손은 이런 불리한 상황에서 자기 의지와는 상관없이 고군분투했지만, 상황은 크게 달라지지 않았고 단 지파는 오히려 분배를 받았던 땅을 포기하고 새로운 땅을 찾아 북쪽으로 이주해야만 했다(삿 18장). 단 지파가 자신이 할당받은 영토에서 밀려난 것도 블레셋의 힘이 상대적으로 강해졌다는 증거다.[33]

삼손 이야기는 이스라엘과 블레셋이 전면전을 벌이기 전에 접경 지대에서 자주 싸웠다는 것을 암시한다.[34] 삼손이 활약하던 시기가 에벤에셀 전투 직전인지, 아니면 3, 40년 전인지 알 수 없지만,[35] 삼손 이야기를 통해 전반적으로 블레셋의 힘이 강해지고 있었다고 판단할 수 있다.

이렇듯 상황이 갑자기 달라진 이유는 무엇일까?

그것은 인구가 갑자기 증가했기 때문일 것이다. 앞에서도 언급한 것처럼, 기원전 12세기에 그리스인(도리아인)들이 크레타섬으로 유입되면서 블

---

[33] 존 브라이트, 『이스라엘의 역사』(*A History of Israel*), 엄성옥 역 (서울: 은성, 2002), 239.
[34] 브라이트, 『이스라엘의 역사』, 231, 239.
[35] A. E. 쿤달(Cundall)은 삼손이 입다와 동시대 사람으로서 에벤에셀 전투가 벌어지기 20년 전, 즉 블레셋이 공개적으로 이스라엘을 압박하던 기원전 1070년경의 사람으로 본다(A. E. Cundall, "Samson," *NBD*, 1063). 한편 유진 메릴은 블레셋이 기원전 1124년부터 1084년까지 40년간 이스라엘을 압제했으며, 삼손이 이 시기의 초기에 태어나서 이 기간 중 활동했다고 주장한다(메릴, 『제사장의 나라』, 190-191).

레셋인들이 가나안 땅으로 대규모로 이동했을 때, 다섯 도시의 인구가 갑작스럽게 증가했을 것이다. 인구가 늘면서 영토를 확장하려는 블레셋과 이를 막으려는 이스라엘 사이에 대규모 전투가 벌어졌다고 추정할 수 있다.[36] 성경에는 에벤에셀 전투보다 먼저 일어난 전투에 관한 정보가 없기 때문에, 에벤에셀은 양자 간에 벌어진 최초의 대규모 전투였던 것으로 판단된다.[37] 이 전투 이후 다윗이 블레셋을 정복할 때까지 둘 사이의 갈등은 약 50년간 지속되었다.[38]

3. 하나님의 백성이 왜 할례를 받지 못한 백성에게 참패당했는가?

블레셋이 처음에 둥지를 튼 곳은 해안 평야 지역이다. 따라서 이들은 영토를 확장하기 위해 산간 내륙 지역으로 눈을 돌릴 수밖에 없었다. 블레셋은 동쪽으로 영토를 넓히려 했고, 이스라엘은 블레셋을 저지하려 했기 때문에 양자 사이에 잦은 충돌이 있었고 결국 대규모 전투가 벌어지게 된 것이다. 다시 말해서, 둘이 충돌한 것은 블레셋의 인구 증가와 그에 따른 영토 확장 과정에서 발생한 필연적인 결과다.

---

[36] 브라이트는 블레셋이 이스라엘을 그들의 안보와 해안으로부터 내륙으로 통하는 교역로를 위협하는 존재로 보았기 때문에 서부 팔레스타인 전 지역을 장악하려 했다고 주장한다(브라이트, 『이스라엘의 역사』, 238).
[37] cf. Aharoni, *The Land of the Bible*, 274.
[38] Y. Aharoni, *The Archaeology of the Land of Israel*. trans. A. F. Rainey (Philadelphia: Westminster Press, 1982), 190.

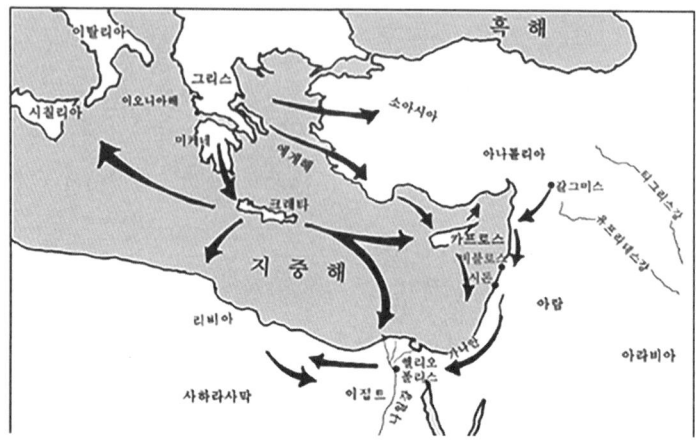

그림 8. 기원전 12세기 어간에 에게 해 섬들과 소아시아에서 온 인도-유럽인들이 도리스 지방의 헬라인들의 압박을 받자 새로운 영토를 찾아 지중해를 중심으로 여러 곳으로 침략해 들어갔다. 이런 대규모 이동은 이집트 12왕조의 라암셋 3세 재위 8년(기원전 1168년경)에 절정을 이루었다. 하지만 소규모 이동은 이런 일이 벌어지기 오래 전부터 있어왔다.

팔레스타인은 북쪽의 단에서부터 남쪽의 엘랏(에일랏)까지, 남북 최대 길이가 410km인 땅이다.[39] 그러나 이 영토 중, 단에서부터 브엘세바까지 220km의 땅에만 사람들이 살 수 있다. 브엘세바 남쪽 땅은 네게브(남방)라고 불리는데, 사막 같은 곳이라서 사람이 살기 어렵지만, 아브라함 시대부터 꽤 많은 정착민이 서수해왔다. 폭(동서거리)은, 지중해에서 요단강까지, 평균 80km 정도다. 요단강 동쪽의 사람이 살고 있는 땅은 40km밖에 되지 않는다. 비가 적게 내리는 네게브 북부와 트랜스요르단(요단 동편) 지역을 포함하여, 면적은 2만 km² 정도다. 경상북도(19,026.06km²)보다 조금 넓다.

요단강 서쪽의 땅은 윗변과 밑변이 높이보다 짧은 가늘고 긴 사다리꼴

---

[39] 이하 하워드 F. 보스, 『성경 지리 개론』(An Introduction to Bible Geography), 한정건, 신득일 공역 (서울: CLC, 1999), 7; Mazar, Archaeology of Land of the Bible, 1; 토마스 V. 브리스코, 『두란노 성서 지도』(Holman Bible Atlas), 강사문 외 역 (서울: 두란노서원, 2008), 12.

모양의 땅인데, 남쪽으로 갈수록 조금씩 넓어진다. 이 땅의 서쪽인 해안 지대는 평야이지만 동쪽으로 갈수록 해발 고도가 높아져 중앙 산지가 우리나라의 백두대간처럼 등뼈를 형성한다(동쪽으로 더 가면 요단강 단층 계곡을 만나며 계곡을 따라 내려가면 요단강을 만날 수 있다).

해안 평야와 중앙 산지 사이의 남쪽에 '쉐펠라'라 불리는 지역이 있는데, 이 말은 '저지대'라는 뜻으로서 산지에 사는 히브리인들이 이 지역을 그렇게 불렀다.[40] 한글 성경에는 대체로 '평지'로 번역되었지만(신 1:7; 수 10:40; 11:16), 우리가 생각하는 그런 평지가 아니다. 평균 고도는 150-300m 정도고 600m가 넘는 곳도 있다. 쉐펠라는 남북의 길이가 약 65km, 동서 길이가 약 13km 되는 지역으로서, 블레셋 사람들이 사는 해안 평야와 히브리인들이 사는 유다 산지의 중간 지대라고 보면 된다.[41] 블레셋은 쉐펠라로 영토를 확장하려고 했고 이스라엘은 이를 막으려 했기 때문에 이 지역에서 둘은 자주 충돌했다.

이 쉐펠라 지역에는 중요한 3개의 골짜기(와디)가 가로지르고 있는데, 이를 알아두면 성경을 읽는 데 도움이 된다.[42] 쉐펠라의 북쪽 경계에는 아얄론 골짜기가 있는데, 예루살렘에서 북서쪽으로 약 8km 지점에서 시작된다. 이 골짜기는 블레셋 평야에서 유다 산지로 올라가는 가장 중요한 통로다. 그 다음 예루살렘에서 서남서쪽 약 20km 지점에서 지중해를 향해 북쪽으로 가는 소렉 골짜기가 있다. 딤나, 소라, 벧세메스가 모두 여기에 있다. 벧세메스는 이스라엘과 블레셋의 경계 지점에 있는 도시다.

---

[40] Aharoni, *The Land of the Bible*, 25.
[41] 보스, 『성경 지리 개론』, 31-32. cf. J. M. Houston, "Palestine," *NBD*, 865.
[42] 이하 Aharoni, *The Land of the Bible*, 25-26; 보스, 『성경 지리 개론』, 32; 홍순화, 436, 494; V. R. Gold, "Sorek, Valley of," *IDB* 4, 427.

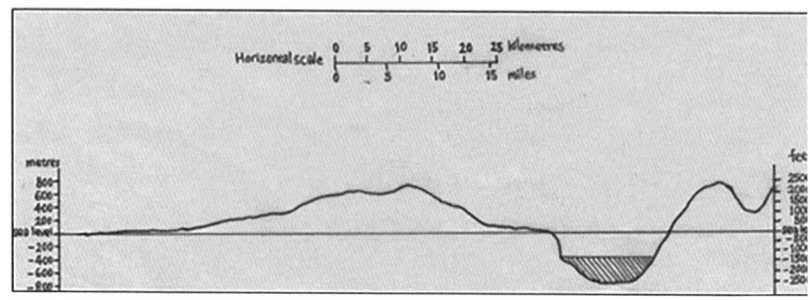

그림 9. 팔레스타인 횡단면. 서쪽(왼쪽)에서부터 차례대로 평원, 쉐펠라, 중앙산지 지대가 나오고 요단강 계곡을 지나면 트랜스요르단(요단강 동쪽)의 고원지대를 만날 수 있다. 오른쪽에 푹 꺼진 웅덩이 같은 곳이 사해다. 수면의 높이가 마이너스 400미터 정도 되는(지중해보다 그만큼 낮다는 뜻이다) 사해는 지구에서 두 번째로 낮은 곳이다. 수심의 가장 깊은 곳은 해수면보다 무려 765미터 정도 낮다.

여기에서 남쪽으로 11-13km 지점에 엘라 골짜기가 있다. 블레셋을 막으려던 이스라엘이 참패한 이유는 군사적으로 열세에 있었기 때문이다. 성경은 이 점을 분명히 한다. 사무엘상 13:19-22을 보면, 사울이 이스라엘을 다스리던 때에 이스라엘 사람들은 보습이나 삽이나 도끼나 괭이를 벼리려면 블레셋 사람들한테 내려갔다고 말하는데, 이 본문은 하나님의 도우심 없이는 이스라엘이 블레셋을 이길 수 없다는 점을 강조한다.[43] 이 구절들은 당시 이스라엘이 군사력에서 블레셋에 뒤질 수밖에 없는 이유를 설명하는데, 이스라엘 사람들이 무기를 만들 것을 우려한 블레셋이 대장장이를 통제하고 있었기 때문이다.

이스라엘에는 대장장이가 없어서 이스라엘 사람들은 농기구를 갈려고 해도 블레셋 사람에게 내려가야만 했다.[44] 이런 통제가 효과적이었던지,

---

43 McCarter, *1 Samuel*, 238.
44 '내려갔다'는 말(히브리어 야라드)을 쓴 것은, 이스라엘의 거주지가 산지이고 블레셋의 거주지가 평야였기 때문일 것이다. 그러나 이 단어 하나만 가지고는 이스라엘 사람들이, 블레셋인들이 거주하는 해안 평야의 아스돗, 텔 모르, 텔 예메, 텔 카실레, 텔 제로르과 같은 도시들(고고학자들은 이 도시들에서 금속 산업이 발달했다는 증거를 발굴했다)까지 갔다는 것인지 알 수 없다. 드 보는 내려갔다는 말이 산지에서 요단강 계곡으로 내려간 것을 뜻한다고 주장한다(de Vaux, *The Early History*, 516).

왕정 초기에만 하더라도 사울과 요나단 이외에는 이스라엘 군인들의 손에 칼이나 창 같은 무기가 없었다고 한다(삼상 13:22).

문제는 이 본문이 '철'에 관해 이야기하고 있는지의 여부다. 한글개역 개정판에 '철공'으로 번역된 히브리어 단어 '하라쉬'의 기본적인 의미는 장인(匠人)이다.[45] 하라쉬 다음에 에쉬(나무)가 오면 목수를 가리키고(삼하 5:11, 왕하 12:12, 22:6; 대상 14:1, 22:15; 사 44:13; 렘 10:3), 에벤(돌)이 오면 석공을 가리킨다(삼하 5:11; 대상 22:15).[46] 하라쉬가 바르젤(철)과 함께 나오면 철공을 가리킨다(사 44:12). 현재의 본문에서는 철이 언급되지 않았기 때문에 철공이라고 번역하지 말고 그냥 '장인'이라고 번역해야 한다.[47]

당시 블레셋이 철을 다루는 기술을 가지고 있었는지는 논쟁의 여지가 있다. 고고학자들은 사울의 시대에 팔레스타인에서는 아직까지 철을 다루는 고급 기술이 보급되지 않았다고 본다.[48] 다윗이 통치하기 전까지 이스

---

[45] L. Koehler, and W. Baumgartner, *The Hebrew & Aramaic Lexicon of the Old Testament*(*HALOT*) (Leiden: Brill, 2001), 358.

[46] 출 28:11에선 '하라쉬 에벤'이 보석 세공인을 가리킨다.

[47] I. Cornelius, "שׁרח(haras)," *New International Dictionary of Old Testament Theology & Exegesis*(*NIDOTTE*) 2, W. A. Gemeren ed. (Grand Rapids: Zondervan, 1997), 299.

[48] 널리 알려진 가설은 기원전 14-13세기에 히타이트 왕국이 철을 다루는 기술을 독점했고, 기원전 13세기 말 히타이트 제국이 무너지면서, 기원전 12-11세기에 그 기술이 이스라엘 땅에 유입되었다는 것이다. 하지만 므깃도 등지에서 발굴되는 유물들을 보면 여전히 청동기 도구들이 보편적으로 사용되었고 철기 도구들은 아주 드물게 나타난다. 브엘세바에서 기원전 10세기의 것으로 보이는 철제 낫이 두 개 발견되었고, 사울의 기브아에서 기원전 11세기 말의 것으로 보이는 철제 쟁기 날이 하나 발견되었다(Aharoni, *The Archaeology*, 153, 156).
블레셋에서 발견되는 팔레스타인의 초기 도구들(텔 앨 파라에서 출토된 검, 텔 카실과 에그론에서 출토된 칼들, 보석들)을 봐도, 블레셋 사람들이 제철 기술을 도입한 것은 기원전 12세기로 추정되지만 발견된 유물들을 보면 철제품이 본격적으로 나타나기 시작한 것은 기원전 11세기라고 한다(Mazar, *Archaeology of Land of the Bible*, 360-361).
철을 녹이려면 일정한 높은 온도를 유지하고 적절한 통풍장치가 필요하고 적절한 양의 탄소와 철을 결합시켜야 한다(이를 탄소 처리라고 하는데, 정제한 철을 강철로 변화시키는 것이다). 철제에서 광물을 제련한 뒤에 남는 찌꺼기인 슬래그를 제거하려면 무거운 도구가 필요하다. 이런 기술들이 없이 탄소 처리가 안 된 철로 무기를 만들면 청동 무기만 못하다고 한다. 안정된 탄소 처리를 한 것은 기원전 10세기까지는 팔레스타인에

라엘에는 철이 충분하지 못했으며 제작 연대를 추정할 수 있는 가장 오래된 철기는 사울 시대의 기브아에서 나온 쟁기 끝이라고 한다.⁴⁹

그림 10. 게셀에서 발굴된 철기시대(기원전 1200년경부터 시작됨) 초기의 창끝.

현재로서는 고고학자들의 주장이 맞는지 판단하기 어렵다. 다만 분명한 것은, 그들이 통제한 것이 철을 다루는 기술이든, 청동을 다루는 기술이든, 당시 블레셋 사람들이 무기를 만드는 기술을 독점하고 있었기 때문에, 이스라엘은 훨씬 불리한 조건에서 싸웠다는 것이다. 거의 150년간 블레셋이 팔레스타인을 지배할 수 있었던 가장 중요한 원인은 그들이 가진 우세한 군사력 때문이다.⁵⁰ 그들은 기술을 독점하여 우세한 무기를 가지고 다섯 도시가 동맹으로 연합하여 조직적인 방식으로 전투에 임했다. 이스라엘 사람들이 지닌 무기들은 블레셋 사람들에 비해 뒤떨어졌고, 그들의 전투력과 조직력 또한 현저하게 차이가 나기 때문에, 아무리 수가 많더라도, 이스라엘은 블레셋의 상대가 되지 못했던 것이다.

블레셋 군대는 전투 경험이 많은 군인들로 이루어져 있었다. 이들이 여러 지역에 용병으로 진출했다는 사실은 이들의 전투 능력을 입증해 준

서 뚜렷이 발견되지 않는다고 한다(존 월튼, 빅터 매튜스, 마크 샤발라스, 『IVP 성경배경주석 구약』(*The IVP Bible Background Commentary: O.T*), 정옥배 외 역 [서울: 한국기독학생회출판부, 2001], 426).

⁴⁹ F. V. Winnett, "Iron," *IDB* 2, 726; 브라이트, 『이스라엘의 역사』, 239.
⁵⁰ Aharoni, *The Land*, 273-274.

다.⁵¹ 그들의 군대는 병거와 궁수, 마병, 보병을 갖추었으며⁵² 세 사람이 타는 병거를 전투에 사용하기도 했다.⁵³ 그들 중에는 거인들로 이뤄진 특수부대도 있었던 것으로 보인다(삼하 21:18-22).⁵⁴ 당시의 수준에선, 나름대로의 조직을 갖춘 강한 군대였던 것이다. 그들은 중앙 정부는 없었지만 다섯 도시의 통치자(세렌)들이 힘을 합쳐 일사분란하게 움직였다. 분명한 것은, 이들이 사사 시대에 이스라엘, 즉 이스라엘의 일부 지파들이 상대했던 적들과는 차원이 다르다는 것이다.⁵⁵

반면, 이스라엘 군대는 블레셋 군대보다 숫자는 많았지만, 전투력이 떨어졌다. 이스라엘에 상비군이 창설된 것은 사울 시대며, 그 이전까지는 농부들을 소집한 후 전투를 치렀다(사사기를 읽어보라).⁵⁶ 사울은 왕이 된 직후 암몬과 전쟁을 치르기 위해 자신이 직접, 이상한 방식으로(소 두 마리를 잡아 각을 뜬 후 그것을 전령들을 통해 이스라엘 모든 지역에 보냈다) 군대를 소집하는데(삼상 11:7), 이것은 당시 이스라엘에 상비군이 없었다는 뜻이다.

---

51 라암세스 3세는 해양 민족들과 전투를 벌여 포로로 잡은 자들을 이집트의 요새들에 정착시킨 후 그들에게 의복과 양식을 주었다고 자랑한다(*ANET*, 261-262). 그들을 용병으로 썼다는 얘기다. 라암세스 3세는 해양 민족들을 격퇴했지만, 그들 중 다수는 용병으로 남아 이집트의 요새들을 지켰다(Mazar, *Archaeology of Land of the Bible*, 305).

52 데이빗 M. 하워드, "블레셋인," 알프레드 J. 허트 외 2인, 『고대 근동 문화』, 348-350; J. C. Greenfield, "Philistine," *IDB* 3, 792; T. C. Mitchell, "Philistines, Philistia," *New Bible Dictionary* (Wheaton: Tyndale House, 1982), 932 참고.

53 브라이트, 『이스라엘의 역사』, 238. 그들의 병거에는 히타이트 방식처럼 둘이 아니라 세 사람이 타며 활이 아니라 창으로 무장하고 있었다.

54 삼하 21:18-22에는 거인족이라는 단어가 자주 나오는데, 이 단어는 히브리어 '하 라파'를 번역한 것이다('하'는 정관사다). 대상 20:4엔 같은 단어가 르파임으로 나오는데, 르파임(르바임)은 이스라엘이 가나안 땅에 들어가기 이전부터 팔레스타인에 거주하던 어떤 종족을 가리키는 용어다(R. F. Schnell, "Rephaim," *IDB* 4, 35; T. C. Mitchell, "Rephaim," *NBD*, 1018). 신 3:11에 따르면 르바임 족속(하 르파임)의 마지막 남은 자인 바산 왕 옥이 사용하던 철 침대는 길이가 9규빗(약 4m), 폭이 4규빗(약 1.8m)이나 되었다고 하는데, 침대의 규모로 봐서 그는 대단한 거인이었던 것 같다.

55 브라이트, 『이스라엘의 역사』, 238

56 D. F. Payne, "1 and 2 Samuel," *New Bible Commentary*. eds. G. J. Wenham, et. al. (Nottingham: Inter-Varsity Press, 1994), 301 참고.

에벤에셀 전투가 벌어졌을 때 블레셋 사람들은 아벡에 진을 치고 있었는데, 아벡은 해안 평야 지대(샤론 평야)에서 에브라임 산악 지대로 가는 길목에 있는 전략적 요충지다. 한편 이스라엘 사람들은 에벤에셀에 진을 치고 있었는데, 이곳은 블레셋 사람들의 진격을 막기에 가장 좋은 위치였다. 이스라엘은 이 전투에서 법궤를 빼앗겼다. 블레셋 군대는 에브라임 산지의 실로까지 쳐들어가 성소를 파괴한 것으로 보인다(당시 성막이 실로에 있었다).[57] 이스라엘의 중심지가 파괴되었다. 블레셋 사람들이 실로까지 들어왔다는 것은 이 전투의 결과 단 지파라는 방어선이 무너졌다는 뜻이다(단 지파가 영토로 할당받은 지역들은 에브라임 지파의 남쪽에 있었다).

또 블레셋은 이스라엘 영토에 자신들의 수비대를 두었는데, 블레셋의 수비대 중 가장 중요한 수비대는 게바에 있었다(삼상 13:3-5, 23). 게바는 베냐민 지파가 할당받은 성읍으로서 전략적으로 아주 중요한 곳이다. 이것은 베냐민 지파라는 방어선도 무너지기 시작했다는 뜻이다. 블레셋은 전선(戰線)을 전방으로 더 깊숙이 밀고 들어간 것이다. 블레셋은 심리적으로 이스라엘보다 우위에 서게 되었고 반대로 이스라엘은 위축되었다. 이스리엘은 블레셋에게 안방을 내어주는 굴욕을 감수해야만 했다. 블레셋이 군사적으로 우위에 있다는 것을 인정할 수밖에 없었기 때문이다.

이런 사실들을 감안하면, 악조건 속에서도 일평생 블레셋과 싸운 사울은, 세속적인 관점에서 보면, 영웅으로 대접받을 만한 사람이다. 하지만 성경은 사울을 그렇게 평가하지 않는다!

이상은 일반은총이 작용하는 세상에서 자료들을 검토하고 분석하여 얻

---

[57] 삼상 4장에는 실로가 파괴되었다는 말이 없지만, 렘 7:12, 14; 26:6, 9; 시 78:60을 보면 이때 실로가 파괴되었다고 추측할 수 있다. 실로가 파괴되었다는 것은 고고학적인 발굴을 통해 입증되었다(Y. Aharoni, *The Land of the Bible*, trans. from the Hebrew & ed. by A. F. Rainey [Philadelphia: Westminster Press, 1979], 275). 하지만 이런 견해가 수정되어야 한다고 주장하는 사람도 있다(S. Holm-Nielsen, "Shiloh," *IDBS*, 822).

어낸 결론이다. 불신자도 이 정도 결론은 이끌어낼 수 있다. 하지만 성경은 다른 관점에서 문제를 본다. 성경의 주된 관심은 영적인 것, 즉 하나님과의 관계다. 블레셋의 인구 증가와 영토 확장의 필요성 때문에 전쟁이 발발하고 전투력에서 열세였던 이스라엘이 참패했다는 설명으론 충분하지 않다는 말이다. 그런 설명이 틀렸다는 뜻이 아니라, 하나님이 왜 그런 상황을 허용하셨으며, 왜 이스라엘을 도와주지 않으셨는지를 묻는 것이다.

이스라엘은 하나님이 선택하신 백성이므로 이스라엘에게 일어나는 모든 일은 신앙과 무관하지 않다. 예를 들어, 비가 오는 것은 자연 현상으로서 일반은총의 영역에 속하지만, 이스라엘이 하나님의 말씀에 순종하면 하나님이 이스라엘 땅에 때를 따라 비를 내려주시고(신 28:12) 불순종하면 가뭄이 들 것이다(신 28:24). 하나님은 자신이 우주 만물을 만드실 때 심어 두신 창조 질서와 법칙을 깨고 역사에 개입하시어 자신이 원하는 방식으로 우주 만물을 이끌어 가실 수 있는데, 우리는 이것을 기적이라고 부른다. 기적은 과학적으로 설명이 되지 않는 현상을 가리키는 말이지만, 하나님이 우주 만물을 통치하시는 하나의 방식이기도 하다.

이런 관점에서 보면 블레셋이 이스라엘을 괴롭히는 것은 하나님이 블레셋을 도구로 삼아 이스라엘을 시험하시려는 것이고 전쟁에서 진 것은 하나님이 이스라엘에게 승리를 주지 않으셨기 때문이다. 하나님은 자기 백성을 징계, 혹은 심판하시는 수단으로 전쟁을 사용하실 수 있다.[58]

이처럼, 이스라엘이 전쟁에 참패한 더 중요한 이유는 영적인 것이다. 사실, 이스라엘이 그동안 벌였던 중요한 전쟁들을 보면 전투력이 앞섰기 때문에 승리한 적이 없다. 이스라엘이 승리한 이유는, 항상 군사력, 전술, 전

---

[58] 성경에 기록된 모든 전쟁이 다 그런 것은 아니다. 예를 들어, 아사가 유다를 통치할 때 구스 왕 세라가 유다를 침략하는데(대하 14:9-13), 이 전쟁은 유다를 징계하거나 심판하시기 위한 것이 아니었다.

략과 같은 요소 때문이 아니라 하나님을 믿고 순종했기 때문이다. 반면, 하나님을 신뢰하지 않고 자만하거나 말씀에 불순종할 때 패배를 맛본다.

결국, 이스라엘의 역사에서 전쟁의 승패는 신앙에 달려 있었다. 예를 들어, 여호수아가 이끄는 이스라엘 백성은 견고한 여리고 성을 무너뜨릴 때, 단지 성 주위를 돌고 함성을 질렀을 뿐이지만, 아이 성을 공략할 때엔 월등한 군사력에도 불구하고 패배했다. 아간이 저지른 죄 때문이었다(수 6-7장). 미디안 군대와 싸우기 위해 기드온이 군대를 소집했을 때 3만 명이 넘는 백성이 나왔으나, 하나님은 백성이 너무 많다고 돌려보내라고 하신다. 그 이유는 "이스라엘이 자기 힘으로 승리했다고 교만해질까 봐" 그렇게 하신 것이다(삿 7:2-3). 결국 줄이고 줄여서 300명만 남게 되었고 하나님의 명령에 순종한 300명이 13만 5천 명의 대군을 물리쳤다(삿 8:10-12).

이스라엘 사람들은 "전쟁은 야웨께 속한다"라는 독특한 사상을 가지고 있었는데(삼상 17:47), 이것은 하나님이 전쟁을 일으키신다는 뜻이 아니라 (전쟁은 인간의 이기심과 탐욕 등 죄 때문에 일어나는 것이다), 전쟁의 승패를 하나님이 주관하신다는 뜻이다. 하나님은 전쟁 같은 악한 일들도 통제하시며 악한 일들을 포함하여 이 세상에서 일어나는 모든 일을 통해 선한 목적을 이뤄 가신다(사 45:7과 창 50:20에 나오는 요셉의 말을 보라). 그러므로 에벤에셀 전투에서 이스라엘이 참패한 이유는 하나님이 이스라엘에게 승리를 주시지 않았기 때문이다.

그렇다면 하나님이 이스라엘에게 왜 승리를 주시지 않았는가?

이스라엘이 에벤에셀 전투에서 패배한 진정한 이유가 영적인 것이라면, 어떤 점에서 그들이 하나님 앞에서 믿음으로 행하지 않았던 것일까?

본문을 주의 깊게 읽어보면 유일한 단서는 야웨의 언약궤(법궤)다. 그들은 전세가 불리해지자 법궤를 전쟁터로 가져왔는데, 법궤가 "우리 중에 있게 하여 그것(법궤)으로 우리를 우리 원수들의 손에서 구원하게 하자"

라는 의도에서였다(삼상 4:3).

이스라엘의 지도자(장로)들은 법궤를 주술적으로 사용하려 한 것일까?[59] 아니면 법궤가 마술을 부려 이스라엘에게 엄청난 권능을 가져다줄 것이라고 믿었던 것일까?[60]

이것이든 저것이든, 그들이 전쟁에서 승리하려고 법궤를 이용하려 했던 것은 분명하다. 문제가 된 것은 그들이 법궤를 '이용하려' 했다는 점이다.

법궤는 길이 약 113cm(2.5규빗), 높이와 폭 각각 68cm(1.5규빗) 정도 되는 사과 궤짝 모양의 상자로서 모세가 하나님의 명령을 받고 만든 것이다. 순금으로 만든 같은 크기(가로 2.5규빗, 세로 1.5규빗)의 뚜껑을 속죄소라고 하는데, 하나님은 이곳에서 모세와 만나실 것이고, 속죄소 위에 있는 두 그룹 사이에서 지시 사항을 알려주시겠다고 약속하셨다(출 25:22).

법궤 안과 앞에는 세 가지 중요한 물건, 즉 만나를 담은 돌 항아리(출 16:33-34)와 십계명을 기록한 두 돌판(출 25:21, 34:29, 40:20)과 아론의 싹 난 지팡이(민 17:4)가 있었는데, 이 물건들은 각각 뭔가를 기억나게 하는 물건들이다. 두 돌판은 이스라엘이 언약의 백성임을 생각나게 하고(출 34:27-28), 만나는 이스라엘이 오로지 하나님만 의지해서 살아갈 수 있는 백성임을 잊지 않게 하고(출 16:4, 32), 아론의 싹 난 지팡이는 하나님이 레위 지파 아론의 자손을 제사장으로 선택하셨다는 사실을 기억하게 만든다(민 17:5).

그러니까 이스라엘 백성들은 법궤와 속죄소를 볼 때마다 자신들이 하나님과 언약을 맺은 선택받은 백성이라는 사실을 되새기며, 자신들과 함께 계시며 말씀하시는 하나님을 신뢰하고 의지하려는 마음을 먹으면 되는 것이다.

---

[59] Eugene H. Peterson, *First and Second Samuel* (Louisville: Westminster John Knox Press, 1999), 42-43.

[60] D. F. Payne, "*1 and 2 Samuel*," 301.

그림 11. 법궤 상상도

　법궤를 신성하게 취급해야 할 이유는 그것이 하나님의 임재를 상징하는 물건이기 때문이지 그 이상도 이하도 아니다. 법궤를 함부로 다뤄서도 안 되지만 그것에 지나치게 큰 의미를 부여해서도 안 된다. 그런데 그들이 전쟁에서 승리하기 위해 법궤를 이용하려 한 순간부터 그들은 하나님을 경외의 대상이 아니라 이용의 대상으로 격하시키는 신성모독의 죄를 범한 것이다.[61] 만약 법궤를 가지고 전쟁터로 나간 이스라엘 군대가 승리를 거두었다면, 이후 이스라엘 사람들은 법궤를 우상처럼 섬겼을지도 모른다.

　미신을 믿는 블레셋 사람들은 이스라엘 신의 능력을 알고 있었기 때문에, 법궤가 이스라엘 진에 들어온 것을 보고 두려워했다. 진짜로 이스라엘의 신이 왔다고 생각한 것이다. 그들은 이렇게 말했다. "신이 진영에 이르렀도다"(삼상 4:7). 하나님을 모르는 사람들이니 그렇게 생각하는 게 당연하다.

　그러나 이스라엘 사람들은 하나님께 선택받은 언약의 백성이다. 하나님이 행하신 일들을 전해들은 블레셋 사람들과는 달리, 그들은 하나님의

---

[61] cf. 유진 피터슨은 "이스라엘의 지도자들은 미디안과 시내산에서 인격적이며 주권적인 분으로 나타나셨던 그 하나님을 상자 속에 들어 있는 신으로 바꾸려고 했다"라고 주장한다(Peterson, *First and Second Samuel*, 42-43).

능력을 직접 체험했기 때문에, 하나님을 신뢰할 수 있었다. 그런데 막상 전쟁이 일어나자 하나님을 신뢰하지 않고 이용하려 했다. 구원의 은혜를 받은 하나님의 백성이 하나님을 경외하지 않고 신뢰하지 않을 때, 그 죄는 하나님을 모르는 불신자가 하나님께 불손히 대하는 죄보다 더 심각한 것이다.

하나님을 의지해야 할 선택받은 백성은 하나님의 능력을 믿지 않았고, 하나님께 선택받지 못한 백성은 야웨의 능력을 알고 야웨를 두려워했다.

하나님의 능력을 안다고 하면서 믿지는 않는 이스라엘 사람들과 하나님을 믿지는 않지만 그분의 능력을 믿는 블레셋 사람들 중 누가 더 믿음이 좋은 것인가?

신자는 믿지 않고 불신자는 믿는 이런 아이러니를 어떻게 설명할 수 있을까?

블레셋 사람들만 하나님을 모르는 것이 아니라 이스라엘 사람들도 하나님이 어떤 분이신지 잘 몰랐던 것이다.

4. 세대교체가 필요한 이유

우리의 이야기를 에벤에셀 전투에서 시작하는 이유는 이 전투 때문에 결국 왕정이 도입되었기 때문이다. 앞에서 언급했듯이, 전투 결과 이스라엘은 큰 타격을 입었다. 많은 사람이 죽고 성소가 파괴되고 법궤를 빼앗기고 제사장들이 죽었다. 이스라엘 사람들은 이 전투에서 하나님의 은혜를 찾아보기 어려웠을 것이다. 하지만 이 전투를 통해 얻은 것도 있었다. 이스라엘에게 생각할 기회가 주어진 것이다. 사람은 잘 나갈 때가 아니라 넘어졌을 때 비로소 자신의 삶을 되돌아보는 법이다. "형통한 날에는 기뻐하고, 곤고한 날에는 되돌아보아라"(전 7:14).

사실 이스라엘 사람들은 이미 그 전부터 역사를 통해서 신앙이 중요하다는 진리를 계속 배워왔다. 하지만 그들은 계속해서 망각하는 일을 반복하면서 심판을 자초해왔다. 이스라엘 사람들은 가나안 땅에 정착한 이후로 가나안 족속들의 종교와 문화에 동화되어 갔는데, 그 결과 그들의 신앙은 혼합주의(syncretism) 양상을 띠기 시작했다.

하나님은 그들에게 죄를 깨닫게 하시려고 이방인들을 도구로 사용하셔서 징계하셨고, 그들이 고통 가운데 부르짖으면 사사를 세워 구원해주셨다. 하지만 평화가 찾아오면 그들은 또 다시 죄를 지어 상황을 더욱 악화시켰다. 이스라엘의 근본적인 문제, 즉 신앙의 타락과 우상 숭배는 해결되지 않은 채, 이런 악순환이 반복되면서 상황이 점점 더 악화된 것이다. 이런 상황이 에벤에셀 전투까지 이어진 것이다.

이스라엘이 생각할 때 전투 결과는 비참한 것뿐일지 모르지만, 사실 하나님은 부패하고 타락한 엘리 가문을 심판 하시고 새로운 지도자를 세우신 것이다. 그 사람이 바로 사무엘이다. 사무엘은 처음에는 엘리 밑에서 세마포 에봇을 입고 성소를 섬기다가(삼상 2:18) 어느 시점에 야웨의 선지자로 세움 받는다(삼상 3:20). 그러다가 엘리 가문이 몰락한 다음에는 이스라엘의 지도자가 되어 이스라엘의 신앙을 회복하는 데 주력했다. 그는 먼저, 이스라엘 사람들을 모두 미스바에 모이게 한 다음, 민족적인 차원에서 죄를 회개하게 했다(삼상 7:5-6).

No repent, No revival(회개가 없으면 부흥도 없다)!

미스바는 베냐민 지파에게 주어진 성읍으로서(수 18:26), 기브온과 라마와 가까운 곳에 있다(왕상 15:2). 그곳에 모인 이스라엘 사람들은 하루 종일 금식하며 하나님께 죄를 고백했다(삼상 7:6). "우리가 야웨께 범죄하였나이다." 아마 이들은, 그 이전에 사무엘이 언급했던 우상 숭배의 죄를 회개했을 것이다. 그는 이스라엘 백성들에게 이방신들을 버리고 야웨만 섬기면 하나님이 블레셋의 손에서 구원하실 것이라고 설교했었다(삼상 7:3). 사무엘은 국가에 위기를 가져온 핵심적인 문제가 죄라는 것을 알고 있었다. 그렇기 때문에 죄를 회개하는 것이 회복의 첫걸음이라고 생각한 것이다.

공교롭게도 이날 블레셋 사람들이 이스라엘을 기습 공격했는데, 이 사건을 통해 그의 판단이 옳았다는 것이 밝혀졌다. 당시 이스라엘 사람들은 죄를 회개하려고 모였기 때문에 전투 준비가 전혀 되어 있지 않았다. 에벤에셀 전투 때와 비교하면 훨씬 더 불리한 상황이었다. 그래서 블레셋 군대가 자신들을 공격하러 오고 있다는 소식을 듣자 그들은 두려워했다.

하지만 그들은 이전과는 다르게 행동했다. 그들은 하나님의 도우심을 구하는 기도를 사무엘에게 요청했고, 사무엘은 적들이 진군해 오고 있는 급박한 상황에서도 제사를 드리고 하나님께 기도를 드렸다. 상식적인 판단으로는 쳐들어오는 블레셋을 막기 위해 작전을 세우는 것이 급선무일 것 같은데, 사무엘은 이 상황에서 젖 먹는 어린 양 하나를 가져와 하나님께 온전한 번제를 드리고 이스라엘을 위해 기도드렸다(삼상 7:7-9).

이번에는 하나님이 도와주셨고 이스라엘이 승리를 거두었다. 하나님이 큰 우레를 발하여 블레셋 사람들을 혼란스럽게 만드시자 당황한 블레셋 사람들은 도주했다. 이스라엘 사람들은 블레셋 사람들을 해안 평야 지대까지 몰아냈다(삼상 7:10-11). 벧갈이라는 곳은 분명히 미스바와 지중해 해변 블레셋 평야 사이의 어디에 있었을 것이다.[62]

사무엘상 7:13-14에 따르면, 이 전투에서 패배한 블레셋 군대는 다시는 이스라엘 영토 안에 들어오지 못했다고 한다. 또 "사무엘이 사는 날 동안" 야웨의 손이 블레셋을 막으셔서 이스라엘 사람들은 에그론으로부터 가드

---

[62] E. D. Grohman, "Beth-car," *IDB* 1, 389.

까지 그 사방 지역을 블레셋 사람들의 손에서 되찾았다고 한다. "에그론으로부터 가드까지 그 사방 지역을 블레셋 사람들의 손에서 되찾았다"라는 말은, 이 승리로 이스라엘이 에그론과 가드에 근접한 성읍들, 즉 접경 지역의 성읍들을 블레셋 사람들의 손에서 되찾았다는 뜻일 것이다.[63]

그러나 이런 상태가 얼마나 오랫동안 지속되었는지는 알 수 없다. 얼마 후에 우리는 블레셋 사람들이 게바에 수비대를 두었다는 사실을 읽게 된다(삼상 13:3).

이후로도 이스라엘은 다윗이 블레셋을 정복할 때까지 계속해서 블레셋의 압박을 받기 때문에, 이 진술은 하나님의 은혜를 강조하려는 일종의 과장법으로 보인다.[64] 이 구절들이 사무엘의 활동을 요약하는 것이기 때문에, 이 구절이 말하고 있는 군사적인 승리는 사울의 지휘하에 성취된 것이다.[65] 사울의 군사적 승리를 요약하면서,[66]

사무엘상 14:47도 사울이 "블레셋 사람들을 쳤는데 향하는 곳마다 이겼다"라고 말한다. "이스라엘과 아모리 사람 사이에 평화가 있었다"라는 언급은 사무엘이 블레셋에게 승리를 거둠으로써 원주민이던 아모리 사람들과도 평화를 유지할 수 있었다는 것을 암시한다.[67] 그들은 이스라엘 안에 있는 촌락과 성읍에 살았으며 때때로 블레셋과 연합하여 이스라엘에 대항

---

[63] Tsumura, *The First Book*, 239-240.
[64] 이 구절들이 사사기의 이야기를 종결짓는 문구(삿 3:30; 8:28 참고)와 유사하기 때문에, 사사기처럼 읽어야 한다는 주장도 있다. 즉 "사무엘이 사는 날 동안 야웨의 손이 블레셋을 막으셨다"라는 구절(삼상 7:13의 하반절)은, 이스라엘에 대한 블레셋의 위협이 계속되고 있다는 것을 전제하고 있다는 것이다. 따라서 "이에 블레셋 사람들이 굴복하여 다시는 이스라엘 지역 안에 들어오지 못하였다"라는 구절(7:13의 상반절)은, 블레셋이 더이상 이스라엘을 괴롭히지 않았다는 뜻으로 읽지 않도록 주의를 준다는 것이다(R. E. Youngblood, "1, 2 Samuel," Tremper Longman III & David E. Garland eds. *The Expositor's Bible Commentary 3.1 Samuel-2 Kings* [Grand Rapids: Zondervan, 2009], 88).
[65] D. F. Payne, "1 and 2 Samuel," 303.
[66] Youngblood, "1, 2 Samuel," 150.
[67] Tsumura, *The First Book*, 240: 메릴, 『제사장의 나라』, 231.

했던 것으로 보인다.⁶⁸

이 사건을 통하여 이스라엘은 신앙이 문제의 핵심이라는 것을 확인했다. 자신들이 블레셋에게 이길 수 있었던 것은 하나님이 도우셨기 때문이며, 자신들이 회개하고 하나님께 돌아왔기 때문에 하나님이 자신들을 도우셨다는 사실을 확인했다. 그래서 사무엘은 이 날의 승리를 기념하기 위해 미스바와 센⁶⁹ 사이에 돌을 하나 세운 다음, 그 돌을 에벤에셀이라고 불렀는데, 에벤에셀은 '도움의 돌'이라는 뜻으로서, 야웨께서 도우셨다는 뜻과 이스라엘이 블레셋에게 대패했던 에벤에셀 전투를 동시에 떠올리게 하는 이름이다.

5. 정신 못 차린 이스라엘

이스라엘은 하나님의 은혜를 받았다. 다른 무엇보다도, 사무엘은 하나님이 이스라엘에게 주신 선물이었다. 사무엘은 라마에서 시작해서 벧엘, 길갈, 미스바로 순회하며 율법과 관련된 사건들을 판결하는 등, 이스라엘을 다스리며 이스라엘 백성들의 신앙을 회복시키는 데 주력했는데(삼상 7:6, 15; 8:1-3), 하나님이 사무엘을 통하여 이스라엘을 회복시키려 했던 것이다.

그러나 아버지가 공들여 쌓은 탑을 그의 아들들이 무너뜨렸다. 사무엘이 늙자 장남 요엘과 차남 아비야를 사사로 세웠는데, 이 두 아들이 뇌물

---

68   Payne, "1 and 2 Samuel," 303.
69   센은 이곳에만 나오며 정확한 위치는 확인되지 않는다. 다만 베냐민 지파의 영토 안에 있었고, '뾰족한 바위'라는 이름의 뜻처럼 험한 바위가 많은 지역이었을 것이다(홍순화, 『성경지명사전』, 342-343).

을 받고 부당한 판결을 일삼는 등, 사익만 추구했지 지도자로서의 역할을 제대로 하지 못한 것이다. 훌륭한 아버지 밑에서 어떻게 저런 아들들이 나왔는지 이상하게 생각할 수도 있겠지만, 백성들이 사무엘을 따르면서 자연스럽게 생겨난 권력이 결국 두 아들을 망쳤다고 생각하면 된다. 결국 이스라엘의 모든 장로가 라마에 있는 사무엘을 찾아가서 왕을 세워달라고 요청하기에 이른다(삼상 8:1-3). "당신은 늙었고 당신의 두 아들은 우리를 이끌만한 자들이 아닙니다. 우리도 다른 나라처럼 왕이 우리를 통치하게 해 주십시오."

사실 장로들의 요구가 전혀 터무니없는 것은 아니었다. 지금까지 자신들을 이끌어온 사무엘은 이제는 늙었고, 그의 후임으로 세운 그의 두 아들은 무능하고 부패했다. 만약 사무엘이 죽는다면 이스라엘은 선장 없는 배처럼 위태롭게 될 것이다. 국가의 안보가 위협받고 있는 이런 상황에서도 각 지파들은 자기 지파의 일에만 신경쓰지, 국가의 일에는 무관심하다. 왕정이 수립되어 강력한 왕이 통치하지 않는다면 나라가 망할지도 모른다!

이런 논리는 상황을 정확히 판단한 것이긴 하다. 그러나 가장 중요한 한 가지를 놓쳤는데, 자신들의 문제를 신앙의 눈으로 보지 못했던 것이다. 그들은 사사 시대의 실패가 신앙 때문이었다는 사실을 망각했다. 그들이 볼 때 당장 왕정이 도입되지 않으면 이스라엘은 망할 것 같았다! 하지만 진실은 그렇지 않았다. 이스라엘이 살고 죽는 것은 하나님 손에 달려 있었던 것이다.

실제로, 역사는 그들의 생각과는 반대 방향으로 흘러갔다. 이스라엘에 왕정이 수립되고 시간이 흐르면서 이스라엘은 파국의 길로 치닫는다. 결과만 놓고 보면, 왕정이 수립되었기 때문에 나라가 망한 것이다! 우리는 이 충격적인 사실에 직면해야 한다.

나라가 망할까 봐 불안해서 왕정을 도입했는데, 결과적으로는 왕정이 수립되고 난 후 나라가 망하다니, 이 아이러니를 어떻게 설명할 것인가? 이스라엘 왕정사에서 교훈을 얻으려면 이 문제에 집중해야 한다.

이스라엘 장로들이 왕정을 요구하자 사무엘은 몹시 불쾌했는데(삼상 8:6), 그런 요청을 자신의 통치를 거부하는 것으로 여겼기 때문이다.

일평생 이스라엘을 위해 헌신한 사람에게 그런 요구를 할 수 있는 것인가?

하지만 이 문제에 대한 하나님의 뜻을 알기 위해 하나님께 기도를 드린 사무엘은, 상황이 생각했던 것보다 더 심각하다는 것을 알게 되었다. 하나님의 말씀에 따르면, 백성들은 사무엘을 버린 것이 아니라 하나님을 버린 것이다(삼상 8:7).

여기에서 이스라엘이 왕정을 요구한 것이 왜 하나님을 버린 것이 되는지 설명이 필요하다. 이 문제는 이스라엘의 정치 제도를 봐야 알 수 있다. 국가로 탄생할 때부터 왕정이 수립될 때까지, 이스라엘은 신정(神政, theocracy)이라는 독특한 정치 제도를 가지고 있었는데, 하나님이 이스라엘을 직접 다스리시는 이런 정치 제도에는 통치 기구와 행정 조직 같은 것이 필요 없었기 때문에, 사실상 정치 제도라고 말할 수도 없다.

이런 독특한 제도는 이스라엘의 사명에서 비롯된 것이다. 이스라엘은 지상에 존재했던 나라들 중 하나님이 선택하신 유일한 나라다. 하나님이 이스라엘을 선택하신 이유는 이스라엘이 하나님께 대하여 '제사장 나라'이자 '거룩한 백성'이 되게 하시려는 것이었다(출 19:6).[70]

---

[70] 제사장 나라로 번역된 '맘레켓 코하님'은 "제사장처럼 구별된 나라," "제사장들인 왕들," 혹은 "제사장 같은 왕들," "제사장들의 왕권" 등 다양한 방식으로 번역될 수 있다 (John I. Durham, *Exodus* [Waco: Word Books, 1987], 263). 이 말은 이스라엘이 열방에 대해 제사장의 역할을 한다는 뜻일 것이다. 이사야에 나오는 첫 번째 종의 노래(42:1-9)를 보면 이스라엘(이 본문에서 종은 이스라엘이다)의 사명은 이방인들에게 미슈파트(심판이라고 번역됨)를 나타내는 것인데, 신약의 관점에서 본다면 복음을 전하는 것이다. 이 종의 사역의 범위는 전 세계적이다. 이스라엘이 이 사명에 실패했기 때문에 결국

출애굽한 이스라엘 백성들은 시내산에서, 그곳에 강림하신 하나님과 언약(이를 시내산 언약이라고 한다)을 맺었는데, 이 사건은 이스라엘을 다른 나라들과 구별시켜 주는 독특한 사건이다. 이스라엘은 신과 언약을 맺은 백성인 것이다! 하나님은 이스라엘을 언약의 백성으로 삼으시려고, 열 재앙으로 이집트의 신들을 벌하시고 노예 상태로 있던 그들을 이집트에서 인도하여 내셨다. 바다(큰 호수)를 갈라 길을 내고 바로의 군대를 멸하고 불기둥과 구름기둥으로 인도하고 만나와 메추라기로 먹이셨다.

이렇게 이스라엘을 구원하시고 그들과 언약을 맺으시면서 하나님은 그들에게 십계명과 언약서(출 20:22-23:33)라 불리는 율법들을 주셨는데, 십계명은 국가의 헌법과 같은 것이고 언약서는 백성들이 준수해야 할 법률 같은 것이다. 지도자의 역할은 백성들이 하나님의 율법을 실천하며 살도록 지도하는 것이었다. 왕정이 생기기 전에 이스라엘을 이끌었던 모세나 여호수아 같은 인물을 보면 이스라엘의 지도자에게 가장 중요한 것이 무엇인지 알 수 있다.

모세가 죽은 후 여호수아가 이스라엘의 지도자가 되었을 때 하나님이 여호수아에게 하신 말씀(수 1:2-9)을 읽어보면, 율법을 지키라는 말씀이 핵심이다. 이런 강조는 신명기에 다시 나타난다(신 17:14-20). 훗날 이스라엘에 왕정이 수립될 때, 이스라엘 왕들은, 말(군사력), 아내(정치 권력과 후계자 문제), 은금(금권) 따위를 많이 소유해서는 안 된다. 이런 것들은 왕의 권력을 보여주는 가장 중요한 표지들로서, 세상 나라 왕들이 중요하게 여기는 것들이지만, 하나님 나라에선 이런 것들이 아니라 말씀이 중요하다.

이스라엘 왕들은 왕위에 오르거든 이런 것들을 소유하려는 대신, "이

그리스도께서 성취하시며, 그리스도를 머리로 하는 교회가 이 사명을 이어받았다. 바울은 야웨의 종의 사명이 자기의 사명이라고 확신했다(행 26:15-18).

율법서의 등사본을 레위 사람 제사장 앞에서 책에 기록하여 평생에 자기 옆에 두고 읽어 그의 하나님 야웨 경외하기를 배우며 이 율법의 모든 말과 이 규례를 지켜 행해야 한다"(신 17:18-19).[71] 한 마디로, 이스라엘의 왕은 세상 나라의 왕과 아주 다르며, 이스라엘 왕의 가장 중요한 사명은 이스라엘이 하나님과 언약을 맺은 백성으로서의 특별한 정체성을 유지할 수 있도록 힘쓰는 것이다.

모세나 여호수아를 보면, 하나님이 이스라엘을 어떻게 통치하셨는지 확실히 드러난다. 모세는 이스라엘 백성을 이집트에서 이끌어 내었고, 그들을 광야에서 가나안 땅 목전까지 이끈 뛰어난 지도자이지만, 특별한 지위가 없었다. 그는 왕도 아니었고 군사령관도 아니었고 제사장도 아니었다.[72] 그에게는 그의 통치를 지원해 줄 만한 어떤 조직도 없었다. 그런데도 그는 이집트에서 수많은 사람을 이끌어 내었고, 광야에서 그들을 먹여 살렸고 아론과 그의 아들들에게 기름을 부어 제사장으로 삼았으며 백성들 사이에 분쟁이 생길 때마다 분쟁을 해결해 주기도 했고, 이스라엘 남자들을 통솔하여 전쟁에서 승리를 거두었다.

아무런 직책도 없고, 통치력을 지원해 줄 만한 최소한의 조직도 없었던 모세가 어떻게 이런 막중한 임무를 수행해 낼 수 있었을까?

그 비결은 문제가 생길 때마다 하나님이 직접 개입하셔서 모세의 권위를 옹호하셨다는 것이다. 형인 아론이나 누나인 미리암조차 모세의 권위

---

[71] 이 구절에서 '이 율법'이 가리키는 것이 무엇인지 명시되지 않았기 때문에, 여러 견해들이 제시되어 왔는데, 왕에 관한 규례(14-17절), 신명기 전체, 신명기 12-26장(신명기의 법률적인 부분) 등이 그것이다. 크레이기는 '이 율법'은 아마 시내산 언약을 체결할 때 사용되었던, 언약서(출 24:7)를 가리키는 것이라고 생각한다(Craigie, 256; Duane L. Christensen, *Deuteronomy 1:1-21:9*. 2nd ed. WBC [Nashville: Thomas Nelson Publishers, 2001], 386 참고).

[72] 참고. 발터 아이히로트, 『구약성서신학 I』(*Theology of the Old Testament*), 박문재 역 (서울: 크리스챤다이제스트, 1994), 307-308.

에 도전해서는 안 될 정도로 하나님이 모세를 세워 주셨다(민 12장). 그래서 모세에게 특별한 직책은 없었지만, 모세가 백성들을 이끌 수 있었던 것이다. 그의 권위는 지위에서 나온 것이 아니라, 하나님께로부터 온 것이다. 하나님이 어떤 인물을 지도자로 세우시고 그를 통해 이스라엘을 다스리시는 이런 통치 방법은 사사 시대 내내, 그리고 왕정이 들어서기 직전까지 계속된다.[73]

이런 통치 방법의 두드러진 특징은 지도자에게 주어진 지위와 권위가 세습되지 않는다는 것이다. 하나님은 모세에게 주셨던 지도자의 지위를 그의 아들들에게도 넘겨주지 않으셨다. 세습을 통해 권력이 한 개인과 가문에게 집중되는 것을 허락하지 않으신 것이다. 어떤 세습된 권력도 타락하지 않은 적이 없다는 사실을 잘 알고 있는 우리는 이런 사실에 놀라움을 금할 수 없다!

기드온의 아들 아비멜렉에게서(삿 9장), 사무엘의 두 아들에게서, 우리는 권력이 세습되었을 때 어떤 폐단이 생기는지 똑똑히 볼 수 있다. 왕정은 이 점에서 치명적인 결함을 가지고 있다. 세습을 거치면서 권력은 왕실에 집중되고 집중된 권력은 반드시 부패한다. 그렇기 때문에 하나님은 필요할 때마다 어떤 사람을 세우시고 그를 통해 이스라엘을 다스려 오신 것이다. 왕정이 수립되기 전까지 이런 방식의 통치가 이어져 왔다. 그래서 이스라엘 사람들이 왕을 달라고 요구하자, 하나님은 사무엘에게, 왕정이 가져올 폐단이 무엇인지 충분히 설명하라고 말씀하셨다(삼상 8:9).

왕정이 들어서면 이스라엘 백성들은 세금을 내고 노동력을 제공하고 병역의 의무를 다해야 한다. 왕의 제도가 생기면 백성의 아들들과 딸들이 왕

---

[73] 이런 지도력은 현대 사회에서 우리가 가진 지도력과 아주 다르다. 대통령조차도 임기가 끝나갈 즈음엔 권력 누수 현상이 생기는 걸 보면, 우리는 지위/직위 없는 리더십을 생각하기 어렵다.

실을 위해 봉사해야 한다는 사무엘상 8:11-17의 말은 그나마 타락하지 않은 권력이 들어섰을 때의 이야기지, 실제 역사에선 소수의 권력을 위해 수많은 백성이 고통을 당했다. 왕정은 이스라엘에게 유익보다는 고통을 가져다줄 것이다(왕정의 폐단을 정확히 예측하고 있다는 점에서 성경은 놀라운 책이다)!

그러나 다른 나라 같이 되고 싶다는 욕망으로 가득한 이스라엘 백성들의 귀에 이런 경고가 들렸을 리 없다. 왕을 세워달라는 이스라엘 장로들의 요구를 기록한 사무엘상 8장을 읽어보면 "다른 나라들 같이"라는 말이 두 번이나 나온다(5, 20절). 하나님은 이스라엘을 세상 나라(이집트)에서 불러내셔서 하나님의 나라로 삼으셨는데, 이스라엘은 다른 나라들같이 되고 싶어 한다. 하나님은 이스라엘을 제사장 나라이자 거룩한 백성으로 불러내셨는데, 이스라엘은 그런 사명에는 관심이 없어 보인다. 백성들을 지도해야 할 장로들은 오히려 백성들의 요구를 대변하고 있으니 안타까울 뿐이다.

그러나 결국 하나님은 왕정을 허락하셨다(삼상 8:22). 그런데 이는 백성들의 요구에 못 이겨 계획에도 없던 왕정을 허락하신 것이 아니다. 처음부터 왕정은 하나님의 구속 계획의 일부였으므로 때가 되면 하나님이 이스라엘에게 왕을 주실 계획이셨다. 하나님이 인간을 만드실 때 하나님의 형상을 따라 만드셨다는 말(창 1:26-27)은 인간을 왕/여왕으로 만드셨다는 뜻이다.[74] 인간을 만드신 후 하나님은 인간에게 땅과 모든 생물을 다스리

---

[74] 하나님이 인간을 창조하실 때, "하나님의 형상을 따라, 우리(하나님)의 모양대로" 만드셨다는 창 1: 26-27의 해석에 관해서는 다양한 견해가 제시되어 왔는데, 일단 형상(쩰렘)과 모양(데무트)은 같은 의미를 지닌 것으로 보이며, 이 말은 인간을 왕으로 만드셨다는 뜻으로 해석하는 것이 가장 적절하다(Victor P. Hamilton, *The Book of Genesis 1-17*. NICOT [Grand Rapids: Eerdmans, 1990], 135; Gordon J. Wenham, *Genesis 1-15* [Waco: Word Books, 1987], 29-31).

라고 명령하셨는데(창 1:28). 다스리는 것은 왕/여왕이 할 일이다.

그러나 죄가 세상에 들어오고 죄로 인해 타락함으로써 인간은 왕/여왕의 모습을 잃어버렸다. 그러므로 하나님의 구속 계획에는 인간을 왕/여왕의 지위로 회복시키는 것이 포함된다. 하나님은 우주 만물을 구속하시려고 아브라함과 언약을 맺은 후 이렇게 약속하셨다(창 17:6, 16). "왕들이 네게로부터 태어날 것이다." 이 언약은 야곱에게 재 확증된다(창 35:11). "왕들이 네 허리에서 나오리라." 야곱은 유다를 축복하면서 "규가 유다를 떠나지 아니하며 통치자의 지팡이가 그 발 사이에서 떠나지 아니하기를 실로가 오시기까지 이르리니 그에게 모든 백성이 복종하리로다"라고 예언했다(창 49:10).[75] 이 모든 말씀은 하나님의 구속 계획에 왕의 통치가 포함되어 있다는 뜻이다.[76]

특히 신명기는 때가 되어 이스라엘에 왕이 존재할 때 어떤 사람이 왕이 되어야 하며 왕이 어떻게 행동해야 하는지에 관해 규정한다(신 17:14-20). 이것은 모세가 설교할 때를 기준으로 미래의 어느 시점에 이스라엘에 왕정이 수립될 것을 전제로 한 것이다.

이런 사실들을 고려한다면, 이스라엘 백성들은 하나님을 신뢰하며 잠잠히 기다렸어야 했다. 때와 기한은 하나님께 속한 것이므로 인내하며 하나님이 조치를 취하실 때까지 기다렸어야 했다. 하지만 이스라엘 백성들에겐 그런 믿음이 없었다. 조금이라도 과거를 돌아봤다면, 그래서 그때까지 자기들이 어떻게 생존할 수 있었는지를 회상했다면, 왕을 달라는 요구를 철회했을지도 모른다. 하지만 이스라엘은 에벤에셀 전투에서 대패하고, 사무엘을 통해 하나님이 구원하시는 역사를 경험하고도, 정신을 차리

---

[75] 이 모든 약속은 창 1:28의 명령과 연결되어 있다(Hamilton, *The Book of Genesis 1-17*), 464.

[76] 메릴, 『제사장의 나라』, 238-242, 247-248 참고.

지 못했다. 사실 이스라엘의 이런 믿음 없는 모습은 새로울 것도 없다.

시내산에서 언약을 체결하여 국가로 출범한 지 40일도 안 되어 그들은 금송아지를 만들지 않았는가?(출 24:18; 32:1-6)

모세와 여호수아가 다스릴 때에도 문제가 없었던 것은 아니지만, 그때엔 이스라엘의 신앙이 크게 변질되지는 않았다. 그러나 이스라엘 백성은 가나안 땅에 정착한 후(가나안 땅에 들어가기 전에 하나님이 모세를 통해 경고하셨음에도 불구하고!) 그들의 문화와 종교의 영향을 받았다. 이스라엘 사람들은 다산과 풍요와 아름다움과 같은 인간의 욕망을 채워주는 가나안의 종교와 문화의 유혹을 떨쳐버릴 수가 없었던 것이다.

"무엇이 꿀보다 달겠으며, 무엇이 사자보다 강하겠느냐?"(삿 14:18)

용맹스러운 나실인 전사 삼손을 무너뜨린 것은 사자의 이빨도, 블레셋 용사의 검도 아니라 여인의 향취였던 것처럼, 이스라엘은 가나안 사람들의 창과 칼이 아니라, 그들의 인간적인 종교와 문화 앞에서 무장 해제되었던 것이다. 그 결과, 그들의 신앙은 점점 더 혼합주의 양상을 띠게 되었다.

결국 하나님께 대하여 제사장 나라이자 거룩한 백성인 이스라엘은 가나안 땅에 들어온 후 그 정체성을 잃어가고 있었다. 자신이 누구인지를 망각한 채, 세상 나라처럼 되고 싶어 하는 것이 이스라엘이 겪고 있는 가장 큰 위기였지만, 이스라엘은 자신들의 문제가 뭔지도 몰랐고 문제를 해결할 올바른 방향도 찾지 못했다.

이스라엘 사람들의 생각은 이랬다. 주변 국가들, 특히 사사 시대부터 이스라엘을 끊임없이 괴롭혀 온 블레셋의 위협은 점점 커져만 가는데,[77] 각 지파들은 너무 이기적으로 굴고 있다. 다른 지파가 침략을 당해도 자기 지

---

[77] 메릴은 이 위협이 북쪽의 아람인들과 동쪽의 아모리인들로부터 온 것이라고 주장한다 (메릴, 『제사장의 나라』, 248). 그러나 사울이 왕이 된 후 싸웠던 주적이 블레셋이라는 점은, 이 위협이 블레셋으로부터 온 것임을 보여준다.

파에 직접 해가 되지 않으면 도우려 하지 않는다. 이러다간 나라가 다 블레셋에게 먹힐지도 모른다. 상황이 이렇게 심각한데도 지파들은 뭉치려 하지 않는다. 이 위기를 벗어나려면 지파들의 힘을 한데 모을 구심점이 필요하다. 왕이 있어야 한다.

당시 이집트는 자기들의 실제적인 유익 때문에 가나안 지역에 직접적인 영향력을 행사하지 못하고 있었다. 그래서 블레셋의 위협이 점점 더 증대되고 있었던 것은 사실이다. 그러나 블레셋의 위협은 이집트의 영향력이 약화되었기 때문이 아니라, 이스라엘의 신앙이 위기에 처했기 때문에 생긴 것이다. 이스라엘은 큰 사건들을 경험하고도 이런 진리를 깨닫지 못했다. 역사로부터 배우지 못한 것이다.

6. 이스라엘에도 왕이 생기다

이렇게 해서 결국 하나님 나라 이스라엘에 최초의 왕이 세워지는데, 그 사람이 사울이다. 사울은 이스라엘 왕의 역할이 무엇인지를 보여줄 수 있는 기회를 얻은 최초의 인물이었다. 하지만 불행하게도, 그는 이스라엘 왕이 걸어야 할 길을 제대로 보여주지 못함으로써 실패한 왕의 모델이 된다. 그런데 그가 그런 평가를 받는 이유는, 무능했기 때문이 아니라 믿음이 없었기 때문이다. 사울 이야기에서 우리가 배워야 할 가장 중요한 교훈은 바로 이것이다. "부패보다 더 나쁜 것은 무능"이라는 현대인들의 관점과는 아주 다르게, 성경은 "능력이 아니라 신앙이 중요하다"라고 가르친다. 이런 관점을 갖고 그의 이야기를 들여다보아야 한다.

사울은 베냐민 지파 사람인 '기스'(히브리어 '키스')의 아들이다(삼상 9:1). 사무엘상 9:1이 기스를 설명하면서 사용한 '깁보르 하일'이라는 표현(한글

개역성경은 이 용어를 '유력한 사람'으로 번역했다)은, 문맥에 따라 여러 의미로 번역될 수 있다.[78] 여기서는 신분이 높은 사람이라는 뜻일 수도 있고,[79] 부자라는 뜻일 수도 있다. 그가 암나귀들과 종들을 소유한 것(삼상 9:3)으로 미뤄볼 때[80] 부자였던 것은 분명하다. 그러나 사무엘은 사울이 누구인지 전혀 몰랐는데(삼상 9:15-17), 이런 사실을 보면, 기스는 그다지 유명한 사람은 아니었던 것 같다.

사울은 "준수한 소년이고 이스라엘 자손 중에 그보다 더 준수한 자가 없고 키는 백성보다 어깨 위만큼 더 컸다"라고 하는데(삼상 9:2), 이렇게 외모를 묘사하는 것은 고대 근동 사람들이 왕의 신장과 외모를 매우 중요하게 생각했기 때문일 것이다.[81] 즉 그는 외모로는 왕이 되기에 충분한 자격을 갖춘 사람이다. 한편, 이것은 하나님이 그에게 은혜를 주셨다는 것을 표현하는 방식이기도 하다. 요셉(창 39:6)이나 모세(출 2:2)와 같은 이스라엘의 위대한 인물들도 훌륭한 외모를 지녔다고 한다.[82]

그러나 이 구절은 이스라엘 왕에게는 외모가 중요하지 않다는 진리를 드러내기도 한다. 사울은 훌륭한 외모를 지녔지만 훌륭한 왕이 되지 못했다. 반면, 훌륭한 왕으로 평가받는 히스기야나 요시야의 경우, 성경은 그

---

[78] 깁보르 하일은 여러 가지 뜻으로 번역될 수 있다. '유력한'으로 번역될 수도 있고(McCarter, *1 Samuel*, 164, 173), 삿 6:12; 11:1에서처럼 '큰 용사'로 번역될 수도 있고, 열왕기하 15:20에서처럼 부자로 번역될 수도 있다(Klein, *1 Samuel*, 86). 룻 2:1에서 보아스에 대해 사용된 이 용어도 부자로 번역해야 한다(한글개역성경에는 유력한 사람으로 번역됨).

[79] 클라인은 삼상 9:1에 기록된 족보의 목적이, 결국 사울이 신분이 높은 가문 출신이라는 것을 강조할 의도를 지녔다고 주장한다(Klein, *1 Samuel*, 86).

[80] 욥 24:3을 보면 "(악인이) 고아의 나귀를 몰아간다"는 말이 나오는데, 이것은 고대 이스라엘 사회에서 나귀가 생필품이었음을 보여준다. 하지만 부자들은 한두 마리가 아니라 많은 가축을 소유하고 있었는데, 여기에는 보통 나귀가 포함되었다. 창 12:16; 24:35, 욥 1:2 등을 보라(W. S. McCullough, "Ass," *IDB* 1, 261).

[81] 존 월튼 외 2인, 『IVP 성경배경주석 구약』, 416.

[82] McCarter, *1 Samuel*, 173.

들의 외모에 관해 전혀 언급하지 않는다. 다윗의 경우, "그의 빛이 붉고 눈이 빼어나고 얼굴이 아름답다"라고 외모가 언급된다(삼상 16:12).[83] 다윗은 훌륭한 외모를 지녔다는 것이다. 그러나 이 칭찬은 사무엘이 하나님의 지시를 받고 이새의 아들 중 한 사람에게 기름을 부으러 간 상황에서 나온 말이다.

사무엘은 이새의 아들 중 한 사람을 봐두셨다(임명했다)는 하나님의 말씀만 듣고 베들레헴으로 갔다(삼상 16:1, 4). 이새의 장자 엘리압을 보는 순간, 사무엘은 "이 사람이 왕이 될 사람이구나"라고 생각했다(삼상 16:6).

사무엘이 엘리압의 인격이 어떤지를 어떻게 알겠는가?

사무엘은 그의 외모만 보고 그가 왕이 될 만한 사람이라고 판단한 것이다. 그러자 하나님은 "그의 용모와 키를 보지 말라"라고 하시면서 "사람은 외모를 보거니와 나 야웨는 중심을 본다"라는 그 유명한 말씀을 하셨다(삼상 16:7). 여기에서 중심으로 번역된 '레밥'이라는 단어는 속사람, 마음, 의지와 같은 뜻을 지닌다.[84] 하나님은 다윗을 택하신 것은 그의 마음을 보고 하신 것이지 외모를 보고 하신 것은 아니라는 말씀이다. 사실 이 일이 있기 전에, 사무엘 자신이 사울에게 이렇게 말했었다.

> 야웨께서 왕에게 명령하신 바를 왕이 지키지 아니하였으므로 야웨께서 그의 마음에 맞는 사람을[85] 구하여 야웨께서 그를 그의 백성의 지도자로 삼

---

[83] 붉다고 번역된 '아드모니'라는 단어는 이곳 이외에 단 한 번 에서에 대해 쓰였는데(창 25:25), 피부색이 붉다는 뜻으로서 "혈색이 좋은, 건장한"이라는 뜻일 것이다. (눈이) '빼어나고'로 번역된 야폐는 '아름답다'는 뜻이다. (얼굴이) '아름답다'는 말은 히브리어 톱을 번역한 것인데, '잘생겼다'고 번역하는 것이 낫다.

[84] HALOT, 516.

[85] 마음에 맞는 사람이라는 말은 히브리어 원문 '이쉬 키 레바보'를 번역한 것인데, 직역하면 '그(하나님)의 마음에 따른/일치한 사람'이라는 뜻이다(Tsumura, The First Book, 349; Youngblood, "1, 2 Samuel," 137). 즉 하나님은 그(다윗)의 (외모가 아니라) 마음을 보고 선택하셨다는 뜻이다.

으셨느니라(삼상 13:14).

사무엘은 사울에게 이 말을 전할 때 하나님의 마음에 맞는 사람이 누군지 몰랐지만 그 사람이 사울과는 달리 하나님을 사랑하는 사람일 것이라고 생각했을 것이다. 하나님이 보시는 것은 마음이다.

그렇다면 하나님이 사울을 택하실 때엔 그의 마음을 보지 않으셨다는 말인가?

이것은 우리가 알 수 없는 영역의 문제다. 다만 성경을 읽어보면, 왕이 되기 전과 왕이 된 직후의 사울은 대단히 여리고 소박한 사람처럼 보인다. 그가 사무엘에게 왕으로 기름 부음을 받은 것도 아버지의 지시를 받고 사환과 함께 잃어버린 암나귀들을 찾으러 돌아다니다가 있었던 일이다(삼상 9:3-27). 그는 아버지가 걱정하실까 봐 두려워하면서(5절), 하나님의 사람을 만나기 위해 드려야 할 예물이 없다고 걱정하고 있다(7절).

사울을 첫 대면한 자리에서 사무엘이 사울에게 이렇게 묻는다.

"온 이스라엘이 사모하는 자가 누구며, 너와 네 아버지의 온 집이 아니냐?"

사울은 자기가 이스라엘의 가장 작은 베냐민 지파 사람이며 자기 가족은 베냐민 지파의 모든 가족 중 가장 미약한데 왜 이런 말씀을 하시냐며 겸손한 모습을 보였다(20-21절).[86] 사울이 베냐민 지파의 사람이었고, 고향인 기브아가 라마에서 그다지 멀리 떨어져 있지 않았고, 아버지는 유력한 사람이었다는 사실 등으로 미뤄볼 때, 사울도 최근에 장로들이 왕을 세워 달라고 요구했다는 것을 알고 있었을 것이다. 하지만 그 주인공이 자기가 될 것이라곤 꿈에도 생각하지 못했던 것 같다.

---

[86] Tsumura, *The First Book*, 277-278; Youngblood, "1, 2 Samuel," 102 참고.

사무엘이 그에게 기름을 부어 왕으로 삼은 후(삼상 10:1), 하나님은 그에게 새 마음을 주셨고 사무엘이 예언했던 징조도 다 응했다고 한다(삼상 10:9). '새 마음'에서 '새'로 번역된 히브리어 '아헤르'는 '다른'(영어의 other, another, different)이란 뜻이다.[87] 문맥상 다른 마음은 좋은 마음이지 나쁜 마음일 리는 없다. 사울은 하나님의 영(즉 성령)이 임하자 예언을 했다(삼상 10:10-11). 이런 모습들은 그가 은혜를 받았다는 증거다.

또 사무엘은, 전에 사람들을 모은 후 금식하고 회개하게 했던 곳인 미스바로 백성을 불러 모으고 제비뽑기 방식으로[88] 왕을 선출했는데(삼상 10:17-27),[89] 이때 '베냐민 지파 마드리의 가족 중 기스의 아들 사울'이 왕으로 뽑히자, 사울은 짐 보따리들 사이에 숨었다(삼상 10:22). 그는 남들 앞에 나서기를 부끄러워하는 그런 사람이었던 것이다.[90] 사무엘이 모든 백성에게 사울을 소개하면서, "야웨께서 택하신 자이며 모든 백성 중에 짝할 자가 없다"라는 사실을 강조하는 것을 보면(삼상 10:24), 사무엘은 사울의 이런 모습을 좋게 본 것 같다. 아마 겸손함의 표시로 여겼을 것이다.

또 사울의 능력을 의심하고 사울의 권위를 인정하지 않는 불량배들(버네 벨리야알)이 "이 사람이 어떻게 우리를 구원하겠느냐"라며 멸시하며 예

---

[87] Tsumura, *The First Book*, 292.
[88] 이런 방법은 아간을 적발해 낼 때 쓴 방법과 비슷하다. 아마 각 지파를 나오게 한 후, "이 지파입니까?"라고 하나님께 묻고, 하나님이 "그렇다"와 "아니다" 중 하나로 답변하시는 방식으로 진행되었을 가능성이 있다. 하나님의 답변은 아마 우림과 둠밈으로 판단했을 것이다(월튼 외 2인, 310, 420; Tsumura, *The First Book*, 297 참고).
[89] 이런 방식을 통해 백성들은 하나님은 사울이라는 인물을 이스라엘의 왕으로 선택하셨다는 사실을 알게 된다. 이런 절차가 필요했던 것은, 그때까지 이스라엘에는 왕이란 존재가 없었기 때문에 이스라엘 최초의 왕에게 정통성과 권위가 주어져야 했기 때문이다. 하나님이 그 사람을 선택하셨다는 사실은 선택받은 인물에게 정통성과 권위를 주었을 것이다.
[90] 이것은 그가 겸손하다는 표시가 아니라 하나님이 주신 사명을 감당하지 못하는 소심함과 침묵의 결과라는 주장도 있다(카이저, 『이스라엘의 역사』, 263). 그러나 만약 그런 태도가 부정적인 모습을 드러낸 것이라면 왜 사무엘은 그를 세워주고 있는가?(삼상 10:24)

물을 바치지 않을 때도,⁹¹ 사울은 잠잠했다(삼상 10:27). 이것은 사울의 훌륭한 인격을 표현한 것이다.⁹²

그림 12. 사울에게 사무엘이 기름을 붓는 모습. 고대 이스라엘에서는 제사장, 왕, 선지자에게 기름을 부어 성별했는데, 메시아(히브리어 마시아흐)라는 말은 '기름부음 받은 자'라는 뜻이며 이를 헬라어로 번역한 말이 그리스도다. 기름부음 받은 사울이 비극적 최후를 맞은 모습은 오늘날 그리스도인들에게 많은 교훈을 준다.

물론 이런 모습들만 보고 그가 겸손하고 믿음이 있는 사람이라고 단정할 수는 없다. 사울이 왕이 되고 난 후, 그에게서는 더이상 예전과 같은 겸손한 모습을 찾아볼 수 없게 되었기 때문이다. 결국 인간은 사람의 마음을 볼 수 없다는 진리를 다시 한번 깨달을 뿐이다. 여하튼 잃어버린 암나귀를 찾으러 돌아다니다가 사무엘에게 기름 부음을 받고 또 다시 미스바에서 왕이 선출되었을 때만 하더라도 그는 "이스라엘을 블레셋으로부터 구원할 하나님께서 택하신 사람"이었다(삼상 9:16; 10:24).

---

91 이것은 사울 자신의 문제라기보다는, 왕정 제도가 시작된 지 얼마 되지 않았기 때문에 생긴 문제다.
92 Tsumura, *The First Book*, 301.

그런데 사무엘상 13장으로 가면, 사울이 갑자기 버림받는다. 도대체 사울이 무슨 잘못을 했기에 갑자기 버림을 받는 것인가?

사울의 잘못은 왕위가 폐위될 정도로 심각한 죄인가?

그의 여리고 착했던 마음이 갑자기 변했는가?

사무엘상 10장과 13장에 기록된 사건들 사이에는 어떤 일들이 있었는가?

우리는 먼저, 사울이 도대체 무슨 큰 잘못을 했기에 왕위가 폐위될 것이라는 말을 들은 것인지, 사울 이야기에서 가장 중요한 부분을 살펴보려고 한다.

7. 종교적이지만 믿음이 없는 사람

앞에서 언급했듯이, 에벤에셀 전투 이후, 블레셋은 게바 등에 수비대를 주둔시켜 이스라엘을 위협해 왔다. 게바는 베냐민 지파의 영토 안에 있으며 예루살렘에서 북동쪽으로 약 10km 떨어져 있다.[93] 이곳은 전략적으로 중요한 위치에 있었기 때문에 이곳에서 이스라엘과 블레셋 사이에 전투가 자주 벌어졌다(삼상 14:5; 삼하 5:25; 참고. 대상 14:16).

이스라엘을 다스린 지 2년 되던 해에,[94] 사울은 게바에 주둔해 있던 블

---

[93] W. H. Morton, "Geba," *IDB* 2, 359.
[94] 삼상 13:1의 히브리어 본문을 직역하면, "사울이 왕이 되었을 때 한 살이었다. 그리고 그는 이스라엘을 2년간 다스렸다"이다. 한 살에 왕이 되었다는 것은 말이 되지 않기 때문에 대부분의 학자는 한 살로 번역된 '벤 샤나' 다음에 숫자가 빠졌다고 생각한다. 즉 '[ ]세'라는 어구 앞에 숫자가 탈락했다고 보는 것이다. 예를 들어 70인역의 일부 사본을 근거로 NIV는 "사울은 그가 왕이 되었을 때 30세였다. 그가 다스린 지 2년 되었을 때에,"로 번역한다. 그러나 이것은 하나의 추론일 뿐이다.

이 부분을 전혀 다르게 해석하는 사람들도 있다. 아예 "사울은 나라를 다스리기 시작할 때에 한 살이었다"로 번역한 후, 사울이 완전히 다른 사람이 된 기름부음 받은 사건

레셋 수비대를 공격한다(삼상 13:1). 이스라엘 땅에서 블레셋을 몰아내려는 것이다. 사울은 용감히 싸울 만한 소수 정예 부대를 데리고 싸울 작정으로 3천 명만 놔두고 나머지 사람들을 집으로 돌려보냈다. 그리고 그들 중 2천 명은 믹마스와 벧엘산에 주둔시키고, 1천 명은 자기 아들 요나단에게 주어 베냐민 기브아에 주둔시켰다. 믹마스와 기브아는 오늘날 '수웨닛'이라는 이름을 가진 와디(비가 올 때만 물이 흐르는 개천)를 사이에 두고 서로 맞은편에 위치해 있다.

이 와디는 가파른 계곡인데 여리고 근처 요단 계곡에서 예루살렘 북쪽의 벧엘 부근의 산지까지 올라온다. 와디 북쪽 언덕에 위치한 믹마스는 이 와디의 북쪽 지역으로 가는 통로였고, 기브아는 남쪽 지역으로 가는 통로였다.[95] 블레셋이 수비대를 주둔시킨 게바는 믹마스와 기브아의 중간에 있다.[96] 믹마스는 예루살렘에서 북쪽으로 약 11km 떨어졌고 벧엘에서는 남쪽으로 약 5-6km 떨어진 곳에 있었다.[97] 벧엘산은 믹마스 근방에 있었을 것으로 추정되는 산으로서 산등성이를 따라 세겜으로 가는 길이 있어 이 지역의 통로를 장악할 수 있는 곳이다.

(삼상 10:6)으로부터 그가 왕으로 확증된 때(삼상 11:15-13:1)까지 1년이 지났다는 뜻이라고 주장하는 사람도 있다. 그러면 이 구절은 사울이 왕으로 확증된 때로부터 2년이 지났다는 뜻이 된다.

행 13:21은 사울이 이스라엘을 다스린 기간을 언급하는데, 본문에 근거해서 V. P. 롱 (V. P. Long)은 사울의 통치 기간을 20년으로 잡는다(이안 프로반 외 2인, 『이스라엘의 성경적 역사』(Biblical history of Israel), 김구원 역 [서울: CLC, 2013], 407). 통치 기간에 대해서도 다양한 견해가 있다. 결론적으로 사울이 몇 년을 통치했으며 왕이 될 때의 나이가 몇 살이었는지, 정확히 판단하기 어렵다. 다만 행 13:1의 히브리어 본문을 근거로 13장에 기록된 사건이, 사울이 즉위한 지 2년이 지난 후의 사건이라는 뜻으로 이해할 뿐이다(참고. Tsumura, The First Book, 330-333; 메릴, 『제사장의 나라』, 251-252; Payne, 310).

95 월터 카이저, 『이스라엘의 역사』(History of Israel), 류근상 역 (서울: 크리스챤출판사, 2003), 270.

96 아하로니, 『아가페 성서지도』, 60; 브리스코, 『두란노 성서지도』, 102 참고.

97 Tsumura, The First Book, 335.

그림 13. 전형적인 이스라엘 산과 들의 모습.

전투는 요나단의 선제 공격으로 시작되었다. 요나단은 천 명의 병력을 데리고 게바에 있는 블레셋의 수비대를 공격했고 기습을 당한 블레셋의 수비대는 후퇴했다. 불시에 습격을 당한 블레셋은 일시적으로 후퇴할 수밖에 없었지만 완전히 철군한 게 아니었다. 그들은 보복 공격을 감행하기로 결정하고 더 많은 병력을 급파했다.

사울도 블레셋의 반격에 대비해서, 온 이스라엘 땅에 전령을 보내어 군대를 길갈로 소집했다. 게바의 수비대를 요나단이 물리쳤다는 소식을 알리며, 백성들에게 소집에 응하라고 재촉했다. 사울은 아마 요나단의 승리를 계기로 블레셋을 이스라엘 영토에서 완전히 몰아내려 했을 것이다.

한편 블레셋은 곧바로 대규모의 병력을 와디 수웨닛 건너 벤아웬 동쪽의 믹마스에 집결시켰다. 모인 병력의 수는 전차가 3만 대, 마병이 6천 명이고 보병은 해변의 모래처럼 많았다(삼상 13:5). 해변의 모래처럼 많았다는 말은 과장법인데, 블레셋의 각 도시에서 온 대단히 많은 병력이 집결해 있는 모습을 묘사한 것이다.

이스라엘 백성들은 블레셋 군대의 위용을 보고 겁에 질렸고 탈주병들이 하나둘씩 늘어났다. 수많은 이스라엘 사람들이 게바를 떠나 도망쳤다. 어떤 사람들은 가물어 메마른 와디의 동굴에 숨었고, 어떤 사람들은 수풀로 몸을 숨겼고 바위틈이나 눈에 잘 띄지 않는 곳에 숨는 사람도 있었다. 요단강을 건너 동쪽의 길르앗 땅으로 도망친 사람들도 있었다(6-7절).

믹마스에 집결한 블레셋 군대는 믹마스로부터 동쪽과 서쪽과 북쪽으로 진격했고 사울은 길갈로 후퇴해야만 했다. 사울도 블레셋 군대의 위용에 눌려 겁이 났던 것이다. 사울은 1주일을 기다린 후 사무엘이 오지 않자 사람들에게 번제물과 화목제물을 가져오라고 한 후 직접 제사를 집전했다. 번제를 드리고 나자 사무엘이 나타났다(10절). 제사를 드릴 때 항상 번제를 먼저 드리므로 사무엘은 사울이 번제를 드리고 난 후, 화목제를 드리기 전에 나타난 것이다.

사울이 마중 나가 인사를 드리자 사무엘은 다음과 같이 두 단어(메 아쉬타)로 사울을 책망했다.

"당신이 무엇을 했는가?"

사울은 자신이 직접 제사를 드릴 수밖에 없었던 사정을 설명했다. "백성들은 하나둘씩 흩어지는데 당신은 정한 날에[98] 오시지 않고 제사도 드리기도 전에 믹마스에 집결해 있는 블레셋 군대가 길갈로 쳐들어올 것 같아 부득이 제가 번제를 드렸습니다"(12절).

---

[98] "사무엘이 정한 기한대로"로 번역된 8절의 '야밈 람모에드 아쉐르 셔무엘'은 무슨 뜻인가?('정한 날'로 번역된 11절의 '러 모에드 하이야밈' 참고). 한글개역성경은 '모에드'를 번역하면서 "사무엘이 정한"이라는 수식어를 덧붙이고(NIV, NRSV도 같음), 맥카터는 심지어 '아쉐르' 다음에 본문에도 없는 아마르(말했다)를 덧붙여서 "사무엘이 말한 정한 기한"이라고 번역한다(McCarter, *1 Samuel*, 226). 그러나 히브리어 본문에는 '정한'에 해당되는 단어가 없다. 아쉐르 다음에 고유명사만 나오는 이런 독특한 문장은 번역하기가 쉽지 않다. 차라리 "사무엘이 거기 있을 것이 확실한 정해진 절기"라고 번역하는 것이 뜻이 통한다. 정한 기한으로 번역된 단어는 하나님이 정한 절기(출 9:5; 23:15 등)를 가리키며, 길갈은 사무엘이 정기적으로 자주 방문했던 제의 중심지 중 하나였기 때문에(삼상 7:16), 사울은 그가 절기에 맞춰 올 것이라고 생각했을 것이다(Tsumura, *The First Book*, 344).

하지만 사무엘은 사울의 변명은 들으려 하지도 않고 하나님이 사울 대신 다른 왕을 선택하셨다는 충격적인 말을 한다(13-14절). 그런 후 사울을 떠나 베냐민 기브아로 올라갔다(15절).

사울의 죄는 뭔가?

겉으로 드러난 것만 보면 자기가 직접 제사를 드린 것이다. 그러나 사울 입장에서 보면 자기가 제사를 집전할 수밖에 없는 상황이었다. 그는 사무엘을 7일간 기다렸고 사무엘이 와야 할 시간에 오지 않자 그렇게 한 것뿐이다. 그런데도 사무엘은 사울이 "망령되이 행했다며," 사울을 책망한다.

많은 그리스도인은 이 본문과 사무엘상 15장을 읽으면서 이런 질문을 던질 것이다.

(사울이 아무런 잘못이 없는 것은 아니지만), 사울이 왕조가 폐지될 정도로 심각한 죄를 지었나?

사울이 받은 벌은 그가 지은 죄에 비해 너무 크지 않은가?

하나님은 공의로운 분이신데 왜 다윗과 사울을 차별하시는가?

다윗은 간통죄와 살인 교사죄까지 범했는데도 용서해 주시고, 사울은 사무엘을 기다리다가 오지 않자 다급한 나머지 제사를 드린 것인데, 왜 사울에겐 그렇게 엄격하게 대하시는 것일까?

만약 사울이 크게 잘못한 것이 없는데 하나님이 큰 벌을 내리신 것이라면 하나님은 자비와 긍휼이 없거나 사람을 편애하는 분이라고 말할 수 있다. 동생을 죽인 살인자 가인을 보호하신 하나님이 사울에겐 저지른 실수에 비해 너무 엄중한 벌을 내리신 것을 보면 사울을 미워하신다는 의심을 지울 수 없는 것이다.

대부분의 그리스도인은 이런 결론을 내릴 수 없기 때문에, 다른 방식으로 이 결론을 피해 보려고 한다. 예를 들어, 친-다윗, 반-사울 경향을 지닌 편집자들이 사울의 실수를 의도적으로 부각시켰다고 보거나, 아니면

이 모든 일을 사무엘이 꾸몄다고 보는 것이다. 사무엘이 함정을 만들어놓고 기다리고 있다가 사울이 덫에 걸리자 나타나서 사울을 비난하고 그의 왕권을 박탈한다. 사울은 사무엘이 미리 쳐놓은 덫에 걸린 희생자라는 의미다.[99]

이렇게 사무엘을 악역으로 만들면 하나님께 향할 비난의 화살을 막아낼 수 있을까?

음모론을 좋아하는 독자라면 귀가 솔깃하겠지만, 조금만 깊이 생각해보면 앞뒤가 맞지 않는 주장이란 것을 알 수 있다. 만약 사무엘이 음모를 꾸몄다면, 사무엘이 그렇게 하려고 했던 이유가 무엇인지 설명해야 한다.

"하나님이 시켜서"라고는 말할 수 없는 게, 그렇게 말하면 하나님을 변호하려고 했던 처음 목적에서 벗어나기 때문이다.

그러면 사무엘이 하나님의 뜻과 무관하게 독자적으로 행동했다는 것인데, 그렇게 한 동기는 무엇인가?

질투심 때문인가?[100]

처음부터 왕정을 반대했기 때문에 심술이 나서 그런 것인가?

만약 이런 식으로 본문을 읽게 되면 사무엘상 13:13-14은 사무엘이 꾸며낸 말이어야 하는데, 그가 없는 말까지 꾸며대면서 사울을 왕위에서 몰아내려 할 사람은 아닌 것 같고, 결국 사무엘의 말대로 다윗이 왕이 된 것을 보면 이 말들은 사무엘이 하나님으로부터 들은 말이 맞다. 깊이 생각해보면 이 일을 사무엘이 꾸몄다고 보기 어렵다는 결론이 나온다.

그러면 결국 편집자들의 의도였다는 가설만 남는데, 이런 생각은 또 다

---

[99] 유명한 자유주의 신학자 브루거만(Brueggemann)은 사무엘이 미리 짜놓은 각본대로 모든 일이 진행되었다고 생각한다(월터 브루거만, 『사무엘상·하』(*First and Second Samuel*), 차종순 역 [서울: 한국장로교출판사, 2000], 158-163).
[100] 존 브라이트는 그런 생각을 가지고 있는 것 같다(브라이트, 『이스라엘의 역사』, 247).

른 심각한 문제를 불러일으킨다. 성경 기자(편집자)의 진실성을 의심하는 순간 어디까지가 실제 역사이고 어디부터가 편집자의 의도인지를 판단하기 어렵다. 그런데 사실은, 사무엘서의 기자, 혹 편집자는 다윗의 잘못을 여과 없이 드러내고 있기 때문에 편집자의 의도를 운운하기가 어려워진다. 사무엘서가 말하는 다윗은 매우 인간적이고 감정적이며 자식을 편애하고 욕정에 못 이겨 죄를 짓고 죄를 은폐하려고 충성스러운 부하를 죽인 나쁜 사람이다!

사무엘서가 친-다윗 성향을 가진 편집자들이 만든 왕조실록 같은 책이라면 이런 이야기들을 싣지 않았을 것이다. 그러므로 이런 결론들은 옆으로 제쳐두고 본문을 주의 깊게 읽고 본문에서 답을 찾아보려고 노력해야 한다.

사무엘은 사울을 이렇게 책망한다.

"왜 왕의 하나님 야웨께서 왕에게 명령하신 명령을 지키지 않았느냐?"(삼상 13:13)

만약 이 말이 사울을 트집 잡기 위한 것이 아니고, 사무엘의 진정성이 담긴 진실한 말이라면, 이 말은 결정적인 것이다. 사울은 하나님이 사울에게 명령하신 명령을 지키지 않았기 때문에 책망받은 것이다.

사무엘이 언급한, '왕의 하나님 야웨께서 왕에게 명령하신 명령'이 무엇인지는 둘째 문제다. 그 명령이 무엇이든, 그 명령을 지키지 않았다는 것이 중요하다. 이스라엘의 왕은 하나님이 무슨 명령을 하시든지 그 명령을 따라야 한다. 그것이 이스라엘 왕의 사명이다. 사무엘은 사울이 하나님의 명령을 따르지 않은 것에 대해 한 마디로, "당신이 망령되이 행했다"(니스칼러타)고 말했다(13절). '사칼'이란 단어는 '어리석게 행하다'라는 뜻

이며 이것은 지혜롭다는 개념의 반대어다.[101]

지혜가 신앙의 한 모습이기 때문에 어리석다는 것은 불신앙의 표현이기도 하다. 어리석은 자는 마음이 조급하기 때문에(잠 14:17, 29; 전 7:9), 사울이 사무엘을 조금 더 기다리지 못하고 자기가 제사를 드린 것도 이런 조급함에서 온 것이다. 야웨를 경외하는 것이 지식의 근본이므로(잠 1:7) 어리석은 자는 하나님을 거역하고 불순종한다(삼하 24:10; 대하 16:9).[102]

사무엘상 13장에 나오는 이야기를 어떻게 해석하든, 사울이 책망을 받은 것은 하나님의 명령을 따르지 않았기 때문이다. 하나님은 사울이 하나님의 명령을 따르지 않는 모습을 보고 사울의 왕위를 폐위하기로 결정하셨고 사무엘은 그 사실을 사울에게 전달했다(삼상 13:14). 하나님의 명령에 순종하지 않았기 때문에, 사울은 그의 후손이 대대로 왕위에 오를 수 있는 복을 박탈당한 것이다.

이런 말을 듣고도 사울은 하나님의 명령에 불순종했는데, 이것은 사울의 상태가 심각하다는 사실을 보여준다. 아말렉과의 전쟁에서 사울은 또다시 하나님의 명령을 어긴다(삼상 15:1-9). 그러자 하나님이 이렇게 말씀하신다(11절).

> 내가 사울을 왕으로 세운 것을 후회하노니 그가 돌이켜서 나를 따르지 아니하며 내 명령을 행하지 아니하였음이니라(삼상 15:11).

여기서도 문제는 사울은 하나님이 내리신 명령을 지키지 않았다는 것이다. 사울은 아말렉을 쳐서 그 소유도 남기지 말고 진멸하라는 하나님의

---

[101] Chou-Wee Pan, לכס(sakal), *NIDOTTE* 3, 255.
[102] S. H. Blank, "Folly," *IDB* 2, 304.

명령(3절)을 어기고, 가치 없고 하찮은 것은 진멸하고 아각과 노획한 양과 소의 가장 좋은 것은 살려두었다(9절).

그렇게 해 놓고도 사울은 사무엘을 보자, 자기가 야웨의 명령을 행했다고 말한다(삼상 15:13).

사울은 뻔뻔스럽게 거짓말을 하고 있는 것일까?

그렇지 않다. 사울은 자기가 하나님의 명령대로 아말렉과 싸웠으며 승리를 거뒀고 아말렉의 소유물을 진멸했다고 생각한다. 다만 노획한 양과 소의 가장 좋은 것을 살려둔 것은 나름대로의 이유가 있는 것이다. 그것들은 하나님께 제사 드리려고 살려둔 것이다(21절). 그의 생각에, 이것은 크게 문제 될 것이 없다. 21절의 사울의 말은 사울의 진심을 담고 있다. 그는 매우 종교적인 사람이다. 그가 중요하게 생각하는 것은 아말렉과 싸워 승리하는 것이며, 그 목표를 이뤘기 때문에, 하나님이 주신 다른 명령을 어기는 것은 크게 문제 될 것이 없다고 생각했을 것이다.

그는 하나님의 명령에 90%쯤 순종하거나 자기 방식대로 순종한 후, "이 정도면 순종한 것"이라고 생각한다. 이런 태도가 크게 문제가 되는 것은 그가 이스라엘의 왕이기 때문이다. 하나님이 이스라엘의 왕에게 요구하시는 것은 하나님 말씀 그대로 100% 순종하는 것이다(왕상 13장을 읽어보라).

그렇다면 사무엘이 말한, '야웨께서 왕에게 명령하신 명령'은 무엇일까?

많은 학자는 "내가 네게 가서 행할 것을 가르칠 때까지 7일 동안 기다리라"라는 사무엘상 10:8을 이 본문과 연관시켜 해석한다.[103] 하지만 두 본

---

[103] 예를 들어, 롱(Long)은 이렇게 해석한다. 삼상 10:7에 나오는 "당신의 손이 찾아 할 수 있는 어떤 일이든지 당신을 위해 하시오."(한글개역개정판엔 "너는 기회를 따라 행하라"로 번역되었다)라는 사무엘의 말은 블레셋을 공격하라는 말이다. 그런 다음 사무엘은 그 다음 구절에선 "길갈로 내려가서 자신이 도착할 때까지 7일을 기다리라"고, 다른 지시를 내린다. 이 두 명령(삼상 10:7-8)은 서로 다른 것 같지만, 두 단계의 명령을

문은 관계가 없다. 사무엘상 13:8은 (사울이) 이레 동안 기다렸다고 하는데, 이 말과 길갈이라는 지명 때문에 이 본문이 사무엘상 10:7-8과 연결되는 것처럼 보이지만 그것 말고는 두 사건이 서로 연결되어 있다는 증거는 없다.

일단 두 본문은 1주일 시간 간격을 두고 일어나지 않았다. 사무엘상 10:8에선 사울이 아직 아버지 집에서 살고 있는 젊은이고 사무엘상 13:8에선 아들을 둔 이스라엘의 왕이다.[104] 사무엘상 10:7-8과 13:8 사이에는, 사울이 암몬 족속들로부터 길르앗 야베스 사람들을 구한 사건과 사울의 왕권이 확증된 사건, 사무엘의 고별설교 등 여러 사건이 일어났다.[105] 사

담고 있다. 즉 첫 번째 명령이 실천된 후에 두 번째 명령이 유효하게 된다는 것이다. 다시 말해서, 만약 사울이 블레셋의 주둔지를 공격했다면 블레셋과의 전면전을 유발시켰을 것이고, 그러면 사울은 길갈로 가서 사무엘이 올 때까지 7일을 기다리는 것이다. 첫 번째 명령이 블레셋 사람들을 공격하라는 것이라는 근거는, 사무엘이 말한 세 가지 징조 중 세 번째 징조가 블레셋의 군대가 주둔 중인 하나님의 기브아에서 발생할 것이라는 사실이다(삼상 10:5). 만약 사울이 이 명령을 수행했다면 사울은 자신의 능력을 증명했을 것이고, 사무엘은 길갈에서 사울을 만나 왕위 확증에 대한 후속 지침과 분노한 블레셋 사람들을 처리하는 문제를 의논했을 것이다(삼상 10:8). 그러나 사울은 기름 부음 받은 후 세 가지 징조가 다 성취되었는데도 블레셋 진영을 공격하지 않았다. 결국 사울이 했어야 할 일을 요나단이 한다. 그가 기브아의 블레셋을 공격한다(삼상 13장). 그리고 요나단이 공격하자 블레셋이 대응했고, 이때 사울은 두 번째 지시(삼상 10:8)를 따라 길갈로 갔다는 것이다. 요약하면, 사무엘은 사울에게 기름을 부음으로써 사울을 왕으로 지명했다. 그리고 사울이 사무엘의 지시대로 블레셋 주둔지를 공격했다면 그의 왕됨을 증명했을 것이고, 길갈에서의 만남은 그의 왕위를 확증했을 것이지만, 사울이 명령을 이행하지 않아서 문제가 복잡해졌다는 것이다(이안 프로반 외 2인, 『이스라엘의 성경적 역사』, 428-432).

월터 C. 카이저(Walter C. Kaiser)도 같은 주장을 한다. 그의 주장에 따르면, 사울의 첫 번째 실수는 숙부와 대화를 나누면서 기름 부음이나 왕권에 대해 사무엘이 한 말을 전혀 언급하지 않은 것(삼상 10:14-16)이다. 사무엘은 사울에게 "이 징조(예언을 확증할 세 가지 징조)가 네게 임하거든 너는 기회를 따라 행하라"고 명령했었는데(삼상 10:7) 사울은 이 명령에 따라 블레셋을 공격했어야 했고, 이 숙부가 아브넬이었다면 그가 블레셋을 치는 데 큰 도움이 되었을 것이라는 주장이다. 한 마디로 그의 첫 번째 실수는 블레셋과의 전쟁을 회피한 것이다(카이저, 『이스라엘의 역사』, 268). 구체적인 해석을 시도하지 않지만 두 본문이 서로 연관되어 있다고 생각하는 학자들도 많다.

[104] McCarter, *1 Samuel*, 228.
[105] 프로반 외 2인, 『이스라엘의 성경적 역사』, 429.

무엘이 사울에게 개인적으로 기름을 부은 사건과 사울이 이스라엘 왕으로 등극한 사건 사이에는 상당한 시간이 흘렀다고 봐야 한다.

이 문제에 대하여 두 본문의 연관성을 주장하는 롱(Long)은 두 사건 사이에 시간이 많이 흘렀지만 서로 연결되어 있으며, 이렇게 된 것은 사울이 명령을 따르지 않았기 때문이라고 주장한다.

그러나 만약 사울이 사무엘상 10:7-8에서 사무엘이 자신에게 준 지시를 따르기 않았다가 수년 혹은 십수 년이 지난 후 그때의 일을 기억하고 길갈로 내려가서 7일을 기다렸다면 칭찬해야 할 일 아닌가?

하지만 이것은 상식에 어긋나는 행동이다. 그리고 사무엘은 사울이 야웨께서 왕에게 명령하신 바를 지키지 않았다고 했는데(삼상 13:13), 사무엘상 10:7-8에 기록된, "너는 나보다 앞서 길갈로 내려가서 7일 동안 기다리라"는 말은 야웨의 명령이 아니라 사무엘의 말이다. 그것도 사무엘이 사울을 처음으로 만났을 때 한 말이기 때문에, 이스라엘 왕으로서의 사명과 크게 관계없다.

요나단의 선제 공격이, 사울이 받은 명령을 이행한 것이라는 주장도 설득력이 없다. 사무엘상 13:2을 읽어보면, 사울은 블레셋 주둔지를 공격하려고 군사를 집결시키고 있다. 사울이 블레셋 수비대 공격을 주도하고 있었다는 말이다.

그렇다면 사울이 어긴 야웨의 명령은 뭔가?

안타깝게도, '야웨께서 왕에게 명령하신 명령'은 본문에 나타나지 않는다. 본문은 의도적으로 그 명령을 밝히지 않았다. 이 명령은 하나님이 누군가를 이스라엘의 지도자로 세우실 때 하시는 일반적인 명령, 즉 하나님이 주신 "율법과 명령을 지키라"라는 명령일 것이다. 이 명령은 성경 전체를 관통하는 하나님의 명령이다.

특히 이스라엘의 지도자에게 가장 중요한 덕목은 하나님의 말씀을 지키는 것이다(신 17:18-19; 수 1:8; cf. 왕상 2:2; 11:38).

사울이 길갈에서 번제를 드리기 전에 벌써, 하나님은 사울 대신 다른 사람을 선택했다는 사실을 사무엘에게 알려주셨을 것이다. 그렇지 않고는 사무엘이 그 사실을 알 수가 없다. 사울이 직접 번제를 드렸다고 하나님이 다른 사람을 선택하신 것이 아니라는 말이다. 하나님은 마음을 보시는 분이시므로, 사울의 마음을 보고 그에게 일종의 경고를 하신 것이다. 일종의 충격 요법 같은 것이다. 따라서 만약 사울이 사무엘의 말을 듣고 회개했다면, 상황은 달라졌을 것이고 15장의 비극은 일어나지 않았을 것이다. 그러나 사울은 충격적인 말을 듣고도 전혀 달라지지 않았다!

사울이 사무엘을 조금 더 기다리지 못하고 직접 제사를 드린 일이 문제가 되는 것은, 그가 제사장의 고유 권한을 침해함으로써 월권 행위를 했거나, 선지자의 권위를 무시했기 때문이 아니라, 선지자로부터 오는 하나님의 말씀에 귀를 기울이는 것보다 제사를 더 중요하게 생각했기 때문이다. 사울은 사실 매우 종교적인 사람이었다. 그는 종교적인 율법들은 철저히 지키려고 노력했다.

예를 들어, 백성들이 배가 고파서 고기를 피 묻은 채로 먹자, 사울은 큰 돌을 가져오게 한 후 고기에서 피가 다 빠진 다음 먹게 했다. 그는 야웨를 위해 제단을 쌓기도 했다(삼상 14:31-35). 그러나 고기를 피째 먹어서는 안 된다는 그런 법은 철저히 지키면서, 하나님의 말씀에는 귀를 기울이지 않았고 하나님의 명령에 순종하지 않았다. 왜 사무엘이 사울에게 "순종이 제사보다 낫고 듣는 것이 숫양의 기름보다 낫다(삼상 15:22)"라고 말했는지 알 수 있겠다.

사울의 마음이 다급한 것은 충분히 이해가 간다. 하지만 사울은 사무엘을 기다렸어야 했다. 그런 상황에 처할수록 기다려야 한다. 하나님은 무슨 말씀을 주실 것인지 인내하며 기다려야 한다. 이 절박한 상황에서 하나님이 선지자를 통해 무슨 말씀을 주실 것인지 듣고 그 지시에 따라야 한다. 그것이 이스라엘의 왕이 할 일이다. 사울이 그렇게 하지 못하는 모습을 보고 사무엘은 화가 났다. 사울이 조금도 변하지 않았기 때문에 화를 낸 것이다. 사무엘은 사울을 만나러 길갈로 오기 전에, 아마 "마음에 맞는 다른 사람을 택했다"라는 하나님의 말씀을 듣고, 사울을 위해 하나님께 자비와 용서를 구하는 기도를 드렸을 것이다. 모세가 진노하신 하나님 앞에서 백성들을 위해 기도한 것처럼(출 32:11-13, 31-32), 사무엘도 그렇게 했을 것이다.

본문 상에 직접적인 증거는 없지만 그가 훌륭한 영적 지도자라는 사실을 근거로 이렇게 말할 수 있는 것이다. 사무엘이 아말렉 전쟁 사건 직후 사울을 만나기 직전에 하나님께로부터 "내가 사울을 왕으로 세운 것을 후회한다"라는 말씀을 들었을 때, 그는 근심하며 온 밤을 야웨께 부르짖었으며(삼상 15:11), 그 사건 이후 하나님이 사울에게 주시는 말씀을 전한 후 죽는 날까지 사울을 다시 보지 않고 사울을 위해 슬퍼했다(삼상 15:35). 이걸 보면, 표현은 하지 않았지만, 사무엘은 사울을 불쌍히 여겼다.

그렇다면 길갈로 가서 사울을 만나기 직전 하나님께로부터 사울에 관한 나쁜 소식을 들었을 때, 사무엘은 사울을 위해 기도했을 것이다. 그런데 막상 길갈에 도착하자 사무엘은 사울이 직접 번제를 집전한 현장을 목격한다. 여기서 사무엘이 화를 낸 것은 사울이 자기의 고유 권한을 침해했기 때문이 아니다. 제사를 집전하는 것은 사무엘의 고유 권한이므로, 그 권한을 침해한 것은 잘못이지만, 그것 때문에 사무엘이 사울을 책망한 것은 아니다.

다윗은 오벧에돔의 집에 있던 법궤를 다윗성으로 가져올 때 직접 제사를 드렸고(삼하 6:13, 17) 야웨의 이름으로 백성을 축복했다(삼하 6:18). 솔로몬도 법궤를 다윗성에서 성전으로 가져올 때 제사를 드렸는데(왕상 8:64),

문맥상 자신이 직접 제사를 집전했다는 뜻으로 보인다. 솔로몬은 직접 봉헌 기도를 드렸고 백성들을 축복했다.

하지만, 두 왕은 책망받지 않았다. 혹자는 하나님이 다윗과 사울을 차별하신다고 생각하는데, 그렇지 않다. 다윗이나 솔로몬이 책망 대신 칭찬을 받은 이유는 하나님을 사랑하는 마음으로 그렇게 했기 때문이다. 웃시야가 성전 안에 들어가 분향하려 하다가 나병에 걸린 것을 보면 알 수 있다. 그가 벌을 받은 이유는 동기가 불순했기 때문이다. 하나님을 사랑하는 마음이 아니라 교만한 마음으로 분향을 하려 했기 때문에 벌을 받은 것이다 (대하 26:16). 결국 행위가 문제가 아니라 행위 이면에 드러나지 않은 마음이 문제다.

사울의 문제도 똑같다. 지금 중요한 것은 제사를 드리는 것이 아니라 하나님을 신뢰하는 것인데, 사울에게 그런 모습이 보이지 않자 화를 낸 것이다. 하지만 하나님이 보시는 것은 사울의 마음이다. 사울은 "내가 (아직) 야웨께 은혜를 간구하지 못했다"라고 말하는데, 이 말의 히브리어 원문을 직역하면, "내가 아직 야웨의 얼굴을 구하지 않았다"라는 뜻이다 (삼상 13:12).[106]

이 말은 아직 제사를 드리지 못했다는 뜻이다. 사울은 제사를 드려야만 하나님의 도우심을 받을 수 있다고 생각했다. 그는 사무엘이 와서 제사 드려주는 것이 아니라, 하나님이 사무엘을 통해 어떤 말씀을 주실 것인지를 기다려야 했다. 그런데 자기가 도착하기도 전에 제사를 드린 사울의 행동

---

[106] 문자적인 번역은 하나님에게 제사를 드림으로써, "하나님의 기분을 부드럽게 만드는 것"이다(출 32:11; 왕상 13:6; 시 45:13). 그래서 마지못해 그는 제사를 드렸다(Klein, *1 Samuel*, 126). 사무엘은 이런 행위를 어리석은 것으로 평가한다. 그러나 독자는 사무엘의 견책이 이상하게 들린다. 13절의 책망 자체는 상황을 명확하게 해 주지도 않는 것이 야웨께서 사울에게 내린 명령이 이전에 언급되지 않았기 때문이다(Klein, *1 Samuel*, 126-127).

을 보고 사무엘은 그의 부족한 믿음, 하나님을 신뢰하지 않는 마음을 읽은 것이다. 에벤에셀 전투에서 법궤를 이용하려 했던 이스라엘 사람들과 별로 다를 게 없다.

언뜻 보면 사울은 겸손한 사람처럼 보인다. 그는 거만하거나 건방지다기보다는 공손하다. 사무엘의 책망을 받자 자신이 왜 그렇게 했는지 해명하는데, 그의 말을 들어보면 충분히 이해가 가며 그가 의도적으로 잘못을 저지른 것 같지도 않다. 그러나 그에게 믿음이 있었다면 변명보다는 회개를 했을 것이다. 진정한 겸손은 하나님을 두려워하는 것인데, 사울에겐 그런 믿음이 부족했다.

8. 첫 단추가 중요하다

사무엘상 10장과 13장 사이에 두 이야기가 들어있는데, 하나는 사울이 치른 최초의 전쟁 이야기(11장)이고, 다른 하나는 사무엘의 고별 설교다(12장). 이 두 사건은 서로 관계있다. 사울은 왕이 되고 난 후 치른 최초의 전쟁에서 사람들에게 인정을 받는데, 이 사건이 사울에게 부정적인 영향을 주었다. 그 이야기를 한번 살펴보자.

사울이 왕이 되고 난 직후의 모습을 보면, 일반적으로 우리가 왕이라고 할 때 상상할 수 있는 것과는 전혀 다른 모습으로 살았다. 미스바에서 왕으로 선출된 후에도 기브아의 자기 집으로 돌아갔고(삼상 10:26), 길갈에서 즉위식을 치른(삼상 11:15) 후에도 궁전이나 궁전에 해당하는 건물로 이주한 흔적이 없다.[107] 사울이 왕이 된 직후 암몬 왕 나하스가 길르앗 지역의

---

[107] 몇 차례의 전쟁을 치른 후에도 계속 기브아에 거주했다고 하는데(삼상 15:34), 집으

야베스를 침략하자 야베스 사람들은 요단강을 건너 사울에게 구조를 요청하는데, 야베스 사람들이 보낸 전령들이 기브아에 도착했을 때 사울은 밭에서 소를 몰고 오는 중이었다(삼상 11:5).

왕이 되고 난 직후에 보여준 사울의 이런 소박한 모습은, 그가 겸손하거나 검소해서 그랬다기보다는, 이스라엘에 왕정이 시작된 지 얼마 되지 않아서 왕권이 그리 강하지 않았기 때문이다. 그럼에도 불구하고, 그 이후의 왕들에 비하면 대단히 소박하게 산 것은 사실이다.

그러다가 사울의 모습이 조금 달라지는데, 이 미세한 변화는 본문을 읽는 독자들에겐 크게 보이지 않는다. 하지만 본문을 주의 깊게 읽어보면 그런 변화를 감지할 수 있다. 길르앗 야베스의 구조 요청을 받자 사울은 한 쌍의 소를 죽여 각을 뜨고(잘게 썰어서) 사신들을 통해 이스라엘 온 지경에 보내면서 "누구든지 나와서 나와 사무엘을 따르지 아니하면 그 사람의 소도 이처럼 해 주겠다"라고 으름장을 놓았다(삼상 11:7).[108]

사울의 소집 명령이 떨어지자 무려 33만 명이나 모였다(삼상 11:8). 군대는 베섹이란 곳에 집결했는데, 이곳은 세겜에서 북동쪽으로 약 20km 떨어진 오늘날의 키르벳 이브직이라는 곳으로 추정된다.[109] 요단 계곡을 내려다볼 수 있는 베섹은 기브아에서 출발한 사울이 요단강을 건너 야베스 길르앗으로 가기에 가장 편리한 길에 있었다.[110] 사울은 군대를 이끌고 하룻길을 행진한 후 암몬 군대를 공격하여 승리를 거두었다.

번역된 히브리어 벧이 왕궁을 의미할 수도 있다. 유명한 고고학자 W. F. 올브라이트(W. F. Albright)는 사울의 수도인 사울의 기브아, 혹은 베냐민의 기브아를 예루살렘에서 약 7km 북쪽에 있는 텔 엘-풀이라는 곳으로 추정했는데, 여기에서 발견된 넓은 성채(큰 공공의 구조물로서 대략 가로 세로 57, 62m다)의 모서리에 사울의 본부의 일부가 있었을 것이라고 주장한다(Mazar, *Archaeology of the Land of the Bible*, 371, 373).

[108] 왕이 군대를 소집하고 있는 이런 모습도 왕정에 어울리지 않는다. 그는 왕이라기보다는 사사의 모습에 가까웠다.

[109] W. L. Reed, "Bezek," *IDB* 1, 407.

[110] Aharoni, *The Land*, 57.

이 전쟁에서 승리함으로써 사울은 왕으로서의 입지를 굳혔다. 즉위 초에는, 사울이 국가를 외부 세력으로부터 보호할 능력이 있는지 의심하는 사람들도 있었지만, 왕으로 즉위한 후 치른 첫 번째 전쟁에서 사울은 자신의 능력을 입증했다. 전쟁에서 승리하자 백성들의 태도가 달라졌다. 백성들의 말을 보면 알 수 있다(삼상 11:12).[111]

"사울이 어찌 우리를 다스리겠느냐 한 자가 누구니이까?"

"그들을 끌어내소서. 우리가 죽이겠나이다."

그러나 사울은 관대한 모습으로 자기의 열렬한 지지자들을 다스렸다(13절). "이날에는 사람을 죽이지 못하리니 야웨께서 오늘 이스라엘 중에 구원을 베푸셨음이니라." 사울의 말은 관대함을 보여주기도 하지만 반대자들을 제거하는 일 자체를 반대한 것은 아니다. 강조된 "이날에는"(바욤하제)이란 말은, 다른 날에는 그들을 처벌할 수 있다는 뜻을 함축한다.

사울은 또 "야웨께서 오늘 이스라엘 중에 구원을 베푸셨으므로" 사람을 죽이는 일을 해서는 안 된다고 말하는데, 그의 말은 그의 신앙의 표현으로 볼 수 있다. 그날의 승리를 하나님께 돌리고 있지만 그의 태도는 이전의 주저하고 부끄러워하던 모습과는 다르다. 백성들은 그날의 승리를 주신 하나님께 감사하고 하나님께 영광을 돌리는 대신, 사울을 환호했다. 백성들이 생각하는 왕의 가장 중요한 임무는 외세로부터 백성을 보호하는 것인데, 사울은 이 임무를 완수함으로써 적격자로 판명받은 것이다.

뭔가 잘못된 방향으로 흘러가고 있었다. 백성들은 승리를 주신 하나님께 영광을 돌리는 대신 인간 왕을 환호하고, 사울은 전쟁에서 승리한 후 백성들에게 인정받자 자신감이 생겼다. 사울은 여기서 백성들을 책망했어야 했다. 아니면 솔선수범하여 더 적극적으로 승리를 주신 하나님께 감사

---

[111] 이 백성들은 대부분 전쟁에 참여했던 자들일 것이다(Payne, "1 and 2 Samuel," 308).

를 드리고 영광을 돌렸어야 했다. 백성들이 고기를 피째 먹는다고 큰 돌을 굴려오게 하고, 야웨를 위해 제단을 쌓을 정도의 열심을 보인 사울이 (이 일은 이 사건보다 훗날 일어난다), 여기에선 그런 모습을 보이지 않았다. 사무엘은 사태를 수습할 필요가 있다고 판단한 것이다. 그래서 백성들을 길갈로 소집한 것이다.

사울을 보면 기드온을 많이 닮았다는 생각이 든다. 기드온은 처음에는 매우 수줍고 자신 없는 태도로 일관하다가 전쟁에서 승리하자 매우 거칠고 폭력적인 사람으로 변한다.[112] 말로는 "야웨께서 너희를 다스릴 것"이라고 하면서도 자기 아들 중 한 명의 이름을 아비멜렉(나의 아버지는 왕이라는 뜻이다)이라 지었고, 아내와 아들을 많이 두었고(삿 8:30-31), 금으로 에봇을 만들어 오브라에 둠으로써 백성들로 하여금 우상 숭배에 빠지게 만들었다(삿 8:27).[113] 전형적인 세속 군주와 똑같이 행동하고 거기다 우상 숭배의 원인을 제공한 것이다.

사울도 처음에는 매우 수줍고 자신 없는 태도를 보이다가 암몬과의 전쟁에서 승리하자 태도가 바뀐다. 추종자들이 생김과 동시에 권력이 생기자 힘 있고 권위 있는 사람으로 바뀌었다. 말로는 야웨께서 구원을 베푸셨다고 고백하지만 그 말에 진심이 담겨 있는지 알 수 없다. 기드온이나 사울이나 모두 이전에 겸손해 보였던 태도는 겸손이 아니라 "권력을 아직 장악하지 못한 사람의 자신감 없는 태도"였던 것이다.

---

[112] 베리 웹(Barry G. Webb)은, 기드온이 미디안의 왕들인 세바와 살문나를 추격하기 위해 요단강을 건넌 시점(삿 8:4)부터 새로운 이야기가 시작된다고 주장하는데(Barry G. Webb, *The Book of the Judges*. JSOT Supplement Series 46 [Sheffield: Sheffield Academic Press, 1987], 146), 그가 주장한 것처럼, 기드온은 요단강을 건너면서 폭력적으로 변한다.

[113] 기드온이 백성들에게 미디안 사람들로부터 탈취한 금귀고리를 요구하여 그것으로 에봇을 만든 것(삿 8:24-27)은, 아론이 백성들에게 금귀고리를 가져오라고 하여 금송아지를 만든 것(출 32:2-4)과 같다(Webb, *The Books of Judges*, 264).

암몬과의 전쟁에서 승리한 것이 결과적으로는 사울에게 나쁜 영향을 끼쳤다. 전쟁에서 승리하여 백성들의 환호와 인정을 받자 사울은 자신감을 얻었는데, 그 자신감이 사울을 교만하게 만든 것이다. 사실은, 마음속에 숨겨져 있던 교만이 이런 일을 계기로 모습을 드러낸 것이다. 백성들이 자신을 향해 열광할 때, 백성들을 바라볼 것이 아니라, 하나님을 바라보았어야 하지만 사울에겐 그런 믿음이 없었다.

결국 위기를 느낀 사무엘은 백성들을 길갈로 모이라고 제안했다. 사무엘이 백성들을 길갈로 소집한 목적은 왕권을 새롭게 하려는 것이었다(삼상 11:14).[114]

그렇다면 "왕권을 새롭게 한다"라는 말은 무슨 뜻인가?

사무엘이 하려고 했던 것은 사울의 왕권이 하나님과의 언약 관계에서 갖는 의미를 일깨워 주는 것이다. 즉 이스라엘의 왕권이 갖는 독특한 의미를 백성들과 사울 자신에게 일깨워 주려는 것이었다.[115] 그래서 그는 사울을 비롯해 길갈에 모여든 백성들과 함께 하나님께 화목제를 드린 것이다.

---

[114] 우리말 성경(개역개정판)에 "나라를 새롭게 하자"로 번역된 히브리어 본문은 "너하데쉬 (샴) 함멜루카"다('샴'은 '그곳에서'라는 뜻이다). '새롭게 하자'는 말로 번역된 히브리어 '하데쉬'는 원래의 상태로부터 벗어나거나 손상을 입은 뭔가(누군가)를 원래대로 회복시킨다는 뜻이다(대하 15:8; 사 61:4; 시 104:30; 시 51:12; 애 5:21)(*HALOT*, 294). 하데쉬의 목적어인 '멜루카'는 나라라는 뜻도 있지만, 더 두드러진 뜻은 왕권이나 왕(*HALOT*, 587-588; Francis Browns, S. R. Driver and Charles A. Briggs, *A Hebrew and English Lexicon of the Old Testament* [Oxford: Clarendon Press, 1978], 574). 열왕기상 11:31, 34-35에는 '멜루카'가 '맘라카'와 함께 나타나는데, 여기서 멜루카는 맘라카(나라)와 구별된 의미(왕권)를 지니고 있다(Philip J. Nel, "מלך(mlk)," *NIDOTTE* 2, 957). 사무엘이 새롭게 하려 한 것은 사울의 왕권이었던 것이다. 많은 학자는 멜루카를 kingship(왕권)으로 번역한다(McCarter, *1 Samuel*, 204-205, Klein, *1 Samuel*, 103; Tsumura, *The First Book*, 312).

[115] 일부 학자들은, 여기서 사울이 즉위식을 치렀다고 본다(Youngblood, "1, 2 Samuel," 122; Brockington, "1 and 2 Samuel," 323). 그러나 이런 견해는 받아들이기 어렵다. 사울은 이미 미스바에서 왕으로 선포되었기 때문에(삼상 10:17-24), 그의 왕권을 또다시 인정할 필요가 없었다. 다시 말해, 즉위식을 또 치를 필요가 없었다는 말이다. 게다가 모든 백성이 사울을 왕으로 인정하는데 즉위식이 왜 필요한가?

화목제를 드린 것은 출애굽기 24:5에서 시내산 언약을 비준하는 것과 유사하다.[116] 즉 사울의 왕권은 하나님과의 언약 관계에서 수립된 독특한 것임을 일깨워 주는 것이다. 애초부터 이스라엘 왕은 하나님이 세우신 것이며, 하나님과의 언약 관계를 출발점으로 삼았다. 이스라엘 왕의 가장 중요한 임무는 하나님의 말씀에 순종하는 것이며, 백성들로 하여금 하나님의 말씀에 순종하도록 지도하는 것이었다. 사무엘은 이 점을 일깨워 주려 했던 것이다.

사무엘이 보기에, 백성들의 생각이 잘못된 방향으로 흘러가고 있었다. 나하스와의 전쟁에서 승리하자 백성들은 자신들이 원하던 그런 모습의 왕을 만났다고 생각했고, 사울은 백성들이 자기를 인정하는 것을 보고 백성들에게 인정받는 왕이 되는 길이 뭔지를 확실히 알게 되었다. 이것은 세상 나라에선 당연한 것일지 모르지만 하나님 나라인 이스라엘에선 바람직한 현상이 아니었던 것이다. 백성이나 왕이나 모두 잘못된 방향으로 가고 있었다.

전쟁에서 승리한 것이 잘못되었다는 말이 아니라, 전쟁에서 승리하자 사울을 갑자기 훌륭한 지도자로 인정하는 백성들의 태도가 위험하다는 말이다. 하나님이 인정하시는 왕은 백성들의 신앙을 올바른 길로 인도하는 지도자여야 한다. 왕이 그런 모습을 보일 때 하나님이 백성들을 구원하고 보호해 주실 것이다. 모세나 여호수아 같은 지도자는 그런 역할을 잘 했었다.

사무엘은 이 잘못된 방향을 바로잡으려고 길갈로 모이자고 한 것이다. 그런데 일단 잘못된 방향으로 흘러가기 시작한 이 흐름은, 사무엘의 힘으론 막을 수 없었던 것 같다. 백성들이 원하는 왕은 자신들의 현실적인 문

---

[116] Klein, *1 Samuel*, 109; Payne, "1 and 2 Samuel," 308.

제를 해결해 줄 유능한 사람이지 그 이상도 이하도 아니다. 왕을 요구할 때부터 백성들은 자신들을 보호해 줄 지도자가 필요했던 것이지, 자신들의 신앙을 이끌어줄 지도자에 대해서는 관심이 없었다. 하나님이 기뻐하시는 왕은 백성들을 올바른 길로 이끌 신앙의 인물인데, 백성들은 그런 하나님의 뜻에 관심이 없었다.

문제는 사울인데, 이스라엘의 왕은 "하나님을 기쁘시게 할 것인가, 백성들을 기쁘게 할 것인가"의 기로에서 결단해야 한다. 왕의 입장에서 백성들의 지지를 받는 것은 분명히 중요한 일이다. 그러나 하나님의 말씀에 순종하면 왕국에 평화와 번영을 주실 것이라는 하나님의 약속을 믿고 하나님을 신뢰하고 의지하기로 결단해야 한다. 그러나 이 중요한 선택의 기로에서 사울은 백성들이 인정하는 왕이 되기로 결심한 것이다. 사울의 이런 잘못된 선택은 백성들의 잘못된 생각을 더 강화시켰다.

사무엘의 계획이 성공했다면, 13장과 15장에서 일어난 비극적인 사건은 일어나지 않았을지도 모른다. 그러나 사무엘의 계획은 실패했다. 사무엘이 이 장면에 나오지 않는 것을 보면 알 수 있다.[117] 사울과 이스라엘 모든 사람이 크게 기뻐했지만, 사무엘이 기뻐했다는 말은 없다. 사무엘에겐 사울과 백성들이 하는 일이 탐탁스럽지 않았던 것이다. 훗날 호세아 선지자는 "그들의 모든 악이 길갈에 있으므로 내가 거기에서 그들을 미워하였노라"(호 9:15)는 하나님의 말씀을 전하는데, 이 말씀은 현재의 본문을 염두에 둔 말씀일 가능성이 있다.[118]

하나님이 보실 때 길갈에서 사울을 자신들의 왕으로 환호하는 이스라엘

---

[117] Klein, *1 Samuel*, 109; Payne, "1 and 2 Samuel," 308.
[118] Klein, *1 Samuel*, 109; Hans Walter Wolff, *Hosea*. trans. by Gary Stansell (Philadelphia: Fortress Press, 1974). 167; James L. Mays, *Hosea*. OTL (London: SCM Press, 1978), 136; Thomas Edward McComiske, "Hosea," T.McComiskey ed. *The Minor Prophets Volume One. A Commentary on Hosea, Joel, Amos* (Grand Rapids: Baker Academic, 1992), 154 참고.

백성들의 행위는 하나님의 뜻과 다른 것이다. 사무엘이 처음에 길갈로 가자고 제안했을 때에는 이런 것을 기대했던 것이 아닌데, 잘못된 방향으로 한 번 흘러가기 시작한 이 흐름을 막기엔 역부족이었다. 그래서 마지막으로 그가 할 수 있었던 일은 지도자의 자리를 떠나면서 고별설교를 하는 것이었다(12장). 사무엘은 뼈있는 말 한 마디로 고별 설교를 끝냈다. "만일 너희가 여전히 악을 행하면 너희와 너희 왕이 다 멸망하리라"(삼상 12:25). 이스라엘 왕국의 실패는 결국, 믿음 없는 왕과 믿음 없는 백성이 함께 만들어낸 합작품이다.

9. 훌륭한 교사 사울

사울은 권력 투쟁의 희생자가 아니다. 다윗이 권력 투쟁에서 승리했기 때문에 성경의 기록자들이 사울은 나쁜 사람으로 묘사하고 다윗은 좋은 사람으로 묘사했다고 보는 것은 성경을 인간이 만들어낸 문학 작품으로만 보려는 아주 잘못된 생각이다. 사울은 사소한 문제 때문에 하나님께 버림받은 불쌍한 사람이 아니다. 하나님이 사울을 버린 것은 그가 이스라엘 최초의 왕으로서 역할을 제대로 하지 못했기 때문이다.

성경을 읽을 때 사울이 불쌍하다는 생각이 드는 것은 우리가 인간 중심적으로 성경을 읽는 습관이 있기 때문이다.

무고한 제사장을 85명이나 죽인 사람을 그저 불쌍하게만 볼 수 있겠는가?

엔돌의 신접한 여인을 찾아갈 때의 그의 모습이 불쌍하게 느껴지는 것은 사실이지만, 자신의 잘못을 회개하려 하지 않고 끝까지 변명으로 일관하다가 궁극적인 파멸을 맞는 악인의 모습 또한 엿보이기 때문에 더욱 안

타갑다. 사울은 자신이 이스라엘의 왕이라는 사실을 망각했다. 그는 이스라엘의 최초의 왕으로 세워졌지만 세상 나라의 왕들처럼 행동함으로써, 훗날 이스라엘을 통치할 수많은 왕에게 반면교사가 되었다. 사실 어떤 점에선 사울이 다윗보다 더 중요한데, 그것은 모든 인간이 내버려두면 사울처럼 되기 때문이다. 모든 그리스도인은 사울을 통해 경각심을 가져야 하며 믿음이 없는 자의 끝이 어떤지 사울에게 배워야 한다.

사울이 이스라엘 왕으로서의 자격을 박탈당한 것은 블레셋 때문이 아니었다. 앞으로 블레셋이 사라지면 아람이 나타나고 아람이 사라지면 앗수르가 나타나고 앗수르가 사라지면 바빌로니아가 나타난다. 이스라엘 왕들은 하나님이 진노의 막대기로 사용하시는 도구(사 10:5 참고)를 두려워할 것이 아니라, 하나님을 두려워해야 한다. 그런데 사울은 하나님을 두려워하지 않고 블레셋을 두려워했다. 그는 하나님께 인정받는 것보다 백성들에게 인정받는 왕이 되고 싶어 했다. "내가 사람들에게 좋게 하랴 하나님께 좋게 하랴"(갈 1:10)라는 바울의 말이 생각난다.

하나님이 이새의 아들 중 한 사람에게 기름을 부으러 간 사무엘에게 "사람은 외모를 보지만 나 야웨는 마음을 본다"(삼상 16:7)라고 말씀하신 이유는 무엇일까?

사울의 문제는 그의 마음, 즉 믿음에 있었던 것이다.

사울은 아말렉과의 전투에서 아무것도 남기지 말고 진멸하라는 하나님의 명령을 어기고 전리품을 챙김으로써 사무엘을 더욱 화나게 했다(삼상 13:11-14; 15:1-35). 사울의 이런 행동들은 그의 마음의 생각이 겉으로 드러난 것에 불과하다. 이런 행동들이 나타나기 전에 이미 하나님은 사울을 부적합한 왕으로 여기시고 다른 사람을 왕으로 세우셨다(삼상 16:13). 그가 이스라엘 사람들이 가장 존경하는 왕 다윗이다.

물리학에만 관성의 법칙이 있는 것이 아니라 역사에도 관성의 법칙이 있는데, 역사가 한 번 어떤 방향으로 흘러가기 시작하면, 그 흐름을 멈출 수 없다는 것이다. 왕정이 시작되면서 이스라엘 역사는 조금씩 잘못된 방향으로 흘러가기 시작하는데, 일단 잘못된 방향으로 흘러가기 시작하면, 좀처럼 그 흐름을 되돌리기 어렵다. 사울이 바로 역사를 잘못된 방향으로 밀고 나간 장본인이다.

하나님의 명령에 순종하지 않는 것은 결코 작은 일이 아니다. 더구나 사울은 이스라엘의 초대 왕이다. 하나님이 아주 엄격한 잣대로 사울을 판단하시는 것처럼 보이는 이유는, 그가 이스라엘 최초의 왕이기 때문이다(그것은 아나니아와 삽비라가 그다지 큰 잘못을 저지른 것 같지 않은데도 심판받은 것과 같은 원리다. 이 사건은 초대교회가 탄생하자마자 일어난 사건이기 때문에, 이 부부는 엄중한 심판을 받은 것이다. 이 부부의 죄는 교회의 순수성을 훼손한 것이다).

사울은 앞으로 그를 이어 왕위에 오를 모든 왕에게 모범을 보여야 한다. 율법에 순종함으로써 백성들로 하여금 신실한 언약의 백성으로 살도록 이끌어야 한다. 어떤 위기 상황에서도 하나님을 신뢰함으로써, 하나님이 살아계시며 역사를 주관하고 계시다는 것을 보여주어야 한다. 하지만 사울은 그런 모습을 보여주지 못했다.

만약 사울이 블레셋이나 암몬 같은 이방 민족의 왕이었다면 존경받는 훌륭한 왕으로 평가받았을 것이다. 사울은 기골이 장대했으며 그의 외모는 왕의 품위를 지녔다. 그는 나라를 구하기 위해 일생 블레셋과 싸웠다. 결국, 자기 아들들과 함께 국가를 위해 싸우다가 전쟁터에서 죽었고 죽기 직전 적의 손에 죽을까 봐 자기 부관에게 자기를 죽이라고 한 용기 있는 인물이다. 사울이 용감했다는 사실만큼은 충분히 인정해 줘야 한다. 그는 나라의 기틀을 확립한 민족의 영웅이라고 평가할 만하다.

하지만 성경은 그를 훌륭한 왕으로 평가하지 않는다. 이 책이 처음부터 끝까지 집요하게 씨름하는 문제가 이것이다.

성경은 왜 우리 생각과 너무나 다른 이야기를 하는 것일까?

독자들이 이 졸저를 통해 배울 수 있는 한 가지가 있다면, 성경의 관점이 세상의 관점과 너무 다르다는 사실이다. 성경이 사울을 악한 왕으로 평가하는 이유는 그에게 믿음이 없었기 때문이다. 사울은 하나님을 신뢰하지 않았고 하나님을 사랑하지 않았다. 그는 블레셋을 두려워했고 권력을 빼앗길 것을 두려워했지만, 하나님을 두려워하지 않았다.

다윗이 롤 모델이라면, 사울은 반면교사다. 사울은 확실하게, "이렇게 하면 안 된다"라는 것을 보여준다는 점에서 훌륭한 교사다. 그런 점에서 우리에겐 다윗보다 사울이 더 중요하다. 왜냐하면, 많은 현대의 그리스도인이 다윗보다는 사울에 가깝기 때문이다. 하나님의 말씀을 지키지 않는 것을 대수롭지 않게 생각한다는 점에서 그렇다.

우리는 사울처럼 행동한다. 당면한 문제가 급하기 때문에 하나님의 말씀을 조금 어겨도 괜찮을 거라고 생각한다. 아니, 그렇게 하고도 하나님의 명령에 거역한다고 생각하지 않는다. 하나님의 일반 명령은 하나님의 말씀에 순종하는 것이다. 하나님의 특별 명령(그런 것이 있다면)이 일반 명령보다 우위에 있지 않다. 복음을 전하는 사명을 주셨다고 확신하더라도 복음을 전하는 과정에서 거짓말을 하거나 속임수를 써서는 안 된다.

교회 부흥이 아무리 중요하다고 하더라도 거짓과 탐욕을 드러내면서 부흥을 이루는 것은 하나님이 기뻐하시지 않는다. 국가 안보를 위해 거짓말을 사용해도 되고, 거짓 뉴스를 퍼뜨려도 된다고 생각하는 불신자들처럼, 선한 목적, 혹은 하나님이 주신 큰 명령을 이루는 과정에서 사소한 잘못이나 죄를 짓는 것은 크게 문제가 되지 않는다고 생각한다면, 사울처럼 행동하는 것이다.

신학교 다니면서 부정행위를 저지르고, 졸업을 해서 목사도 되고 선교사도 되어 하나님의 일을 하는 것이 중요하다는 생각에 약간의 부정이나 편법은 눈감아 줘야 한다고 생각하는 사람은 절대로 목회를 해서는 안 된다. 편법과 불법과 반칙을 사용해서라도 고지에 올라가야만 하나님의 영광을 드러낼 수 있다고 생각하는 사람은, 자신이 하나님의 영광을 드러내기보다는 가리는 데 앞장서고 있다는 사실을 깨달아야 한다. 고지에 올라선다고 하나님의 영광을 드러내는 것이 아닐 뿐만 아니라, 고지에 올라가야 더 큰 하나님의 일을 할 수 있다고 생각하는 것도 잘못된 것이다.

하나님이 성도들에게 주신 일반 명령은 말씀에 순종하며 사는 것이다. 그것은 가정에서, 직장에서, 학교에서, 친구들 사이에서, 모임에서, 그리고 교회 공동체에서 끊임없이 실천해야 할 작은 행동들일 수 있다. 전쟁이 하나님의 말씀에 순종하는 것보다 중요하지 않듯이, 하나님 나라의 사명을 완수한다는 미명 아래 하나님의 말씀들을 어기는 우를 범해서는 안 된다. 사울에게서 배워야 할 가장 중요한 교훈이 바로 이것이다.

제2장

하나님의 마음에 합한 사람

가장 이상적인 왕 다윗: 이스라엘이 야웨 하나님만 섬길 수 있는 기틀을 마련함

1. 도시락 배달 갔다 사고 친 소년

　기원전 1024년[1]경 어느 날, 이스라엘, 베들레헴으로 올라가는 길목에 있는 엘라 골짜기에 이스라엘 군대가 진을 치고 있다. 엘라 골짜기는 팔레스타인의 해안 평야 지대에서 중앙 산악지대로 올라가는 통로가 되는 중요한 골짜기 중의 하나다. 골짜기라고 하지만, 한국의 계곡처럼 폭이 좁은 골짜기가 아니라 폭이 1km도 넘는 들판 같은 곳이다.[2] 이 골짜기의 반대

---

[1] 이 연대는 다윗의 생애에 관해 메릴이 작성한 연표를 근거로 추정한 것이다. 이 연표에 따르면 다윗은 기원전 1041년에 출생했고, 기원전 1020년경부터 사울에게 쫓기기 시작했다(메릴,『제사장의 나라』, 317). 이 연대표는 여러 사건들과 비교해 얻어낸 것이므로 아주 정확한 연대라고 말할 수는 없다. 게다가 우리는 다윗이 골리앗을 물리쳤을 때, 그의 나이가 몇 세였는지도 모른다. 왕정사 초기의 연대 문제에 관한 한, 이런 점들을 염두에 두고 읽어야 한다.

[2] 골짜기를 가리키는 히브리어 단어는 세 개 있다. '나할'은 시내, 격류, 협곡, 강 등의 뜻을 지니는데, 나할 키드론(삼하 15:23; 왕상 2:37; 15:13; 렘 31:40 등에서 기드론 시내로 번역되었다)처럼, 폭이 좁은 골짜기를 가리킨다. 야곱이 하나님의 사자와 씨름했던 얍복은 '나할'이라고 불린다(창 32:23, 우리말 성경엔 시내로 번역되었다). 일반적으로 많이 쓰이는 단어는 '게'인데, 폭이 좁거나 넓거나 상관없이 쓰이는 단어다. 게 힌놈(힌놈의 골짜기, 이 단어에서 지옥을 가리키는 게헨나라는 말이 왔다), 시편 23:4에 나오는 '게 짤마벳'(사망의 음침한 골짜기=어두운 골짜기), 사 28:1, 4에 나오는 '게 셔마님'(기름진 골짜기), 슥 14:4에 나오는 '게 그돌라'(매우 큰 골짜기)는 모두 이 단어

편에는 블레셋 군대가 진을 치고 있다.

그림14. 엘라 골짜기 입구. 이스라엘의 계곡들은 대체로 대한민국의 계곡과 다르게 생겼다.

양측이 서로 대치한 지 40일이 지났지만, 두 군대는 아직 전투 한 번 벌이지 않았는데, 그 이유는 40일 동안 매일 아침저녁으로 이스라엘 군대 앞에 나타나 싸움을 걸어오는 블레셋 장수 때문이었다. 골리앗이라는 이름을 가진 이 장수는 블레셋의 다섯 도시 중 하나인 가드 출신인데, 거의 3m나 되는 큰 키와, 두 사람을 합쳐 놓은 것 같은 거대한 체격에서 나오는, 보통 사람보다 한 옥타브 낮은 저음의 목소리는 이스라엘 병사들로 하여금 모든 신경이 마비되는 것과 같은 착각을 느끼게 할 정도로, 싸울 의지를 상실하게 하는 놀라운 능력을 지니고 있었다.

이 장수는 40일간 매일 이스라엘 군대 앞으로 출근했는데, 다음에 열거

를 썼다. 그 다음에 '에메크'라는 단어는 르바임 골짜기처럼 비교적 넓고 평평한 골짜기로서 우리말의 들판에 해당된다(M. Burrows, "Jerusalem," *IDB* 2, 846; *HALOT*, 188). 엘라 골짜기는 '에메크 하 엘라'를 번역한 것이다(이 말은 테레빈나무 골짜기라는 뜻이다). 에메크는 두 산마루 사이에 있거나, 산과 물 사이에 있는 평지를 가리킨다 (*HALOT*, 847-848). 그래서 '에메크 이즈르엘'은 이스르엘 골짜기로 번역되기도 하고 이스르엘 평원이라고 번역되기도 한다(호 1:5).

되는 말들 가운데 몇 개의 말들을 조합하여 이스라엘 병사들의 화를 돋웠다.³

"겁쟁이들아! 왜 싸우지 않느냐?"

"네놈들은 사울의 신하가 아니냐?"

"나는 블레셋의 명예를 걸고 싸울 테니 너흰 너희 왕의 명예를 걸고 싸워라." "나랑 싸울 만한 장수를 하나 보내라. 그가 나를 죽이면 우리가 너희 종이 되고, 내가 그를 죽이면 너희가 우리 종이 되는 거다."

한 사람씩 대표로 나와 싸우는 이런 방식은 아주 고전적인 방식으로서, 고대 세계에서는 흔히 사용하던 방식이다. 군대를 대표해서 싸우는 장수는 자신에게 군대 전체의 명예만 달려 있는 게 아니라, 신의 뜻이 자기를 통해 드러나는 것이기 때문에, 대표로 나서는 자에게는 용기와 함께 믿음도 필요했다.

이스라엘에 그런 용기와 믿음을 가진 장수가 하나도 없었겠는가?

사실 이런 조롱과 모욕의 말을 들으면, 적어도 지휘관 급의 장수들 중에는 영웅심 때문에라도 벌떡 일어나 싸우겠다고 충동적으로 나서는 사람이 있게 마련인데(곧 후회하겠지만!), 이번 경우에는 굴욕과 수치의 시간이 40일이나 지속될 정도로, 골리앗은 차원이 달랐던 것이다. 사실 이스라엘 장수들 중에는, 골리앗의 출현을 내심 반기는 사람들도 있었는데, 상대가 너무 압도적이라서 자기들을 모욕하는 상대와 싸우려고 나서지 않는 것을 굴욕이나 수치라고 생각하지 않아도 될 정도였기 때문이었다.

---

3 사울-다윗 시대의 블레셋 사람들은 어떤 언어를 사용했을까? 이 문제에 대해서는 확실한 답을 주기가 어려운데, 답을 줄 만한 자료가 전혀 없기 때문이다. 다만 구약을 읽어 보면 이스라엘 사람들이 블레셋 사람들과 의사소통 하는 데 전혀 문제가 없는 것처럼 보이기 때문에, 그들이 가나안 땅에 정착한 후 오랜 시간이 지나면서 히브리인들이 사용하던 가나안 방언을 익혀서 양자 사이에 의사소통에 문제가 없었을 것이라고 추측할 따름이다(데이빗 M. 하워드, "블레셋인," 알프레드 J. 허트 외 2인. 『고대 근동 문화』, 355).

온 이스라엘 군대가 골리앗 앞에서 속수무책이었다. 용맹하기로 이름난 사울도 현상금을 내거는 일 외에는 할 수 있는 일이 없었다. 사울은 골리앗을 죽이는 자에게는 많은 재물을 주고 자기 사위가 되게 하고 그 가족에게 세금을 면제해주겠다고 약속하긴 했지만(삼상 17:25),[4] 누구도 선뜻 나설 것이라고 생각하지는 않았다. 그와 싸우겠다고 나서는 사람이 있다면, 결국 그의 시체를 가족에게 돌려주고 장사를 지내 주는 일 정도는 해줘야 할 텐데, 솔직히 그런 미친놈이 없기를 바랐다. 이렇게 해서 사울과 이스라엘 군대는 치욕을 당하면서도 어쩔 수 없이 40일 동안 골리앗이 퍼붓는 욕설과 저주를 들을 수밖에 없었다.

골리앗이 어느 정도기에 이스라엘이 이 정도까지 무기력했던 것일까?

일단 누구든 이 블레셋의 장수 앞에 서면 커다란 체격에 압도되는데, 정상적인 사고를 가진 인간이라면 자기보다 체격이 몇 배나 더 큰 사람 앞에 섰을 때 심리적으로 위축되기 마련이고, 긴장감과 두려움 때문에 몸이 제대로 작동하지 않는 것 같은 느낌을 받을 것이다. 게다가 체격이 큰 사람들은 대체로 몸이 좀 둔하다는 약점이 있기 마련인데, 이 블레셋 장수는 체격에 비해 몸놀림도 가벼워 보였다. 이런 상대방 앞에서 싸우려고 나섰

---

[4] 본문의 히브리어에는 세금이라는 단어는 나타나지 않고 단지 그 사람 아버지의 집이 이스라엘에서 자유롭게 될 것이라고만 말한다. 히브리어 '호프쉬'는 '면제된다'는 뜻이며 기본적인 의미는 노예 상태에서 자유롭게 되는 것을 뜻한다(출 21:2). 그래서 그냥 "이스라엘에서 자유롭게 해 주겠다"라고 번역하거나(Tsumura, *The First Book*, 454; Klein, 169), 그 가족이 땅과 여러 지급품들을 할당받는 왕의 예속 평민이 되었다는 뜻으로 이해하는 사람도 있다. 그런 해석이 삼상 22:7에 암시되어 있다는 것이다(존 월튼 외 2인, 437). 그러나 왕권이 들어선지 얼마 되지도 않았는데, 노예 신분으로 전락한 사람들이 많았다고 보기는 어렵다. 많은 주석가는 구약의 여러 본문과 고대 근동의 여러 문헌에 나타난 이 단어와 이 단어와 같은 어원을 가진 단어들을 연구한 후, 가장 적절한 번역은 한글개역개정판의 번역처럼 "그 아버지의 집의 세금을 면제해 준다"라는 뜻으로 이해한다(McCarter, *1 Samuel*, 304; R. E. Youngblood, "1, 2 Samuel." *The Expositor's Bible Commentary 1 Samuel-2 Kings* [Grand Rapids: Zondervan, 2009], 181-182). 이런 의미로 보는 것이 적절해 보인다.

을 때 "온몸이 얼어붙는 것 같다"라는 표현보다 더 적절한 말은 없을 것이다. 그런 상태에선 자기 실력도 제대로 발휘하지 못하고 단칼에 저승으로 가는 열차를 타게 될 것이 뻔하다.

게다가 골리앗은 비늘 갑옷이란 것을 입고 있었는데, 이 갑옷은 쇠가죽이나 천으로 만든 짧은 상의에 갖가지 크기의 비늘 모양의 쇠를 천 개 정도 엮어서 꿰매어 달은 것이라서 이 갑옷을 입고 있으면 칼이건 창이건 한두 번의 가격으론 큰 타격을 입히기 어려웠다. 이 갑옷을 조끼를 입듯이 입으면 무릎까지 닿는데, 그 무게만 57kg이 넘었다.[5]

하지만, 그는 그 정도 무게의 갑옷을 입고도 그 무게를 전혀 느끼지 못하는 것처럼 움직였다. 갑옷이 보호할 수 없는 갑옷의 아랫부분은 종아리 전체를 둘러싼 청동 각반으로 보호하고 있었고 머리에는 청동 투구를 쓰고 있었다. 게다가 골리앗에 비해선 작아 보였지만 체격이 당당해 보이는 한 병사가 큰 방패를 들고 그의 앞에 서 있었는데 이 방패는 블레셋 사람들이 일반적으로 사용하는 둥근 방패가 아니라 온몸을 보호할 수 있는 큰 방패였다.[6] 한 마디로 공략할 틈이 보이지 않았다.

그는 어깨 사이에 청동으로 만든 납작한 칼을 메고 있었는데, 약간 굽어 있는 그 칼로 내리치면 방패가 쪼개질 것 같았다.[7] 게다가 한 손에 철로 된 창을 들고 있었는데, 창끝의 무게만 7kg이 넘는 그 창에 맞으면 뼈까지 으스러질 것 같고, 방패로 막으면 창끝이 방패를 뚫고 나올 것 같았다.

---

[5] 참고. 월튼 외 2인, 『IVP 성경배경주석 구약』, 436; Tsumura, *The First Book*, 441-444.
[6] 성경에는 방패를 가리키는 두 개의 다른 단어가 나오는데, '찐나'는 몸 전체를 감싸는 큰 방패를 가리키고, '마겐'은 작은 방패를 가리킨다. 창을 사용하는 중무장한 보병들은 큰 방패들을 사용하고 궁수들은 작은 방패를 사용한다(Boyd Seevers, *Warfare in the Old Testament* [Grand Rapids: Kregel Academic, 2013], 64; Tsumura, *The First Book*, 444 참고). 7절에서 사용된 단어는 '찐나'다.
[7] 놋 단창으로 번역된 '키돈'(6절)은 보통 단창이나 단도로 번역되지만, 여기에선 터키인이나 아라비아인들이 사용하는 언월도(안으로 좀 구붓한 반달 모양으로 생긴 칼) 같은 것으로 판단된다(Tsumura, *The First Book*, 443).

상황이 이런데, 그와 싸워 삼 합(合)까지 갈 수 있다면, 그 장수는 대단히 용감하고 유능한 장수로 여겨질 수 있었을 것이나, 죽은 다음에야 그런 명성이 무슨 소용이 있겠는가?

이스라엘 사람들 중 그 누구도 자살로 생을 마감하고 싶은 사람은 없었다.

처음 골리앗을 보았을 때엔 두려움에 온몸이 얼어붙을 것만 같았던 이스라엘 군인들도 어느덧 골리앗의 얼굴을 보면 반가울 정도로 시간이 흐른 어느 날(골리앗이 40일 동안이나 계속해서 아침저녁으로 이스라엘 군대 앞에 나타났으니 그럴 만도 하다), 베들레헴에서 아버지의 심부름을 온 어떤 소년이 이 팽팽하고 지루하고 긴장된 상황에 마침표를 찍는다.

이 소년은 여덟 형제 중 막내라서 전쟁에 소집되지 않은 덕분에 집에 남아 있었는데, 아버지의 심부름을 받고 전쟁터로 온 것이다. 아버지는 소년에게 전쟁터에 있는 큰 형 셋과 지휘관에게 먹을 것을 갖다 주고, 형들이 어떻게 지내는지 살펴보고, 물품을 전달했다는 것을 확인해 주는 증표를 가져오라고 지시했다. 이 증표는 아버지가 군대에 배급품을 공급하는 의무를 다했다는 증거가 될 것이며, 형들은 그것으로 그들 몫의 배급품을 지급받을 수 있었을 것이다.[8]

이 소년은 해 뜨기 전 이른 새벽에 집을 떠나 20km가 넘는 산길을 걸어, 해가 중천을 지나 뉘엿뉘엿 서쪽으로 지려고 할 때 전쟁터에 도착했다. 전쟁터에 도착하자 아군이 블레셋 군대와 대치하고 있는 모습이 눈에 들어왔다. 군수 물자 담당관에게 아버지가 주신 물건들을 맡긴 다음, 소년은 형들이 무사한지 알아보기 위해 돌아다니다가 형들을 만났다. 형들과 소식들을 주고받을 때, 갑자기 주변에 있던 사람들의 움직임이 분주해

---

[8] 월튼 외 2인, 『IVP 성경배경주석 구약』, 437.

졌고 다들 뭔가를 피해 달아나는 것 같았다. 그와 동시에 저 멀리 블레셋 진영에서 외치는 소리가 들리면서 엄청나게 큰 뭔가가 이쪽으로 걸어오고 있었다.

"저게 뭐지?"

이렇게 생각하는 순간, 소년의 눈에 온몸을 갑옷으로 둘러싼 엄청나게 큰 블레셋 장수가 걸어오고 있는 것이 눈에 들어왔다.

이 거인을 보는 순간, 이 소년도 두려움을 느꼈을까?

당연히 그랬을 것이다. 하지만 그 두려움이 분노로 바뀌는 데는 그리 오랜 시간이 필요하지 않았다. 하나님을 모욕하는 블레셋 장수의 목소리를 듣는 순간, 소년의 온몸을 가득 채운 공포심을 밀어내려는 듯, 피가 역류하며 두려움을 압도하는 분노가 용기를 불러일으켰다. 나이는 아직 20세도 안 되었지만, 이 소년은 하나님을 사랑하고 굳게 신뢰하는, 믿음이 깊은 사람이었다.

비록 전쟁터의 군인도 아니고 전사는 더더욱 아니지만, 살아계신 하나님의 군대를 모욕하는 이런 놈과 싸우는데 그따위 신분이 뭐가 중요한가?

"아무리 거대한 장수라 하더라도 하나님을 모욕하는 지린 놈은 내버려둬서는 안 된다. 저놈에게 이스라엘의 하나님 여호와가 얼마나 무서운 분이신지, 매운맛 좀 보여줘야겠군." 그가 사랑하는 하나님이 모욕당하는 순간, 그의 불타오르는 분노는 몸 안에 남아 있던 모든 공포를 다 밀어내어 버리고, 그에게 싸워야 할 확실한 동기를 부여한 것이다.

이 소년이 블레셋 장수와의 싸움에 관심을 보이자, 적장과 싸우겠다고 나선 어떤 미친놈이 있다는 소문이 순식간에 이스라엘 진영에 퍼졌다. 누군가 사울에게 이 사실을 알리자, 사울은 그 소년을 데려오게 했다. 누군지 만나보고 싶었던 것이다.

자기 앞에 서 있는 소년을 유심히 살피던 사울이 말했다.

"낯이 익은 친군데. 내가 자넬 만난 적이 있는가?"

"임금님을 위해 악기를 연주하러 몇 번 뵌 적이 있습니다."

"그렇군. 그런데 자네 같은 젊은이가 왜 싸우려 하는가?"

"목숨이 아깝지 않은가?"

"자넨 저 블레셋인의 상대가 되지 않네. 저자는 전쟁터에서 싸운 경험이 많은 용사인데 자네같이 어린 사람이 상대할 수 있겠는가?"

"물러가게."

그러나 소년은 물러서지 않고 자신이 양을 치다가 사자나 곰과 싸운 이야기를 들려주면서, 하나님이 자신을 보호하셨는데, 이번 싸움에도 하나님이 자신을 보호해 주실 것이라는 믿음을 피력했다. 그의 말은 모두 사실이었다. 그는 나이는 비록 어리지만 어린 나이에 비해 험한 일들을 많이 겪었다. 소년은 목동이었는데, 양을 칠 때, 팔레스타인 중앙 산지의 산이 많고 숲이 우거진 지역의 동굴들과 수풀에 살던 곰들이 나타나 양떼를 해치려 한 경우가 종종 있었고, 그때마다 소년은 곰과 맞서 싸워 곰을 물리쳤다. 심지어 사자와 싸운 적도 있었다.[9] 이때의 경험들을 통해 이 소년은 하나님이 살아계시며 자신을 인도하시고 보호하신다는 확신이 있었던 것이다.

사울은 여러 차례 만류했지만 소년의 의지가 너무 확고한 것을 보고 이렇게 말했다.

"자네 용기가 가상해서 싸움을 허락하겠네. 하지만 상황이 불리하면 언제든지 후퇴하게. 자네가 후퇴한다고 해도 아무도 욕할 사람은 없어. 다음

---

[9] 팔레스타인에서 발견된 마지막 사자는 기원후 13세기에 므깃도 근처의 레드자에서 죽임당한 사자로 알려져 있다(F. S. Bodenheimer, "Fauna," *IDB* 2, 250). 이때까지 사자는 성경의 무대가 된 땅에 살고 있었다. 사자를 가리키는 히브리어 단어가 9개나 되며, 사자라는 단어가 구약에 130회 나타나는 것도, 구약시대에 사자가 흔했다는 것을 암시한다(G. S. Cansdale, "Animals of the Bible," *NBD*, 42-43).

에 힘을 길러 싸워도 되니까. 알겠는가?"

그러면서 사울은 자기 군복을 입히고 투구를 머리에 씌워주고 갑옷도 입혀주었다. 그러나 소년은 칼을 군복 위에 차고 몇 걸음 걸어보더니 사울에게 이렇게 말했다.

"갑옷을 입으니까 거동이 불편합니다. 그냥 갑옷을 입지 않고 싸우겠습니다."

소년에겐 그런 것들이 거추장스럽기만 하고 싸움에 방해만 될 뿐이었다.

소년은 중요한 것은 무기가 아니라 용기와 신앙이라고 믿고 있었다. 소년의 믿음은 너무 깊어서, 때때로 사람들의 오해를 사기도 했는데, 심지어 큰형 엘리압조차도, 믿음에서 나온 그의 행동을 교만한 마음에서 비롯된 것이라고 오해하기도 했다. 사실 상식적인 선에서 판단한다면 그의 용기는 만용이고 그의 믿음은 허세로 보인다. 하지만 그에게는 하나님을 신뢰하고 나갈 때 하나님이 도와주신 경험이 있었다. 그래서 사자와 싸울 때도 도와주신 하나님이 이번에도 도와주신다면 저런 장수쯤은 아무것도 아니라고 생각했다.

이런 생각에 그는 막대기와 물매만 가지고 거인 장수와 싸우러 나갔다. 물매는 당시 전쟁 무기 중의 하나로 사용되고 있었기 때문에 이 소년이 맨손으로 싸운 건 아니다. 사사 시대 초기에 이스라엘 연합군이 베냐민 지파와 싸울 때, 베냐민 지파에 물매로 돌을 던지는 왼손잡이가 700명이 동원된 것을 보면(삿 20:16), 물매는 확실히 위협적인 무기 중 하나였다. 라기스에서 직경이 5-8cm나 되는, 사람의 주먹만 한 크기의 물맷돌이 발견되기도 했다.[10]

---

[10] 존 월튼 외 2인, 『IVP 성경배경주석 구약』, 438. 물매는 조그만 가죽이나 천을 엮어서

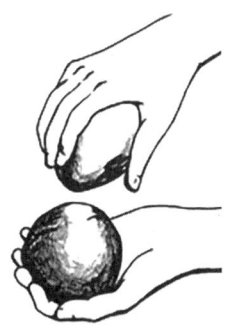

그림15. 라기스에서 발굴된 물맷돌. 기원전 8세기 것으로 추정된다.

소년이 싸움터로 나가기 직전에, 사울이 다시 한번 소년을 붙잡았다.

"자네 정말 싸울 생각인가?"

"작전은 있는가?"

옆에서 계속 지켜보던 요나단도 이 소년이 대견스럽기도 하고, 한편으론 이런 용기 있는 소년을 죽게 내버려 둬서는 안 된다는 생각에서 소년의 작전이 뭔지 궁금하다는 듯이 귀를 기울였다.

"임금님, 이 물맷돌이 생각보다 꽤 셉니다. 이 돌에 제대로 맞으면 정신을 잃습니다. 저놈을 자세히 보니까 갑옷으로 무장하고 있어 빈틈이 없어 보이는데, 이마는 비어 있더군요. 이 돌로 이마를 맞히면 저런 거구라도 꼼짝없이 당할 겁니다. 임금님. 너무 걱정 마십시오."

사울은 이 소년이 믿음직스럽기도 하고 안쓰럽기도 했다. 그래서 한 번 꼭 껴안아 주면서 이렇게 말했다.

"이스라엘 왕의 명령이네. 적장을 죽이고 반드시 살아서 돌아오게."

이런 상황을 계속 지켜보고 있던 요나단도 마음속으로 하나님께 간절히

만들었으며 물매 줄의 중간 부분은 편평하고 넓어서 자갈을 끼울 수 있게 되어 있다. 물매 줄의 한쪽 끝은 손이나 손목에 맬 수 있고 다른 한쪽 끝은 물매를 돌리고 난 후 풀려 나도록 손으로 쥘 수 있게 되어 있었다(J. W. Wevers, "Sling," *IDB* 4, 391).

기도했다.

"저 소년을 도우셔서 반드시 이기고 돌아올 수 있게 하소서."

왕의 막사를 떠난 소년은 골짜기 바닥에서 사람의 주먹만 한 크기의 매끄러운 돌을 다섯 개 골라 주머니에 집어넣었다.[11] 그리고 그중 하나를 물매에 넣어 빙빙 돌리며 블레셋 장수를 향해 다가갔다. 소년이 골리앗에게 화가 난 것 이상으로 골리앗도 저 멀리 다가오는 이 소년을 보고 화가 머리끝까지 치밀었는데, 싸우겠다고 나온 적장이 어린 소년인 데다가, 그것도 갑옷도 입지 않고 투구도 쓰지 않고 칼도 없이 막대기만 들고 나왔기 때문이다. 골리앗은 여태껏 수많은 싸움을 치러봤지만 이런 모욕을 당해 보긴 처음이었다.

얼마나 화가 났던지, 이성을 잃고 자기 앞에 막대기를 들고 나온 소년을 돌려보낼 생각을 하지 못하고, 그만 싸움에 휘말려 든 것이다. 골리앗이 그렇게까지 화가 나지 않았다면, 소년이 나오는 것을 보고 크게 한바탕 웃은 후 소년을 돌려보냈을 것이다. 하지만 화가 머리끝까지 나서 이성을 잃은 골리앗은 다곤으로부터 시작해서 바알세붑과 아스다롯 여신까지 자기들이 믿는 온갖 신의 이름으로 소년을 저주하며 소년에게 다가왔다. "이런 개자식! 네 놈이 나를 개로 여기고 막대기를 갖고 나왔느냐?"

그러나 소년은 전혀 기죽지 않고 큰 소리로 받아쳤다.

"네 놈은 네 힘만 믿고 싸우지만, 나는 만군의 하나님 여호와의 이름으로 싸운다. 오늘 네 놈의 목을 베고 블레셋 군대의 시체를 공중의 새와 들짐승들에게 주겠다. 네 놈들은 오늘 전쟁이 여호와 하나님께 속한 것임을 알게 될 것이다!"

---

[11] 동그란 돌 구슬들이 팔레스타인의 유적지에서 수없이 많이 발굴되었는데, 지름이 5-8cm 되는 것도 있었다(Wevers, "Sling," 391). 전형적인 물맷돌은 지름이 5-8cm 되는 둥근 돌이다(Seevers, 61).

그림16. 이스라엘 목자들이 양을 인도하는 모습. 다윗도 왕이 되기 전에는 이런 모습이었을 것이다.

    소년은 양쪽 끝에 끈이 달린 가죽 주머니에 돌을 담은 후 머리 위로 물매를 빙빙 돌리면서[12] 골리앗에게 다가갔다. 둘 사이의 거리가 조금씩 좁혀지고 있었다. 500걸음(약 200m), 400걸음(약 160m), 300걸음(약 120m). 이 소년은 양을 치면서 심심할 때마다 물매를 던져 멀리 떨어진 물건을 맞추었던 수많은 장면을 떠올리며 적절한 거리를 생각하고 있었다. 최대한 가까이 가되 너무 가까워도 안 된다. 너무 가까우면 파괴력이 떨어질 뿐 아니라 놈이 던지는 창에 맞을 수도 있다. 너무 멀면 빗나갈 수도 있다. 250걸음(약 100m), 240걸음(약 96m). "아직은 아냐. 조금만 더 가까이. 조금만 더 …." 상대방과의 거리가 230걸음(약 92m) 정도로 좁혀지자 소년은 이전보다 더 빠른 속도로 물매를 돌리기 시작했다. 229, 228, 227(약 90m). 거인

---

12 물매를 돌리는 방식은 두 가지가 있는데, 머리 위에서 물매를 수평으로 돌리는 방법이 있고, 손을 옆으로 뻗어 물매를 수직으로 돌리는 방법이 있다(소프트볼의 피처가 공을 던질 때의 모습과 비슷하다). 앗수르 군대가 라기스를 정복한 것을 부조로 새긴 것을 보면 이스라엘의 병사들(물매를 돌리는 병사들)이 모두 수직으로 물매를 돌리고 있는데, 이것은 앗수르 군대의 물매 돌리는 병사들이 그런 방식으로 돌리기 때문에, 부조를 새기는 자들이 자기 병사들처럼 새겨 넣은 것일 수 있다(Seevers, 62, 79, 각주 20).

의 머리가 평소 물매질하며 놀던 과녁의 크기와 비슷해지기 시작했다. 표적이 유효 사거리 안에 들어온 것이다(물맷돌의 유효 사거리는 90m 이내다).[13]

그러나 표적이 움직이기 때문에 물매의 끈을 놓을 정확한 타이밍을 잡아야 한다. 놈이 걸음을 걸을 때마다 표적이 약간 내려갔다가 올라오는데, 올라와서 0.5초 정도 정지한 후 다시 내려간다. 바로 이 순간을 포착하여 돌을 던져야 한다. 골리앗의 머리가 약간 내려왔다가 다시 올라가서 잠시 정지한 것 같은 짧은 순간에 소년은 물매의 한쪽 끈을 놓았다. 물매를 떠난 돌은 바람을 가르며 시속 160km 이상의 속도로 날아가, 소년의 팔이 내려오기도 전에 골리앗의 이마를 강타했다.

'딱' 하는 소리가 테레빈 나무가 가득한 골짜기에 울려 퍼졌고, '쿵' 하는 소리가 들리면서 거대한 나무가 쓰러지듯이 블레셋의 자존심이 쓰러졌다. 너무나 순식간에 일어난 일이라서, 그리고 그 누구도 예상치 못했던 일이라서 골리앗이 쓰러지고 난 후 2-3초 동안 엘라 골짜기에는 숨소리조차 들리지 않을 정도의 정적이 흘렀고, 양측의 군대는 지금 눈앞에 벌어진 일이 뭔지를 판단하기 위해 평소보다 네 배나 빠른 속도로 두뇌를 회전시키고 있었다. 그리고 거의 동시에 우렁찬 함성 소리가 터져 나왔다. "와아아아아아 ~" 함성과 동시에 한 사람이 움직이듯이 이스라엘 군대의 모든 병사가 벌떡 일어섰다.

골리앗이 쓰러지자 부관은 방패를 버리고 도망쳤고, 다윗은 조금도 머뭇거리지 않고, 쓰러진 골리앗에게로 달려가 그가 차고 있던 칼을 빼내어 골리앗의 머리를 내리쳤다. 다시 한번 이스라엘 진영에서는 하늘을 찌를 듯이 함성 소리가 터져 나오면서 모든 이스라엘 사람은 블레셋 진영을 향해 달려 나오기 시작했다. 충격을 받은 블레셋 군인들은 한동안 제자리에

---

[13] 월튼 외 2인, 『IVP 성경배경주석 구약』, 438.

서 입을 벌리고 서서 움직이지를 않았다. 이 모든 일이 순간적으로 이뤄졌기 때문에 블레셋 사람들은 뒤통수를 얻어맞은 듯 자신들의 자랑이었던 장수가 어처구니없이 허무하게 죽는 모습을 멍하니 바라보고만 있었다. 그러다가 꿈에서 깨어난 사람처럼, 그들은 모두 도망치기 시작했다.

반면 이스라엘 군대는 사기가 충천하여 소리를 지르며 블레셋 군대를 추격하여 골짜기와[14] 에그론 성문까지 이르렀다. 사이라임 가는 길에서부터 가드와 에그론(가드에서 북쪽으로 8km 정도 떨어진 곳에 있었다)까지 수많은 블레셋 사람이 부상을 당해 엎드러졌다.

이렇게, 아버지의 심부름을 온 한 소년 때문에 이스라엘은 블레셋에게 전에 없던 큰 승리를 거두는데, 이 소설 같은 사건의 주인공이 바로 이스라엘 사람들이 가장 존경하는 다윗이다. 당시 나이가 아마 16-18세에 불과했을 것으로 보이는 소년 다윗은 골리앗을 죽임으로써 갑자기 이스라엘의 국민적 영웅이 된다.

그림17. 기원전 700년경의 것으로 추정되는 부조에 나오는 이스라엘의 물맷군 그림.

---

14 우리말 성경에 '가이'로 번역된 단어는 골짜기로 번역하는 것이 낫다. 아마 엘라 골짜기의 일부로서 블레셋 쪽에 가까운 쪽을 가리킬 것이다(Tsumura, *The First Book*, 466).

2. 왕의 사위가 된 목동

골리앗과의 싸움에서 누구도 예상하지 못한 승리를 거둔 이 사건은, 다윗의 일생을 완전히 바꾸어 버렸다. 이 사건으로 다윗은 이스라엘 역사의 중심 무대에 서게 된다. 하나님을 신뢰하여 주저하지 않고 골리앗과 싸운 다윗의 모습에 감명을 받은 요나단은[15] 다윗을 자기 생명같이 사랑해서 다윗과 언약을 맺었고, 사울은 다윗을 자기 곁에 두려고 집으로 돌려보내지 않았다(삼상 18:1-3).[16] 다윗은 이스라엘의 왕이 되어가는 멀고도 험난한 과정의 첫걸음을 내디딘 것이다.

이 사건은 한편으론, 하나님이 한 인물을 선택하시고 그를 왕으로 세우시는 과정을 보여주는 여러 장면들 중 한 장면이기도 하다. 이 사건에서 하나님이 왕으로 선택하신 두 번째 인물의 특징이 확연히 드러나는데, 그것은 이 인물이 하나님을 대단히 사랑하고 신뢰하는 사람이라는 점이다. 그는 용사이기 이전에 믿음의 사람이었다.

다윗이 골리앗을 이길 수 있었던 이유는 뭘까?

전술적인 측면에서 보면, 자신에게 익숙한 방식으로, 즉 자신의 장점을 충분히 살렸기 때문이다. 다윗은 갑옷을 입고 투구를 쓰고 칼을 들고 전장의 장수들이 싸우는 방식으로 싸우지 않고, 목동이 늘 하던 방식대로 물매를 들고 싸웠다. 이것은 분명히 탁월한 전략이다.

그러나 영적인 차원에서 말하자면, 그가 승리한 이유는 믿음이 있었기

---

[15] Tsumura, *The First Book*, 471.
[16] 우리말 성경에 "머무르게 하고"로 번역된 히브리어 '라카흐'는 직역하면 '잡다/빼앗다/데리고 가다'는 뜻이다(영어의 take). 이것은 삼상 8:11에 언급된 왕의 제도(미슈파트 함멜렉)를 따른 것이다(Tsumura, *The First Book*, 472). 사무엘은 왕정이 도입되면 "왕이 너희 아들들을 데려다가(라카흐) 이런저런 일을 시킬 것"이라고 경고했었다.

때문이다. 이것이 앞으로 우리가 붙잡고 나아가야 할 부분이다. 사울은 골리앗을 대할 때 그의 체격이나 무기들을 주의 깊게 살피고 그를 어떻게 공략해야 할지, 전술적인 측면만 생각했을 것이다. 하지만 다윗에겐 그런 것은 두 번째 문제였다. 다윗은 골리앗을 향해 "너는 칼과 창과 단창으로 내게 나아오지만 나는 하나님의 이름으로 나간다"라고 말하는데(삼상 17:45), 다윗은 이 싸움을 믿음의 차원에서 생각한 것이다. 하나님을 완전히 신뢰하는 다윗은 골리앗을 전혀 두려워하지 않았지만, 하나님을 신뢰하는 믿음이 부족한 사울은 골리앗을 두려워했다. 이런 차이가 다른 결과를 가져왔다. 다윗이 이스라엘 왕들 가운데 가장 이상적인 왕의 모델로 평가받는 이유가 여기에 있다.

그러나 더 근본적인 원인을 말한다면, 다윗이 승리한 궁극적인 원인은 하나님이 그를 왕으로 선택하셨기 때문이다. 다윗은 시공간의 역사가 시작되기 오래전에 하나님의 작정 속에서 이미 이스라엘의 왕이었다. 다윗이 골리앗을 이긴 사건은, 하나님의 계획이 이뤄지는 하나의 과정에 불과하다. 다시 말해 다윗과 골리앗의 싸움은 이미 다윗이 이기기로 예정되어 있었던 사건이었다.

'다윗과 골리앗의 싸움'이란 말은 이젠 너무나도 유명해져서, 약자가 강자를 상대로 싸우는 것을 가리키는 일반적인 용어로 사용되면서, 한편으론 전력의 열세에도 불구하고 이길 수 있는 싸움이라는 의미를 함축하고 있다. 그러나 다윗을 포함하여 골리앗을 상대로 이길 수 있는 이스라엘 사람은 아무도 없었다고 봐야 한다. 이 승리는 전적으로 하나님의 선물이었던 것이다. 하나님은 영원 전에 계획하신 것이 그대로 이뤄진다는 이런 믿음은 우리로 하여금 역사에서 한 걸음 물러서게 하는 것이 아니라, 더 앞으로 나아가게 해 준다. 우리가 한 걸음 내디딜 때 하나님이 계획하신 것들이 드러날 것이기 때문이다.

성경에서 다윗이라는 이름이 최초로 나타나는 곳은 사무엘상 16:13이다.[17] 이보다 앞서 사무엘이 사울을 책망하면서 "여호와께서 그의 마음에 맞는 사람을 구하여 그를 그의 백성의 지도자로 삼으셨다"(삼상 13:14)[18]라고 하는데, 독자들은 여기서 하나님이 이미 어떤 인물을 이스라엘의 왕으로 선택하셨다는 사실을 알게 된다. 그리고 사무엘상 16장으로 가면 그 사람이 이새의 막내아들 다윗이라는 사실이 드러난다. 그런데 사무엘이 하나님의 지시에 따라 다윗에게 기름을 부어 이스라엘의 왕으로 삼자, 이후로 "다윗이 여호와의 영에게 크게 감동되었다"(삼상 16:13)라고 한다.

즉 성령께서 다윗에게 임하셨다는 말이다.[19] 다윗이 골리앗과 싸운 사건이 기름 부음 받은 사건 후에 일어난 것이라면(단언할 수는 없지만, 적어도 성경의 기자/편집자는 그렇게 읽도록 배열했다),[20] 성령이 다윗에게 임하신 후 다

---

[17] 룻 4:17, 22에 다윗이라는 이름이 나오는데, 우리말 성경과는 달리, 히브리어 성경엔 사무엘서가 룻기보다 앞에 나온다. 참고로 히브리어 성경은 오경, 예언서, 성문서 순으로 책이 배열되어 있으며, 사무엘서는 예언서 중 전기 예언서에 들어있고, 룻기는 성문서에 들어있다.

[18] '그의 마음에 맞는 사람'이란 무슨 뜻일까? '그의 마음에 맞는 사람'으로 번역된 "이쉬 킬바보"는 직역하면, "그의 마음(레밥)에 따른 사람"인데, 여기서 '그'는 하나님을 가리키며 하나님의 의지를 표현하는 것이다(Youngblood, "1, 2 Samuel," 137; McCarter, *1 Samuel*, 229). 이 말 자체는 하나님이 다윗을 선택하셨을 때 다윗의 마음을 보고 선택하셨다는 뜻이 아니다. 그런 뜻이 아니라 하나님의 주권적인 의지로 다윗을 선택하셨다는 뜻이다. 그러나 삼상 16장의 이야기는 하나님이 다윗을 선택하신 기준이 그의 외모가 아니라 마음이라는 것을 암시한다. "인간은 외모를 보지만 나 여호와는 중심(마음)을 본다"(7절).

[19] '봐티쯜라호 루아흐-아도나이 엘-다윗'을 직역하면, "여호와의 영이 다윗에게 강제로 들어갔다"라는 뜻이다. 같은 구문이 삼상 18:10에 나오는데 '루아흐-아도나이' 대신에 '루아흐-엘로힘 라아'(하나님이 부리시는 악령으로 번역됨)가 주어로 나온다. 전치사 '엘' 대신 '알'이 쓰인 똑같은 구문이 삿 14:6, 19; 15:14, 삼상 10:10; 11:6에도 나오는데(삼상 두 구절은 주어가 '루아흐-아도나이' 대신에 '루아흐 엘로힘'으로 나옴), 한글 개역개정판에는 이 어구들이 조금씩 다르게 번역되어 있다. 문맥에 따라 뉘앙스가 조금 다르게 번역한 것이겠지만 기본적인 의미는 다 같다. 성령께서 누군가를 강하게 지배하신다는 뜻이다.

[20] 삼상 16장에서 다윗은 기름 부음을 받았으며(16:13), 사울의 궁정에 들어가 사울을 위해 수금을 타기도 하고, 사울의 무기를 드는 자가 되기도 한다(16:18-23). '무기를 드는 자'(노세 켈림)라는 직책은 사울이나(삼상 14:1-17) 요압(대상 11:39)같은 용사들을 시

윗이 골리앗과 싸운 것이다.

그렇다면 다윗이 골리앗을 보고도 두려워하지 않고 당당하게 맞서 승리할 수 있었던 비결은 성령님께서 이끄셨기 때문이 아니겠는가?

우리는 다윗의 용기가 믿음에서 우러나온 것이라고 말할 수 있지만 (삼상 17:26, 36, 45-47을 보라), 그 믿음도 결국 하나님이 주신 선물인 것이다.

우리는 이제 이스라엘 역사에서 가장 존경받는 왕을 만나게 되는데, 그가 왕이 되는 과정에서 겪은 극적인 삶이나, 그가 왕이 되고 난 후 이룩한 위대한 업적들이나, 가족들로 인해 겪은 고통이나, 고난과 역경 속에서 보여준 관대한 모습이나, 그가 보여준 인간적인 약점들을 통해서 그를 한 시대를 풍미한 위대한 영웅으로 오해할 수도 있다. 그러나 성경이 그를 이상적인 왕으로 평가하는 이유는 그가 하나님을 전심으로 사랑했던 위대한 신앙의 인물이었기 때문이지 그가 이스라엘을 강한 나라로 만들었기 때문이 아니다. 사실은, 그가 이룩한 업적들 때문에 우리는 성경을 잘못 읽고 있는지 모른다. 그의 통치를 거치면서 달라진 국가 이스라엘의 모습은 그의 믿음에 대한 하나님의 축복이라고 봐야 한다.

중드는 젊은 사람을 가리키는 말이다. '노세 켈림'이라는 말은 '장비를 운반하는 사람'이라고 번역하는 것이 더 정확할 것이다. 왜냐하면, 이들은 무기뿐 아니라 갑옷이나 투구나 짐 같은 것도 운반했기 때문이다(Seevers, *Warfare in the Old Testament*, 65). 다윗이 이런 직책을 맡았다면 사울이 다윗을 알아보았을 것 같은데, 다윗이 골리앗을 죽이자 사울은 군사령관 아브넬에게 "이 소년이 누구의 아들이냐?"라고 묻는다(삼상 17:55). 이런 종류의 문제들 때문에, 삼상 17장이 16장과는 다른 별개의 전승에서 유래했을 것이라는 주장이 제기되기도 했다. 이 문제는 학자들을 괴롭혀온 문제들 가운데 하나며, 여기에서 이 문제를 심도 있게 다룰 생각은 없다. 필자는 삼상 17장의 사건이 16장의 사건들 다음에 오는 연속적인 이야기라고 생각하는데, 그렇게 볼 수 있는 결정적인 증거 중 하나는 삼상 17:15이다. 이 구절은 다윗이 사울에게 왕래하며 베들레헴에서 양을 치고 있다고 말한다. "다윗이 사울에게 왕래하며"라는 구는 다윗이 사울의 궁궐에 들어가서 사울의 무기를 드는 자가 되고 수금을 타는 자가 된 사건을 언급한 것이 분명하다(Tsumura, *The First Book*, 434-436 참고)..

그리고 모든 이야기는 하나님이 그를 왕으로 선택하셨다는 사실에서 비롯된다. 하나님은 다윗이 헤브론에서 왕위에 등극하는 공개적인 즉위식을 치르기 이전에, 일찌감치 사무엘을 통해 이새의 막내아들에게 기름을 부으셨다. 그리고 그에게 기름을 부으시기 전에 이미 그를 이스라엘의 왕으로 삼기로 계획하셨고, 더 나아가서 시공간이 창조되기 전에 이미 그를 이스라엘의 왕으로 예정하셨다. 하나님의 선택과 예정이 모든 것을 결정하는 것이다.

우리는 다윗(과 다른 왕들)의 이야기들을 읽으면서 하나님의 계획의 오묘함과 섭리의 놀라움과 능력의 광대함을 볼 수 있어야 한다. 우리는 다윗(과 다른 왕들)을 세우시고 훈계하시고 책망하시는 하나님의 역사를 읽으면서, 단순히 어떤 일들이 벌어졌는지에 관심을 가질 것이 아니라, 그런 일들이 왜 일어났는지 물으면서, 이스라엘 역사가 오늘 우리에게 어떤 교훈을 줄 수 있을지를 생각해야 한다. 이런 생각들을 염두에 두고 이제 다윗이 이스라엘의 왕이 되는 과정을 살펴보자.

다윗이 이스라엘의 왕이 되는 과정은 크게 세 단계로 나눌 수 있다. 먼저 다윗은 사울의 신하가 되고 그다음 사울의 사위가 되어 정치 무대의 중심에 서게 된다. 그다음엔 사울의 미움을 받아 쫓기는 신세가 된다. 이 기간이 얼마나 오랫동안 지속되었는지 알 수 없지만[21] 이 과정을 거치면서 다윗에겐 추종자들이 생겼고, 요즘 말로 하면 통치세력이 생겼다. 그리고 이 과정을 거치면서 다윗은 유다 지파로부터 유력한 지도자로 인정받는다. 마지막 단계는 유다 지파만의 지도자였던 다윗이, 사울이 다스리던 지파의 장로들과 계약을 맺고 통합 이스라엘 왕국의 왕이 되는 과정이다.

골리앗을 쓰러뜨리고 나자 다윗은 이전과는 다른 세상에서 살게 되었

---

[21] 유진 메릴은 그 기간을 10년 정도로 본다(메릴, 『제사장의 나라』, 280, 317).

다. 지금까지 다윗은 베들레헴 출신의 이름 없는 목동이었지만, 민족의 영웅이 된 이제는 나라의 안보를 책임지는 군인으로 살게 된 것이다. 양떼들을 이끌고 푸른 초장과 시내를 찾아다니며 풀도 먹이고 물도 먹이고 때로는 사나운 짐승들로부터 양떼들을 보호하기도 하는 목동의 삶이란 단순하지만, 수많은 생명을 지키고 보호한다는 점에서 고귀한 것이다.

그런데 골리앗을 물리친 순간부터 다윗은 더이상 그런 고귀한 삶을 누릴 수 없게 되었다. 다윗은 아버지의 집으로 돌아가고 싶었지만, 이스라엘의 왕은 적장을 물리친 소년을 집으로 돌려보내지 않았다(삼상 18:2). 사울은 블레셋과의 전쟁에서 이기기 위해 힘센 사람(이쉬 깁보르)이나 용감한 사람(벤 하일)을 보면 그들을 불러 모았다고 하는데(삼상 14:52), 사울에게 다윗 같은 사람은 꼭 필요한 존재였던 것이다.

사울은 처음에는 다윗에게 특별한 직책을 주지 않고 다윗을 여러 전쟁터에 내보냈는데, 다윗은 가는 곳마다 승리를 거뒀다.[22] 다윗이 계속 승리를 거두자 사울은 다윗에게 군대를 통솔할 수 있는 어떤 지위를 주었다(삼상 18:5). 한글개역개정판은 사울이 그를 "군대의 장으로 삼았다"라고 번역함으로써 오해의 소지를 남기는데, 차라리 NIV가 번역한 것처럼 "높은 지위를 주었다"라고 번역하는 것이 낫다. 히브리어 본문은, 직역하면 "사울이 다윗을 군인들(안쉐 밀하마) 위에 두었다"이다. 어떤 직책에 대해서도 언급하지 않는다.

제1장에서 언급했듯이, 사울의 통치 초기만 하더라도, 이스라엘에는 아직 상비군이 없었다. 암몬 왕 나하스와 전쟁을 벌일 때, 사울은 사령관에

---

[22] 다윗은 사울이 보내는 곳마다 가서 지혜롭게 행했다고 하는데(삼상 18:5), 본문에는 구체적으로 어떤 일을 했는지 언급되지 않았다. 그러나 사울이 다윗에게 군대를 통솔할 수 있는 어떤 지위를 주었다는 것을 보면, 이 말은 사울이 다윗을 전쟁터로 내보냈고 다윗은 가는 곳마다 승리를 거두었다는 뜻일 것이다(Tsumura, *The First Book*, 474; McCarter, *1 Samuel*, 303).

게 명령을 내리지 않고, 자기가 직접 군대를 소집한다(삼상 11:7). 게다가 자기 이름으로 하지도 못하고 "사울과 사무엘을 따르지 아니하면"이라고 사무엘의 이름을 포함시킨다. 사무엘의 권위를 내세우지 않으면 백성들이 따르지 않을 정도로 아직 왕권이 확립되지 않았던 것이다.[23] 그러나 암몬과의 전쟁에서 승리한 후 왕권이 강화되었고 블레셋과 지속적으로 전투를 치르면서 조금씩 조직을 갖추어갔을 것으로 보인다.

사울이 다윗에게 준 직위는 무엇이었을까?

사울은 왕으로 등극한 후 상비군을 만들었을 것으로 추정되며(삼상 14:52을 보라), 등극 후 어느 정도 시간이 흐른 후에는 이스라엘 군대에 적어도 군사령관(사르-쩌바), 천부장(사르 알렢), 백부장(사르 메아), 오십부장(사르 하밋쉼) 같은 직책들이 있었던 것으로 나온다(삼상 8:12; 14:50; 17:18; 18:13; 22:7).[24] 사울이 다윗에게 준 직책이 이런 지위 가운데 하나였다면 천부장 정도는 주었을 것이다. 그런데 사무엘상 18:13을 보면 사울은 다윗에게 자기 왕권을 빼앗길까 봐 두려워한 나머지 다윗을 자기 곁에서 떠나게 하고 그를 천부장으로 삼는다. 사울이 다윗에게 천부장이라는 직책을 줬다는 말은 그의 지위가 강등되었다는 뜻이므로, 이전까지는 그보다 더 높은 지위에 있었다는 말이다.

그렇다면 다윗은 사령관보다는 지위가 낮지만 천부장들을 통솔하는 지위(그런 직위가 있었다면)에 임명되었던 것이거나, 사울을 경호하는 부대(사울이 자기를 호위하는 부대를 만들었을 것이다)의 지휘관을 맡았을 것이다. 나중에 아히멜렉이 사울에게 다윗을 변호하면서 다윗이 사울의 호위대장(사르 미슈마옷)도 되었다고 하는데(삼상 22:14), 그렇다면 이때 다윗이 사울

---

[23] 참고. Tsumura, *The First Book*, 309.
[24] 참고. Tsumura, *The First Book*, 257, 480.

의 호위대장이 되었을 가능성이 크다. 여하튼 사울이 다윗을 중용했던 것은 분명하다.

다윗은 당시 나이도 어리고[25] 부하들을 통솔해 본 경험도 전혀 없었기 때문에 이런 일이 가능할지 의심하는 사람도 있겠지만, 이것이 지금으로부터 3천 년 전 고대 근동에서 일어난 일이라는 점을 고려해야 한다. 사울의 조치에 대해 온 백성과 사울의 신하들이 합당히 여겼다는 기록(삼상 18:5)을 보면, 다윗이 자기 역할을 잘 해냈던 것 같다. 다윗의 인기가 하늘을 찌르고 있었기 때문에, 적장을 죽인 영웅에게 고급 지휘관의 지위를 하사하는 것은 당시 사회에선 전혀 문제가 되지 않았을 것이다.[26]

게다가 사울이 다윗에게 높은 지위를 준 것은 골리앗을 죽인 직후가 아니다. 사울은 다윗을 여러 전쟁터에 보내어 그를 시험해 본 후, 그가 일을 지혜롭게 처리하자 그를 중용한 것이다(삼상 18:5). 사울은 블레셋과의 전쟁에서 이기기 위해 '싸움 잘 하는 사람'을 모아들였는데, 다윗은 거기에 딱 맞는 사람이었던 것이다.

다윗은 실제로 블레셋과 치른 여러 차례의 전투에서 계속해서 승리를 거두었다. 그것은 여인들이 춤추며 부른, "사울이 죽인 자는 천천이요, 다윗이 죽인 자는 만만이로다"라는 노랫말을 통해 알 수 있다. 다윗의 인기가 날마다 높아지고 있음을 보여주는 이 노래를 듣고, 사울은 민심을 파악

---

[25] 당시 다윗은 몇 살이었을까? 유진 메릴은 다윗이 기름부음 받았을 때의 나이를 12세 정도로 추정하고(메릴, 『제사장의 나라』, 274), 카이저는 12-14세 정도로 추정한다(카이저, 『이스라엘의 역사』, 288). 다윗이 헤브론에서 유다의 왕으로 등극할 때 나이는 30세다(삼하 5:4). 만약 다윗이 사울에게 쫓기는 생활을 10년 정도 했다면, 기름부음 받고 20세가 될 때까지의 기간에 골리앗과 싸우고 사울의 신하가 되어 여러 전투에 참가했다는 얘기다. 이런 점들을 고려할 때, 당시 다윗의 나이는 15-17세 정도였을 것으로 추정된다.
[26] 요셉은 바로(파라오)의 꿈을 해몽했다는 이유로 일국의 총리로 임명되고(창 41:37-43), 다니엘은 느부갓네살의 꿈을 해석해 준 후 지위가 높아졌다(단 2:48). 이런 일들은 고대 세계에선 흔한 일이었다.

했다. 다윗은 자신의 왕권을 위협하는 위험한 인물이 된 것이다(삼상 18:8).

"다윗에게는 만만을 돌리고 내게는 천천만 돌리니 그가 더 얻을 것이 나라 말고 무엇이냐?"

이때부터 사울의 마음에는 다윗에 대한 두려움이 떠나지 않았고, 그것이 그의 이상한 행동들의 동기가 되었다.

이때부터 사울은 다윗을 죽임으로써 화근을 없애려 한다. 사울은 최소한 두 차례에 걸쳐, 창을 던져 다윗을 죽이려고 했다(삼상 18:11, 19:10). 이 창은 왕의 권위를 상징하기 때문에 그는 항상 창을 가지고 다녔다(참고. 삼상 20:33; 22:6; 26:7).[27]

사울은 다윗을 죽이려고 자기 딸들을 이용하기까지 했다(이런 짓을 한 것을 보면 사울은 인격적으로 심각한 결함이 있는 사람이다). 다윗으로 하여금 블레셋과 싸우다 죽게 만들려고 자기의 맏딸 메랍을 주겠다고 제안한 것이다(삼상 18:17). 하지만 무슨 이유에서인지 사울은 맏딸을 아드리엘이란 사람에게 아내로 주어 버렸다(삼상 18:19).

그러나 또 다른 딸인 미갈이 다윗을 좋아한다는 소식을 듣자, 사울은 똑같은 짓을 또 한다. 이번에는 이 음모에 신하들까지 끌어들였다. 사울은 신하들에게 명령하여 왕이 다윗을 사위로 삼고 싶어 한다는 정보를 흘리게 했고 다윗에게 왕의 사위가 될 자격이 충분하다고 격려하게끔 지시했다(삼상 18:22). 신하들은 사울이 시킨 대로 했으나 다윗은 자신이 왕의 사위가 될 자격이 없다는 말로 신하들의 제안을 거절했다(23절).

이 말은 다윗의 진심을 그대로 드러낸 말로 보인다. 다윗은 자신이 가난하며 천한 신분이기 때문에 왕의 사위가 될 자격이 없다고 생각했다. 당시 관습에 따르면 결혼을 앞둔 남자는 신부 아버지에게 결혼 지참금을 지불

---

[27] Tsumura, *The First Book*, 479.

해야 했다.[28] 신하들로부터 다윗의 말을 전해들은 사울은 신하들을 통하여 다윗에게 지참금을 염려하지 말고 오직 블레셋 군인들의 포피(包皮) 백 개를 구해 오라고 요구했다. 포피란 남성 성기의 귀두 부위를 싼 가죽을 뜻하는데, 문맥상 이 단어가 가리키는 것은 블레셋 군인들의 성기다.

고대 근동에서는 시체의 일부를 절단해서 사상자의 수를 계산하는 일이 일반적인 일이었는데, 그 시체가 블레셋 사람의 것임을 증명할 수 있는 유일한 방법은 성기를 잘라내는 것이었다. 왜냐하면, 당시 블레셋 사람들은 이스라엘의 다른 이웃 나라들과는 달리 할례를 하지 않았기 때문이다.[29] 사울의 속셈은 블레셋 군인들의 손을 빌려 다윗을 죽이려는 것이었지만 다윗은 이 말을 듣고 기뻐하며 왕의 사위가 되기로 결심했다. 그래서 부하들을 데리고 수차례의 전투를 치러 블레셋 군인들의 포피 2백 개를 얻었는데, 이것은 사울이 요구하던 것의 두 배나 되는 양이었다.

사울은 자충수를 두고 말았다. 더이상 다윗을 사위로 받아들이지 않을 명분이 없어졌기 때문이다. 할 수 없이 사울은 자기 딸 미갈을 다윗에게 아내로 주었다(27절). 이제 다윗은 부마도위(駙馬都尉), 즉 왕의 사위가 되었다. 사울은 미갈을 이용하여 다윗을 죽이려 했으나 결과적으로 다윗을 존귀한 자로 만들어 주고 말았다(참고 삼상 22:14).[30] 이것은 인간의 악한 행동조차 선한 목적을 위해 사용하실 수 있는 하나님의 섭리다.

다윗은 왕의 사위가 되려는 욕심이 전혀 없었지만, 자신의 의지와는 상관없이 왕의 사위가 되었다. 다윗은 아버지의 심부름을 하는 과정에서 우연히 전쟁터에 나갔다가 골리앗과 싸우게 되었고, 그를 쓰러뜨린 일로 인

---

[28] 지참금으로 번역된 '모하르'는 이곳과 창세기 34:12, 출 22:15-16에만 나오는데, 남자가 여자의 아버지(즉 장인이 될 사람)에게 지불하는 돈을 가리킨다(Tsumura, *The First Book*, 486).

[29] 월튼 외 2인, 『IVP 성경배경주석 구약』, 441.

[30] Tsumura, *The First Book*, 488.

해 이스라엘 정치의 중심에 서게 되었고 자신의 의지와 상관없이 사울의 사위가 된 것이다. 이 모든 일은 다윗을 이스라엘의 왕으로 선택하신 하나님의 계획이 이뤄져 나가는 과정이다.

3. 쫓겨 다니면서 강해지는 다윗

　어린 나이에 존경받는 이스라엘의 지도자 사무엘로부터 기름 부음을 받은 다윗은 그 사건 이후로 언젠가는 자신이 이스라엘의 왕이 될 것이라고 믿었을 것이다. 그래서 그런지 그는 왕이 되려고 애쓰지 않았다. 그는 권력을 얻으려고 애썼다기보다는, 오히려 권력으로부터 멀어지려고 노력했고, 역설적이게도 그런 노력이 오히려 그를 점점 더 유력한 지도자로 만들어 주었다.

　다윗은 사울에게 미움을 받아 쫓겨 다니면서 오히려 유다의 지도자로 자리매김한다. 사울은 다윗을 죽이려고 애썼는데, 그러면 그럴수록 다윗의 존재감은 더 커졌다. 사울은 다윗에게 왕권을 빼앗길까 봐 두려워서 다윗을 죽이려고 했는데, 사울의 그런 행동이 오히려 다윗을 유력한 왕위 계승자로 만들어 주고 있었던 것이다. 사울은 다윗을 무너뜨리려는 자신의 노력이 다윗에게 더 좋은 결과들을 가져오는 모습을 보면서 하나님이 다윗과 함께 계시다는 것을 알게 되었고, 자기 딸이 다윗을 진심으로 사랑하는 것을 보자 다윗을 더 두려워한다(삼상 18:28).

　사울은 다윗에 비해 강자였기 때문에 사울이 다윗을 두려워했다는 말은 다윗을 무서워했다는 뜻이 아니라, 신하이자 사위인 다윗에게 자기 왕좌를 내줄지 모른다는 일종의 피해의식 같은 것이다. 독재자가 자신이 움켜쥔 권력이 사라질까 봐 자신을 반대하거나 자신의 잘못을 지적하는 사람들을 철권으로 탄압할 때 갖는 두려움 같은 것이다. 사울은 다윗이 존재하는 한 자기 왕국의 미래가 없을 것이라고 생각했다. "이새의 아들이 땅에 사는 동안은 너와 네 나라가 든든히 서지 못하리라"라는 말은 그의 두려움이 뭔지를 잘 보여준다(삼상 20:31). 특히 다윗은 블레셋과의 전쟁에서 능력을 발휘함으로써 명성을 얻었는데(삼상 18:30) 이것이 두려움을 가중시켰다. 결국 사울은 평생에 다윗의 대적이 되었다(삼상 18:29).

두려움, 질투, 미움. 이런 것들은 다 같은 뿌리를 지닌 악덕들이다. 엉겅퀴에서 무화과를 딸 수 없고 못된 나무가 아름다운 열매를 맺을 수 없다는 주님의 말씀처럼(마 7:16-18), 사울의 마음에서 선한 행동이 나올 수 없었다. 그에게는 믿음이 없었기 때문이다. 사울이 믿음이 있었다면 하나님을 두려워했을 것이고, 하나님을 두려워했다면 다윗을 두려워하지 않았을 것이다. 다윗에겐 사울의 왕좌를 빼앗으려는 욕심 같은 게 없었다. 하나님은 이미 그를 이스라엘의 왕으로 삼으셨기 때문에 그럴 필요가 없었다.

그때가 언제일지는 알지 못하지만, 때가 되면 자신은 이스라엘의 왕이 될 것인데 굳이 왕권을 빼앗으려고 애쓸 필요가 있겠는가?

그러나 믿음이 부족한 사울은 자신의 왕위가 자기 아들이 아니라 다윗에게로 넘어갈까 봐 두려워한다.

이제 사울은 참을 수 있는 한계점을 넘어섰다. 다윗을 은밀히 죽이려는 계획들이 수포로 돌아가자 사울은 작전을 바꾸어 아예 모든 신하에게 노골적으로 다윗을 죽이라고 명령을 내렸다(삼상 19:1). 다윗은 정말 난처했다. 왕의 사위이자 이스라엘 군대를 지휘하는 사람이 목숨을 건지자고 궁궐에서 빠져나올 수도 없었고 그렇다고 사울 곁에 계속 있다가는 생명이 위태로울 것이고. 정말 난처한 입장이었다. 그런데 놀랍게도, 이런 위태한 상황에서 사울의 자식들이 다윗을 도와준다.

특히 사울의 장남 요나단의 도움이 결정적이었다. 요나단은 자기 아버지가 다윗을 죽이려 한다는 것을 알아차리고, 그 사실을 다윗에게 알려 다윗을 피신시켰다. 그런 후, 자기 아버지에게 다윗을 죽이지 말라고 설득했다. 요나단의 말을 듣고 사울은 다윗을 죽이지 않겠다고 맹세까지 했다(삼상 19:6). 그가 이후로도 맹세를 어기고 자주 다윗을 죽이려 했다는 사실을 생각하면, 믿음이 있는 것과 그가 믿을 만한 사람인지는 불가분의 관계에 있다는 것을 알 수 있다. 일이 진정되자 다윗은 왕궁으로 복귀하여 이전처럼 사울을 모시게 되었다(삼상 19:2-7).

우리는 여기에서 요나단이 다윗을 도운 사실을 한 번 짚고 넘어가야겠다. 요나단이 다윗을 돕는 것과 같은 그런 미담들은 드물긴 하지만 가끔씩이라도 볼 수 있는 장면이기 때문에 얼마든지 있을 수 있는 이야기다. 그러나 요나단이 사울의 유력한 왕위 계승자라는 사실을 생각하면, 얘기가 달라진다.

요나단의 행동은 상식적으로는 납득이 가지 않기 때문이다. 요나단은 도대체 어떤 사람이기에 그렇게 행동했을까?

요나단이 성경에 처음 등장하는 것은 사무엘상 13장(2절)인데, 사울이 선택한 사람 3천 명(혹은 3개 부대) 중 천 명(혹은 한 개 부대)을 이끄는 지휘관으로 나온다(삼상 13:2). 그는 (아마 자신의 부대를 이끌고) 게바에 있는 블레셋의 수비대를 공격했다(삼상 13:3).[31] 그의 용감한 모습은 자기의 무기를 든 소년과 함께 단둘이서 적진에 뛰어들 때 두드러지는데(삼상 14:1-15), 그가 이런 용기를 낼 수 있었던 것은 그에게 믿음이 있었기 때문이다. 그는

---

[31] 우리말 성경에 수비대로 번역된 '너찌브'는 복수로 쓰일 때(삼상 10:5; 삼하 8:6, 14)는 수비대인 것이 확실하지만, 단수로 쓰일 때는 감독이나 총관과 같은 의미를 지니기 때문에, 요나단이 블레셋의 수비대가 아니라 장관이나 통치자를 공격한 것이라고 주장하는 사람들도 있다(Tsumura, *The First Book*, 336). 그러나 이 단어가 문맥상 이스라엘 영토 내에 주둔하고 있는 블레셋 군대, 즉 수비대를 가리키는 것으로 보이기 때문에 단수로 쓰이든 복수로 쓰이든 수비대로 번역하는 것이 무난하다(*HALOT*, 717).

자기의 무기를 든 소년에게, "우리가 이 할례 받지 않은 자들에게로 건너 가자"라며, "여호와의 구원은 사람이 많고 적음에 달리지 않았다"라고 말한다(6절). 이런 말은 다윗이 골리앗과 싸울 때 했던 말을 생각나게 한다(삼상 17:26, 36-37, 45-47).

우리가 다윗 중심으로 성경을 읽기 때문에 이렇게 말하지만, 사실은 "다윗의 말은 요나단이 한 말을 생각나게 한다"라고 말해야 한다. 왜냐하면, 다윗이 등장하기 전에 먼저 요나단이 등장하기 때문이다. 그는 아버지와는 달리 믿음이 있는 사람이었다. 블레셋 군대를 기습 공격할 때도 하나님이 주시는 표징을 따라 행했다(삼상 14:8-10).

요나단은 백성들의 지지도 받았다. 요나단의 공격으로 이스라엘이 믹마스에서부터 아얄론에 이르기까지 블레셋 사람들을 무찌르던(삼상 14:31) 날, 사울은 저녁때까지 아무 음식도 먹지 말라는 명령을 내렸었다(24절). 사울과 떨어져 있던 요나단은 이런 명령을 몰랐기 때문에, 벌집의 꿀을 발견하자 먹었고(27절), 뒤늦게 이 사실을 안 사울이 요나단을 처형하려 하자(39-44절). 백성들은 적극적으로 사울을 말려 요나단의 생명을 살렸다(45절). 이것은 백성들이 요나단을 신뢰하고 따랐다는 것을 보여준다.

다윗이 역사의 무대에 등장하기 전부터 요나단은 백성들의 지지를 받는 훌륭한 지도자였던 것이다. 이 정도면 그가 사울의 뒤를 이어 왕위에 오른다 하더라도 아무 문제가 없을 것 같다. 그는 다윗보다 나이도 더 많았고[32] 그의 용기와 인품은 결코 다윗에게 뒤지지 않는다. 그는 아버지보다 더 훌륭한 왕이 될 수 있는 충분한 자격을 갖춘 사람이다.

---

[32] 카이저는 요나단이 다윗보다 20-30세 위였을 것으로 보고(카이저, 『이스라엘의 역사』, 288), 메릴은 30년은 더 위였을 것으로 본다(메릴, 『제사장의 나라』, 277). 이런 수치는 사울의 즉위 연대 등 불확실한 근거들을 기반으로 한 것이기 때문에 정확한 수치는 아니지만 요나단이 다윗보다 나이가 제법 많았다는 것은 분명하다.

그런데 왜 그는 왕위에 오르지 않았을까?

아버지 사울이 그에게 왕위를 물려주려 한 것은 당연한 것이고, 요나단이 아버지의 마음을 살피는 아들이었다면 당연히 아버지의 바람대로 왕위를 물려받으려고 노력했어야 한다. 이것이 우리가 상식적으로 이해할 수 있는 이야기다. 그런데 요나단은 언제부터인지 모르겠지만 왕위에 대한 욕심을 부리지 않고 다윗이 왕이 되어야 한다고 생각한다. "너는 이스라엘 왕이 되고 나는 네 다음이 될 것을 내 아버지 사울도 안다"(삼상 23:17).

요나단이 언제부터 다윗이 왕이 되어야 한다고 생각했는지, 왜 그런 생각을 품게 되었는지, 성경은 말하지 않는다. 어떤 사람은 요나단이 다윗을 처음 본 순간, 다윗에게 왕권을 넘겨주었다고 생각한다. 즉 다윗이 골리앗을 죽인 후, 사울과 대화를 마치자마자 그는 다윗을 자기 생명같이 사랑하고 다윗과 언약을 맺고 심지어 자기가 입었던 갑옷을 벗어 다윗에게 주고 군복과 칼과 활과 벨트(이 벨트는 보통 칼집에 꽂힌 단도를 붙들어 매는 용도로 쓰인다)[33]도 주었다고 주장하는데(삼상 18:4), 이 행위가 왕권을 넘겨준 행위라는 것이다.[34]

그러나 상식적으로 판단할 때, 유력한 왕위 계승자가, 처음 보는 사람에게, 그것도 자기보다 나이가 한참 어린 소년에게 왕권을 넘겨줬다는 것은 납득하기 어렵다. 그렇다면 상식을 뛰어넘는 그런 행동을 하게 된 강력한 동기는 무엇이었을까?

그것은 요나단의 훌륭한 인품과 다윗에 대한 존경심이다.

자기가 가장 아끼는 물건들을 내어준다는 것은 자신을 내어주는 것이나

---

[33] Youngblood, "1, 2 Sameul," 191.
[34] 사람의 옷은 그 사람의 힘과 권위를 상징할 수 있다(Youngblood, "1, 2 Sameul," 160). 그래서 조블링(Jobling) 같은 학자는 요나단이 실제로 자신의 왕위를 물려준 것이라고 주장한다(Tsumura, *The First Book*, 473 참고). 실제로 옷을 주는 것이 권위를 넘겨주는 것을 상징하는 실례들이 있다(민 20:24-28; 왕상 19:19-20; 사 22:21).

다름없다.³⁵ 이것은 상대방을 대단히 존경한다는 표시다.³⁶ 요나단은 비록 나이는 자기보다 어리지만 믿음과 용기를 지닌 소년 다윗을 존경한 것이다. 이런 행동은 요나단이 대단히 훌륭한 인품과 믿음을 가진 사람이었다는 뜻이기도 하다.

요나단은 자신이 유력한 왕위 계승자라는 것과 자기가 왕위에 오르기를 바라는 아버지의 뜻을 몰랐겠는가?

이스라엘의 왕이 되어 블레셋과의 전쟁을 승리로 이끄는 것이 하나님이 기뻐하시는 뜻이라는 생각을 한 적이 한 번도 없었겠는가?

요나단의 주위에 그를 따르며 그가 왕이 되기를 바라는 추종자들이 없었겠는가?

그럼에도 불구하고, 그가 왕권에 대한 욕심을 버리고, 어느 순간부터 자기보다는 다윗이 더 훌륭한 왕이 될 수 있다고 생각하고 다윗이 이스라엘의 왕이 되는 것이 순리라고 생각했다면, 그런 마음은 하나님이 요나단에게 주신 마음이었다고 봐야 한다.

요나단은 다윗과의 약속을 지키려고 자신의 생명이 위협당하는 것까지 무릅쓴다. 그는 맹목적으로 아버지에게 충성을 바치는 대신, 친구와의 우정에 헌신했다. 옳지 않은 일은 하지 않았고, 옳다고 생각한 일에 최선을 다했다. 자기가 아끼던 친구를 자기 아버지가 미워했다는 것은 비극이었다. 그는 아버지를 공경하는 것과 친구와의 우정 사이에서 갈등했지만, 어느 한쪽을 얻기 위해 다른 한쪽을 희생시키지는 않았다. 결국 두 사람은 십 황무지에서 이별하고 각기 자기 길을 가다가 다시는 만나지 못한다.

사울의 딸 미갈도 다윗을 도와줬다. 사울이 또다시 자기 손에 있는 단창

35　H. W. Hertzberg, *I & II Samuel*. OTL (London: SCM Press, 1982), 155.
36　Tsumura, *The First Book*, 473. 참고. Youngblood, "1, 2 Samuel," 191.

으로 다윗을 죽이려 하자 다윗은 사울을 피해서 자기 집으로 달아났는데, 이때 사울은 부하들을 보내어 다윗의 집을 포위하고 날이 새면 다윗을 죽이게 했다(삼상 19:10-11). 다윗은 그야말로 '독 안에 든 쥐'였다. 이때 미갈은 다윗에게 당장 도망치라고 설득했고 다윗이 창문을 통해 몰래 빠져나가도록 도와주었다. 그런 후 다윗의 침대에 실물 크기의 우상(드라빔)을 눕히고[37] 염소 털 엮은 것을 그 머리에 씌우고 다윗의 옷을 입혔다(13절). 밤새 사울의 마음이 변해 다윗을 생포해 오라고 부하들을 보내었을 때, 미갈의 속임수 덕분에 다윗은 멀리 도망칠 시간을 벌 수 있었다(12-17절). 사울의 자식들이 적극적으로 다윗을 보호해 주었다는 사실은 사울의 지지자들이 가지고 있던 반-다윗 정서를 누그러뜨리는 데 큰 도움이 되었을 것이다.

다윗은 하늘에서 왕관을 쓰고 꽃가마를 타고 내려온 것이 아니라, 기원전 11세기의 이스라엘 땅에서, 이새의 막내아들로 태어나 양을 치다가 왕이 된 것이다. 이 사실이 의미하는 것은 그가 많은 사람의 도움 없이는 결코 왕이 될 수 없었다는 것이고, 그 많은 사람의 도움 배후에는 참새 두 마리가 동전 한 닢에 팔리는 것까지도 주관하시는 하나님의 섭리가 작용했다는 것이다. 이 사실을 망각할 때 우리는 신앙을 초역사적인 영역에 가둬두고 현실과 신앙을 분리시키는 우를 범한다.

---

[37] Tsumura, *The First Book*, 494.

그림18. (왼쪽) 남동쪽에서 바라본 유대 광야. 다윗은 사울을 피해 이런 데서 숨어 지냈다. (오른쪽) 유다 남부 지역의 한 야산의 모습. 자세히 보면 곳곳에 동굴들이 보인다.

미갈의 도움으로 가까스로 목숨을 건진 다윗은, 북쪽으로 3-5km 정도 달려 사무엘이 살고 있던 라마로 갔다. 사무엘은 다윗에게 임시 거처를 마련해 주었고, 다윗은 라마의 한 목초지에서[38] 얼마 동안 사무엘과 함께 살았다(삼상 19:18). 그러나 사울이 살아있는 한, 다윗은 이스라엘 땅 안에서 숨을 곳이 없었다. 요나단의 중재에도 불구하고 다윗을 죽이려는 사울의 마음은 바뀌지 않았다.

결국 다윗은 도망자의 신세가 되어 정처 없는 유랑의 길을 떠나야 했다. 언제 끝날지도 모를 것 같았던, 이 기나긴 도피 생활은 결국 사울의 죽음으로 끝이 났는데, 다윗은 이 험난한 여정을 헤쳐 나가면서 이스라엘의 지도자로 성장했다. 이런 과정이 젊은 다윗에겐 큰 시련이었겠지만, 이스라엘의 왕이 되기 위해선 필요한 과정이었던 모양이다.

여기에서 다윗이 사울의 칼을 피해 쫓겨 다니던 과정들을 자세히 살펴보지는 않겠고 한 가지 사실만 이야기하려고 하는데, 사울에게 쫓겨 다니

---

[38] 우리말 성경에 '나욧'으로 번역된 단어는 오직 이곳에만(삼상 19:18, 19, 22, 23; 20:1) 나타나는 단어라서 정확한 의미를 파악하기 어렵다. 다만 대부분의 주석가들은 한글개역개정판이 번역한 것처럼 고유명사가 아니라 풀밭이나 목초지 같은 것을 뜻하는 일반명사로 생각하고 camp(야영지)로 번역한다(Klein, *1 Samuel*, 108; McCarter, *1 Samuel*, 327). 이스라엘의 선지자들 공동체는 그런 곳에 거주했다고 한다(Tsumura, *The First Book*, 495; 월튼 외 2인, 『IVP 성경배경주석 구약』, 442). 예레미야 33:12 참고.

는 동안, 다윗은 하나님의 보호를 받았다는 것이다. 예를 들면, 다윗이 '독 안에 든 쥐'였을 때, 갑자기 블레셋 군대가 쳐들어왔다는 소식을 듣고 사울이 군대를 철수한다(삼상 23:24-28). 또 다른 예는 다윗이 블레셋 방백인 아기스의 봉신의 자격으로 이스라엘과의 전쟁에 참전할 뻔했을 때다.

만약 다윗이 전투에 참여했다면, 그는 민족을 배반한 사람이라는 소리를 들었을 것이다. 아무리 급박한 상황에서 어쩔 수 없이 참전했던 것이라고 변명을 해도, 그의 일생일대에 큰 오점으로 남았을 것이다. 그러나 감사하게도, 블레셋의 다른 방백들의 반대로 참전이 허락되지 않았다(삼상 29:1-11). 이 사건에서 다윗이 반발하면서 아기스에게 "내가 가서 내 주 왕의 원수와 싸우지 못하게 하시나이까?"라고 한 말(8절)은, 다윗의 진심이 담긴 말이 아닐 것이다.[39]

다윗은 살기 위해 모든 노력을 기울였고, 심지어 미친 사람 흉내까지 냈다(삼상 21:10-15). 사울의 추격을 피해 도주하는 과정에서 다윗 때문에 무고한 생명이 많이 죽기도 하고(삼상 22:18-19), 자기의 도움을 받았던 주민들로부터 배신당하기도 하고(삼상 23:1-13), 자기를 따르며 동고동락하던 무리들로부터 죽임당할 뻔도 하고(삼상 30:6), 당시 주적이던 블레셋의 땅으로 도망쳐서 그곳 영주의 봉신 노릇까지 했다(삼상 27장). 다윗의 이 모든 행동 하나하나에 윤리적 잣대를 들이대는 것은 너무 가혹한 처사다. 이 모든 일은 다윗이 생각하고 행동으로 옮긴 것이지만 하나님의 섭리 가운데 이뤄진 것이다. 분명한 것은 하나님이 다윗의 생명을 보호하셨다는 것이다.

다윗이 곤경에서 벗어나 돌아오다가 아말렉 족속을 쳐부수고 승리를 거두던 날에, 사울은 길보아산에서 벌어진 블레셋과의 전투에서 최후를 맞

---

39 참고. Tsumura, *The First Book*, 636; McCarter, *1 Samuel*, 427; Klein, *1 Samuel*, 277.

는다. 사울의 죽음과 함께 사울의 통치는 끝났다. 하지만 그의 통치는 그가 죽기 오래전에 이미 끝난 것이나 다름없다(삼상 15:28).

그림19. 사울이 블레셋과 싸우다 최후를 맞이한 길보아산. 뒤에 보이는 언덕은 벧산의 유적지다.

블레셋 사람들은 이스라엘과의 전쟁에서 승리하자 자신들의 신 다곤이 이스라엘의 신 여호와를 이긴 것이라고 믿었다.[40] 그래서 그들은 블레셋 땅 전역에 전령들을 보내어 승리의 소식을 전했고, 자기들이 섬기는 우상들의 신전에도 승리의 소식을 전했다(삼상 31:9).

하지만 이런 모습은 사사 시대에도 늘 보아왔던 익숙한 그림이다. 전쟁에서 졌다고 결코 하나님이 패배하신 것이 아니다. 이 패배는 사울의 패배일 뿐이다. 사울은 블레셋을 정복하는 것을 사명으로 생각하며 평생을 전쟁터에서 살았지만 안타깝게도 꿈을 이루지 못하고 전사하고 말았다. 반면 블레셋의 봉신까지 지냈던 다윗은 왕으로 등극하자마자 블레셋을 정복한다. 앞에서도 언급했듯이, 이런 다른 결과를 가져온 것은 믿음이다.

---

40 Tsumura, *The First Book*, 654.

사울은 믿음이 없었고, 다윗은 믿음의 사람이었다. 하나님은 자신을 신뢰하지 않는 사울이 아니라, 자신을 신뢰하는 다윗에게 승리를 허락하신 것이다!

4. 다윗을 중심으로 두 왕국이 하나로 통합되다

다윗은 하나님의 뜻에 따라, 두 아내(아히노암과 아비가일)와 자기를 따르던 사람들과 모든 가족을 데리고 헤브론으로 갔다(삼하 2:1-3). 헤브론은 남부의 중요한 거점 도시이며 유다 지파의 중심지이기도 하다. 이들은 헤브론의 여러 성읍에 정착하여 살게 되었는데, 헤브론에 거주하던 유다 지파 사람들이 다윗의 일행에게 거주할 장소까지 내주었다는 사실은, 다윗이 그때 즈음엔 상당히 유력한 사람이었다는 것을 암시한다. 결국, 다윗이 헤브론에 거처를 마련했다는 소식이 알려지자 유다 지파 사람들이 헤브론으로 와서 다윗에게 기름을 부어 다윗을 유다 왕으로 삼았다(삼하 2:4).

그림20. 다윗이 유다 왕으로 있었던 헤브론. 예루살렘에서 남쪽으로 30킬로 정도 떨어진 곳에 있다.

이것은 자연스러운 일이었다. 왜냐하면, 유다 지파 사람들은 어느 시점부터 다윗을 자신들의 지도자로 생각하고 있었기 때문이다. 사무엘은 "여호와께서 마음에 맞는 사람을 백성의 지도자로 삼으셨다"는 말을 사울에게 한 적이 있다(삼상 13:14). 그리고 사울에게 "여호와께서 이스라엘을 왕에게서 떼어 왕보다 나은 왕의 이웃에게 주셨다"라는 말도 한 적이 있다(삼상 15:28). 그리고 사울을 위해 슬퍼하자 하나님으로부터 "내가 이미 사울을 버려 이스라엘 왕이 되지 못하게 하였는데 왜 슬퍼하느냐"라고 하시면서, "뿔에 기름을 채워 이새의 아들에게 가서 기름을 부으라"라고 하시는 명령을 들었다(삼상 16:1). 그리고 그 명령대로 다윗에게 기름을 부었다(삼상 16:13).

다윗에게 기름을 부은 사건은 은밀하게 이뤄진 일이며, 사무엘에게 주어진 이런 말씀들은 개인에게 주어진 말씀이지만, 공적인 성격을 지닌다. 이 사실이 사울의 귀에 들어가면 다윗의 생명이 위태롭게 되기 때문에, 처음에는 사무엘이 기밀을 유지했을 것이다. 하지만, 사울이 다윗을 찾아 죽이려고 한 순간부터 기밀을 유지할 필요가 없게 되었고, 오히려 하나님이 왕으로 선택하셨다는 사실은, 다윗에게 왕으로서의 정통성과 권위를 부여하는 것이기 때문에 적극적으로 알릴 필요가 있었을 것이다. 다윗은 사무엘에게 기름 부음 받은, 왕이 될 만한 자격을 지닌 유력한 사람이었던 것이다.

리스바 일 때문에 화가 난 아브넬이 이스보셋에게 "여호와께서 이 나라를 사울의 집에서 다윗에게 옮겨서 그의 왕위를 단에서 브엘세바까지 이스라엘과 유다에 세우리라고 맹세하셨다"라고 말하는데(삼하 3:9-10), 그 이전 본문에 그런 맹세가 없기 때문에, 아브넬이 말하는 것은 사무엘상 15:28과 16:1에 나타나는 하나님의 말씀을 가리키는 것이거나[41] 하나님이

---

[41] Youngblood, "1, 2 Samuel," 327.

사무엘에게 기름 부은 사건을 가리키는 것으로 보인다.[42] 이것은 사울의 신하들조차도 다윗이 기름 부음 받은 사건을 알고 있었을 것이라는 점을 암시한다.

게다가 다윗은 사울에게 쫓겨 다니면서도 지혜롭게 행동함으로써 유다 지파 사람들의 민심을 얻었다. 다윗은 유다 사람들을 보호해 줬고[43] 이스라엘 백성들을 끊임없이 괴롭히던 아말렉 족속과 남부 사막의 부족들을 공격하여(삼상 27:8-12), 그들로부터 노략한 전리품들을 유다의 네게브 지방의 친구 장로들에게 보내 주기도 했다(삼상 30:26-31).

시간이 흐르면서 다윗은 점점 더 유력한 지도자로 인정받았는데, 역대상 12장을 보면 다윗이 쫓겨 다니던 기간에도 그가 왕으로 선택받았다는 것을 인정한 이스라엘 사람들이 있었다.[44] 다윗이 사울에게 쫓겨 시글락에 숨어 있을 때에, 다윗을 도우러 온 사람들이 베냐민 지파 사람들 중에도 있었고(대상 12:1-2), 갓 지파에도 있었고(대상 12:8), 므낫세 지파에도 있었다(대상 12:20).

한편 사울이 죽은 후 그의 아들 이스보셋이 왕위를 계승했지만 그의 왕권은 취약했다. 무엇보다도 이스보셋 자신이 왕이 될 만한 인물이 아니었다.

이스보셋이란 이름은 '수치의 사람'이란 뜻인데, 누가 이런 이름을 가지고 있었겠는가?

아마 이 이름은 후대의 사람들이 붙여준 별명일 것이다. 그의 이름이 암

---

[42] A. A. Anderson, *2 Samuel*. WBC (Waco: Word Books, 1983), 57 참고.
[43] 삼상 25장에 나오는 나발 이야기는 이런 관점에서 읽을 수 있다. 다윗은 부하들과 함께 나발의 가축들을 보호해 주었다(나발의 종들도 이런 사실을 인정한다). 그래서 일종의 축제인 양털 깎는 시기가 다가오자 약간의 식량을 요청했다. 그러나 나발이 이런 요청을 무시하자 이에 격분한 다윗은 나발을 죽이려 했던 것이다.
[44] 메릴, 『제사장의 나라』, 302 참고.

시하는 것은 그가 왕이 될 만한 사람이 아니었다는 것이다.

사울의 다른 아들들이 전사한 사실은 무얼 말하는가?

그가 전쟁터에도 나가지 않았던 것은 유약했기 때문일지 모른다.[45] 실제로 그는 힘이 없었는데, 실권은 군사령관인 사울의 사촌 아브넬이 갖고 있었다. 이스보셋을 데리고 마하나임으로 건너가서 이스보셋을 왕으로 세운 것도 아브넬이다(삼하 2:8).

게다가 그가 통치하던 나라는 사울이 통치하던 이스라엘보다 훨씬 작은 왕국이었다. 일단 요단 동쪽으로 수도를 옮겼다는 것은 요단 서쪽 지역의 통치를 포기하겠다는 뜻이다.[46] 그가 다스리던 지역은 길르앗과 아술과 이스르엘과 에브라임과 베냐민 지파의 땅이라고 한다(삼하 2:9).

하지만 골짜기 저쪽에 있는 이스라엘 사람과 요단강 건너편에 살던 사람들이 성읍을 버리고 도망치자 그들이 떠난 자리에 블레셋 이주민들이 들어와 살았다고 하는 사무엘상 31:7 기사로 미루어 볼 때, 이스라엘 사람들의 거주지가 많이 축소된 것은 분명하다. 이 본문에서 '골짜기 저쪽'(에베르 하 에멕)은 사울과 그의 아들들이 죽은 길보아산에서 바라본 이스르엘 골짜기의 북쪽을 가리킨다. 사울이 패배함으로써, 블레셋 사람들이 이스라엘의 북부의 이스르엘 골짜기 주위에 있는 버려진 도시들에 와서 살게 된 것이다.[47]

게다가 아버지의 통치 기반이던 옛 수도 기브아를 버리고, 수도를 요단 동편의 마하나임(길르앗 지역의 중심 도시로서 얍복 시내 북쪽에 있음)으로 옮긴 것을 보면, 이스보셋은 세력 기반이 거의 없었다고 봐야 한다.

이런 상황에서 다윗이 유다 지파의 왕이 된 것이다. 유다 지파 사람들은

---

[45] 참고. Youngblood, "1, 2 Samuel," 314-315. 참고. 브라이트, 『이스라엘의 역사』, 253.
[46] 카이저, 『이스라엘의 역사』, 275.
[47] Tsumura, *The First Book*, 652.

사울의 왕위를 계승한 이스보셋을 자신들의 왕으로 인정하는 대신, 자신들의 생명을 보호해 줄 지도자로 다윗을 선택했다. 유다 지파가 그런 선택을 한 것은, 아직 왕위의 세습이 확고한 전통으로 자리 잡힌 것도 아니고, 사사 시대의 전통이 아직도 남아 있었기 때문일 수도 있다. 아마 이스보셋이 블레셋으로부터 자기들을 보호해 줄 만한 인물이 아니라고 판단했을 것이다.

결국 이스라엘은 둘로 갈라져서 유다 지파는 다윗이 다스렸고, 나머지 지파들은 이스보셋이 다스렸다. 다윗은 헤브론에서 7년 6개월간 유다 지파를 다스린다(삼하 2:11; 대상 3:4).[48] 이 기간 동안 두 왕국은 자주 전투를 벌였지만, 시간이 흐를수록 다윗의 왕실은 점점 강해진 반면, 사울의 왕실은 점점 약해졌다(삼하 3:1). 이런 상황이 지속되다가 몇 가지 돌발적인 사건으로 인해 이스라엘 왕국이 하나로 통합된다.

왕국의 통합은 아주 사적인 일로부터 시작되었다. 아브넬이 사울의 후궁이었던 리스바와 동침하자 이스보셋이 아브넬에게 화를 내었고, 이 일로 인해 둘 사이가 틀어지면서 아브넬은 다윗에게로 돌아섰다(삼하 3:7-11). 리스바는 서열 2위의 정실부인이었던 것으로 보이며[49] 전왕의 부인을 취하는 것은 일반적으로 왕권을 주장하는 것으로 간주되었기 때문에,[50] 이스보셋의 입장에서는 아브넬의 행동이 아주 무례한 것으로 느껴졌을 것이다. 그러나 아브넬이 왕권을 주장하기 위해 그런 행동을 한 것이 아니라는 것은 그가 곧바로 다윗과 협상을 하려 했다는 사실을 통해 드러난다.[51] 그는 그저 리스바를 소유하고 싶었던 것뿐이다.

---

[48] 왕상 2:11, 대상 29:27에 나오는 7년은 대략적인 숫자다(Youngblood, "1, 2 Samuel," 345).

[49] Anderson, *2 Samuel*, 56.

[50] P. Kyle, McCarter, Jr., *2 Samuel*. AB (New York: Doubleday, 1984), 112-113.

[51] McCarter, *2 Samuel*, 56.

이스보셋의 태도에 분개한 아브넬은 다윗에게 사자(使者)들을 보내어 계약을 맺자고 제안했다(12절). 아브넬이 언급한 제안은 아마, 자기가 이스라엘 장로들을 설득하여 다윗을 왕으로 모시게 하는 대신, 자신에게 통합 이스라엘 왕국의 군대 전체를 지휘할 수 있는 군사령관(사르 짜바)의 지위를 달라는 것이거나,[52] 최소한 자신이 계속해서 자신의 군대를 지휘할 수 있게 해 달라는 요구였을 것이다. 다윗은 계약을 맺는 조건으로 아브넬에게 미갈을 데려오라고 요구했다. 그런 후 이스보셋에게도 사자(使者)들을 보내어 자기의 처 미갈을 돌려달라고 공식적으로 요청했는데(11-12절), 이렇게 한 것은 미갈에 대한 애정 때문이라기보다는, 자신이 사울 왕의 사위라는 사실이 중요했기 때문일 것이다.[53] 이스보셋은 다윗의 요청대로 미갈을 그의 남편에게서 빼앗아 왔는데, 이후로 미갈이 다윗에게로 돌아갔는지, 어떤 대접을 받았는지는 기록되어 있지 않지만 협상은 순조롭게 진행되었다.

아브넬은 또 이스라엘 장로들에게 다윗을 왕으로 모시는 것을 허락했다(17-18절). 아브넬의 말에 따르면 이들은 이전부터 "여러 번 다윗을 왕으로 세우려" 했었다. 아마 장로들 대부분은 이스보셋이 왕국을 이끌어갈 적임자가 아니라고 판단했던 것 같다.

아브넬은 베냐민 사람에게도 이런 사실을 통보하는데(19절), 이것은 두 가지 해석이 가능하다. 이스보셋의 통치력이 주로 베냐민 지파에만 미쳤고 그 이외의 지파에 대한 지배력은 미약했다는 증거이거나,[54] 사울을 왕으로 배출한 베냐민 지파가 다윗을 받아들이는 데 있어서 가장 큰 걸림돌

---

[52] 메릴, 『제사장의 나라』, 299; Youngblood, "1, 2 Samuel," 327(*JBL* 99/4 [1980]에 실린 Vanderkam의 글에서 인용).
[53] McCarter, *2 Samuel*, 114; 월튼 외 2인, 『IVP 성경배경주석 구약』, 464.
[54] Anderson, *2 Samuel*, 60.

이 되었기 때문일 것이다.

그가 추진하는 일을 적극적으로 지지하겠다는 장로들의 약속을 받아낸 다음, 아브넬은 부하 20명을 데리고 헤브론으로 가서 다윗과 정식으로 계약을 맺었다(삼하 3:20). 아브넬을 따라온 20명은 그를 경호하는 군인들이거나 아니면 각 지파의 장로들(10지파의 대표들?)이거나 아니면 베냐민 지파의 장로들이거나[55] 아니면 고위급 장교들로 이뤄진 소수의 군사 측근이면서 강력한 당파의 중요한 대표들이었을 것이다.[56]

아브넬과 다윗은 오래전부터 서로 잘 아는 사이다. 골리앗을 이긴 다윗을 사울에게로 데려온 사람이 바로 아브넬이었다(삼상 17:55-57). 그리고 두 사람은 사울과 함께 식사하는 자리에 자주 동석했기 때문에(삼상 20:25), 서로 친분이 있는 관계다. 그렇기 때문에 둘 사이의 계약은 특별한 어려움 없이 신속하게 진행되었을 것이다. 다윗은 아브넬과 그와 함께 한 사람들을 위해 잔치를 배설했다(삼하 3:20). 고대 세계에선 협정을 맺은 후 음식을 함께 먹는 것이 관습이었다. 아브넬은 이 자리에서 온 이스라엘 백성으로 하여금 다윗과 계약을 맺도록 추진하겠다고 다윗에게 구두로 약속했다(21절). 모든 일이 순조롭게 진행되었다.

그러나 모든 사람이 이 평화 협정을 반기지는 않았다. 협정이 체결되는 순간 자리를 비웠던 요압(그는 다윗의 심복들을 데리고 적군과 전투를 벌이고 돌아왔다)은 아브넬이 다녀갔다는 소식을 듣고 아브넬을 무사히 돌려보낸 다윗에게 크게 반발하면서 협정 자체를 반대했다(22-25절). 그리고 아브넬을 속여 불러들인 후, 동생 아비새와 함께(30절) 무방비 상태의 아브넬을 죽였다(26-27절). 왕의 허락도 받지 않고 자기 맘대로 일을 벌인 것이다. 성

---

[55] 참고. Anderson, *2 Samuel*, 60.
[56] 존 월튼 외 2인, 『IVP 성경배경주석 구약』, 464.

경은 요압이 아브넬을 죽인 동기가, 전투 중 아브넬이 자기 동생 아사헬을 죽인 일에 대한 복수라고 말한다(27, 30절).[57]

아브넬이 갑자기 죽자 다윗은 상당히 당황했고 아브넬을 죽인 요압에게 매우 화가 났다. 아브넬이 죽음으로써 아브넬과 맺은 협정이 깨뜨려 질지도 모른다는 점 때문이 아니라, 언약을 맺은 당사자를 죽임으로써, 이스라엘 사람들이 해서는 안 될 가장 비열한 짓을 했다는 오해를 받을 수 있는 상황이었기 때문이다. 생각 같아서는 요압을 처형해서라도 그가 한 악한 짓에 대해 벌을 주고 싶었겠지만, 다윗이 제어할 수 없을 정도로 스루야의 아들들의 힘이 너무 막강해서(39절) 저주를 퍼붓는 것 이외에는 아무것도 할 수 있는 일이 없었다. 다윗이 퍼부은 저주(삼하 3:29)는 그의 맑은 영혼에서 나온 것이라고는 믿기 어려울 정도로 독기가 서려 있다. 그 정도로 다윗은 이 일에 대해 요압에게 화가 난 것이다.

한편 다윗은 이 일이 자신의 의도와는 무관하다는 것을 알릴 필요가 있었다. 다윗은 매우 적극적으로 아브넬의 죽음을 애도했는데(31-39절, 특히 35절), 그가 너무나 갑자기 죽어서 실제로 충격을 받았고 슬프기도 했겠지만(33-34절), 자신이 아브넬의 죽음을 의도하지 않았다는 것을 알리기 위한 목적이 더 중요했을 것이다.[58] 다윗의 행동은 효과가 있었다.

> 이날에야 온 백성과 온 이스라엘이 넬의 아들 아브넬을 죽인 것이 왕이 한

---

[57] 요압에게 숨은 동기가 있었을지 모른다. 즉 아브넬에게 2인자의 자리를 빼앗길까 봐 그를 제거했을 가능성도 있다. 하지만 이런 추론을 뒷받침해 줄 만한 본문 상의 증거는 없다.

[58] 메릴은 이스라엘 장로들이 아브넬의 죽음을 권력 찬탈을 위한 다윗의 음모로 해석했을 것이라고 주장한다. 이런 오해를 막기 위해 다윗이 공적인 애도일을 선포하고 아브넬의 장례를 매우 엄숙하게 진행했다는 것이다(메릴, 『제사장의 나라』, 300). 사실 상식적으로 판단하면 다윗이 아브넬을 죽일 이유가 없다. 하지만 아브넬이 협정을 맺으러 갔다가 죽은 것은 사실이기 때문에, 이스라엘 쪽 사람들은 어떤 식으로든 다윗이 아브넬의 죽음에 개입되어 있다고 오해할 소지가 있었다.

것이 아닌 줄을 아니라(37절).

이 사건은 결과적으로 왕국의 통합을 촉진시켰다. 아브넬이 죽음으로써 이스보셋의 권좌도 위태롭게 되었다. 왜냐하면, 실권은 아브넬에게 있었고, 그 사실을 모두가 다 잘 알고 있었기 때문이다. 결국, 이스보셋의 통치가 지속되지 못할 것이라고 판단한 두 명의 군 지휘관이 궁궐 안으로 들어가 침상에서 낮잠을 자고 있던 이스보셋의 배를 찔러 죽이고 그의 머리를 베어 헤브론에 있는 다윗에게로 가져갔다(삼하 4:1-8). 이렇게 허무하게 이스보셋은 많지 않은 나이에 생을 마감했고 사울의 왕권도 끝났다.

레갑과 바아나는 상을 받을 것을 기대하고 이스보셋의 머리를 다윗에게 갖다 바쳤지만, 다윗은 그들을 처형했다. 다윗은 아무리 자기에게 득이 된다고 하더라도 좋지 않은 방법을 사용한 자들에게 엄중한 심판을 내리는데, 다윗의 판단은 레갑과 바아나와 같은 기회주의자들의 행동이 얼마나 악한 것인지를 보여주는 하나님의 심판 같은 것이다(9-11절). 다윗은 그들을 처형하고 수족을 벤 후, 시체를 헤브론에 공개적으로 매달아 둠으로써(12절) 이스보셋을 죽인 것이 자신의 의지와는 상관없다는 사실을 만천하에 알렸다.[59]

이스보셋이 죽자 이스라엘의 여러 지파의 대표자들이 다윗을 만나러 헤브론으로 왔다. 이들은 자신들이 다윗과 한민족임을 강조하면서 다윗을 자신들의 통치자로 인정한다는 뜻을 밝혔다.

또한, 다윗이 왕이 되는 것이 하나님의 뜻이라고 말함으로써, 왕으로서

---

[59] 손과 발을 자른 것은 그들이 내세에서도 고통과 괴로움을 당하게 하려는 것으로 해석된다. 고대인들은 매장을 중요하게 여겼는데, 시체를 매장하지 않으면 내세에서 위험에 처한다고 믿었다. 그래서 시체를 장사지내지 않고 매다는 것은 죽은 당사자와 가족들에게 최고의 수치였다(월튼 외 2인, 『IVP 성경배경주석 구약』, 466).

의 다윗의 권위를 인정했다(삼하 5:1-2).

이 자리에서 다윗은 이스라엘의 모든 장로와 언약을 맺었다(삼하 5:3), 언약의 내용은 성경에 기록되어 있지 않지만, 장로(지파의 대표)들은 백성들로 하여금 다윗 왕에게 충성하도록 지도하겠다고 약속했을 것이고, 다윗은 왕으로서 백성들을 잘 다스리겠다고 약속했을 것이다.[60] 계약을 체결한 후 장로들은 다윗에게 기름을 부어 "이스라엘 왕으로" 삼았다(3절). 역대기에 따르면, 이 대관식은 3일이나 지속되었다(대상 12:38-39). 여기에서 '이스라엘'이라는 용어는, 유다 지파를 제외한 나머지 지파들 모두를 뜻한다.

이제 다윗은 유다 지파의 왕일 뿐만 아니라, 다른 모든 지파의 왕으로 등극한 것이다. 다윗은 이제 이스보셋이 통치하던 모든 지역과 백성들을 다스리게 되었다. 이런 식으로 다윗은 먼저 유다의 왕이 된 후, 그다음에 이스라엘의 왕위에도 오름으로써, 두 왕국을 통합했다. 이처럼 다윗 치하의 이스라엘은, 계약에 의해 북쪽 이스라엘 지파들과 유다 지파가 결합하여 이뤄진 연합 국가의 성격을 지닌 것이다. 이런 다윗의 이중적인 왕권은 훗날 두 왕국이 분열하는 원인이 되기도 한다.[61]

---

[60] 앤더슨은 이 계약이 쌍무적인 성격을 지녔다기보다는, 다윗이 이스라엘 사람들에게 다양한 의무와 책임을 부과하는 일방적인 성격의 계약이었을 것이라고 주장한다. 아니면 하나님 앞에서 맹세로 이스라엘 사람들에게 어떤 약속이나 보장을 했을 것이라고 본다(Anderson, *2 Samuel*, 76). 또 밀러와 헤이스는 이 계약이 군사 및 내정 문제를 비롯한 행정적인 문제를 다루었을 것이라고 주장한다(J. 맥스웰 밀러, 존 H. 헤이스, 『고대 이스라엘 역사』(*History of Ancient Israel*), 박문재 역 [서울: 크리스챤다이제스트, 1996], 199).

[61] 참고. 브라이트, 『이스라엘의 역사』, 254.

5. 다윗이 블레셋을 비롯한 주변 국가들을 정복하다

다윗이 온 이스라엘의 왕이 되었다는 소식을 듣자, 블레셋 사람들은 다윗을 잡으려고 예루살렘 남서쪽에 위치한 르바임 골짜기로 수많은 병력을 보냈다(삼하 5:17). 다윗은 블레셋과 인연이 깊다. 블레셋의 장수 골리앗을 죽이면서 이스라엘의 영웅으로 떠올랐고 사울 밑에서 군 지휘관으로 있으면서 블레셋 군인들과 싸우면서 능력을 인정받았다. 그러다가 사울이 다윗을 죽이려고 하면서부터, 다윗은 블레셋과 '불편한 동거'를 하는데, 그것은 블레셋이 "적의 적은 친구"라는 원칙에 따라 다윗을 적절히 이용하려 했기 때문이다. 가드의 아기스가 다윗에게 영토(시글락)를 주면서까지(삼상 27:5-6) 자기 수하에 두려고 했던 것은, 그렇게 하는 것이 자기네에게 이득이 되기 때문이었다.

다윗은 당시 무려 1년 4개월을 블레셋 영토에 머물렀다(삼상 27:7). 그렇지만 블레셋의 방백들이 사울과 전쟁을 치르려 할 때 다윗을 경계했다는 것을 보면(삼상 29:3-5), 블레셋 사람들은 다윗을 위험한 인물로 생각하고 있었던 것 같다. 사울이 죽은 후 사울이 통치하던 지역을 그 아들이 계속해서 통치하면서 두 세력이 경쟁 관계에 있었기 때문에, 블레셋은 사울이 죽기 이전의 구도가 계속되고 있었다고 판단했을 것이다. 그러다가 헤브론에서 다윗이 이스라엘의 왕으로 등극했다는 소식을 접한 블레셋은 다윗을 확실한 적으로 간주하고, 다윗의 왕권이 안정되기 전에 타격을 줄 생각으로 선제공격을 감행한 것이다.

블레셋 입장에선 이스라엘이 둘로 나뉘어 서로 대립하던 구도가 자신들에게 유리했었는데, 이제 다윗 아래에서 두 세력이 하나로 합쳐지게 되었으니 초기에 그 싹을 잘라버리려 했던 것이다. 그래서 블레셋은 다윗을 북부의 지파들로부터 차단하는 동시에, 아둘람 요새에 근거지를 둔 다윗 때

문에 위협을 받게 된 유다 주둔 블레셋 수비대를 구출하려 했던 것으로 보인다.⁶²

블레셋은 예루살렘 남서쪽에 있는 르바임 골짜기에서 다윗을 공격했다. 르바임 골짜기(거인들의 골짜기라는 뜻이다)는 고지에 있는 넓은 평지로서, 옥수수밭과 감람나무 숲이 우거져있고(사 17:5), 양쪽에는 낮은 언덕들이 펼쳐져 있는데, 이 언덕들은 힌놈의 아들 골짜기의 서쪽 끝에서부터 예루살렘의 남서쪽까지 약 5km 정도 뻗어있다.⁶³ 블레셋 사람들의 입장에서 보면, 이곳은 다윗이 유다로부터 병력을 지원받을 가능성을 차단할 수 있는 전략적으로 중요한 곳이었다.⁶⁴

이 전쟁의 세부적인 내용은 사무엘하 23:13-17에 기록되어 있는데, 블레셋 사람들은 골짜기에서 북동쪽으로 약 25km 정도 떨어진 베들레헴에 진을 치고 있었고, 다윗은 아둘람 굴에 거점을 두고 있었다.⁶⁵ 다윗은 바알 브라심이란 곳에서 승리를 거두었다(삼하 5:20). 블레셋 사람들은 자기네 우상들을 버리고 도망갔고 다윗과 그의 부하들은 그 우상들을 불태워버렸다(21절, 대상 14:12).⁶⁶ 고대 근동의 거의 모든 군대는 전쟁터에 휴대용 신상을 가져가서 신들의 의견을 구하거나 도움을 청한다.⁶⁷ 그들이 우상들을 버리고 갔다는 것은 그 정도로 다급했다는 뜻이다.

블레셋 사람들은 다시 르바임 골짜기를 공격했지만, 다윗은 또다시 그들을 물리쳤다(22-25절). 이번에는 예루살렘의 남쪽과 남서쪽뿐 아니라 북쪽과 서쪽으로부터도 블레셋 사람들을 쫓아내 버렸다. 이렇게 함으로써

62　브라이트, 『이스라엘의 역사』, 255.
63　브리스코, 109; G. A. Barrois, "Rephaim, Valley of," *IDB* 4, 35-36.
64　월튼 외 2인, 『IVP 성경배경주석 구약』, 469.
65　메릴, 『제사장의 나라』, 309; 카이저, 『이스라엘의 역사』, 305.
66　신 7:5, 25은 이방인들의 우상을 불태우라고 명령한다.
67　Anderson, *2 Samuel*, 93; McCarter, *2 Samuel*, 154; 존 월튼 외 2인, 『IVP 성경배경주석 구약』, 470.

다윗은 예루살렘을 블레셋의 침략으로부터 완전히 분리시켰으며, 이 승리 덕분에 다윗은 나중에 예루살렘을 여부스 족속한테서 쉽게 빼앗을 수 있었다.[68]

참고로, 사무엘하에는 이 전투에 관한 기록(삼하 5:17 이하)이 다윗이 예루살렘을 빼앗은 사건(삼하 5:6-10)보다 뒤에 나오지만, 시간적으로는 다윗이 예루살렘을 정복하기 전에 일어난 사건으로 보인다.[69] 사무엘하 5장의 사건들은 연대순으로 배열된 것이 아니다.[70]

블레셋의 계산과는 달리, 이 전투를 시작으로 다윗은 블레셋을 완전히 정복한다. 존 브라이트는 다윗이 블레셋 문제를 근본적으로 해결하려고 방어에만 그치지 않고 더 공세적인 입장을 취하여 블레셋의 영토까지 깊숙이 들어가서 전투를 벌였을 것이라고 추정한다.[71] 블레셋의 어떤 도시들을 어느 정도까지 정복했는지 확실히 알 수 없지만, 블레셋이 더이상 이스라엘을 위협하지 못했다는 것은 확실하다. 결국 블레셋은 이스라엘의 우위를 인정해야 했다.

---

[68] 메릴, 『제사장의 나라』, 309; 카이저, 『이스라엘의 역사』, 305.
[69] 메릴, 『제사장의 나라』, 309; 카이저, 『이스라엘의 역사』, 304; 브라이트, 『이스라엘의 역사』, 642-643(각주 30). 이 견해에 따르면, "다윗이 요새로 나갔다"라고 할 때의 요새(머쭈다)는 아둘람 굴이다. 즉 다윗이 기름 부음을 받은 헤브론에서 내려온 다음 르바임 골짜기로 올라갔다(McCarter, 2 Samuel, 153). 그러나 이런 견해에 반대하여, 블레셋이 쳐들어온 것은 다윗이 예루살렘을 점령한 후라고 생각하는 사람도 있다. 이 견해에 따르면, 블레셋 사람들이 남서쪽으로부터 예루살렘으로 접근할 수 있는 르바임 골짜기로 왔다는 것은 다윗이 헤브론이 아니라 예루살렘에 있었음을 암시한다는 것이다(D. T. Tsumura, *The Second Book of Samuel*. NICOT [Grand Rapids: Eerdmans, 2019], 103). 두 견해 다 나름대로 일리가 있지만 예루살렘, 즉 예루살렘에 있는 여부스 인들의 성채를 '그 요새'라고 부르는 것은 어색하다.
[70] 삼하 1장부터 10장까지는 다윗의 왕권이 견고해지는 과정들을 기록하고 있으며, 삼하 11장부터 20장까지는 다윗의 왕권의 위기를 기록하고 있다. 21장부터 24장까지는 사무엘서의 결론 부분이다. 사무엘하의 자료들은 주제별로 배열되었기 때문에 (특히 5:11부터 8장 마지막 절까지는 다윗의 통치 기반의 핵심이 되는 사건들이 주제별로 기록되어 있다), 사무엘하를 읽을 때 사건이 발생한 순서대로 읽는 것이 아니라는 점을 주의해야 한다.
[71] 브라이트, 『이스라엘의 역사』, 255.

사무엘하 8:1은 "다윗이 블레셋 사람들을 쳐서 항복을 받았다"라고 한다. "항복을 받았다"로 번역된 히브리 원문은 직역하면, "그들을 겸손하게 만들었다"라는 뜻이다.[72] 같은 단어가 이사야 25:5(낮추다), 시편 81:15(누르다), 107:12(겸손하게 하다), 욥기 40:12(낮아지게 하다), 역대상 17:10(복종하게 하다), 역대하 28:19(낮추다)에 쓰였는데, 결국 NIV의 번역처럼 "그들을 정복했다"라는 뜻이다. 그다음에 계속해서 "다윗이 블레셋 사람들의 손에서 '메덱암마'(성경을 통틀어 이곳에만 나온다)를 빼앗았다"라고 하는데, 우리말 성경은 '메덱 하 암마'(원문에는 정관사 '하'가 붙어 있다)라는 단어를 지명으로 본 것이다.

하지만, 이 말은 '모(母) 도시의 고삐,' 즉 수도의 권위를 뜻하는 말로 해석될 수 있다.[73] 실제로 같은 본문이라고 볼 수 있는 역대상 18:1은 "그 후에 다윗이 블레셋 사람들을 쳐서 항복을 받고 블레셋 사람들의 손에서 가드와 그 동네를 빼앗았다"라고 말한다. 블레셋의 모 도시인 가드를 정복했다는 말이다.[74]

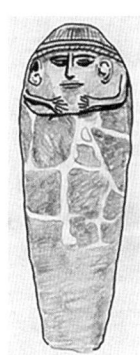

그림21. 벧산에서 발굴된 관 뚜껑. 블레셋 전사를 표현한 것이다.

---

72 *HALOT*, 485.
73 S. R. Driver, *Notes on the Hebrew Text and the Topography of the Books of Samuel* (Winona Lake: Alpha Publications, 1984), 279.
74 참고. Youngblood, "1, 2 Samuel," 401.

다윗이 블레셋을 정복한 사건은 대단히 중요한 의미를 지닌다. 오랫동안 이스라엘을 괴롭혀 왔고 이스라엘 사람들이 왕정을 요구하게 한 가장 중요한 원인이었고 사울을 시험하는 도구였던 나라가 이제 그 역할을 마치고 역사의 뒤안길로 사라진 것이다. 이제 블레셋은 더이상 이스라엘을 괴롭힐 수 없게 되었다. 무엇보다 중요한 것은, 다윗이 승리할 수 있었던 비결이 그의 믿음에 있었다는 점이다. "다윗이 여호와의 명령대로 행하여 블레셋 사람을 쳤다"라고 하는데(삼하 5:25), 그는 블레셋과 싸울 때 하나님의 인도하심에 따라 승리를 거둔 것이다(삼하 5:19; 21-22).

블레셋에 대한 승리로 다윗은 이스라엘을 강한 나라로 만들 기초를 마련했다.[75] 블레셋을 정복함으로써 다윗은 이스라엘 영토 안에 있던 수많은 도시 국가를 정복할 수 있게 되었다. 존 브라이트는 다윗의 통치 초기까지 갈멜산 북쪽과 남쪽의 해안 평야, 에스들렐론 평야, 갈릴리에 상당히 많은 도시 국가가 남아 있었는데(삿 1:27-35 참고), 다윗이 그런 도시 국가들을 정복했다고 주장한다. 그중 일부 도시 국가에는 부분적으로 이스라엘 사람들이 살고 있었지만, 그 도시들은 블레셋의 봉신, 혹은 동맹국이었는데, 블레셋의 세력이 약화되자 거의, 또는 전혀 저항을 하지 않고 충성을 다윗에게로 옮겼다는 것이다.[76]

이런 주장이 맞는다면, 다윗은 명실상부하게 가나안 정복 사업을 완성한 것이다. 이제 이스라엘은 팔레스타인 지역의 일부만 점령하고 있는 민족이 아니라, 실질적으로 팔레스타인 전체를 다스리게 되었다.

블레셋을 시작으로 다윗은 암몬, 아람, 모압, 에돔 등 주변 국가들을 모두 굴복시키는데, 이들 중 가장 주목할 것은 암몬과의 전쟁이다. 왜냐하

---

[75] 카이저, 『이스라엘의 역사』, 305 참고.
[76] 브라이트, 『이스라엘의 역사』, 258.

면, 이 전쟁에 아람의 소국들이 개입해서 같이 싸우는데, 아람은 앞으로 한 세기 후에는 이스라엘을 괴롭히는 중요한 나라가 되기 때문이다.

그림22. 기원전 8-7세기의 것으로 추정되는 암몬 통치자의 조상(彫像)

예루살렘을 정복한 지 10여 년 후에,[77] 다윗은 3년간에 걸쳐 암몬과 전쟁을 치른다.[78] 암몬 사람들은 다윗이 자신들을 공격할까 봐 우려한 나머지 먼저 싸움을 걸어왔다. 이스라엘과 암몬 사이의 전쟁은 그렇게 시작되었다(삼하 10:1-6). 암몬이 북쪽의 아람 사람들을 용병으로 고용하자 국제전의 양상을 띠게 되었는데, 벧르홉 아람과 소바 아람의 보병 2만 명과 마아가 사람 1천 명, 돕 사람 1만 2천 명이 암몬을 돕기 위해 왔다(삼하 10:6). 이런 나라들은 모두 아람 사람이 세운 조그만 도시 국가들이다.[79] 이 동맹의 맹주였던 소바는 다메섹 북쪽의 안티레바논 산맥 동서에 걸쳐 있었는

---

[77] 이 연대는 메릴의 연구에 근거한 것이다(메릴, 『제사장의 나라』, 317).
[78] 이하 메릴, 『제사장의 나라』, 336-338; 브라이트, 『이스라엘의 역사』, 259-260; 카이저, 『이스라엘의 역사』, 311-313 참고.
[79] K. 로손 영거 주니어, "아람과 아람 사람들," 빌 T. 아놀드, 브렌트 A. 스트런 편집, 『구약성경 주변 세계 탐구』, 358; S. Cohen, "Tob," IDB 4, 657.

데, 하우란에서 유프라테스강 유역에 이르는 시리아 동부 전 지역을 지배하고 있었다.

키친(Kichen)에 따르면, 소바는 후기 청동기 시대 때 레반트 지역에 존재하던 세 개의 소규모 제국 중 하나였는데(나머지 둘은 남동 아나톨리아에 위치한 타발 제국과 북 시리아 유프라테스강의 서쪽 굽이를 중심으로 한 갈그미스 제국이다), 소규모 제국이란 핵심 영토와 정복 영토와 우호적 연맹국으로 이뤄진 작은 규모의 제국을 말하는 것이다. 소바는 핵심 영토인 베카 계곡에서 시작하여 북동쪽으로 유프라테스강 서쪽과 남쪽 마아가와 그술까지 영토를 확장했으며(정복 영토), 동쪽으로는 다메섹 아람, 북쪽으로는 하맛을 우호적인 연맹국으로 제국 안에 포함시켰다.[80]

마아가와 돕은 당시에 소바에 조공을 바치는 작은 나라들이었다(돕은 암몬의 바로 북동쪽에 있었고, 마아가는 헬몬산 남쪽이자 그술의 북쪽, 바산의 서쪽, 요단강 수원지 동쪽의 골란고원에 있었다). 사울도 소바의 왕들과 싸운 적이 있지만(삼상 14:47), 그때에는 지금처럼 힘이 강하지 않았다. 소바는 다윗의 시대 하닷에셀 아래에서 전성기를 누린다.[81]

그림 23. 암몬성 전경. 이 성은 요르단의 수도 암만에 가면 볼 수 있는데, 암몬성은 구약시대를 거쳐 헬라, 로마, 비잔틴 시대 등 오랜 역사의 흔적들을 가지고 있다. 요압이 정복하여 다윗에게 바친 랍바성은 이 흔적들에 묻혀 찾아보기 어렵다.

---

80 이안 프로반 외, 『이스라엘의 성경적 역사』, 470.
81 이하 마틴 노트, 『이스라엘 역사』, 박문재 역 (서울: 크리스챤다이제스트, 1996), 252; 메릴, 『제사장의 나라』, 333-335.

다윗의 명령을 받은 요압은 여러 차례의 전투 끝에 승리를 거두었다. 이 전투 결과 이스라엘은 암몬과 아람의 여러 소국을 정복했다. 다윗의 군대는 갈릴리 호수에서 동쪽으로 60km 정도 떨어진 헬람이란 곳에서 소바와 다메섹 아람 연합군을 격파한 후(삼하 10:16-17),[82] 다메섹에 수비대를 두고 이 지역을 속주로 삼고 그들에게서 조공을 받았다(삼하 8:6).[83]

이 전투에서의 승리로 다윗은 많은 전리품을 챙겼는데, 가장 중요한 것은 아람의 성읍들인 베다(디브핫)와 베로대와 군(쿤)에서 매우 많은 놋(청동)을 빼앗은 것이다(삼하 8:8; 대상 18:8). 이 도시들은 모두 레바논과 안티 레바논 사이의 베카 계곡에 있는 성읍들인데, 청동은 이곳의 광산에서 오래전부터 채굴되어 왔었다.[84] 이 일은 훗날 솔로몬이 성전을 건축할 때 필요한 중요한 자원을 손에 넣었다는 점에서 큰 의미가 있다.

다윗이 소바를 굴복시키자 하맛 왕 도이는 자기 아들 요람을 통해 은 그릇, 금 그릇, 놋 그릇 등, 후한 선물을 가져왔는데, 국제 사회에서 강자가 누릴 수 있는 특권 같은 것이다. 하맛은 다메섹에서 북쪽으로 약 184km 떨어진 곳에 있었는데, 소바와는 적대적인 관계에 있었다(소바는 하맛의 남쪽에 있었다). 다윗이 소바의 힘을 약화시키자 하맛 왕은 매우 기뻐하며 다

---

[82] 헬람은 길르앗의 북쪽 경계선 근처, 하맛과 다메섹 사이에 있다(S. Cohen, "Helam," *IDB* 2, 578).

[83] 다윗이 아람과 치른 전투들은 삼하 8장과 10장에 나오는데, 이 두 장의 관계는 모호하다. 이런 모호함 때문에 삼하 8:3-6을 삼하 10:6-10에 나오는 사건에 관해 기록한 와전된 이본(異本)이라고 주장하는 견해도 있다(밀러, 헤이스, 『고대 이스라엘 역사』, 219). 8장은 다윗이 사방의 적들을 모두 정복했다는 것을 보여주기 위해 서쪽의 블레셋으로부터 시작해서, 동쪽(모압), 북쪽(아람), 남쪽의 적(에돔)을 차례로 언급한다. 즉 이 본문은 사건의 발생 순서대로 기록된 것이 아니다(Tsumura, *The Second Book*, 150). 10장은 암몬과의 전쟁을 사건의 순서대로 서술하는 과정에서 아람과의 전쟁을 언급한 것으로 판단된다. 그러므로 8장의 사건이 10장에 기록된 사건보다 연대기적으로 앞선 것이라고 볼 수 없다. 두 장은 상호보완적으로 읽어야 한다(노트, 『이스라엘 역사』, 252 참고). 아마 삼하 10-12장의 사건들이 삼하 8:3의 사건보다 먼저 일어났을 것이다(Tsumura, *The Second Book*, 153).

[84] Aharoni, *The Land*, 296; 노트, 『이스라엘 역사』, 253-254.

윗과 우호적인 관계를 수립하고 싶었다. 적의 적은 친구인 것이다! 이 일로 두 왕국이 어떤 관계를 맺게 되었는지, 즉 하맛이 이스라엘의 속국이 되었는지, 두 왕국이 동맹을 맺었는지 분명치 않으나, 두 왕국은 다윗이 통치하는 동안 우호적이었다.

소바와 소바의 봉신국들이 항복하자 요압은 다시 랍바를 포위 공격했다. 바로 이때, 다윗이 밧세바와 간통을 저지르는 그 유명한 사건이 벌어진다. 다윗은 이 일을 감추려고 밧세바의 남편이자 충직한 신하인 우리아를 죽였다. 다윗의 지시를 받은 요압이 전투가 치열하게 벌어지는 전쟁터의 최전선에 우리아를 남겨둔 채 병력을 뒤로 물리자 우리아가 암몬 자손의 칼에 맞아 죽은 것이다. 이 사건으로 다윗은 큰 타격을 받았다. 그가 저지른 죄들은 그의 믿음을 의심하게 만드는 교활하고 파렴치한 범죄였다.

그러나 이런 어수선한 와중에도 요압은 암몬의 수도 랍바 성을 점령했다. 이후 다윗은 암몬의 왕을 폐위시키고 자신이 암몬의 왕위에 올랐다(삼하 12:29-30). 다윗이 죄를 지었는데도, 이스라엘이 암몬을 정복한 것을 보면, 전쟁에서의 승패가 반드시 믿음의 결과는 아니라는 것을 깨닫게 된다.

다윗은 모압과 에돔도 정복했다. 모압은 요단강 동편, 세렛강 북쪽, 아르논강 남쪽에 있었고 에돔은 이스라엘 왕국의 남동쪽에 있었다. 다윗은 브엘세바와 아랏 부근의 네게브에 위치함 염곡(소금 골짜기)에서 에돔 사람 1만 8천 명을 죽이고 에돔에 수비대를 주둔시키고 에돔 사람들을 종으로 삼았다.

다윗의 왕성한 정복 활동의 결과, 이스라엘은 팔레스타인 및 시리아에서 최강국이 되었다. 하지만 성경은 다윗의 이런 치적을 크게 강조하지는 않는다. 하나님이 다윗에게 은총을 베푸신 결과이기 때문일 것이다. 세속적인 관점에서 보면 이런 업적들은 대단히 중요한 것이지만 성경은 다윗의 이런 업적들을 강조하지 않는다. 그 이유는 다윗의 위대함이 그런 업적에 있는 것이 아니기 때문이다.

그런 점에서 다윗이 이룩한 이스라엘 왕국을 제국이라고 부르는 문제를 짚고 넘어가야겠다. 이스라엘 주변에는 크고 조그만 나라들이 여럿 있었다. 요단강을 넘어 동쪽으로 가면 암몬, 모압이 있고, 그 남쪽에는 에돔, 서쪽에는 블레셋, 북서쪽에는 페니키아(두로와 시돈), 북동쪽에는 소바, 하맛, 다메섹 등 아람족이 세운 여러 나라가 있었다. 하나님의 은혜로 다윗은 이 나라들을 정복하거나 이 나라들과 우호적인 관계를 맺는데, 학자들은 다윗이 다스리던 이스라엘을 '제국'이라고 부르기도 한다.[85]

그러나 당시 고대 근동을 지배했던 앗수르나 바빌로니아와 비교할 때, 영토의 크기나 백성들의 수에서 큰 차이가 나기 때문에, 제국이란 말을 쓸 때 그 정도 규모의 제국을 의미하는 것은 아니다.[86]

앞에서도 언급했듯이, 그 정도의 규모는 아니지만 소바 아람처럼 핵심 영토를 가지고 있으면서 주변국을 정복하여 확장된 영토를 보유하고, 우호적인 동맹국을 지닌 나라를 소규모 제국이라고 부르는데, 다윗이 다스린 나라는 이런 소규모 제국에 해당되는 것이라고 한다. 이 주장대로라면, 다윗이 다스리던 나라는 유다와 이스라엘의 핵심 영토를 기본으로, 요단 동편의 나라들을 정복하여 에돔, 모압, 암몬, 다메섹 아람, 소바 같은 나라들이 조공을 바치는 속국이었고, 하맛이나 두로는 우호적 연맹국이었다는 것이다.

실제로 사무엘하 8장을 읽어보면 여러 나라에 대해 다윗이 거둔 승리를 표현할 때 서로 다른 동사를 사용하고 있는데, 블레셋은 낮추었다고 말하고(1절), 모압(2절), 소바(3-4절), 아람(5-8절)은 이스라엘에게 조공을 바쳤

---

[85] 카이저, 『이스라엘의 역사』, 305; 브라이트, 『이스라엘의 역사』, 259; 노트, 『이스라엘 역사』, 232, 251; 메릴, 『제사장의 나라』, 342.
[86] 이하 프로반 외, 『이스라엘의 성경적 역사』, 468-471.

다고 한다. 하맛 왕은 자기 아들 편에 선물과 축하 인사를 보냈다(9-10절).

그림24. 이스라엘 주변 나라들

이런 기본적인 틀을 가지고 다윗(과 솔로몬)이 다스리던 영토를 속국, 봉신 국가, 동맹국 등으로 나누어 설명할 수 있다.[87] 이런 기준에 따라 이스라엘 주변국들을 분류하면, 암몬, 모압, 에돔, 다메섹은 독립하지 못한 상태에서 이스라엘의 지배를 받은 속국들이다. 이 나라들은 이스라엘에 세금을 바쳐야 했고, 다른 적대적인 국가들로부터 이스라엘을 방어하는 전쟁에 소집될 때 이 징집에 응하는 대신 중앙 정부의 보호를 받았다. 블레셋, 소바, 하맛, 아라비아는 다소 느슨한 봉신 국가였다.

이 나라들은 이스라엘의 우위를 인정하고 더이상 이스라엘을 침략하지

---

[87] 메릴, 『제사장의 나라』, 392-395.

않았다. 두로는 이스라엘과 동맹 관계에 있었다. 두로는 솔로몬의 건축 사업을 적극적으로 도왔고, 솔로몬이 바다로 진출하려는 계획을 지원했다. 소바와 하맛은 느슨한 동맹 관계에 있었던 것으로 보인다. 그러나 이런 기준이 아주 명확한 것은 아니라는 점을 고려해야 한다. 예를 들어 메릴은 봉신 국가들이 유사시 이스라엘 왕에게 물품이나 노동을 조공으로 제공해야 했고 전쟁이 발발하면 중앙 정부에 충성을 바쳐야 했다고 주장하는데, 이런 주장을 뒷받침할 만한 증거들이 없다.

브라이트는 다윗이 다스리던 이스라엘을 제국이라고 부르면서, 다윗의 '제국'이 애굽이 전성기에 아시아에서 영유하고 있었던 땅과 거의 비슷할 정도로 상당히 큰 규모였다고 주장한다.[88] 그 영토는 팔레스타인 전 지역, 즉 동부와 서부, 사막에서 바다까지 포함했고, 남부의 국경선은 시내 사막을 깊숙이 가로질러 아카바만으로부터 애굽강(왕디 엘 아라쉬) 하구의 지중해까지 미치고 있었다고 한다.

어쨌든 분명하게 말할 수 있는 것은 다윗의 왕성한 정복 활동의 결과, 이스라엘 영토 안에 거주하고 있던 가나안 사람들은 다윗의 국가 체제 안에 통합되었고, 블레셋인들은 남부 해안 평야의 좁고 기다란 지대에 국한되어 정착했으며, 모압, 에돔, 암몬은 조공을 바쳤고 아람의 남부와 중부의 전 지역에도 이스라엘이 영향력을 행사했다는 것이다.

결과적으로, 이스라엘의 국경선은 북쪽으로는 레바논 산맥의 등줄기를 따라 두로의 국경선과 접하면서 오론테스강 유역의 가데스 부근까지 뻗어 있었고, 동쪽으로 구부러져 하맛의 국경선과 접하는 가운데 사막에까지 이르렀다. 이렇게 이스라엘의 힘의 우위를 인정한 주변의 여러 나라는 어

---

[88] 브라이트,『이스라엘의 역사』, 261-262.

떤 방식으로든 다윗의 통치를 받았다고 봐야 한다.[89]

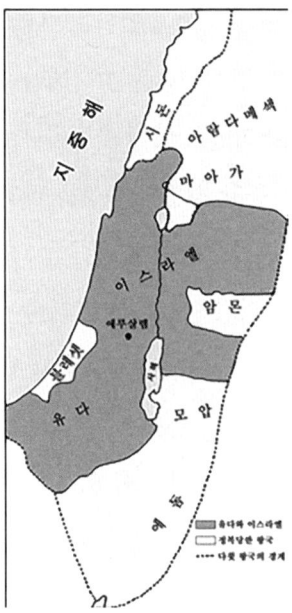

그림25. 다윗이 정복한 주변 나라들

따라서 이스라엘이 당시 팔레스타인 땅을 중심으로 북쪽으로 시리아 지역까지 포함한 지역에서 가장 힘센 국가였고 주변 국가들이 이스라엘의 힘을 인정했다는 것은 분명하다. 하지만 다윗이 다스리던 이스라엘에 제국이라는 이름을 붙이는 것은 옳지 않다. 왜냐하면, 우리가 제국이라는 단어를 쓸 때, 보통 고대의 앗수르 제국으로부터 시작해서 로마 제국이나 히틀러의 제3 제국, 일본 제국처럼, 무력으로 수많은 주변 국가들을 침략하고 강탈하고 그들에게 고통을 준 탐욕스럽고 폭력적인 국가를 뜻하기 때문이다.

---

89 참고. 브라이트, 『이스라엘의 역사』, 262; 카이저, 『이스라엘의 역사』, 317-318.

성경은 당시 고대 근동을 지배하던 앗수르 제국의 폭력적이고 탐욕적인 모습을 아주 부정적으로 묘사한다(나 2:12; 3:1). 다윗이 통치하던 나라가 주변 국가들에게 지속적으로 고통을 주고 주변국들을 식민지로 삼았던 것은 아니기 때문에, 다윗과 솔로몬이 통치하던 이스라엘을 제국이라고 불러서는 안 된다.

6. 다윗이 존경받는 이유

다윗이 후대의 사람들에게 높이 평가받는 이유는 여러 가지지만, 그중 하나는 그가 예루살렘이라는 도시에 큰 의미를 부여했기 때문이다. 다윗은 통합 이스라엘 왕국의 왕으로 등극한 직후 수도를 예루살렘으로 옮겼는데, 예루살렘은 이전까지는 이스라엘 역사에서 별다른 의미가 없는 도시였다. 그러나 다윗이 예루살렘을 통합 왕국의 수도로 삼은 이후, 예루살렘은 기원전 586년에 느부갓네살에게 함락될 때까지, 그리고 그 이후로도 기원후 70년 로마의 티투스에 의해 파괴될 때까지 이스라엘의 정치적, 종교적 중심지 역할을 했다. 신약의 저자들은 천상의 도시를 상징하는 은유로 사용했다(갈 4:25-26; 히 12:2; 계 21장).

오늘날 예루살렘은 이스라엘의 수도며(행정 수도는 텔아비브다), 그중 예루살렘 구 도시(Old City)는 3대 유일신 종교(기독교, 유대교, 이슬람교)의 성지이다. 조선을 건국한 태조 이성계는 고려의 지배층이 남경이라 불렸던 한양(서울)에 도읍을 정했는데, 그 이후로 서울은 600년 이상 한반도의 중심 역할을 해 왔다. 다윗은 이성계보다 거의 2,400년 전에 이런 일을 한 것이다.

그림26. 현대 예루살렘의 모습.

좀 더 정확하게 말한다면, 왕국이 통합된 후 다윗은 헤브론에서 잠시 동안 유다와 이스라엘을 함께 다스리다가 예루살렘을 정복한 이후 수도를 예루살렘으로 옮겼다.[90] 헤브론은 다윗의 통치 기반이 되는 도시였다. 그는 이곳에서 대관식을 두 번이나 치렀는데, 한 번은 유다의 왕으로 등극했고, 한 번은 이스라엘의 왕으로 등극했다(삼하 2:4; 5:3).

이처럼 다윗에겐 매우 의미 있는 곳인 헤브론에서 다른 곳으로 수도를 옮긴 이유는, 헤브론이 통합 왕국의 수도로는 적합하지 않았기 때문이다. 유다 지파만 다스릴 때는 문제가 되지 않았지만, 이스라엘 영토가 북쪽으로 넓게 확장되다 보니 이제는 헤브론이 이스라엘 영토 전체로 볼 때 북쪽으로부터 너무 떨어져 있고 갈릴리와 요단 동편까지 영향을 미치기가 어려웠다.[91] 게다가 헤브론은 유다 지파의 수도였고 유다 지파 사람들에게는 중요한 도시였는데, 이런 점이 오히려 문제였다. 다른 지파 사람들은 헤브

---

[90] 마틴 노트는 삼하 2:11; 5:5을 근거로, 이스보셋과 다윗이 동시에 치리한 기간은 2년 남짓이었으므로 다윗이 한동안 헤브론에서 두 왕국을 다스렸다고 주장한다(노트, 『이스라엘 역사』, 247).
[91] 메릴, 『제사장의 나라』, 303; 브라이트, 『이스라엘의 역사』, 256.

론이 수도로서 적합하지 않다고 생각했을 것이다.

그림 27. 다윗의 탑. 예루살렘의 욥바 성문 곁에 있는 이 탑은 중세 시대에 지어진 것이다.

이 모든 점을 고려하여 다윗이 새로운 수도로 택한 곳이 예루살렘이다. 헤브론에서 북북동쪽으로 약 30km 떨어진 지점에 위치한 예루살렘은 지리적으로는 수도로서 그다지 적합한 곳은 아니다. 중앙산지의 남쪽 지역의 험준한 곳에 있어서 교통이 편리하지가 않았다. 중앙 산지 옆으로 북쪽에서 남쪽으로 뻗어있는 간선 도로가 있었지만, 동부와 서부와 교류하기에는 사정이 좋지 않았다.[92] 그렇지만 이 도시는 유다 지파나 에브라임 지파 중 어디에도 속하지 않았고 두 지파의 영토 사이인 베냐민 지파의 영토에 위치해 있었는데, 이처럼 중립 지역에 있었다는 것이 가장 큰 장점이었다.

게다가 당시엔 여부스 족속의 수중에 있었기 때문에[93] 이스라엘의 어떤

---

[92] 노트, 『이스라엘 역사』, 247.
[93] 이스라엘 사람들이 가나안 땅에 들어왔을 때 예루살렘은 아도니세덱이 다스리고 있었는데, 여호수아는 아도니세덱을 포함한 아모리 족속의 다섯 왕들을 처형했다(수 10:25-27). 사사 시대 초기에 이스라엘이 또다시 예루살렘을 공격하고 있는 것으로 봐서(삿 1:8, 21) 이때 여호수아는 예루살렘을 정복하지 않은 것이 분명하다. 아마 여호수아는

지파와도 관련이 없었다. 이것은 사사 시대부터 지속되어 온 지파들 사이의 경쟁심을 걱정할 필요가 없었다는 뜻이다. 경쟁적인 두 지파(유다와 에브라임) 중 어디에도 속하지 않고, 두 지파 모두 반발하지 않을 만한 정치적으로 중립 지역에 위치해 있었다는 점이, 다윗이 예루살렘을 선택한 가장 중요한 동기였을 것이다.

더욱이 이곳은 방어하기에 좋은 지형적인 이점을 갖고 있다. 이 도시는 해발 약 760m인 고원 지대의 중심부에 자리잡고 있다. 다윗은 전투 경험이 많기 때문에 일부러 방어에 유리한 지리적으로 높고 험난한 곳을 택했는지 모른다.[94] 이 도시는 북쪽을 제외하면 세 개의 골짜기로 둘러싸여 있는데, 서쪽과 남쪽에는 힌놈(혹은 힌놈의 아들) 골짜기가 있고, 동쪽에는 기드론 골짜기가 있다. 그리고 이 도시를 남북으로 관통하면서 예루살렘을 크기가 전혀 다른 두 도시로 갈라놓고 있는 중앙 계곡이 있는데, 이 계곡을 로마 시대에는 '티로포에온'('치즈 만드는 자들'이라는 뜻) 골짜기라고 불렀다.

이 골짜기는 성경에는 언급된 적이 없다. 이 골짜기들이 자연적인 방어선을 만들어 주기 때문에 북쪽을 제외하면 나머지 세 방향에선 접근하기 어려웠다.[95]

다윗이 이곳을 여부스 족속으로부터 빼앗으면서까지 수도로 삼으려 했

예루살렘의 가파른 지형 때문에 그 도시를 취하지 않았을 것이다(Payne, "Jerusalem," *NBD*, 568). 삿 1:8은 유다 자손이 예루살렘을 쳐서 점령하여 칼날로 치고 성을 불살랐다고 하는데, 삿 1:21에서는 베냐민 자손이 예루살렘에 거주하는 여부스 족속을 쫓아내지 못했기에 여부스 족속이 베냐민 자손과 함께 오늘까지 예루살렘에 거주한다고 말한다. 여부스 족속이 예루살렘을 다시 차지했을 것이다(카이저, 『이스라엘의 역사』, 224). 그리고 다윗이 예루살렘을 손에 넣을 때까지 여부스 족속이 예루살렘에 거주하고 있었다.

[94] 다윗이 이전까지 수도로 삼았던 헤브론도 해발 927m의 고지대로서 유다 산지에서 가장 높은 곳에 있다(F. F. Bruce, "Hebron," *NBD*, 471).

[95] M. Burrows, "Jerusalem," *IDB* 2, 844, 846.

던 이유는 이 도시가 여러 면에서 새로운 수도로 적합했기 때문이다.

그림 28. 밧세바가 목욕하는 장면을 바라보는 다윗. 다윗성이 경사지 위에 있었기 때문에 목욕하는 장면을 내려다 볼 수 있었다. 지금도 예루살렘에 가면, 다윗성을 지탱하기 위해 돌들을 쌓아 올린, 경사진 구조물을 볼 수 있다.

다윗은 예루살렘을 수도로 삼기 위해 자신의 사병들을 데리고 이 도성을 점령했다(삼하 5:6). 다윗이 여부스 족속으로부터 빼앗은 지역은 시온 산성이라고 불리는데(삼하 5:7), 이곳은 오늘날 성전산의 남쪽으로 뻗어있는 오벨 언덕으로 추정되는 곳으로서 1,200평 정도밖에 안 되는 지역이다.[96] 앞에 언급한 세 개의 골짜기가 삼면을 둘러싸고 있고 기혼 시내로부터 물을 공급받을 수 있기 때문에 천연의 요새다.

다윗의 부하들이 이곳을 어떻게 점령했는지 확실히 알려지지는 않았다. 사무엘하 5:8의 우리말 성경(한글개역개정판)을 보면 "물 긷는 데로 올라가서"라는 말이 나오기 때문에, 일반적으로는 다윗의 부하들이 워렌의 수구(Warren's Shaft)로 불리는 수구를 타고 올라가서 성 안으로 침투한 후 성을

---

[96] 카이저, 『이스라엘의 역사』, 302.

정복했다고 생각한다. 하지만, 우리말 성경에 "물 긷는 데로 올라가서"로 번역된 히브리어 본문 '버익가 밧찐노르'는 대단히 해석하기 어려운 문장이다.[97] 성경에서 한 번밖에 사용되지 않은 '찐노르'라는 단어는 일반적으로 수구나 상수도처럼 성 안에 물을 공급해주던 수로 같은 것으로 여겨지는데,[98] 이 단어를 근거로, 다윗의 부하들이 성벽 아래 암반을 관통하는 터널을 발견한 후, 그 터널을 따라 성 안의 샘(우물)에 도달함으로써 성을 함락시켰다고 생각하는 것이다.[99] 그러나 '올라가서'로 번역된 히브리어 동사 '나가'는 만지거나 치거나 도달한다는 뜻을 지니기 때문에[100] '올라가서'라고 번역하기가 어렵다.[101]

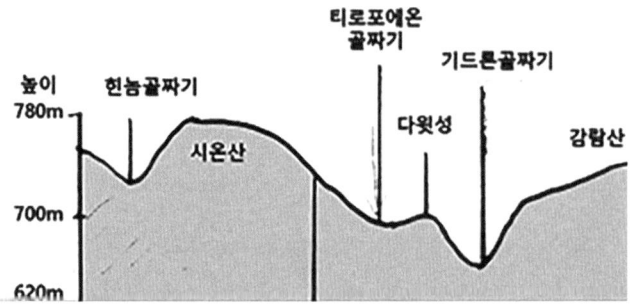

그림29. 예루살렘 산과 골짜기와 고도

---

[97] Driver, *Notes*, 259 참고.
[98] Youngblood, "1, 2 Samuel," 347; Anderson, *2 Samuel*, 79; 카이저, 『이스라엘의 역사』, 302.
[99] 카이저, 『이스라엘의 역사』, 303.
[100] *HALOT*, 668.
[101] Brockington, 331; Driver, *Notes*, 260. 더구나 '나가' 동사는 목적어 앞에 전치사 '버'를 두는데, 그렇다면 '나가'의 목적어는 '찐노르'이며 "수구를 친다"라고 번역해야 하므로 뜻이 통하지 않는다(Tsumura, *The Second Book*, 97).

아직까지 이 문제에 관한 뚜렷한 해결책은 없으며, 어쨌든 한 가지 확실한 것은 다윗의 부하들이 정복하기 어려워 보였던 성을 정복했고, 다윗이 이 일에 대단히 깊은 관심을 보였다는 것이다. 다윗은 그곳에 살면서 그곳을 '다윗 성'(이르 다윗)이라 불렀는데, 이것은 예루살렘이 적어도 정복 초기에는 다윗의 사유지 같은 곳이었음을 암시한다. 다윗은 밀로에서부터 안으로 성을 둘러싸는 공사를 했는데(삼하 5:9), 밀로는 오벨 언덕 아래로 도시를 확장할 수 있게 해 준 옹벽 시스템, 즉 계단식 구조물을 가리키는 것으로 보인다.[102] 아마 이런 공사에 소요된 비용도 다윗이 개인적으로 부담했을 것이다.

이렇게 한 이유는, 이 도시를 정복하자마자 사람들이 이 도시로 몰려온 것은 아니기 때문이다. 다윗은 이 도시를 정복했지만, 나중에 여부스 사람 아라우나가 자기 타작마당을 다윗에게 넘겨준 사건(삼하 24:18-25)을 보면, 여부스족 주민들을 학살하거나 추방하지는 않았던 것 같다. 분명히 정복 초기에는 여부스 사람들이 계속 그곳에 머물렀으며, 다윗의 가문과 시종들만 이곳으로 옮겨왔을 것이다.[103] 그러다가 시간이 지나면서 많은 이스라엘 사람이 새로운 수도로 몰려왔을 것이다.

수도를 옮기는 것은 정치적으로도 중요한 문제다. 이제 이스라엘의 정치 권력의 중심이 기브아에서 예루살렘으로 이동하기 시작했다. 게다가 중앙 산지의 분수령에 위치한 예루살렘을 정복함으로써, 다윗은 남유다와 북이스라엘을 분리시켰던 마지막 이방인들의 성읍들 중 하나를 손에 넣었다.[104]

다윗은 요압을 비롯해 충성스러운 신하들에게 몇몇 직책을 주었는데(삼

---

[102] Tsumura, *The Second Book*, 100; 카이저, 『이스라엘의 역사』, 303; *HALOT*, 587.
[103] 브라이트, 『이스라엘의 역사』, 257.
[104] 카이저, 『이스라엘의 역사』, 303-304.

하 8:16-18; 20:23-26; 대상 18:15-17), 통치 영역이 넓어진 만큼 자기를 도와 통합 이스라엘 왕국을 다스릴 믿을 만한 사람들이 필요했다. 이들에게 중요한 직책을 맡김으로써, 다윗은 백성들에게 정의와 공의를 행했다(대상 18:14).

언급된 직책을 보면, 군사령관(알 핫 짜바), 사관(마즈키르), 제사장, 서기관(소페르), 대신들(코하님), 감역관(알 함 마스) 같은 직책들이 나오는데, 이들은 왕을 알현하는 일, 왕의 의전을 담당하는 일, 국무와 관련된 각종 문서들을 기록하고 관리하는 일, 왕을 경호하는 일, 군대를 통솔하는 일, 세금을 거두는 일, 외교 업무를 관할하는 일과 같은 중요한 업무들을 담당했을 것이다.[105]

특이한 것은 군사령관 이외에도, 그렛 사람과 블렛 사람의 지휘관이 있었는데, 이들은 다윗의 경호 부대이거나 외인 용병 부대였을 것이다.[106] 보통, 그렛 사람은 크레테 사람, 블렛 사람은 블레셋 사람을 가리키는 용어로 이해된다.[107] 여호야다의 아들 브나야가 이들의 지휘관이었다.

그리고 이 명단들에는 세금을 징수하는 관리는 나타나지 않는데, 다윗이 백성들에게 세금을 징수했는지의 여부는 한 번 따져 볼 필요가 있다. 앞에서 언급했듯이 사울은 골리앗을 죽이는 자에게 여러 가지를 보상하겠다고 약속했는데(삼상 17:25), 히브리어 '호프쉬'가 세금을 면제해 준다는 뜻이라면, 사울 시대부터 이미 세금을 거뒀다는 말이다. 사무엘은 왕정에 대해 경고하면서 다음과 같이 말한다.

---

[105] 월튼 외 2인, 『IVP 성경배경주석 구약』, 478.
[106] Anderson, *2 Samuel*, 137.
[107] 이 문제는 Roland, de Vaux, *The Early History of Church* (Philadelphia: Westeminster Press), 504-507에서 자세히 논의되고 있다.

그(왕)가 너희의 밭과 포도원과 감람원에서 제일 좋은 것을 가져다가 자기의 신하들에게 줄 것이며, 너희의 곡식과 포도원 소산의 십일조를 거두어 자기의 관리와 신하에게 줄 것이며 너희 노비와 가장 아름다운 소년과 나귀들을 끌어다가 자기 일을 시킬 것이며 너희의 양 떼의 십 분의 일을 거두어 가리니 너희가 그의 종이 될 것이라(삼상 8:14-18).

이것은 조세와 부역에 관한 명백한 언급이다. 다시 말해서 왕정과 함께 이런 제도가 시행될 것이라고 경고한 것이다. 그렇기 때문에 다윗 시대에 와서야 비로소 백성들에게 세금을 거두기 시작했다고 보기는 어렵다. 그럼에도 불구하고, 조세 제도가 자리를 잡는 데는 시간이 필요했을 것이다. 사무엘하 14:30을 보면 '요압의 밭'이라는 말이 나오는데, 이것은 요압이 밭을 소유하고 있었다는 사실을 암시한다.[108] 다윗은 예루살렘을 정복한 후 자신의 충성스러운 부하들에게 전리품으로 땅을 나눠주었을 것이 분명하다. 이 밭은 그러한 땅 중 하나일 것이다. 다윗은 왕이 되고 난 후에도 수많은 전투를 치렀는데, 전투에서 승리하면서 얻은 전리품들, 예컨대 랍바성을 점령한 후 그 성에서 노략한 물건들(삼하 12:30)과 정복한 국가들로부터 받은 조공들을 부하들에게 조금씩 나눠주었을 가능성이 있다.

하지만 규모가 커진 왕국의 수많은 신하에게 계속해서 전리품만 나눠줄 수는 없는 것이다. 따라서 상식적으로 판단할 때, 다윗의 관료 중 조세 제도와 관련된 관료가 나타나지 않는다고 해서, 다윗이 통치하던 시대에 조세 제도가 없었다고 봐선 안 된다.

다윗이 인구를 조사한 일 때문에 크게 책망받은 이유는, 그가 백성에게

---

[108] 밭으로 번역된 '헬렉'은 '분배하다'라는 뜻을 지닌 동사에서 파생된 명사로서, 원래는 전리품이나 재산의 몫, 일부분을 뜻하는 단어이지만(*HALOT*, 323), 땅이라는 뜻도 지닌다(*BDB*, 324).

세금을 부과하려고 했기 때문이 아니라, 그가 이런 일들을 추구하는 과정에서 하나님만 믿고 신뢰하던 마음이 약화되었고, 이런 방법들과 도구들을 의지하려는 마음이 생겼기 때문일 것이다.[109] 다윗은 예루살렘을 새로운 수도로 정한 후 그동안 방치되어 있던 법궤를 그곳으로 가져왔는데, 이것은 대단히 중요한 의미를 지닌다. 우선 다윗이 이렇게 함으로써 결과적으로 예루살렘은 이스라엘의 종교적 중심지가 되고, 솔로몬이 성전을 예루살렘에 짓게 되는 발판을 마련하는데, 이 일을 자세히 들여다보면 놀라운 하나님의 섭리가 있다.

먼저, 다윗이 정치적인 목적으로 법궤를 예루살렘으로 가져왔다고(혹은 정치적인 목적도 포함되어 있다고) 생각하는 사람들이 있는데, 예를 들어, 아이히로트는 다윗이 "제사장 제도가 사회학적으로 왕정과 연관되어 있고 왕정에 필수불가결하다는 것을 분명히 알았기 때문에 제사장 제도를 자신의 종교 정책과 확고하게 결부시켰다"라고 주장한다. 다윗이 보여준 모든 종교적 열심과 종교 제도의 확립을 위해 노력한 것을 정치적인 관점에서 해석하는 것이다.[110]

그러나 다윗이 법궤를 예루살렘으로 가져온 것은 순진히 신앙 때문이시 정치적인 동기는 전혀 없었다고 봐야 한다. 다윗이 예루살렘을 수도로 선택한 것에 대해서는, 정치적인 목적 때문이었다고 말할 수 있다.

---

[109] 존 브라이트는 체계적인 조세에 관해 언급되지 않았다는 사실을 근거로, 삼하 24장(대상 21장)에 기록된 호구 조사가 전면적인 재정 구조의 재편과 징병을 위한 기초 작업이었을 것이라고 추론한다(브라이트, 『이스라엘의 역사』, 263). 그러나 카이저는 다윗이 인구 조사를 한 이유는 군대를 동원하려는 것이었다고 생각한다(카이저, 『이스라엘의 역사』, 331). 또 다른 견해는 다윗의 **인구 조사를** 출 30:12에 나오는 성전세(생명의 속전)와 결부시키는 것인데, 성전 금고에 돈이 쏟아져 들어오게 함으로써 하나님을 진정시키려 한 것이 하나님의 진노를 심화시켰다는 주장도 있고(월튼 외 2인, 『IVP 성경배경주석 구약』, 505), 반대로 출애굽기 30:12의 율법을 지키지 않았기 때문에 하나님의 진노를 샀다는 주장도 있다(Tsumura, *The Second Book*, 343).

[110] 아이히로트, 『구약성서신학 I』, 472.

즉 앞에서 설명한 것처럼 정치적인 반발을 잠재우기 위해서다. 하지만 법궤를 예루살렘으로 가져온 것은 상황이 다르다. 만약 다윗이 정치적인 목적을 위해서, 즉 왕권을 강화하거나 정권에 안정을 가져오려는 목적으로 법궤를 예루살렘으로 가져오려 했다면, 예루살렘을 정복한 직후 그 일을 하려고 했을 것이다. 그러나 다윗이 법궤를 예루살렘으로 가져온 것은 그의 통치 말기로 추정되는데,[111] 이때쯤엔 왕권이 상당히 안정되어 있었던 것으로 보이기 때문에 굳이 그런 노력을 할 필요가 없었다.

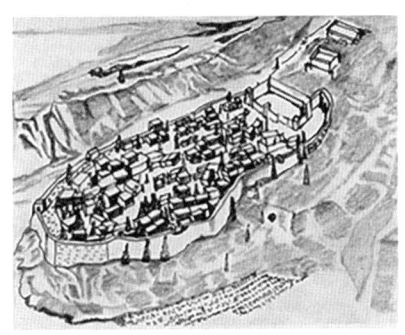

그림30. 다윗 시대의 예루살렘 복원도

그렇다면 다윗은 왜 법궤를 예루살렘으로 가져왔을까?

일단 블레셋에게 빼앗긴 후 이리저리 옮겨 다니던 법궤를 한 곳에 안치할 필요가 있었다. 이것은 누구나 생각할 수 있는 상식적인 판단이다.

그런데 왜 법궤를 기브온으로 가져오지 않고 새로 천도한 수도로 가져왔을까?

중요한 질문은 이것이다. 왜냐하면, 모세가 만든 성막이 당시 기브온에

---

[111] 메릴이 추론한 바에 따르면, 다윗은 60세쯤 되었을 때에 궁전을 건축하기 시작하고 2년 후에 법궤를 예루살렘으로 가져왔다(메릴, 『제사장의 나라』, 317). 그는 구체적인 연대까지 제시하는데 기원전 977년경의 일이라고 주장한다(메릴, 『제사장의 나라』, 319).

있었으므로, 법궤가 놓여야 할 자리는 기브온에 있던 성막이라고 생각하는 것이 상식적인 판단이었기 때문이다. 그런데 다윗은 법궤를 기브온으로 가져가는 대신 예루살렘으로 가져왔고 이 일을 통치 말년까지 미뤘다. 왜 그랬을까?

우리는 다윗이 법궤를 예루살렘으로 가져온 역사적 사실을 알고 있기 때문에, 그런 사실에 대해 의문을 품어보거나 이의를 제기하지 않는다. 게다가 우리는 다윗 이야기를 읽을 때, 그가 훌륭한 신앙의 인물이라는 전제에서 읽기 때문에, 다윗이 한 이런 일들은 선하므로 모든 백성의 지지를 받았을 것이라고 속단할 수 있다. 하지만 현대인인 우리가 신학적인 관점에서 대단히 잘한 일이라고 판단하는 행동이, 당시에도 전폭적인 지지를 받았을지는 의문이다. 다윗이 법궤를 예루살렘으로 가져오려고 했을 때, "왜 기브온으로 가져가지 않느냐"라며 반발하는 사람들이 없었겠는가? 다윗이 하려던 일은 종교의 중심지를 옮기는 일인데, 그런 일이 아무런 반발이 없이 쉽게 이뤄질 수 있었겠는가?

다윗이 옮기기 전까지 법궤는 아비나답의 집에 있었는데, 1장에서 얘기한 에벤에셀 전투 때부터 법궤는 성막에서 떨어져 나와 따로 보관되고 있었다. 성막은 실로에 있다가 파괴되고 난 후, 놉으로 이동했는데, 아마 제사장들이 에봇을 가지고 놉으로 도망쳤을 것이다.[112] 놉은 제사장들의 성읍이라고 불리는데(삼 22:19), 그것은 제사장들이 놉에 거주했기 때문이다.[113] 이 사건 후, 다윗은 놉으로 가서 아히멜렉에게서 진설병의 떡을 얻

---

[112] R. A. H. Gunner, "Nob," *NBD*, 838 참고.
[113] 놉은 베냐민 지파의 아나돗 근처에 있었다(느 11:31-32). 여러 정보를 근거로 볼 때, 아나돗과 예루살렘 사이에 있었을 것으로 추정된다(O. R. Sellers, "Nob." *IDB* 3, 557). 다윗은 골리앗을 죽인 후 그의 머리를 예루살렘으로 가져갔다(삼상 17:54). 다윗은 훗날 사울에게 쫓길 때 놉에서 골리앗의 칼을 찾았다(삼상 21:9). 이것은 다윗이 골리앗의 머리를 예루살렘으로 가져갈 때 칼도 가져갔음을 암시한다. 놉을 예루살렘이라고 칭한 것은, 놉이 예루살렘 기드론 골짜기 바로 건너편에 있었기 때문이다. 즉 넓은 의미에서 예

어먹었고(삼상 21:1, 6), 이 일 때문에 놉의 제사장들은 사울에게 학살당한다(삼상 22:9, 11, 18-19).

이 학살 사건 후 어느 시점에 성막은 기브온으로 옮겨진 것으로 보이는데, 다윗은 제사장 사독과 그의 형제들을 기브온에 있는 성막의 책임자로 임명했다는 역대상 16:39을 통해 알 수 있다. 역대상 21:29은 "모세가 광야에서 지은 성막과 번제단이 그때에 기브온 산당에 있었다"라고 하는데, 이 말은 다윗이 인구 조사 때문에 징계받은 후, 오르난의 타작마당에서 제사를 드리는 문맥에서 나오는 말이다.

놉에 있던 성막이 왜, 언제 기브온으로 옮겨졌는지를 밝혀줄 만한 자료가 성경에는 없다. 아마 사울이 기브온으로 성막을 옮겼을 것으로 추측된다. 사울이 기브온을 그의 왕국의 종교적 중심지로 삼으려고 노력했다는 주장도 있다.[114]

기브온은 사울의 기브아에서 북서쪽으로 5-6km 정도 떨어진 곳에 있었는데,[115] 이렇게 수도에서 가까운 곳으로 옮긴 이유는 무엇일까?

놉의 학살 사건 이후, 제사장 집단은 사울에게 호의적이지 않았을 것이다. 그래서 사울은 제사장들을 가까운 데 두고 통제하려고 했을지 모른다.

어쨌든 사울의 마지막 통치 기간 내내, 다윗이 예루살렘으로 법궤를 옮기기 전까지 기브온은 이스라엘 종교의 유일한 중심지였다. 법궤가 예루살렘으로 옮겨진 후에도 솔로몬이 성전을 봉헌할 때까지 이스라엘 백성들은 기브온에서 제사를 드렸는데, 솔로몬이 일천 번제를 드린 곳도 기브온의 산당이다(대하 1:3-5). 모세가 광야에서 지은 하나님의 회막(성막)이 그곳에 있었으므로 브살렐이 지은 놋 제단이 있는 그곳에서 제사를 드리는

루살렘에 속한 마을로 간주되었을 것이다(메릴, 『제사장의 나라』, 313).
[114] Joseph Blenkinsopp, *Gibeon and Israel* (Cambridge: Cambridge University Press, 1972), 68.
[115] 메릴, 『제사장의 나라』, 314.

것은 당연하다.

　이같이 얘기한 것을 요약하면, 사울이 놉의 제사장들을 학살한 후 성막은 기브온으로 옮겨졌고, 다윗이 예루살렘을 정복한 이후에도 제사는 기브온에서 드려지고 있었다.

　그렇다면 기브온을 놔두고 다른 곳으로 종교적 중심지를 옮기는 것은 아무리 다윗이라고 하더라도, 쉽게 추진할 수 있는 일은 아니었을 것이다. 예상되는 문제는 이런 것이다. 기브온은 베냐민 지파에게 주어진 성읍이었고(수 18:25) 사울의 가족과 깊은 관계가 있다(대상 8:29-30; 9:35-39).

　성막이 기브온에 있었다는 사실이 이들에게 아무 의미도 없었겠는가?

　이스라엘 족장들과 별로 관계가 없는 예루살렘으로 성막을 옮긴다면, 사울의 후손들과 그들을 중심으로 한 정치 세력과 베냐민 지파와 이스라엘 지파 사람들이 적극적으로 지지하고 환영했을까?

　성막을 기브온에서 다른 곳으로 옮기는 것은 확실히 정치적인 문제가 될 수 있었고 심한 반발을 불러일으켰을 것이다.[116] 그래서 다윗도 성막 자체를 예루살렘으로 옮길 생각은 하지 않았다.

　이런 모든 점을 고려할 때 다윗이 할 수 있는 최선의 선택은 성막은 기브온에 그대로 두고, 아비나답의 집에 있는 법궤를 예루살렘으로 들여놓는 것이다. 놀랍게도, 성막에서 가장 중요한 물품인 법궤는 에벤에셀 전투에서 블레셋에게 빼앗긴 후 여기저기 옮겨 다니다가 유다와 베냐민의 경계에 위치한 기럇여아림에 보관되고 있었다(삼하 6:2; 대상 13:6).[117] 이것은

---

[116] 메릴, 『제사장의 나라』, 342.
[117] 기럇여아림(숲의 성읍이라는 뜻)은 기브온의 주된 성읍으로서, 처음에는 유다 지파에 할당되었다가(수 15:60), 베냐민 지파에 귀속되었다(수 18:28). 이곳은 기럇바알(수 15:60), 바알라(수 15:9-10), 바알레유다(삼하 6:2), 기랴다림(기럇아림, 스 2:25) 등 여러 이름으로 불렸다. 이곳은 예루살렘에서 14km 정도 떨어진 '쿠리엣 엘 에넷'일 것으로 추정된다(J. D. Douglas, "Kiriath-Jearim," NBD, 665).

다윗에겐 아주 좋은 기회였다. 법궤를 예루살렘으로 갖다 놓는 것도 문제 삼는 사람들이 있었을지 모르지만, 성막 전체를 옮기는 것보다는 쉬웠을 것이다. 만약 법궤를 옮기는 일이 아무런 사고 없이 잘 이뤄진다면, 그것은 하나님이 그 일을 허락하셨다는 징표로 비칠 수 있을 것이다.

그런데 법궤를 아비나답의 집에서 메어오다가 웃사가 죽는 사건이 발생했다(삼하 6:6-7; 대상 13장). 이 사건은 하나님이 법궤를 다윗성으로 가져가려는 것을 기뻐하시지 않는다는 표시로 해석될 수도 있었을 것이다. 다윗은 매우 낙심했고 여호와를 두려워했다고 하는데(삼하 6:8-9; 대상 13:11-12), 자신의 계획이 좌절된 것 때문에 낙심이 되었을 것이고, 자신이 선한 뜻으로 법궤를 예루살렘으로 들여놓으려는 것을 하나님이 허락하지 않으신다는 생각에 하나님을 두려워했다는 말로 들린다.

그러나 법궤가 가드 사람 오벧에돔의 집에 3개월간 있으면서 그 집이 축복을 받았다는 소식에 힘을 얻은 다윗은 다시 한번 용기를 내어 결국 법궤를 다윗성으로 옮기는 데 성공한다(삼하 6:12-19; 대상 15:25-28). 다윗은 웃사가 죽은 사건이 여호와가 명령하신 규례대로 하지 않았기 때문이라고 해석하고, 이번에는 궤를 꿰어 레위인들이 어깨에 메고 운반하게 했다(대상 15:11-15, 26-27).

법궤를 시온산으로 옮길 때, 다윗은 제사장이 입는 세마포 에봇을 입고 여호와 앞에서 제사를 드리고 춤을 추면서 행렬을 인도했다. 법궤가 성막에 안치되자 다윗과 레위인들은 여호와께 번제와 화목제를 드렸다(대상 15:26-27). 특이한 것은 이 과정에서 한 명의 제사장도 언급되지 않는다는 것인데, 그것은 다윗이 이 의식을 주도했기 때문일 것이다.[118]

결국 다윗은 오랜 고심 끝에 성막은 기브온에 그대로 두고 법궤만 예루

---

[118] 메릴, 『제사장의 나라』, 347 참고.

살렘으로 가져왔는데, 이 모든 일을 다윗이 주도한 것은 국가 이스라엘이 오직 여호와 하나님만 섬길 수 있도록 종교적 기반을 마련하려는 것이었다. 그는 하나님이 자신에게 주신 정치 권력을 이용하여 이스라엘의 백성들로 하여금 하나님만 섬길 수 있도록 기초를 견고히 다졌다. 다윗이 종교적인 권력을 쥐려 했다거나 종교적 구심점을 마련하여 정치적 안정을 꾀하려 했다는 식의 해석은 옳지 않다.

다윗은 시온에 법궤를 안치한 후에는 성전을 건축하려는 계획과 함께, 그곳에서 사역할 매우 정교한 종교적인 성직자 제도를 마련했다(대상 23-26장).[119]

다윗이 이런 생각을 하게 된 것은, 아마 법궤를 시온성으로 가져오려다 실패한 경험 때문일 것이다. 그때 실패의 원인은 레위인들이 법궤를 메지 않았기 때문인데, 레위인들이 법궤를 메지 않았던 이유는 알려지지 않았다.

모세 시대 이후로 오랜 기간이 지나면서 조직이 느슨해져서 레위인들이 자기 역할을 제대로 하지 못한 것은 아닐까?

어쨌든 다윗은 매우 열정적으로 레위인들과 제사장들의 조직을 재정비했다.

---

[119] 법궤가 예루살렘으로 오기 이전에는 제사의 특성과 제사 관련 직원들의 규정에 대해서 잘 알 수 없다. 엘리의 후손인 아비아달은 다윗이 헤브론에 통치하던 시기에 대제사장이었지만, 그가 어떤 역할을 했는지는 확실하지 않다(메릴, 『제사장의 나라』, 370).

그림31. 악기를 연주하는 레위인들. 다윗은 레위인들 일부를 노래하고 악기를 연주하는 자들로 세 웠다.

우선 다윗은 레위인들을 대상으로 인구를 조사하여 30세 이상인 남자들 3만 8천 명(38집단)에게 일을 맡겼다.[120] 다윗은 이들을 크게 네 그룹으로 나누어, 그들 중 24집단에겐 '성전의 일을 보살피는' 일을 맡겼고, 여섯 집단은 관원(쇼테르)과 재판관들로, 네 집단은 문지기들로, 다른 네 집단은 찬송하는 자들로 임명했다(대상 23:3-5). 이들이 맡은 일을 보면 과반수가 '성전의 일을 보살피는' 일을 맡았는데, 성전의 일을 보살핀다는 말은, 간단히 말하자면 제사장을 돕는다는 뜻이다.

이것이 모세 시대 때부터 레위인들에게 주어진 기본적인 업무다. 그들은 성물을 정결하게 하거나, 진설병의 빵과 가루를 준비하거나, 과자를 굽거나 반죽하고, 모든 저울과 자를 맡았고, 하루에 두 번 아침저녁으로 서서 여호와께 감사하고 찬송하며 찬양의 제사를 드렸다. 그들은 제사장을 돕는 자로서 성전의 주요 건물보다는 골방과 뜰에서 활동했으며, 희생 제물을 바치기보다는 음식과 제물을 준비했다(대상 23:28-32).

---

[120] 나중에 찬송하는 사람의 수는 구체적으로 288명으로 나오고(대상 25:7), 문지기의 숫자는 93명으로 나오는 것(대상 26:8-11)으로 보아서, 3만 8천이라는 숫자는, 38개의 집단(히브리어로는 38 '엘렢'이다)으로 이해해야 한다(셀만, 『역대상』, 319).

레위인들 중 나머지 1/3 조금 넘는 사람들은 세 가지 주요 직무를 맡았는데, 재판하는 일, 문 지키는 일, 찬송하는 일이 그것이다. 관원으로 번역된 '쇼테르'는 단어만 가지고는 무슨 일을 했는지 파악하기 어렵지만, 재판관과 함께 나오는 것으로 보아 이들도 재판과 관련된 어떤 일을 담당했을 것으로 보인다.[121] 문지기는 성전 경내로 출입하는 것을 통제했고 성소에 있는 금이나 은 같은 귀중한 물건들을 지키기도 했다.[122] 성소에 부적절하게 들어가면 죽임당하기 때문에(민 3:10 참고), 이 일은 매우 중요했다. 그들은 성전 문에 대한 특별한 책임을 졌으며, 성전의 안전도 담당했다.[123]

찬송하는 일은 세 가문의 자손들에게 맡겨졌는데, 아삽, 헤만, 여두둔이 그들이다(대상 25:1-6). 이들은 수금과 비파와 제금을 연주하거나 나팔을 불며 '신령한 노래'를 했다.[124] 악기가 동원된 것으로 보아 이들이 선지자들과 동일한 활동을 한 것은 분명 아니며, 이들의 노래는 분명 찬양의 성격을 갖고 있다. 문맥상 이들의 활동은 악기 연주와 관련되어 있고 왕의 감독 아래에서 이뤄졌다.[125] 이들은 모두 288명인데, 12명씩 24개의 반으로 나뉘어 직무를 담당했다(대상 25:7-31).

모세 때 레위인들의 주요 업무는 성막을 운반하고 세우는 일이었으나, 법궤를 예루살렘으로 가져왔고, 앞으로 성전이 지어지면 이런 업무는 없어지게 된다. 그러니 레위인들에게 새로운 임무가 주어지는 것은 당연하

---

[121] *BDB*, 1009 참고.
[122] 월튼 외 2인, 『IVP 성경배경주석 구약』, 594 참고.
[123] 마틴 셀만, 『역대상』(*1 Chronicles*), 임요한 역 (서울:CLC, 2017), 342.
[124] 한글개역개정판에 '신령한 노래를 했다'로 번역된, 역대상 25:1, 2, 3의 '하납바'는 '예언하다'는 뜻을 지닌 '나바' 동사의 닢알형 분사로서 황홀경 상태에서 노래를 하거나 연주를 하는 것으로 이해된다(*HALOT*, 659; *BDB*, 612). 많은 주석가는 이 단어를 '예언했다'는 말로 번역한다(Jacob M. Myers, *I Chronicles*. AB [New York: Doubleday & Company, 1965], 169; Payne, *The Expositor's Bible Commentary*, 424; Braun, 241; 셀만, 『역대상』, 335).
[125] 셀만, 『역대상』, 335.

다(대상 23:25-26). 다윗의 공헌은 레위인들에게 적절히 임무를 부여했을 뿐 아니라, 이들이 책임감 있게 일을 번갈아 가며 할 수 있도록 전체적인 조직을 짰다는 것이다.

그림32. 기원전 8세기 갈그미스에서 제작된 이 부조는 당대 음악가들을 묘사한 것이다.

다윗은 또 레위인들을 게르손, 그핫(고핫), 므라리에 따라 각 반으로 나눴다(대상 23:6). 게르손 자손이 9명, 고핫 자손이 9명(아론 자손은 제외), 므라리 자손이 4명이므로 합치면 모두 22가문이 된다(대상 23:7-23). 다윗은 또 엘르아살의 자손 사독과 이다말의 자손 아히멜렉과 함께 제사장들을 24개의 반으로 나누어 성소의 직무를 맡게 했는데(대상 24:3-19), 이 22가문은 제사장들의 24개 반에 맞춰 조직된 것은 아니다.

앞에서 언급한 것처럼, 레위인의 24 집단에겐 '성전의 일을 보살피는' 일을 맡겼기 때문에, 24집단이 24반과 노래하는 자들의 24무리(대상 25:7-31)에 맞추어 일을 했을 것이다. 이 22가문의 조직이 앞에서 언급한 조직들과 어떻게 관련되는지는 성경이 분명히 밝히지 않는다.

특이한 것은 제사장 사독과 아비아달이 관료들의 명단에 포함되어 있다는 것이다(삼하 8:17-18; 20:25-26). 이것은 다윗이 종교와 정치적인 요소를 결합했다는 뜻이다(종교를 정치에 이용했다는 뜻이 아니다).[126] 사울 시대만 하더라도 군대를 소집할 때 사울이 사무엘의 이름을 언급하며(삼상 11:7), 블레셋과 전쟁을 개시하기 전에 사무엘이 오기를 기다리고 있다(삼상 13:8). 게다가 사무엘은 왕인 사울을 책망한다(삼상 13:13-14; 15:17-23; 26, 28-29). 이런 사실들은 왕이 제사장의 지도를 받아야 한다는 것을 암시한다.

하지만, 다윗이 통치하면서 왕은 제사장의 지도를 받는 것이 아니라, 제사장이 왕의 신하가 되었다. 이것은 이스라엘 왕의 사명이 무엇인지를 다윗이 잘 알고 있었다는 말이다. 다윗은 하나님이 자신에게 주신 사명을 이루기 위해 통치력을 발휘하여 백성으로 하여금 하나님만 섬기도록 이끈 것이다. 실제로 다윗은 왕이면서 동시에 제사장의 기능을 계속 수행한 것 같다. 이 점에서 다윗은 이스라엘 왕의 이상적인 모델이 된 것이다.

자신이 하나님만 섬길 뿐 아니라, 백성들로 하여금 하나님만 섬기도록 이끄는 영적인 지도자! 이스라엘의 왕은 그런 지도자가 되어야 한다!

법궤를 예루살렘에 안치한 후 다윗은 성전을 건축하려고 했다. 그러나 하나님은 다윗의 제안을 거절하셨고, 그 대신, 나중에 다윗으로 하여금 성전 건축 계획을 시작하고 성전 관리들을 임명하고 공사에 필요한 자재들을 모으도록 허락하셨다.[127]

시편 110:4에서 하나님은 "다윗 왕가의 한 왕이 멜기세덱의 반차를 따르는 영원한 제사장이 될 것"이라고 맹세하셨는데, 다윗이 예루살렘을 정복하고 법궤를 예루살렘으로 가져온 사건이 이런 맹세의 배경이 된 것으로 여겨진다.[128] 이 두 사건은 다윗에게 대단히 중요한 의미를 부여했다.

---

[126] J. M. Myers, "David," *IDB* 1, 777.
[127] 메릴, 『제사장의 나라』, 321-322.
[128] F. F. Bruce, "Melchizedek," *NBD*, 759.

왕이면서 동시에 제사장인 다윗은 메시아의 모형이 된 것이다.[129]

다윗은 오로지 여호와 하나님만 섬기겠다는 마음과 자신이 가진 권력으로 이스라엘 백성들이 하나님만 잘 섬길 수 있도록 만들어야겠다는 일념으로 법궤를 예루살렘으로 가져온 것인데, 그렇게 함으로써 다윗은 예루살렘을 이스라엘 종교의 중심지로 만드는 거대한 첫걸음을 내디뎠다. 그 아들 솔로몬은 성전을 지음으로써 그 일을 마무리했다. 에벤에셀 전투에서 법궤를 빼앗기지 않았다면 다윗이 법궤를 예루살렘으로 가져오기 어려웠을 것이니, 하나님의 섭리가 놀라울 뿐이다!

7. 허물 많은 인간, 다윗

다윗은 모든 이스라엘 왕이 본받을 만한 훌륭한 왕이었지만 그가 한 모든 행위가 다 칭찬받을 만한 것들은 아니었다. 앞에서 잠깐 언급한 것처럼, 다윗은 부하 장수의 아내와 간통하고 그 죄를 은폐하기 위해 결국 충성스러운 부하를 죽이는 끔찍한 짓을 저질렀다. 이 사건은 다윗의 통치 말기에 일어난 사건이 아니다.

"칼이 네 집에서 영원토록 떠나지 아니하리라"라는 하나님의 말씀처럼, 다윗은 자신이 지은 죄에 대한 징계로 인해 고통을 겪어야 했다. 다윗의 가정에 불미스러운 일들이 끊임없이 발생했다. 다윗의 장남 암논이 이복 여동생 다말을 성폭행하는 일이 벌어졌고, 다윗이 이 문제에 대해 아무런 조치도 취하지 않자, 다말의 친오빠인 압살롬이 2년을 기다린 끝에 암논을 살해하고 자기 어머니의 고향인 그술로 피신한다(그술은 바산의 북쪽에

---

[129] 메릴, 『제사장의 나라』, 344-348 참고.

있던 아람인들의 작은 나라로서 압살롬의 어머니는 그술왕 달매의 딸이다). 3년 동안 망명 생활을 하던 압살롬은 요압의 주선으로 귀국이 허용되지만, 다윗은 2년이 지나도록 압살롬을 용서하지 않았다.

다윗의 이런 행동들은 압살롬의 마음에 분노와 증오심을 불러일으켰고 결국 압살롬은 아버지의 행동에 대해 반역으로 답했다. 아버지를 향해 아들이 겨눈 분노의 칼을 피하기 위해 다윗은 도성을 버리고 도망칠 수밖에 없었다. 다윗은 친구 후새를 비롯한 충성스러운 신하들 덕분에 목숨을 건질 수 있었지만, 사태를 수습하는 과정에서 큰 상처를 입었다. 가장 큰 아픔은 압살롬이 죽은 것이다. 다윗은 부하들에게 "압살롬을 죽이지 말라"라고 명령했지만, 아버지의 사랑도 비극을 막지는 못했다. 다윗은 압살롬이 자신 때문에 죽었다는 죄책감 때문에 고통의 눈물을 흘려야 했다(삼하 18:33).

게다가 왕(다윗)을 예루살렘으로 모셔오는 일을 놓고 유다 지파와 이스라엘 지파가 주도권 다툼을 벌였는데, 이 과정에서 다윗이 적절하게 행동하지 못함으로써 갈등이 더 커졌다. 다윗이 유다 지파를 편애하는 듯이 말하자 북부의 지파들은 분노했다(삼하 19장을 읽어보면 유다 족속과 요셉 족속이라는 말이 나오는데, 유다 족속은 유다 지파를 가리키고, 요셉 족속은 유다 지파를 제외한 다른 모든 지파를 가리키는 말이다). 결국, 다윗이 예루살렘으로 돌아오기도 전에 반란이 또 일어났다. 반란을 일으킨 자는 베냐민 사람 비그리의 아들 세바다. 세바는 "차별받는다"는 생각에 분노한 이스라엘 지파 사람들을 선동하여 유다 지파를 편애하는 다윗에게 대항하도록 만들었다. 그러나 이 반란은 그들 내부의 분열로 실패하고 말았다.

이 사건은 다윗에게도 인간적인 단점들이 많다는 것을 보여주는 여러 장면 중 하나다. 열두 지파로 구성된 이스라엘이 한 분 하나님을 섬기며 하나의 통합된 왕국을 이루기 위해 하나의 왕 밑에서 합쳐졌지만, 그 왕의 지혜롭지 못한 처신 때문에 통합 왕국에 균열이 생기기 시작했고, 균열을 막지 못하고 솔로몬이 죽자 결국 갈라지고 만다.

양을 치던 목동에 불과했던 다윗은 하나님의 은혜로 30세에 왕위에 올라 40년 동안 나라를 다스렸다. 7년 6개월은 헤브론에서 유다를 다스렸고, 33년은 예루살렘에서 유다를 포함한 온 이스라엘을 다스렸다. 이 본문들을 상징적인 의미를 지닌 어림 수치가 아니라 문자 그대로 이해한다면, 다윗은 만 70세에 죽은 것이다.

다윗이 통치하는 동안 이스라엘은 강한 나라가 되었다. 이스라엘을 괴롭혔던 블레셋을 포함해 주변 나라들을 정복했고, 어떤 나라들로부터는 힘의 우위를 인정받았다. 영토도 확장되어, 왕국의 경계선이 트랜스요르단(요단강 동쪽 지역)의 아르논강부터 북쪽으로 헤르몬 산기슭의 단까지 이르고, 서쪽으로는 상부 갈릴리를 지나 시돈과 두로까지 이르렀다. 블레셋을 제외한 요단 서편 전체와 모압과 에돔 대부분을 포함한 트랜스요르단 전체가 다윗 왕국의 영토가 되었다.

그러나 이런 사실들보다 더 중요한 것은 다윗이 국가 종교의 초석을 놓았다는 것이다. 비록 자신은 성전을 건축하지 못했지만 아들이 건축할 수 있도록, 만반의 준비를 갖췄고, 예루살렘이 여호와를 섬기는 신앙의 중심이 될 수 있도록 기틀을 마련했다. 나라의 수도이자 정치의 중심지가 종교적 중심지도 된 것이다. 또 다윗이 성막 예배를 위해 마련한 것들이 후대 성전 예배를 풍요롭게 할 수 있었던 많은 조직의 기원이 되었다.[130] 왕은 정치 지도자의 역할에 만족할 것이 아니라, 백성들의 신앙을 바로 이끌 신앙의 지도자가 되어야 한다는 이상을 이룬 사람이 바로 다윗이다.

이것은 대단히 이상적인 왕의 모습으로서 이스라엘의 왕들이 지향해야

---

[130] T. H. Jones, "David," *NBD*, 268.

할 목표다. 다윗은 그런 점에서 이스라엘 왕들의 좋은 모델이 되었다. 다시 한번 말하지만, 그가 가장 좋은 모델로 인정받는 이유는 이스라엘을 강한 나라로 만들었기 때문이 아니라, 전심으로 하나님을 섬겼고, 백성들로 하여금 하나님만을 섬길 수 있도록 통치했기 때문이다. 그는 이스라엘 왕이 이상으로 삼아야 할 목표가 무엇인지 보여주었다. 가장 훌륭한 왕은 나라를 강대국으로 만드는 왕이 아니라 백성들로 하여금 하나님을 잘 섬기게 만드는 왕이다. 현대 국가가 이상적인 지도자로 생각하는 강하고 유능한 통치자와는 전혀 다른 모습이다!

그런 점에서, 다윗 시대 때 이스라엘이 주변 국가들을 정복하고 중심에 섰다는 사실이 오히려 현대 그리스도인들의 신앙 성장에는 방해가 된다. 다윗이 유능했기 때문이 아니라, 하나님을 신뢰한 다윗에게 하나님이 그런 것들을 선물로 주신 것인데, 우리는 이 점을 보지 못하고 다윗의 위대함을 엉뚱한 데서 찾는 경향이 있다. 만약 이 사실을 놓친다면 다윗으로부터 교훈을 제대로 얻을 수 없다.

이처럼 훌륭한 왕 다윗도 죄 때문에 고통을 당했다는 사실은 우리에게 시사하는 바가 많다. 말년에 압살롬이 반역을 일으켰고 인구 조사를 한 일 때문에 백성들이 고통을 받았다. 다윗이 대략 65세쯤 되었을 때에 압살롬이 반역을 일으켰고, 1년쯤 뒤에 인구 조사를 했다.[131] 다윗 한 사람 때문에 7만 명이나 되는 백성이(혹은 수많은 사람이) 전염병으로 죽었다.[132] 이 위대한 다윗 왕조차도 여호와 없이는 아무것도 아닌 것이다.

이스라엘의 진정한 왕은 오직 여호와 한 분뿐이시다!

---

[131] 메릴, 『제사장의 나라』, 317, 322.
[132] 사무엘하 24:15과 역대상 21:14에 언급된 7만이라는 숫자는 히브리어로는 70엘렙, 즉 70×1,000이다. 70도 완전수며 1,000도 완전수이기 때문에 7만은 문자적인 의미를 지녔다기보다는, 상징적으로 해석되어야 할 것이다.

사울이 죽은 후 이스라엘이 구심점을 잃자 사사 시대부터 독자적으로 행동하던 유다 지파는 자신들만의 왕을 따로 세우는데, 그 사람이 다윗이다. 이후 다윗은 이스라엘의 모든 지파의 지지를 받는 통치자로 세워진다. 그는 양을 치는 목동에서 백성을 다스리는 왕이 된 입지전적인 인물이며 이스라엘의 영웅이다. 그러나 그보다 더 중요한 사실은 그가 하나님의 마음에 맞는 사람이었다는 것이다. 하나님은 다윗을 선택하셨고 그에게 은혜를 베푸셨으며 그를 통해 이스라엘을 통치하셨다. 그리고 다윗에게 그의 후손들이 계속해서 이스라엘을 다스릴 것이며 그의 몸에서 날 자식이 여호와의 이름을 위해 성전을 건축할 것이라는 굉장한 약속을 주셨다.

이 약속은 일단 솔로몬과 그 후의 왕들을 통해 이루어졌지만 궁극적으로는 예수님을 통해 이뤄진다. 이 모든 과정을 통해 우리는 하나님이 역사를 주관하고 계심을 볼 수 있다. 하나님이 다윗을 선택하셔서 왕으로 삼으시고 그에게 무조건적인 언약을 주시고 그 약속을 이루신 것이다.

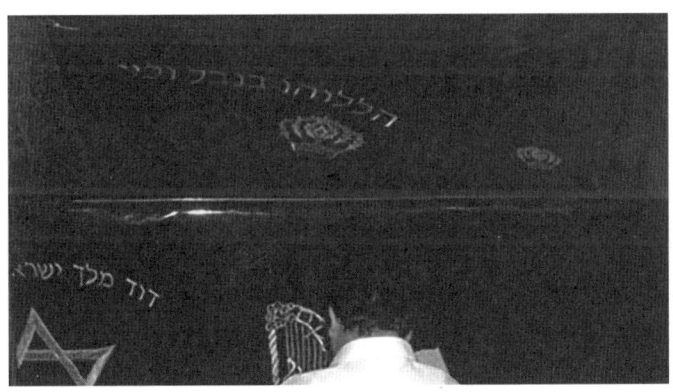

그림33. 다윗의 무덤으로 알려진 곳에 놓여있는 거대한 석관. 다윗의 별 위에 쓰인 히브리어는 "이스라엘 왕 다윗"이라는 뜻이다. 관 앞에서 한 유대인이 기도하고 있다.

제3장

성전을 지은 손으로 이방 신들을 위한 사당도 지은 왕

지혜로운 왕 솔로몬: 믿음으로 성전을 건축했으나

말년에 이스라엘에 우상 숭배를 끌어들이다

1. 마음을 꿰뚫어 보는 명판사

기원전 10세기 중엽의 어느 날[1] 예루살렘. 왕궁으로 들어가는 입구에 90도 각도로 직사각형 모양의 공간이 펼쳐져 있고 그 공간의 한쪽 끝에 왕의 보좌가 놓여 있다. '울람 함 미슈파트'(재판하는 주랑이라는 뜻)라고 불리는 (왕상 7:7) 주랑(柱廊)이란 기둥만 있고 벽이 없는 복도를 말한다.

이 탁 트인 공간은 왕이 이따금씩 재판할 때만 들르는 곳이다. 마루부터 서까래까지 백향목으로 덮여 있어 웅장하고 화려한 직사각형의 공간과는 어울리지 않게, 왕은 조각목으로 만들어진 보좌에 앉아 있는데, 왕이 즉위 초부터 재판할 때 사용하던 보좌를 버리지 않고 새 건물에 들여다 놓았기

---

[1] 열왕기상 3:16에 나오는, 시간을 나타내는 부사 "그때에"(히브리어 아즈)는, 이 이야기 (왕상 3:16-26)를 바로 앞에 나오는, 통치 초기에 있었던 사건과 연결시킨다. 그렇지만 이 이야기가 실제로 솔로몬 통치의 초기에 있었던 사건인지는 알 수 없다. 필자는 독자들이 '재판하는 주랑'에서 왕이 재판하는 모습을 상상할 수 있도록, 이 이야기의 연대를 솔로몬이 왕궁을 건축하고 난 이후의 시기로 잡았다. 하지만 이 이야기가 실제로 솔로몬 통치의 어느 시기에 일어난 사건인지는 알 수 없다.

때문이다. 대단히 어질고 총명해 보이지만 위엄이 있는 왕은 지금 보좌에 앉아 자기 앞에 서 있는 젊은 두 여인을 바라보고 있다.

보좌 옆에는 왕의 신하로 보이는 사람이 서판에 뭔가를 쓰고 있다. 이제 이 여인들이 가져온 문제에 대한 판결이 내려질 것이다. 이 여인들은 한 아기를 놓고 서로 자기 아기라고 다투다가 왕에게까지 오게 되었는데, 둘 다 몸을 파는 여자들로서,[2] 한 여자는 집이 너무 가난해서 결혼을 할 수 없었고, 다른 여자는 일찍 남편을 여의고 사회의 밑바닥으로 가라앉았다.[3]

사회의 밑바닥층에 있는 이런 여자들이 어떻게 이런 사소한 일로 왕에게까지 오게 되었을까?

당시에는 현대 자본주의 국가에서 볼 수 있는 것과 같은 사법 기관이 없었기 때문에, 분쟁이 발생하면 사람들은 마을의 촌장이나 지파의 장로(자켄)와 같은 지도자들에게 찾아갔다. 웬만하면 이런 지방의 지도자들의 선에서 문제가 해결된다. 하지만 여기서도 해결되지 않으면 왕에게 찾아갔는데, 왕이 대단히 지혜로워서 명석한 판결을 내린다는 소문이 널리 퍼졌기 때문이다. 그렇다고 찾아오는 모든 사람의 문제를 다 들어주지는 못했는데 왕이 할 일이 너무 많았기 때문이다. 그래서 일단 왕의 신하들이 들어보고 걸러내서 왕에게 보내는 것이다.

사실 이 여인들은 가나안 사람들이 살던 '게셀' 땅에서 매춘으로 근근이

---

[2] 창기로 번역된 히브리어 '이샤 조나'는 돈을 받고 성을 파는 여자(매춘부)를 가리킨다(창 38:15; 레 21:7; 수 2:1; 6:17, 22, 25; 삿 11:1, 16:1; 잠 6:26)(Gary H. Hall, "זנה(znh)," *NIDOTTE* 1, 1123). 레위기 21:7은 제사장들이 부정한 창녀(이샤 조나)와 결혼하지 말라고 하며, 신명기 23:19는 창기(조나)가 번 돈은 성전으로 가져오지 말라고 하는데, 이런 구절들은 이스라엘에도, 매춘을 직업으로 하는 여자가 존재했음을 암시한다. 입다의 어머니도 창기였다(참고 월튼 외 2인, 190, 277; John Gray, *I and II Kings*. OTL [London: SCM Press, 1980], 128-129).

[3] 고대 근동에서는 보통 노예들이나, 부모들이 빚을 갚으려고 자기 딸을 몸값을 받고 판 여자들이 매춘부가 되었다(Simon J. DeVries, *1 Kings*. WBC [Waco: Word Books, 1985], 59).

생계를 유지하던 불쌍한 사람들인데, 이런 사회 밑바닥층 사람들의 분쟁을 왕이 직접 다룬다는 것은, 현대인들에겐 상상조차 할 수 없는 일이다. 이 여자들의 문제가 왕에게까지 오게 된 것은 업무 수행을 위해 그 지역을 들른 왕실의 고위 관리 덕분이었다. 그는 왕의 신임을 받는 신하로서, 이스라엘 영토로 갓 편입된 이 지역의 실태를 조사하러 왔다가 우연히 그 지역의 촌장으로부터 여자들의 일에 관해 들었다. 그 신하는 이런 문제는 오직 임금님만 판단하실 수 있다며 자기가 직접 이 여자들을 데리고 왕에게로 가서 판결을 받게 해주겠다고 약속했고, 그 약속대로 여자들을 예루살렘의 왕 앞으로 데리고 왔던 것이다.

왕 앞에 선 두 여인은, 그 나라의 가장 높은 사람 앞에 섰다는 사실을 별로 의식하지 않은 듯 두려워하거나 주저하지 않고 거침없이 말했다. 이 여인들의 말을 토대로 재구성한 사건의 전모는 이렇다. 이 두 여자는 같은 집에 살고 있었는데, 둘 다 사흘 간격으로 아들을 낳았다. 그런데 그중 한 여자가 잠을 자다가 자기 아기를 깔아뭉개서 죽인 것이다. 그 여자는 밤중에 일어나 자기 아들이 죽은 것을 보고 너무 놀라고 당황했지만, 소리 내어 우는 대신, 입가에 옅은 미소를 띠었는데, 갑자기 좋은 생각이 떠올랐기 때문이다. 상대방 여인의 아들을 훔쳐서 자기한테 가져오고 자기의 죽은 아들을 그 여인의 곁에 몰래 갖다 둔 것이다. 상대방 여자는 피곤했는지 코까지 골면서 자느라 이런 일들을 모르는 것 같았다.

자기 아들을 도둑맞은 것도 모른 채 잠에서 깨어난 여인은 품속에 있는 아기에게 젖을 주려다 너무 놀라 거의 기절할 뻔했다. 아기가 죽어 있는 것이었다. 눈물과 콧물이 뒤범벅이 되어 울기를 한참 동안 하다가 이 여인은 뭔가 이상하다는 느낌이 들어 품속에 있는 아기를 유심히 들여다보니 그 아기는 자기 아들이 아니었다. 그리고 설마 하며 상대방 여인이 안고 있는 아기를 본 순간, 이 여인은 안도의 한숨과 함께 분노가 치밀어 올랐다. 이 여인은 상대방 여인에게 자기 아들을 내어놓으라고 했으나, 이 여인의 아들을 훔쳐간 그 여자는 시치미를 떼며 살아있는 아들이 자기 아들이라고 우기는 것이다.

두 여자는 서로 욕설을 주고받고 머리채를 잡아당기는 등, 심한 몸싸움까지 벌였지만 남의 아들을 훔친 여인이 그 아기가 자기 것이라고 끝까지 우기면서 마을의 촌장을 찾아갔고 결국 왕에게까지 온 것이다.

묵묵히 여인의 이야기를 듣고 두 여인이 싸우는 모습을 유심히 관찰하던 왕은 잠시 뭔가를 생각하는 듯하더니 입을 열었다. "여봐라." "지금 당장 이 두 여인들이 보는 앞에서 이 아기를 반을 갈라 서로에게 나눠주거라."

이 명령이 떨어지자마자 아기의 진짜 엄마는 얼굴이 사색이 되어 보좌 앞에 앉은 왕 앞에 무릎을 꿇고 소리 질렀다. "안 됩니다. 왕이시여. 그렇게 하지 마소서. 제발 아기를 죽이지 마옵소서. 차라리 저 여인에게 주옵소서." 그러나 가짜 엄마는 아기가 죽어도 상관없다는 듯이, "폐하. 참으로 공정한 판결이십니다. 그렇게 하는 것이 좋을 듯합니다"라며 왕의 결정을 반겼다.

두 여자의 태도를 지켜보고 있던 왕은 잠시 입가에 옅은 미소를 띤 후 신속히 명령했다.

"이 아기를 이 여인에게 주어라. 이 여인이 진짜 엄마다."

"그리고, 저 여인은 태형으로 다스린 다음 보내도록 하여라.

남의 아기를 빼앗으려고 거짓말을 한 죄가 심히 무거우나, 아들이 죽어 그런 것이고 자기 아들을 죽였으니 그 마음이 얼마나 비통하겠는가?

그래서 자비를 베푸는 것이다."

이렇게 해서 현명한 왕의 지혜로운 판단으로 아기의 진짜 엄마가 누군지 가려졌고, 아기는 자기 엄마의 품에 안기게 되었다. 이 유명한 판결을 이끈 왕이 바로 지혜의 대명사 솔로몬이다. 이 일화는 이스라엘의 왕이 가난한 자들에게조차 공의를 베푸는 어진 통치를 했다는 사실을 확인해 준다.

2. 다크호스가 승리한 이유

사울은 "잃어버린 암나귀를 찾으러 돌아다니다가 왕관을 발견하였고," 다윗은 초장에서 양떼들에게 풀을 먹이다가 왕으로 기름 부음을 받은 후 온갖 고난과 역경을 이겨내고 왕이 되었다. 이들과는 달리, 솔로몬은 아버지로부터 왕위를 물려받았다. 물론 솔로몬이 왕이 되는 과정이 순탄했던 것만은 아니다. 왜냐하면, 솔로몬은 서열상 왕위에 오를 유력한 후보가 아니었기 때문이다.

다윗은 헤브론에서 통치할 때 여섯 명의 아들을 낳았는데(삼하 3:2-5), 솔로몬은 이 여섯 명의 아들에도 포함되지 않는다(역대상 3:1-9을 보면 이 사실을 확실히 알 수 있다). 나이순으로 치면 서열 6위도 되지 않는다는 말이다. 게다가 아도니야보다 15살이나 더 어린 것으로 추정된다.[4]

그런데도 솔로몬이 왕위에 오른 것은 어떤 이유에서일까?

솔로몬이 왕이 된 가장 중요한 이유는 다윗이 솔로몬을 자기 후계자로 생각했기 때문이다. 다윗이 보기에는 자기 아들들 가운데, 자신이 끝내 이루지 못한 사명을 성취할 후계자로서, 솔로몬만큼 적합한 인물이 없었던

---

[4] 메릴, 『제사장의 나라』, 366. 성경을 읽는 현대인들은 다윗 다음에 솔로몬이 이스라엘의 왕이 되었다는 것을 기정사실로 받아들이기 때문에, 솔로몬이 왕위를 계승하는 것이 당연하다고 생각할 것이다. 하지만 다윗의 그 많은 아들 가운데 나이가 아주 어린 솔로몬이 왕위를 계승했다는 것은 놀라운 일이다.

것이다. 어떻게 나이가 어린 솔로몬이 다윗의 후계자가 되었는지의 문제를 풀려면, 다윗이 성전을 건축하려고 했던 이야기를 들여다봐야 한다.

다윗은 모든 주변국을 물리치고 평화가 찾아오자, 법궤를 예루살렘의 시온 산성으로 들여놓았다. 그 후, 다윗은 선지자 나단에게 성전을 건축하겠다는 의사를 밝혔다(삼하 7:1-2; 대상 17:1).[5] 자신은 백향목 궁이라는 좋은 집에 사는데, 법궤는 그렇지 못하다는 사실 때문에 마음이 아팠던 것이다(하나님을 향한 다윗의 마음이 어떠했는지를 엿볼 수 있는 대목이다). 나단은 그 자리에서 다윗에게 그렇게 하시라고 대답했다.

하지만 나단이 나중에 하나님께 여쭙자, 하나님은 성전 건축을 허락하지 않으셨고 나단을 통해 뜻밖의 대답을 주셨다. "야웨가 너(다윗)를 위해 집을 세우리라"(삼하 7:11). 다윗은 야웨를 위해 집(성전)을 짓겠다고 했지만, 하나님은 다윗을 위해 집(왕조)을 세우시겠다는 것이다. 여기에서 같은 히브리어 단어('베이트')가 다른 의미로 쓰이고 있다는 점이 흥미롭다. 이 약속을 다윗 언약이라고 하며 사무엘하 7장과 역대상 17장에 기록되어 있다.

이 약속에서 가장 중요한 부분이 사무엘하 7:11-13이다.

> 야웨가 너를 위하여 집(왕조)을 짓고 네 수한이 차서 네 조상들과 함께 누울 때에 내가 네 몸에서 날 네 씨를 네 뒤에 세워 그의 나라를 견고케 하리라. 그는 내 이름을 위하여 집(성전)을 건축할 것이요 나는 그의 나라 왕위(보좌)를 영원히 견고케 하리라(삼하 7:11-13).

---

[5] 성전 건축 의사가 처음으로 분명하게 드러난 것은 두로의 히람이 다윗을 위해 궁전을 건축하고 법궤를 예루살렘으로 들여놓은 이후다(메릴, 『제사장의 나라』, 358).

하나님은 다윗에게는 성전 건축을 허락하지 않으셨지만 다윗의 몸에서 날 '씨'가 성전을 건축할 것이라고 말씀하셨다. 그래서 이 약속에 따라 다윗의 아들 중 한 사람이 성전을 건축했는데, 그가 바로 솔로몬이다. 하나님이 다윗에게 하신 약속은 일단 솔로몬을 통해 이루어진 것이다.[6]

이 약속을 받은 다윗은 아마 압살롬과 세바의 반란 직후,[7] 아라우나의 타작마당을 구입하면서부터 성전 건축을 준비한다. 석수들을 통해 다듬은 돌들을 준비하게 했고(대상 22:2), 금, 은, 철, 놋(청동), 백향목도 준비했다(대상 22:3-4, 14-16).[8] 다윗은 설계도도 준비했는데(대상 28:11-19), 이렇게 만반의 준비를 갖춘 후 솔로몬에게 성전 건축을 부탁했다.

다윗은 자신이 받은 약속을 이룰 후계자로 솔로몬을 심중에 두었으나 자신이 후계자로 누굴 생각하고 있는지 사람들에게 공포하지 않고 있었다. 아도니야가 왕위를 주장했던 것도, 다윗이 자기 후계자로 누구를 세울지 확실한 태도를 취하지 않았기 때문이다(왕상 1:3-10). 다윗은 부랴부랴 제사장 사독과 선지자 나단과 경호 대장인[9] 브나야로 하여금 솔로몬의 즉위식을 치르도록 조처를 취했다. 솔로몬을 후계자로 공식 선언한 것이다. "다윗이 나이 많아 늙자 솔로몬을 왕으로 삼았다"라는 역대상 23:1은 이 사건을 가리키는 것으로 보인다.[10]

---

[6] 그러나 이 약속은 보다 더 궁극적인 의미가 있었는데, 그것은 예수님이 다윗의 후손으로 오셔서 이루셨다. 예수님은 유대인들에게, "이 성전을 헐라 내가 사흘 동안에 일으키리라"라고 말씀하셨는데(요 2:19-22), 이 말씀처럼 손으로 지은 성전은 그림자일 뿐 실체는 그리스도이셨다. 바레트(Barret)는 "예수님의 몸은 유일하고 진정한 성전 및 참된 예배의 유일한 중심지가 되셨다"라고 말한다(안드레아스 쾨스텐베르거, 『BECNT 요한복음』, 신지철, 전광규 역 [서울: 부흥과개혁사, 2017], 160).
[7] 메릴, 『제사장의 나라』, 362.
[8] 지도자들이 추가한 자원들(대상 29:6-9)을 현대의 도량형으로 환산하면, 금 190톤, 은 375톤, 놋 675톤, 철 3,750톤이다(메릴, 『제사장의 나라』, 364).
[9] 그는 그렛 사람과 블렛 사람을 지휘했는데, 이들은 용병들로서, 다윗의 경호 부대였다(삼하 8:18; 20:23).
[10] 솔로몬이 왕으로 등극하는 과정에 관해 역대기와 열왕기는 다른 이야기를 하는 것처럼

다윗은 이 일이 있고 난 후 어느 시점에, 솔로몬에게 성전 건축을 부탁한다(대상 22:6-16).[11] 그리고 그에게 성전의 모든 세세한 부분까지 가르쳤다(대상 28:11-19). 모세로부터 여호수아에게로 사명이 넘겨지고 권위가 이전된 것처럼, 다윗으로부터 솔로몬에게로 성전 건축이라는 중요한 사명이 넘겨졌다. 다윗은 성전을 짓고 싶었지만, 하나님이 허락하지 않으셨다. 전쟁을 하느라 피를 많이 흘려서 성전을 지을 수 없다는 것이다(대상 22:8). 다윗은 자신이 직접 성전을 지을 수 없게 되자, 자기 아들이 성전을 지을 수 있도록 만반의 준비를 갖추었다(대상 22:5).

다윗이 해 준 가장 큰 일은 전쟁에서 승리함으로써 평화와 안식을 가져다준 것이다.[12] 솔로몬(히브리어 '셜로모')이라는 이름은 평화('샬롬')와 관련이 있다.[13] 하나님이 그에게 사방의 적들로부터 평안을 누릴 수 있도록 해 주시고 그의 일생 동안 이스라엘에 평화와 안식을 주실 것이라는 뜻이다(대상 22:9). 평화와 안식, 건축 부지와 건축 자재와 설계도까지, 모든 게 완벽하게 준비되었다. 이제 솔로몬은 성전을 짓기만 하면 되는 것이다.

그러나 다윗은 거기서 그치지 않고 이스라엘의 지도자들을 불러 모아 솔로몬을 도우라는 지시까지 했다(대상 22:17). 다윗은 이스라엘의 모든 고관, 즉 각 지파의 어른들, 왕을 섬기는 반장들, 천부장들과 백부장들, 왕과

보인다. 역대기를 읽어보면 다윗에게서 솔로몬에게로 순조롭게 왕위가 이양된 것처럼 보이지만, 열왕기를 읽어보면 왕권을 두고 다툼이 있었다. 이런 차이점은 강조점이 다르기 때문에 생긴 것이다. 역대기는 열왕기에 기록된 사건들을 많이 생략했다. 두 이야기를 모두 읽어야, 성경이 말하고자 하는 메시지를 충분히 들을 수 있다.

[11] 역대기에는 즉위식을 치렀다는 기사 이전에 이 이야기가 나오는데, 이것은 다윗의 왕위를 계승하고 성전을 건축할 사람이 솔로몬이라는 사실을 전제로 이야기를 전개하기 때문일 것이다. 다윗이 솔로몬에게 이런 부탁을 한 것은 아마 솔로몬이 1차 즉위식을 치르기 이전이 아니라, 즉위식 후일 것이다(셀만, 『역대상』, 318).

[12] Michael Wilcock, "1 Chronicles," *New Bible Commentary*, eds. G. J. Wenham, et. al. (Nottingham: Inter-Varsity Press, 1994), 399 참고.

[13] '셜로모'라는 이름은 "그(다윗)의 평화"라는 뜻이거나, "그의 해(害)로부터 완전함"이라는 뜻이다(*HALOT*, 1541).

왕자의 재산과 가축들을 관리하는 관리들, 내시들, 용사들과 용감한 전사들을 예루살렘으로 소집하여 성전과 언약에 관련된 그들의 임무를 상기시켰다(대상 28:1-8). 다윗은 이들에게 이렇게 말한다.

> 야웨께서 내게 여러 아들을 주시고 그 모든 아들 중에서 내 아들 솔로몬을 택하사 야웨의 나라 왕 위에 앉혀 이스라엘을 다스리게 하셨다(대상 28:5).

다윗은 하나님이 솔로몬을 왕으로 선택하셨다는 사실을 언급하며, 야웨께서 "솔로몬이 성전을 건축할 것"이라고 자기에게 약속하셨다는 사실을 강조하면서, 이들 앞에서 공개적으로 솔로몬에게도 성전 공사의 사명을 맡겼다(대상 28:20-21). 다윗은 여러모로 걱정이 많았을 것이다.

"내가 권좌에서 물러난 이후에도 이들이 내 아들의 말을 들을까?"

"내가 죽은 후에도 이들이 젊은 왕을 돕겠는가?"

이런 염려하는 마음이 분명 있었을 것이다. 그래서 이스라엘의 지도자들에게 솔로몬을 도우라고 부탁하는 것이다.

얘기가 길어졌지만, 이 모든 사실을 종합하면 한 마디로 이렇게 말할 수 있다. "다윗을 이어 왕이 되어야 할 사람은 솔로몬이다." 그는 다윗에게 주신 하나님의 언약을 이룰 사람이다. 그는 다윗의 마음을 가장 잘 알며, 다윗이 원하는 것이 무엇인지, 다윗이 왜 자기를 후계자로 선택했는지도 잘 아는 사람이다. 다윗과 솔로몬은 불가분의 관계에 있다. 둘은 성전 건축이라는 사명을 함께 이룰 동역자다. "역대기에서 두 사람은 함께 왕권의 이상을 대표한다."[14]

---

[14] Wilcock, "1 Chronicles," *New Bible Commentary*), 402. 특히 역대상 22장부터 29장까지 여덟 장은 다윗과 솔로몬을 하나로 묶어 다루고 있는데, 이 두 사람은 성전에 관한 모든 것이다(Wilcock, "1 Chronicles," 399).

더 나아가서 다윗과 솔로몬의 왕권은 하나님의 영원한 왕권의 그림자다. 다윗은 이렇게 기도한다.

> 야웨여 위대하심과 권능과 영광과 승리와 위엄이 다 주께 속하였사오니 천지에 있는 것이 다 주의 것이로소이다. 야웨여 주권도 주께 속하였사오니 주는 높으사 만물의 머리이심이니이다(대상 29:11).

이 기도는 하나님과 하나님 나라에 관심을 가진다.[15]

결국, 솔로몬은 이 중요한 사명을 위해 하나님이 선택하신 '다윗의 아들'이기 때문에 솔로몬이 왕이 되는 것이 당연한 것이고, 하나님이 솔로몬의 왕위를 굳건하게 하신다. 성경은 이런 사실을 한마디로 요약하여 이렇게 말한다.

> 솔로몬이 야웨께서 주신 왕위에 앉아 아버지 다윗을 이어 왕이 되어 형통하니 온 이스라엘이 그의 명령에 순종하며 모든 방백과 용사와 다윗 왕의 여러 아들들이 솔로몬 왕에게 복종하니 야웨께서 솔로몬을 모든 이스라엘의 목전에서 심히 크게 하시고 또 왕이 위엄을 그에게 주사 그전 이스라엘 모든 왕보다 뛰어나게 하셨다(대상 29:23-25).

역대기는 하나님이 다윗을 이어 왕위에 오를 자가 성전을 건축할 사람이라는 사실에 관심이 집중되어 있다. 다윗에게서 솔로몬에게 왕위가 계승되는 것을 성전 건축이라는 관점에서 보기 때문에, 계승 과정에서 일어난 권력 투쟁에 대해선 관심이 없고, 오로지 다윗으로부터 솔로몬에게로

---

[15] 셀만, 『역대상』, 368.

그 사명이 어떻게 전달되었는지에 관심이 있다.[16]

그러나 열왕기를 읽어보면 솔로몬이 왕위에 오르는 과정에 권력 투쟁이 벌어졌다. 아도니야가 먼저 선수를 쳐서 사람들을 불러 모으고 자기를 왕으로 선포했기 때문에, 나단은 밧세바를 통해 다윗으로 하여금 솔로몬이 왕이 될 수 있도록 조처를 취하게 만들었다(왕상 1:5-53).[17] 그래서 솔로몬은 즉각 대관식을 치른다. 앞에서도 언급했듯이, 역대상 23:1은 이 사건을 언급하는 것이다.

솔로몬이 첫 번째 대관식을 치르고 다윗이 솔로몬에게 왕위를 물려줄 모든 준비를 마친 후[18] "무리가 다윗의 아들 솔로몬을 다시 왕으로 삼아 기름을 부었다"(대상 29:22). 역대상 29:22에서, '다시'로 번역된 히브리어 단어 '셰닛'은 두 번째라는 뜻이다.[19] 솔로몬이 두 번째 대관식을 치른 것이다. 첫 번째 대관식은 다윗의 지시에 따라 사독, 나단, 브나야의 주도하에 이뤄졌는데(왕상 1:32-39), 이때는 아도니야가 먼저 대관식을 치르고 자신을 후계자로 선포한 상황이었기 때문에 신속함이 무엇보다 중요했다. 그래서 대관식을 성대히 치르는 것보다는 빨리 치러서 다윗의 의중을 만

---

16 역대기는 모세를 계승한 여호수아가 이스라엘 백성에게 안식을 준 것처럼, 다윗을 계승한 솔로몬이 백성에게 안식을 주었다고 좋게 평가했다. 역대기는 하나님이 솔로몬에게 은혜를 주셨다는 사실을 강조한다. 역대기는 정치적, 군사적 업적에 흥미가 없다. 다윗 솔로몬은 야웨의 지상 왕국의 중심인 성전 예배의 창시자다(J. E. Goldingay, "Chronicles, Books of," *NBD*, 188).

17 왕위 계승에서 왕자의 어머니인 밧세바가 개입한 이 일은 앞으로 유다 역사에서 다른 황태후들을 위한 길을 열어놨다는 평가를 받는다. 열왕기에선 왕의 이름이 언급될 때 항상 왕의 어머니의 이름이 언급되는데 이런 이유에서일 수도 있다(D. A. Hubbard, "Solomon," *NBD*, 1127).

18 메릴은 이 기간이 2년이었다고 주장하는데, 솔로몬이 기원전 973년에 공동 통치자가 되었고 기원전 971년에 다윗이 사망했다는 것이다(메릴, 『제사장의 나라』, 323).

19 이 단어가 역대상 23:1과 조화를 이루기 위해 첨가된 것이라고 주장하는 학자들도 있다 (Roddy Braun, *1 Chronicles*, WBC [Waco: Word Books, 1986], 288). 하지만 열왕기상과 역대기를 함께 읽어보면 솔로몬이 대관식을 두 번 치른 게 분명하다.

민에게 공식적으로 알릴 필요가 있었다.[20] 두 번째 대관식은 이런 급박한 상황이 아니었으며, 솔로몬의 왕권을 확증하기 위해 치러진 것이므로 성대히 치러졌다.[21]

그러나 두 번째 대관식 이후 어느 시점에 아도니야는 어리석게도 다윗의 첩이었던 수넴 여인 아비삭을 탐내다가 죽임을 당한다. 그리고 아도니야가 죽자 아도니야를 지지했던 다윗의 부하들도 죽거나 추방당한다(왕상 2:13-35). 이 일들은 아마 다윗이 죽은 후에, 일어난 일이며 동시에 일어난 일들은 아닐 것이다. 이렇게 함으로써 솔로몬의 왕권은 안정된다.

성전 건축이라는 관점에서 보면 솔로몬의 왕권이 안정되는 것은 매우 중요했다. 그런 관점에서 보면 아도니야의 행위는 명백한 반역 행위였지만, 열왕기 기자는 그런 식으로 본 것 같지는 않다. 열왕기가 전해 주는 이야기를 읽어보면 아도니야는 왕위에 대한 욕심이 있었다. 그 욕심 때문에 왕위를 주장했다가 실패했고, 실패한 후에도 미련을 버리지 못하다고 결국 죽고 말았다(왕상 2:13-25).

왕권을 두고 왕자들 사이에 다툼이 있었던 것이다. 이스라엘에 왕정이 들어선 지 3대 만에 왕의 아들들 사이에서 권력 투쟁이 시작된 것이다(사울의 아들 이스보셋이 이런 싸움 없이 왕위를 계승한 것은 왕위를 계승할 만한 다

---

[20] 일부 학자들은 기혼에서 있었던 대관식(왕상 1장)을 역대상 29장에 기록된 두 번째 대관식과 같은 것으로 보는데(메릴, 『제사장의 나라』, 366-367; 카이저, 『이스라엘의 역사』, 310), 이렇게 보면 앞뒤가 맞지 않는다. 아도니야가 왕권에 욕심을 부린 것은 다윗의 의중을 몰랐거나 다윗이 솔로몬을 후계자로 공포(公布)하지 않았기 때문이다. 다윗이 솔로몬을 후계자로 공포했다면, 다른 누구를 옹립하는 것은 명백한 반역 행위에 해당되기 때문에, 요압이나 아비아달과 같은 사람들이 이런 반역 행위에 가담했을 리 없다. 이들의 행동은, 그때까지 솔로몬이 즉위식을 치른 적이 없었을 뿐 아니라, 왕위에 오를 것이라는 다윗의 '공식적인' 선언 같은 것이 없었다는 것을 증거한다. 만약 "다윗이 아들 솔로몬을 이스라엘 왕으로 삼았다"라는 역대상 23:1의 기록이 기혼에서의 대관식을 가리키는 것이 아니라면, 이 말은 무슨 뜻이겠는가? 다윗이 마음속으로 솔로몬을 후계자로 삼은 것을 성경이 "이스라엘 왕으로 삼았다"고 말하지는 않을 것이다.

[21] 마틴 J. 셀만, 『역대하』(2 Chronicles), 임요한 역 (서울: CLC, 2017), 365.

른 형제들이 없었기 때문이다). 이스라엘에 왕정이 시작된 사울의 시대나, 다윗이 이스라엘 왕으로 등극하던 통치 초기와 비교하면 모습이 많이 달라졌다. 압살롬이 암논을 살해한 것도(삼하 13:28-29), 권력 투쟁이 직접적인 동기는 아니었지만 요나답의 간교한 계략이 사건과 직접 관계있는데(삼하 13:3-6), 권력에 다가가려는 요나답의 사심이 중요한 원인 중 하나였다.

요나답은 다윗의 조카며 암논과는 사촌지간이다(삼하 13:3). 아도니야도 직접적으로는 어리석은 말 때문에 살해당한 것이지만(왕상 2:13-25), 그가 왕위를 주장하지 않았다면 죽지는 않았을 것이다. 이 모든 문제는 권력 때문에 생긴 것이다.

솔로몬이 왕으로 등극하는 과정에서 형제들 사이에 갈등이 생겼고 왕위 계승 과정에서 다윗의 신하들 사이에 편이 갈라졌고 많은 사람이 죽었다. 하나님이 세우신 나라인 이스라엘에서도 이방 나라에서나 있을 법한 일이 일어났다.[22] 권력은 누군가를 지배하고 통제할 수 있는 힘인데, 이스라엘이라고 해서 세상 나라와 다를 게 없다. 권력을 얻은 자는 사람들을 지배할 수 있고 사람들이 가진 것을 빼앗을 수 있다. 말 한마디에 목숨까지 빼앗을 수 있는 것이 권력이다. 만약 적절히 통제되지 않는다면, 권력은 폭력적이고 파괴적인 것이 될 것이다. 그것은 이스라엘에서도 동일한 진리다.

왕정을 요구하는 이스라엘 백성들에게 하나님이 사무엘을 통해 경고하

---

[22] 존 브라이트는 "군사령관 요압은 아도니야 편이었고 그 자리를 원했던 브나야는 솔로몬 편이었고, 경쟁 상대였던 두 제사장도 갈라져 각각 다른 편에 가담했다. (중략) 군대를 장악하고 있었던 쪽이 다시 승리한 것은 흥미로운 일이었다"며 이 문제를 순전히 권력 투쟁의 관점에서 본다(브라이트, 『이스라엘의 역사』, 269). 브라이트의 말에 전적으로 동의할 수는 없지만, 열왕기는 브나야나 사독이 솔로몬을 지지한 동기가 무엇인지 밝히지 않기 때문에 브나야와 사독은 선한 동기에서 솔로몬을 지지했고, 상대편은 악한 동기에서 아도니야를 지지했다고 말하기는 어렵다. 다시 말해서, 솔로몬이 왕위 계승자가 된 역사적 사실을 근거로 아도니야를 지지했던 요압과 아비아달은 악당이고, 솔로몬을 지지했던 사람들은 좋은 사람이라는 방식으로 이야기를 읽으면 안 된다는 것이다.

신 말씀들(삼상 8:11-17)이 점점 현실이 되어가고 있었다. "왕이 너희 자녀들을 데려가서 자기 마음대로 부릴 것이다!" 이런 불행한 사태를 막을 수 있는 유일한 길은 이스라엘 왕이 하나님을 두려워하고 하나님의 말씀(율법)에 순종하는 것이다. 권력의 정점에 있는 왕은 하나님을 섬기고 백성들을 섬기는 방식으로 권력을 사용해야지 권력을 마음대로 휘둘러서는 안 된다. 이스라엘 왕들은 모든 권력이 하나님으로부터 온 것임을 인정하고 하나님을 두려워하고 하나님 앞에서 겸손하게 행해야 한다. 이것이 믿음 있는 왕의 모습이다.

이렇게 할 때 비로소 이스라엘은 하나님 나라, 즉 하나님이 통치하시는 나라가 될 수 있다. 그렇기 때문에 이스라엘 왕들에게 가장 중요한 일은 왕 자신이 율법의 수호자가 되는 것이었다(신 17:18-20). 그것은 국가 권력을 율법 아래 두는 고도의 정치적인 행위다. 그렇게 하지 않을 때 하나님 나라도 세상 나라처럼 되는 것이다.

다윗도 사욕을 채우기 위해 권력을 남용한 적이 있다. 그러나 그는 선지자 나단의 책망을 듣자 회개했다. 다윗과 나단 모두 하나님을 두려워했기 때문에 가능했던 일이었다. 다윗이 회개했지만 그의 죄를 하나님이 징계하신 결과, 왕권을 위태롭게 하는 큰 사건들이 벌어졌다. 이런 경험을 통해 다윗은 하나님을 더욱더 두려워하게 되었다. 거듭 강조하지만, 다윗을 이상적인 왕이라고 하는 이유는 국가를 강대국으로 만들었기 때문이 아니라, 하나님을 두려워했기 때문이다. 그는 항상 하나님의 말씀에 귀를 기울였으며 율법에 순종하려고 노력했다.

그런 경험 때문인지 다윗은 죽기 직전에 하나님이 주신 언약(삼하 7:12-14)을 언급하면서(왕상 2:4), 솔로몬에게 하나님의 계명을 지킬 것을 당부한다(왕상 2:2-4). 더 나아가서 요압과 시므이를 제거하라고 지시했는데(왕상 2:5-6, 8-9), 이 지시에 따라 솔로몬은 정적들을 제거한다(왕상 2:13-46).

다윗이 자기 명예에 누가 될 것을 알면서도[23] 이런 지시를 한 것은, 단지 아들의 왕위를 염려하는 아버지의 마음 때문만은 아니며, 후계자인 솔로몬은 하나님이 주신 사명을 이루기 위해서는 왕권의 안정이 필요하다고 판단했기 때문일 것이다. 솔로몬은 하나님이 자신을 이스라엘 왕으로 세우셨다고 믿고 주저하지 않고 아도니야를 비롯한 정적들을 제거했다(왕상 2:24).

솔로몬이 이렇게 단호히 행동할 수 있었던 이유는 다윗의 유언 때문이기도 하지만 이런 믿음이 있었기 때문일 것이다. 열왕기만 읽으면 솔로몬의 왕위 계승 과정에서 있었던 사건들은 권력 투쟁에서 발생한 비극처럼 보이지만, 역대기와 함께 읽으면 그 이면에는 언약을 이루기 위한 왕권의 안정이라는 더 큰 그림이 보인다. 이 두 가지 관점을 가지고 솔로몬을 입체적으로 읽을 때 우리는 솔로몬에게서 참된 교훈을 얻을 수 있다.

3. 솔로몬 통치의 시작과 하나님의 축복

솔로몬은 통치 초기에, 천부장들, 백부장들, 재판관들, 방백들, 족장들, 이스라엘 온 회중과 함께 기브온으로 가서 그곳에 있는 큰 산당에서 하나님께 일천 번제를 드렸다(왕상 3:4; 대하 1:2-6). 일천 번제(엘렢 올롯)란 제사를 천 번 드렸다는 뜻이 아니라, 천 마리의 제물로 드리는 번제를 뜻한다.

오해를 피하기 위해, 한글개역개정판은 역대하 1:6의 '엘렢 올롯'을 번역하면서, '일천 번제'라는 말 대신 "천 마리의 희생으로 번제를 (드렸다)"라고 풀어서 번역했다. 천 마리의 제물을 드리려면 그 비용도 만만치 않았

---

[23] 브라이트, 『이스라엘의 역사』, 270-271.

겠지만, 제물을 다 드리는 데 소요된 시간도 상당했을 것이다. 보통의 정성 가지고는 할 수 없는 일이다. 이것은 하나님을 향한 솔로몬의 마음이 어떠했는지를 잘 보여준다.

이 책의 제2장에서 이미 언급했듯이, 당시 성막은 예루살렘에서 북서쪽으로 약 11km 떨어진 기브온에 있었는데(대하 1:13), 여기에는 모세 때 만들어진(출 27:1; 대하 1:5), 가로 세로 약 2.3m(5규빗), 높이 약 1.3m(3규빗) 정도 되는 놋 제단이 있었다. 솔로몬은 이 놋 제단에서 제사를 드리려고 기브온으로 간 것이다.

하나님이 솔로몬의 이런 모습을 기뻐하셔서 솔로몬이 기브온에서 일천번제를 드리던 어느 날(역대하 1:7에는 '그 날 밤에'로 나온다), 솔로몬의 꿈에 나타나셔서 "내가 네게 무엇을 주었으면 좋을지 구하라"라고 말씀하셨다. 솔로몬은 다음과 같이 대답한다.

> 주의 종 내 아비 다윗이 성실과 공의와 정직한 마음으로 주와 함께 주의 앞에서 행하므로 주께서 저에게 큰 은혜를 베푸셨고 주께서 또 저(다윗)를 위하여 이 큰 은혜를 예비하시고 오늘날과 같이 저(다윗)의 위에 앉을 아들을 저(다윗)에게 주셨나이다(왕상 3:6).

이 대답을 보면, 그는 자신의 사명이 뭔지 잘 알고 있었다. 하나님이 다윗에게 주셨던 약속을 이루는 것임을. 역대하 1:8-9을 읽어보면 더 확실하다. 이 본문에서 솔로몬은 하나님이 큰 은혜를 다윗에게 베푸셨고 자신을 다윗의 후계자로 삼으셨다고 고백하면서, "내 아버지 다윗에게 허락하신 것을 굳게 하옵소서"라고 기도한다(9절).

이 구절의 히브리어 본문을 직역하면, "제 아버지 다윗에게 하신 당신

의 말씀(약속)을 확실하게 하옵소서"이다.[24]

'다윗에게 하신 당신의 말씀'이라는 말은 성전 건축을 언급하는 것이다. 솔로몬은 자신의 사명이 성전을 건축하는 것임을 잘 알고 있었고, 하나님의 약속은 성전이 완공될 때에 성취될 것이라는 것도 알고 있었다.[25] 그는 이것 때문에 하나님이 자신을 왕으로 세워주셨다고 믿고 있다. 그래서 그는 "약속을 확실하게 지켜 주시길" 청원하면서, 지혜와 지식(대하 1:10) 혹은 '듣는 마음'을 달라고 기도했다(왕상 3:9). 백성들을 잘 다스리고 백성들의 송사를 지혜롭게 판결할 수 있게 해 달라는 기도였다(왕상 3:5-9; 대하 1:7-10).

하나님이 솔로몬의 그런 모습을 기뻐하시면서 이렇게 말씀하셨다.

> 이런 마음이 네게 있어서 부나 재물이나 영광이나 원수의 생명 멸하기를 구하지 아니하며 장수도 구하지 아니하고 오직 내가 네게 다스리게 한 내 백성을 재판하기 위하여 지혜와 지식을 구하였으니 내가 네게 지혜와 지식을 주고 부와 재물과 영광도 주겠다(대하 1:11-12; 왕상 3:11-13).

솔로몬이 요청한 것뿐 아니라 요청하지 않은 것도 주시겠다는 말씀이다. 더 나아가서 아버지 다윗처럼 하나님의 계명을 잘 지켜 행하면 장수의 복도 주시겠다고 약속하셨다(왕상 3:10-14; 대하 1:11-12).

얼마나 큰 축복의 약속인가!

다윗 언약은 하나님이 다윗에게 주신 무조건적인 약속이며 우리는 이

---

[24] '굳게 하옵소서'로 번역된 '예아멘'이라는 말은 확실하게 해 달라는 뜻이다. 한글 개역개정판 성경은 똑같은 어구를, 역대하 6:17에선 "(주의 종 다윗에게 하신) 말씀이 확실하게 하옵소서"라고 직역했다.

[25] 셀만, 『역대하』, 40 참고.

약속이 신학적으로도 매우 중요하다는 것을 알고 있다. 그런데 솔로몬이 받은 약속에 대해선 솔로몬 언약이라는 말을 쓰지 않는다. 사실 그가 받은 약속의 내용을 보면, 다윗 언약과는 성격이 다르지만 그 역시 엄청난 약속을 받았다. 하나님이 그에게 지혜롭고 총명한 마음뿐 아니라, 그가 구하지 않았던 '부'(오쉐르)와 '재물'(너카심)과 '영광'(카보드)도 주시겠다고 약속하셨다(대하 1:12).[26]

이 일은 솔로몬의 꿈속에서 일어난 것이지만, 솔로몬은 이것을 하나님이 꿈속에서 자신에게 나타나신 것이라고 믿었을 것이다. 그가 예루살렘으로 돌아와서 번제와 감사의 제물을 드리고 신하들을 위해 잔치를 베푼 것을 보면(왕상 3:15), 그는 이 일을 매우 좋게 여겼던 것 같다.

솔로몬을 제대로 평가하려면 이 사건을 정확히 이해해야 한다. 솔로몬의 통치의 시작은 바로 이 사건, 즉 기브온에서 하나님이 솔로몬에게 주신 약속에서부터 출발한다. 그리고 이 약속은 하나님이 다윗에게 하셨던 약속(다윗 언약)의 연장선상에 있다. 앞에서도 얘기했듯이, 솔로몬은 다윗과 떼려야 뗄 수 없는 관계에 있다. 솔로몬은 다윗의 아들일 뿐 아니라, 다윗이 받은 언약을 성취할 사람이다. 다윗은 자신이 이루지 못한 일을 성취할 후계자로 솔로몬을 선택했고 그에게 사명을 위탁했고 그를 가르쳤다.

다윗이 아도니야보다 열다섯 살이나 어린 솔로몬을 선택한 이유는 신앙 때문일 것이다. 아도니야는 압살롬 다음에 태어난 아들이고 용모도 매

---

[26] 열왕기상 3:13엔 재물이라는 단어(너카심)가 빠져있다. 구약에서 부와 재물을 가리키는 단어는 세 개인데, 그 중 '오쉐르'는 가난에 대한 반대개념을 나타내고, '너카심'은 가축을 포함하여 일반적으로 소유한 물건들을 가리킨다. 사실 두 단어는 의미상의 차이가 별로 없지만, 굳이 찾는다면 이런 해석이 가능하다. 이 본문과 똑같이 전도서 6:2에도 세 단어가 차례대로 나오는데(우리말 성경에선 "재물과 부요와 존귀"로 번역되었지만, 히브리어 역대하 1:12과 똑같다), 재물을 획득하는 것을 시작으로 큰 재산을 소유함으로써 힘을 얻고, 그런 사람이 영예도 얻게 되는, 점진적인 과정을 암시한다(W. R. Domeris, "nekasim," *NIDOTTE* 3, 107).

우 준수한 아들이었다. 그런 아도니야를 다윗은 귀하게 여겼다. 다윗은 아도니야에게 한 번도 책망한 적이 없었다고 한다(왕상 1:6). 다윗은 압살롬을 사랑했듯이 아도니야도 사랑했다. 아도니야는 다윗의 그런 태도를 보고 아버지가 자신을 후계자로 생각한다고 오해했을 것이다. 이런 오해가 큰 화를 불러일으켰으니 다윗에게도 책임이 없는 것은 아니다. 그렇지만 다윗은 어느 순간부터 솔로몬을 자신의 후계자로 생각했는데, 가장 중요한 이유는 자신이 이루지 못한 사명을 이룰 유일한 적임자가 솔로몬이라고 생각했기 때문이다.

성경은 솔로몬의 외모에 관해 이야기하지 않는데, 뒤집어 얘기하면 솔로몬의 외모는 별로였다는 것이다. 다윗은 솔로몬에게 너는 지혜로운 사람이다('이쉬 하캄 아타')라고 말한 적이 있는데(왕상 2:9), 이 말 한마디로 다윗이 솔로몬을 어떤 인물로 보는지 알 수 있다. 다윗이 보기에 솔로몬은 지혜로운 사람이다. 앞에서도 얘기했듯이, 성경에서 지혜와 신앙은 동의어처럼 쓰인다. 솔로몬은 비록 외모는 떨어지지만, 누구보다도 믿음이 있는 아들이었다. 그것이 바로 다윗이 솔로몬을 선택한 가장 중요한 이유였다.

그러므로 하나님이 통치 초반에 솔로몬에게 엄청난 복을 약속하신 것은, 그의 "착한 행동"에 대한 응답이라고만 봐서는 안 된다. 하나님이 그에게 특별한 은혜를 주셔서 그로 하여금 다윗에게 하신 약속을 이루게 하신 것이다. 사실 왕이 되기에는 너무 어린 나이인 그가 다윗의 후계자로 선택된 것은 오로지 하나님의 은혜였고, 다윗의 의지 때문이었다.

그런데 그 선택과 의지의 중심에는 성전 건축으로 집약되는 하나님의 언약이 있는 것이다. 솔로몬도 그런 사실을 잘 알고 있었기 때문에 통치 초기에 사명감에 불탔으리라 본다. 문제는 그런 사명감이 끝까지 가지 못했다는 데 있다. 자기의 사명이 무엇인지 알고, 사회의 밑바닥층에 있는 불쌍한 사람들을 위해서도 공정한 판결을 내려주던 자비로운 군주였던 그가, 말년에 우상 숭배를 끌어들이고 나라를 분열시킨 주범이 되었다는 것은 도저히 이해가 가지 않는다. 하지만 그것이 인간이다.

4. 지혜로운 왕의 지혜로운 통치

하나님은 솔로몬에게 지혜로운 마음을 주셨을 뿐만 아니라, 부와 영광도 주겠다고 약속하셨다. 이 이야기는 열왕기나 역대기 모두 내러티브의 첫 장면에 나오는데, 이것이 솔로몬의 통치 초기에 있었던 사건이기 때문이기도 하겠지만, 솔로몬이 이룬 업적들을 하나님의 은혜라는 맥락에서 읽으라는 뜻이다. 그의 통치는 하나님이 주신 지혜와 명철의 결과였고, 그가 누린 부와 영광은 하나님이 주신 선물이었다.

그의 지혜로운 통치는 여러 방면에서 나타났는데, 우선 정의롭고 자비로운 판결로 나타났다(왕상 3:16-28). 그의 판결은 공정하고 의로웠다. 공평과 정의(히브리어 '미슈파트'와 '쩨덱')는 가장 이상적인 왕의 특징이다(사 11:3-4). 그는 또 왕실 관리 조직을 강화하고, 전국을 열두 개의 행정구역으로 재편했다. 솔로몬의 통치를 도왔던 신하들은 크게 두 부류로 나뉜다.

첫째 부류는 다윗의 신하들처럼 왕의 측근에서 중요한 직책을 맡아 왕의 통치를 도운 사람들이다(왕상 4:1-6). 이들은 아마 예루살렘에 거주하면서 왕을 보필했을 것이다.

둘째 부류는 왕실이 필요로 하는 비용들을 거둬들이기 위해 지방에 파견된 신하들이다(왕상 4:7-19). 이들은 각 지방의 주요 도시에 거주하면서 일을 했을 것이다.

먼저, 왕실 관리들의 명단(왕상 4:2-6)을 보면, 다윗 시대보다 직책이 좀 늘었는데 가장 먼저 언급된 직책은 제사장이다. 사독의 아들 아사리아가 제사장으로 나오는데(역대상 6:8-9; 사무엘하 15:29, 36을 보면, 아사리아는 사독의 손자이자 아히마아스의 아들이다) 뒤에(4절) 사독과 아비아달이 또 제사장으로 나오기 때문에 설명이 필요하다.

4절에 나오는 사독과 아비아달이 사무엘하 20:25에 나오는 다윗을 보좌했던 두 사람과 동일인이라면, 이들 중 누가 대제사장이었든지(아사리아, 혹은 사독과 아비아달) 두 사람이 나이가 들었기 때문에 직위만 가지고 있었고 실제 권한은 사독의 아들 아사리아가 행사했을 것이다. 한편 아비아달은 아도니야를 지지하다가 제사장직에서 쫓겨나는데(왕상 2:26-27), 그의 이름이 나오는 것을 보면 통치 초기에는 아직 현직에 있었던 것 같다.[27]

2장에서도 언급했듯이, 다윗은 예루살렘을 새로운 수도로 삼고 법궤를 들여놓음으로써, 왕실이 주도하여 이스라엘 백성들이 야웨 하나님을 섬기도록 기반을 마련했다. 솔로몬의 신하들[28] 중 제사장들이 포함되어 있다는 것은 왕실이 확실히 그것을 통제하고 있다는 증거다.[29]

그다음에 서기관이 두 사람 나오는데 시사의 아들 엘리호렙과 아히야가 그들이다. 서기관으로 번역된 '소페르'라는 단어 자체는 문서를 기록하고 관리하는 사람을 가리킨다.[30] 여호사밧은 사관이었는데, 사관으로 번역된

---

[27] Bimson, "1 Kings," 343.
[28] 신하들로 번역된 단어는 '사림'(사르의 복수형)인데, 이 단어(사림)는 창세기 12:15(바로의 고관들), 역대상 22:17(이스라엘 모든 방백), 에스더 1:18(왕의 모든 지방관), 예레미야 24:1(유다 고관들)에서처럼, 일반적으로 왕을 돕는 도시나 군대나 왕실의 관료들을 가리킨다(David W. Baker · Phillip J. Nel, "שרר srr," *NIDOTTE* 3, 1295).
[29] Bimson, "1 Kings," 342-343 참고.
[30] Simon DeVries, *1 Kings*. WBC (Waco:Word Books, 1987), 69.

단어 '마즈키르'는 서기, 비서 같은 것으로서, 아마 역사를 기록하고 보존하는 일을 담당했을 것이다. 서기관이나 사관이 하던 업무는 겹쳤던 것 같은데, 이렇게 비슷한 직책이 두 개 있었던 이유는, 두 직책 중 한 직책은 대외적인 업무를 관장했고, 한 직책은 국내의 업무를 관장했기 때문일 것이다.[31] 엘리호렙과 아히야의 아버지 시사는 사람 이름이 아니라 서기관을 가리키는 이집트어일 것이다. 이 사람은 다윗의 통치 말기에 실제로 이집트의 관리였는데, 그 사람의 직책이 실제 이름보다 더 알려지게 되었을 것이다.[32]

여호야다의 아들 브나야는 군사령관이었는데, 그는 솔로몬이 왕권을 강화하는 데 결정적인 역할을 했다. 나단의 두 아들이 이 명단에 나오는데, 이 나단은 다윗의 아들 나단(삼하 5:14)이라는 주장도 있지만,[33] 다윗 시대에 활동했던 선지자 나단일 가능성이 크다.[34] 그의 두 아들 중 하나인 아사리아는 '지방 관장의 두령'(알 한니짜빔)인데, 지방 통치자들을 총괄하는 역할을 했을 것이다. 또 다른 아들 사붓은 제사장이면서 '왕의 벗'(레에 함멜렉)이라고 불리는데, 왕의 친구라는 것이 직책이었을 리는 없고, 아마 왕에게 어떤 일에 관해 자문하는 역할을 했을 것으로 보인다. 왕의 가장 가까운 참모이고 일종의 국무장관 같은 것이라는 견해도 있지만,[35] 최고 통치자의 비서실장 같은 직책이었을 것이다.

아히살은 궁내 대신이었는데, 궁내 대신으로 번역된 히브리어 '알-합바잇'에서 바잇은 왕궁이나 궁궐을 뜻한다. 따라서 이 직책은 궁궐 안에서

---

[31] Donald J. Wisemam, *1 and 2 Kings*. TOTC (Downers Grove: InterVarsity Press, 1993), 97.
[32] Gray, *I and II Kings*, 132.
[33] Wisemam, *1 and 2 Kings*, 97.
[34] 이 나단이 다윗 시대의 선지자 나단이라면 그의 두 아들이 고위직에 임명된 것은 그가 솔로몬이 왕위에 오르는 데 결정적인 역할을 한 것에 대한 보상이었을 수 있다(밀러, 헤이스, 『고대 이스라엘 역사』, 247; 카이저, 『이스라엘의 역사』, 344).
[35] DeVries, *1 Kings*, 70.

일어나는 모든 일을 주관하는 직무를 가리키는 것 같다. 이 직책이 왕실의 토지와 건물 등 왕실 소유의 재산을 관리하는 자리였다는 견해도 있다.[36] 압다의 아들 아도니람은 '노동 감독관'(알 함마스)으로 나오는데, 이 자리는 솔로몬이 벌인 수많은 건축 공사를 총괄하고, 특히 강제 노역을 책임지고 이끌어 가는 자리였을 것이다.

어떤 직책이 어떤 업무를 담당했는지 정확히 파악하기는 어렵다. 현대 국가에선 권력의 정점에 있는 대통령이나 수상이 행정의 수반으로서 일을 할 때, 세분화된 여러 직책을 여러 사람이 맡아 돕지만, 솔로몬의 왕실에선 그런 여러 직책을 소수의 사람이 맡았다고 보면 된다. 대체로 아들이 아버지의 직업을 이어받은 경우들이 보이며, 이집트의 영향을 받은 흔적이 나타나며 다윗 시대보다 더 직책이 늘었다.[37] 그의 장인 중 한 명이 이집트의 파라오였기 때문에, 이집트의 영향을 받은 것은 당연하다. 솔로몬은 이집트의 발전된 문물을 배우려고 했을 것이며, 이집트의 제도가 이스라엘의 관료 조직을 세우는 데 도움이 되었을 것이다.

솔로몬은 또, 이스라엘을 12개 지역으로 나눈 후 각 지역마다 '관장'(나짜브)을 한 명씩 두었다. '나짜브'라는 단어는 관리자, 감독자, 총독 등으로 번역될 수 있는데, 이들은 중앙(왕실)이 지방(각 지역)으로 파견한 관리다. 이들 12관장 중에는 솔로몬의 사위들도 있었는데, 돌(Dor)의 고지대 전 지역을 관리하는 벤 아비나답과 납달리 지역을 담당하는 아히마아스가 솔로몬의 사위들이다. 12관장들을 관리하는 우두머리는 최측근인 나단의 아들이다. 솔로몬이 믿을 만한 인물들을 많이 임명한 것으로 봐서, 이 일이 솔로몬에게 매우 중요했던 모양이다.

---

[36] DeVries, *1 King*, 70.
[37] 앙드레 르메르, "연합 왕정: 사울, 다윗, 솔로몬," 허셜 쌩크스 엮음, 『고대 이스라엘』(*Ancient Israel*), 김유기 역 (서울: 한국신학연구소, 2005), 178.

그들의 업무는 두 가지다. 각각 일 년에 한 달씩 솔로몬과 솔로몬 왕의 상에 참여하는 모든 자를 위해 먹을 것을 공급하고 말과 준마에게 먹일 보리와 꼴을 그 말들이 있는 곳으로 가져오는 것이다(왕상 4:27-28). 말(수스)은 아직 용도가 정해지지 않은 채 사육되는 말을 가리키고 준마(레케쉬)는 전차를 끄는 길들인 말을 뜻한다.[38] 지방 관장의 두령인 나단의 아들 아사리아가 열두 명의 관장을 관리했다(왕상 4:5). 아사리아가 각 관장에게 날짜를 지정해 주면 각 관장들은 자기가 담당한 구역의 백성들로부터 식량과 보리와 짚을 거둬 왕실에 조달했을 것이다.[39] 아마 이들은 백성들로부터 세금도 징수했을 것이다.[40]

솔로몬의 왕실이 사용하는 하루치의 식량은, 가는 밀가루 30고르(대략 6,600ℓ), 굵은 밀가루가 60고르(대략 13,200ℓ), 살진 소(바카르 버리임), 즉 축사(畜舍)에 넣어 사육한 소가 10마리, 초장의 소(바카르 러이), 즉 방목하여 기른 소가 20마리,[41] 양이 100마리였다(왕상 4:23). 그 외에 수사슴(아얄), 노루(쩌비), 살진 암사슴(야흐무르)과 살진 새들(바르부림 아부심)이 포함된다(왕상 4:22-23).[42]

그런데 이렇게 많은 식량이 필요했던 이유는 무엇일까?

---

[38] Gray, *I and II Kings*, 144; Wisemam, *1 and 2 Kings*, 103.
[39] 열왕기상 4:26을 보면, 솔로몬의 병거의 말 외양간이 4만이고 마병이 1만 2천 명이라고 한다. 역대하 9:25에는 외양간이 4천으로 나온다(마병의 숫자는 같다). 보통 전차 한 대를 말 두 마리가 끌고 한 마리는 여분을 위해 남겨두었기 때문에(월튼 외, 514), 외양간의 숫자는 4천이 맞을 것이다. 열왕기의 맛소라 본문의 4만은 필사 상의 오류일 것이다(Patterson and Austel, "1, 2 Kings," 671).
[40] 카이저, 『이스라엘의 역사』, 344.
[41] Wisemam, *1 and 2 Kings*, 102. 역대상 27:29을 보면 사론 사람 시드래는 사론에서 '먹이는 소 떼'를 맡았고 아들래의 아들 사밧은 '골짜기에 있는 소 떼'를 맡았다고 한다.
[42] 새들로 번역된 '바르부림'은 뜻이 불확실한 단어인데, 암탉이라고 제안하는 사람도 있고(G. R. Driver), 뻐꾸기의 일종으로 보기도 한다(참고. *HALOT*, 154; Patterson and Austel, "1, 2 Kings," 671). 이 단어가 '희다'는 뜻을 지닌 '바라르'에서 온 것이라면 거위를 가리킬 수도 있다(Gray, *I and II Kings*, 143).

분명히, 고위 관료들의 명단에는 나오지 않지만 왕실에 소속된 사람들이 상당히 많았을 것이고, 그들 모두에게 식량이 지급되었을 것이다. '솔로몬 왕의 상에 참여하는 모든 자'(콜-학카렙 엘-슐한 함 멜렉 셜로모)를 위해 먹을 것을 준비했다고 하는데(왕상 4:27), 존스(Jones)라는 학자는 이 정도의 식량으로 14,000명에서 32,000명 정도까지 먹일 수 있다고 주장한다.[43] 식량이 너무 많아 열왕기에 기록된 수치를 믿지 않는 사람들도 있지만, 이 식량들은 예루살렘의 왕실에서만 소요된 것이 아니라, 왕국의 곳곳에서 왕실을 위해 일하는 모든 사람의 임금으로 지불되었을 가능성이 크다.

예를 들어, 노동 감독관만 550명이었다고 하는데 이들의 임금도 여기에 포함되었을 것이다.[44] 게다가 솔로몬은 여러 곳에 병거 성들을 두었고, 성전 건축 때 필요한 비용을 미리 거둬 비축해 두었는지도 모른다.

솔로몬의 이런 조치가 보기보다 과중한 경제적 부담을 줬다고 생각하는 학자들도 많지만,[45] 이렇게 했던 이유는 솔로몬 왕국이 먹고 마시는 것을 즐겼기 때문이 아니라, 왕국을 통치하는 데 드는 비용을 모두에게 분산시켜, 부담을 줄이려는 의도에서였을 것이다. 지방에서 일하지만 중앙(왕실)을 위해 일하는 사람들의 임금을 왕실이 지불하기 위해서 세금 차원에서 거둬들인 것일 수도 있다.

---

[43] Patterson and Austel, "1, 2 Kings," 670.
[44] 존 브라이트는 이것을 이렇게 설명한다(브라이트, 『이스라엘의 역사』, 282). "다윗은 자기 개인의 수입과 이방의 신민들에게서 거둬들인 것으로 검소했던 자신의 궁중 경비를 충당했지만, 솔로몬 시대는 정복 사업이 끝난 상태라서 지출은 늘어난 반면 조공으로 인한 수입은 늘지 않았다. 무역을 통해 엄청난 이득을 올릴 수는 있었지만 수입된 품목 대신 토산품들을 수출해야 했기 때문에 그 격차를 메우고 치솟는 국가 예산의 균형을 잡을 정도의 충분한 이득은 아니었다."
[45] 르메르, "연합 왕정: 사울, 다윗, 솔로몬," 178; Bimson, "1 and 2 Kings," 343. 존 브라이트도 이 조치는 평균 주민수가 10만 명가량이었던 각 지역에 큰 부담을 주었을 것이라고 주장한다(브라이트, 『이스라엘의 역사』, 282). 10만 명이면 가구당 가족의 숫자가 20명으로 잡았을 때 5천 가구인데, 살진 소 300마리, 초장의 소 600마리, 양 3,000마리를 가구 수로 나누면 대략 두 가구 당 소 한 마리, 한 가구 당 양 한 마리를 바치는 것이다.

한편으로는, 이런 조치는 왕권을 강화시키고 지방과 지파에 대한 충성을 약화시켰을 것이다. 새로운 경계선을 그어 지파에 속한 사람들과 새롭게 이 나라에 속하게 된 가나안 도시들을 함께 뒤섞어버려, 장차 발생할 정치적인 문제를 대비하려는 의도도 있었을 것이다.[46] 중앙 정부(왕실)에서 파견한 관장들은 왕실에 상납할 양식을 거두기 위해 지방(각 지파)에 상주하면서 업무를 수행했을 것으로 보인다.

예를 들어, 밀가루는 밀 수확기에 거두어 창고에 보관해 두었다가 자기네가 담당한 달에 상납하거나, 아니면 그중의 일부를 지방 관료들에게 지불했을 것이다. 1년에 거두어야 할 필요량을 한 달(30일) 기준으로 계산하면, 살진 소 300마리, 초장의 소 600마리, 양 3,000마리이므로, 각 가구별 할당량을 정해주고 그것을 거둬들이는 것이 간단한 일은 아니었을 것 같다. 그러려면 그들은 지방에 상주하면서 지방 토착 세력들의 반발을 줄이기 위한 노력을 게을리하지 않으면서, 한편으론 자신이 담당한 지역의 어려움을 왕실에 전달하는 창구 역할도 했을 것이다.

우리는 고대 이스라엘이 21세기 대한민국과 아주 다르다는 사실을 염두에 두어야 한다. 현대 국가에선 전기, 통신, 교통의 발달로 국가의 행정력이 영토의 구석구석까지 미치지만, 당시엔 중앙 정부의 통제력이 그렇지 못했다.

강원도 오대산 자락의 어떤 마을은 6.25전쟁 당시 전쟁이 발발한 사실도 몰랐다고 하는데, 하물며 지금으로부터 거의 3천 년 전(기원전 950년경)의 나라가 어떠했겠는가?

게다가 이스라엘에 왕정이 들어서기 전부터 이스라엘 영토 내에 거주하던 수많은 가나안 도시 국가들은 자신들을 이스라엘 국가의 일원이라

---

[46] 월튼 외 2인, 『IVP 성경배경주석 구약』, 512-513.

고 생각하지 않았을 것이다.[47] 존 브라이트는 이런 조처가 가나안 주민들을 국가 조직 안에 끌어들이려는 목적도 있었다고 주장하는데,[48] 맞는 말이다. 솔로몬이 재편한 행정 구역에는 돌(Dor), 므깃도, 벧 스안 같은 도시들이 포함되는데(왕상 4:11), 이런 도시들은 최근에 합병된 도시 국가들이다.[49]

당시 이스라엘 영토 안에 살던 가나안 원주민들은 솔로몬을 자신들의 통치자로 받아들일 이유가 없었고, 이스라엘 왕실을 위해 왜 자신들의 재산의 일부를 내어놓아야 하는지 납득하기 어려웠을 것이다. 그러나 육지 안의 섬 같은 곳에 살던 그들에게 조세를 부과하고 거둠으로써, 그들은 이스라엘 국가의 일원으로 편입되었고 점점 이스라엘 백성이 되어 간 것이다.

게다가 이스라엘 사람들은 예전부터 지파에 대한 충성심이 강했는데, 이것은 왕실이 국가적인 과제를 수행해 나가는 데 있어 가장 큰 장애물이다. 지금도 레바논이나 시리아 같은 중동의 국가들은 국가(중앙정부)에 대

---

[47] 최소한 사울의 통치 밀기까지는 팔레스타인 땅의 대부분이 이스라엘의 영향권 밖에 있었다. 즉 블레셋은 해안 평야 지역에 거주했고, 가나안 소수 민족 집단들은 북쪽 계곡들과 평원들에 거주하고 있었고 요단 동편 대부분은 영향력이 미치지 않았다(Mazar, *Archaeology of Land of the Bible*, 369). 이런 상황이 다윗의 통치를 거치며 많이 바뀌었겠지만, 솔로몬이 즉위했을 때도 여전히 가나안 족속들의 거주지가 있었을 것이다. 예를 들어, 게셀은 가나안 족의 도시였다.
[48] 브라이트, 『이스라엘의 역사』, 282.
[49] 르메르, "연합 왕정: 사울, 다윗, 솔로몬," 178. 예를 들어, 요단 계곡과 이스르엘 계곡의 중요한 교차 지점에 위치한 벧 스안(벧산)은 기원전 4천 년 때부터 사람들이 살던 곳이며, 이미 기원전 15세기에 애굽의 투트모세 3세가 이곳이 자신의 지배 하에 있다고 얘기한다. 여호수아가 가나안 땅 정복 전쟁을 마친 후, 이 도시는 므낫세 지파에게 주어졌지만(수 17:11), 므낫세 지파는 이 도시를 정복하지 못했다. 사울의 시대에는 블레셋의 수중에 있었다. 길르앗 야베스 주민들이 벧산 성벽에 걸려 있던 사울과 그의 아들들의 시체를 몰래 가져오는 사건(삼상 31:10, 12)을 통해 알 수 있다. 결국, 이 도시는 다윗 시대에 와서야 함락되었던 것이 분명하다. 나중에 이 도시는 '스키토폴리스'라는 그리스의 중심지로 재건되어 데가볼리('열 개의 도시'라는 뜻)의 하나가 된다(T. C. Mitchell, "Bethshean, Bethshan," *NBD*, 135-136).

한 충성심보다도 자기가 속해 있는 작은 공동체(족속)에 대한 충성심이 훨씬 강해서 정부가 국가 운영에 많은 어려움을 겪고 있다고 한다.[50] 이스라엘 역사를 읽을 때엔, 항상 이런 점을 염두에 두어야 한다.

솔로몬이 재편한 행정 구역을 보면, 원래 지파들의 경계가 대체로 보존되었지만 철저히 지켜진 것은 아니다.[51] 열두 개의 구역 중 대다수는 옛 지파의 영토와 일치하지 않는다.[52] 지파 이름을 지닌 구역은 4개(납달리, 잇사갈, 베냐민, 아셀) 뿐이다.[53]

유다와 예루살렘이 이 12구역 안에 포함되었는지의 여부는 논쟁의 여지가 있다. 대부분 학자들은 유다 지파는 다윗 왕가 출신 지파이고 예루살렘은 왕국의 수도이자 정치적 중심지이므로 이들에게 특혜를 주어 이런 의무로부터 면제해 줬다고 생각한다.[54] 그러나 우리말 성경에는 유다가 언급

---

[50] 문애희, "레바논 종교 운동의 현황과 전망," 21세기 중동 이슬람 문명권 연구사업단, 『중동 종교 운동의 이해 1』(서울: 한울아카데미, 2004), 130; 신양섭, "시리아의 종교, 인종 공동체와 사회적 갈등, 같은 책, 198-199.

[51] 학자들마다 견해가 조금씩 다르다. 빔슨은 나라의 일부가 전통적인 지파의 경계선을 무시한 채 새로운 경계선이 그어졌다며 이것이 당시 이스라엘 사람들에게는 대단히 개혁적인 조치였다고 주장한다(Bimson, "1 and 2 Kings," 343). 반면 노트는 열두 지구가 이스라엘 지파들의 영토에 따라 구분되었다고 주장한다(노트, 『이스라엘 역사』, 275). 밀러와 헤이스는 왕국 전체를 일종의 행정 구역 체제로 편성했음을 보여주는 흔적이 없다고 주장한다(밀러, 헤이스, 『고대 이스라엘 역사』, 248). 이런 혼란이 빚어지는 이유 중 하나는, 여기에 나오는 지명들이 일부는 지파 이름이고 일부는 지역 이름(헤벨 온 땅, 아르곱 지방)이고, 일부는 성읍 이름(벧세메스, 다아낙, 므깃도)이기 때문일 것이다. 메릴에 따르면, 12개의 행정 구역들의 경계를 정확히 결정하기는 어렵다. 다만 몇 가지 특징들을 파악할 수 있다. 첫째로, 단과 스불론 지파가 나타나지 않는다. 단 지파는 사사 시대 초기부터 자신들만의 제사장을 따로 세웠으며, 할당받은 영토를 떠나 다른 지역으로 이주하는 등, 다른 지파들과 독립된 성격이 강했는데, 그래서 일부러 솔로몬이 납달리 지파에 편입시켰을 가능성이 있다(브라이트?). 둘째로, 해안 지역의 아셀은 이스라엘에서 페니키아로 이전되었다. 셋째로, 블레셋 지역은 이 구역 안에 포함되지 않았다. 다윗이 블레셋을 정복한 후 블레셋은 계속해서 이스라엘의 우위를 인정했지만, 블레셋이 국가 이스라엘에 편입된 것은 아니다(메릴, 『제사장의 나라』, 399-400).

[52] John J. Bimson, "1 Kings," 343; Aharoni, The Land, 308; 프로반 외 2인, 『이스라엘의 성경적 역사』, 502.

[53] De Vaux, The Early History, 736.

[54] 예를 들어, 메릴, 『제사장의 나라』, 415.

되지 않지만, 70인역과 RSV, NRS에는 열왕기상 4:19에 "유다 땅에 한 장관(officer)이 있었다"라는 말이 첨가되었다.[55] 일부 학자들은 이 본문이 훼손됐지만 70인역의 번역처럼 유다 지역의 지방 장관을 언급한다고 주장한다.[56]

이것은 대단히 중요한 문제다. 상식적으로 생각할 때, 솔로몬이 유다와 예루살렘에 특혜를 주려고 일부러 유다를 제외시켰다고 보기는 어렵다. 왜냐하면, 다윗은 죽기 전에 솔로몬에게 국가의 통치에 대한 자신의 경험들을 들려주면서, 어떤 식으로든 조언을 했을 가능성이 있기 때문이다. 자신이 즉위식을 세 번씩이나 치렀고 통치 중 세바의 반란을 경험한 적이 있기 때문에, 다윗은 지파들의 연합이 중요하다는 사실을 알고 있었을 것이고 이 문제에 관해 솔로몬에게 조언을 했을 것이다.

---

[55] 여기 나오는 장관이라는 단어는, 5, 7절에서 관장을 가리킬 때 쓰인 '카데스타메논'과 다른 '나시프'라는 단어다.

[56] 예를 들어, 드 브리스는 20절의 유다라는 단어 때문에 19절에 유다라는 단어가 '중자탈락'(haplography) 했을 것이라고 추론한 후(히브리어 원문을 보면, '유다'라는 단어가 20절의 첫 단어로 나오는데, 이런 주장에 따르면 19절 마지막에도 '유다'라는 단어가 원래 본문에 있었던 것이다), 19절 하반절을 "유다 땅을 관할하는 관장이 한 사람 있다"라고 번역한다(De Vries, 64-65, 72). 드보도 '그 땅'을 유다라고 생각하고 이 관장의 이름이 언급되지 않은 것은, 그 사람이 왕실 각료였기 때문이라고 주장한다. 왕상 4:5에는 나단의 아들 아사리야가 지방 관장의 두령이라고 나오는데, 이 사람이 유다 지역을 관할했다는 것이다. 이런 주장은 앗수르의 관습에 근거를 둔 것인데, 앗수르는 제국의 중앙 지방을 '그 땅'(마투)이라고 불렀다고 한다. 이런 관습처럼 이스라엘도 유다 지역을 '그 땅'이라고 불렀다는 것이다(Richard D. Patterson and Hermann J. Ausrel, "1 Kings," *The Expositor's Bible Commentary* 3, 668). Aharoni, *The Land*, 273-280.

그림34. 다윗-솔로몬 왕국의 통치 영역. 다윗이 주변 국가들을 정복함으로써 이스라엘 주변의 국가들은 이스라엘의 우위를 인정할 수밖에 없었다. 실선으로 표시된 부분은 암몬, 모압, 에돔, 다메섹과 같은 속국들 뿐 아니라, 소바, 하맛, 블레셋 같은 느슨한 봉신국가와 그 이외에도 이스라엘의 우위를 인정하는 국가들을 다 포함시킨 것이다.

그렇다면 유다가 제외된 것에 대해선 조금 진지하게 생각해 볼 필요가 있다. 노트는 유다가 너무 작고 가난해서 세금을 부과하지 않았을 가능성을 언급한다.[57] 프로반은 이 문제를 다루면서 유다가 실제로 언급되었다고 주장한다. 그에 따르면 열왕기상 4:10에는 아룹봇, 소고, 헤벨 온 땅이 거명되는데, 헤벨이라는 지명은 구약에선 유다와 관계없는 지역을 가리키지만, 역대상 4:1-23에서는 유다 지파에 속한 마을로 나온다. 소고는 구약에서 항상 유대 마을의 이름으로만 나온다. 아룹봇은 구약에서는 여기에만 나오지만, 여호수아 15:52에 나오는 '아랍'이 아룹봇과 동일한 자음을

---

57 노트, 『이스라엘 역사』, 274, 각주 88.

지니고 있고 유다에 속한 마을이므로, 이 구절에 언급된 지역들이 유다 지방을 가리킬 수도 있다는 것이다.[58]

그렇다면 유다가 제외되었다는 것을 기정사실로 보고 어떤 주장을 전개하는 것은 조심스럽다. 우리는 제한된 정보를 가지고 문제를 다루기 때문에, 솔로몬의 이런 정책이 왕국 분열의 요인 중 하나로 작용했는지 판단하기 어렵다. 마틴 노트는 솔로몬이 죽은 후에도 이러한 지역의 구분과 공물 제도 조직은 그대로 유지되었다고 주장하는데, 기원전 8세기 여로보암 2세 시대의 것으로 보이는 사마리아 도편에 의해 입증된다는 것이다.[59] 만약 솔로몬 이후에도 이 정책이 유지되었다면, 이 정책이 전통적인 이스라엘의 지파 중심 체제를 허물고 권력을 왕실에 집중하게 하는 데 어느 정도 역할을 했을 것으로 판단된다.

하나님이 다윗에게 주신 선물 중 하나는 평화와 안식이었고, 솔로몬은 그것을 잘 유지했다. 솔로몬은 유프라테스강에서부터 블레셋 사람의 땅에 이르기까지와 애굽 지경에 미치기까지의 모든 나라를 다스렸고 솔로몬이 사는 동안 그 나라들이 조공을 바쳐 섬겼다(왕상 4:21). 또 솔로몬이 유프라테스강 건너편 지역과[60] 그 지역의 왕들을 모두 다스려서 그가 사방에 둘린 민족과 평화를 누렸다(왕상 4:24). 그 결과 이스라엘은 태평성대를 누렸다.

> 유다와 이스라엘의 인구가 바닷가의 모래같이 많게 되매 먹고 마시며 즐거워하였다(왕상 4:20).

---

[58] 프로반 외 2인, 『이스라엘의 성경적 역사』, 503-504.
[59] 노트, 『이스라엘 역사』, 275.
[60] 솔로몬이 그 강 건너편을 "딥사에서부터 가사까지 모두" 다스렸다고 하는데, 딥사(히브리어 티프사흐는 여울, 수로라는 뜻이다)는 유프라테스강 중류의 서쪽 기슭의 중요한 건널목인 탑사구스로 여겨진다(J. D. Douglas, "Tiphsah," *NBD*, 1204).

솔로몬이 사는 동안에 유다와 이스라엘이 단에서부터 브엘세바에 이르기까지 각기 포도나무 아래와 무화과나무 아래에서 평안히 살았다(왕상 4:25).

솔로몬이 통치하는 동안 전쟁이 없었으며, 이스라엘 백성들은 안정된 삶과 평화를 누렸고 인구가 증가했다. 이 모든 일이 가능했던 것은, 이스라엘이 유프라테스강 서편에 있는 주변 국가들을 통제할 수 있었기 때문이다. "사람들이 각자 포도나무 아래와 무화과나무 아래에서 평안히 살았다"라는 말은, 메시아가 다스리는 왕국의 모습을 묘사하는 전형적인 표현이다(미 4:4; 슥 3:10).

솔로몬이 통치하던 이스라엘은 전쟁이 없는 평화의 시대, 경제적으로 안정된 살기 좋은 시대였다. 이 모든 것은 하나님이 복을 주신 결과였다. 하나님이 다윗에게 주셨던 약속을 지키셨고, 솔로몬에게 주겠다고 약속하셨던 부와 영광을 주신 것이다.

전반적으로 볼 때, 이스라엘의 경제는 나아졌으며 나라 전체의 생활 수준이 향상되었다. 인구가 늘어났다는 것이 가장 중요한 증거 중 하나다. 유다와 이스라엘의 인구가 "바닷가의 모래같이 많게 되었다"라고 하는데(왕상 4:20), 물론 이것은 과장된 표현이지만 당시 인구가 폭발적으로 늘어났다는 것을 암시한다. 물론 본토인만 그렇다는 것이다. 사무엘하 24:9에 따르면, 다윗이 요압에게 명령하여 인구를 조사하게 했을 때, 전쟁에 참여할 수 있는 숫자만, 이스라엘이 80만 명, 유다에 50만 명이 있다고 보고되었다. 레위 지파와 베냐민 지파의 수는 포함되지 않은 것이다(대상 21:5-6).

다윗 시대에 인구는 30-90만 명 정도로 추정되므로,[61] 이 숫자들이 조금 과장된 것이라 할지라도, 솔로몬 시대에 인구가 급격히 늘었다면, 올브라

---

[61] 월튼 외 2인, 『IVP 성경배경주석 구약』, 505.

이트가 추정한 80만보다는 훨씬 더 많았을 것이다.[62]

인구 증가와 경제 발전은 밀접한 관계가 있다. 늘어난 인구가 먹고 살 만큼 식량이 늘지 않는다면, 인구가 증가할 수 없다. 식량만 볼 때 그렇다는 것이지, 의복이나 가옥이나 기타 재화도 마찬가지다. 이전 사울 시대에는 블레셋 사람들이 제철 기술을 통제하고 있었지만, 이제는 아니다. 제철 기술의 발달로 끝에 쇠를 붙인 쟁기가 널리 사용됨으로써 곡물의 생산량이 늘어났다. 솔로몬은 예루살렘의 성벽을 확장하고 새로운 도시들을 건설했다.

이 모든 평화와 번영은 전쟁이 없었기 때문에 가능했다. 솔로몬은 주변 국가들을 완벽히 통제했기 때문에 그의 시대엔 전쟁이 한 번도 일어나지 않았다. 고대 세계에선 드문 일이다. 이 모든 것은 하나님이 주신 축복의 결과였다. 솔로몬은 몸소 전쟁터로 나가 전쟁을 치를 필요가 없었는데, 부왕 다윗이 주변 국가들을 모두 정복하여 이스라엘을 시리아-팔레스타인 지역에서 가장 강력한 나라로 만들었기 때문이다. 그는 외교력을 바탕으로 전쟁을 억제하고 평화를 유지했는데, 결혼을 통해 주변국들과 동맹을 맺음으로써 잠재적인 적들을 없애버렸다. 가장 주목할 만한 것은 이집트 파라오의 사위가 된 것이다.

이집트의 왕들은 외국의 공주들을 데려오는 일은 있어도 자신의 딸을 외국의 왕에게 주는 일은 거의 없었다. 심지어 자기 딸을 바빌로니아나 미타니의 왕들에게도 준 적이 없기 때문에, 일부 학자들은 솔로몬이 이집트 파라오의 딸과 결혼했다는 이 기사를 의심한다.[63] 하지만 솔로몬이 이집트

---

[62] 어떤 학자는 당시 인구가 사울 시대보다 두 배로 늘었을 것이라고 추정한다. 올브라이트는 당시 인구를 80만 명 정도로 추산한다.
[63] 예를 들어, 맥스웰 밀러, 존 헤이스, 『고대 이스라엘 역사』, 박문재 역 (서울: 크리스챤 다이제스트 1996), 259.

왕 파라오(바로)와 혼인 관계를 맺어 그의 딸을 맞이하고 다윗성에 데려다가 두었다는 성경의 기록(왕상 3:1)을 믿지 못할 아무런 이유도 없다.[64] 문제의 파라오는 기원전 978년부터 959년까지 이집트를 통치했던 제21 왕조의 시아문인데,[65] 그는 아마 앗수르를 견제하려는 목적에서 솔로몬에게 자기 딸을 주었을 것이다.

시아문은 솔로몬을 자기편으로 끌어들임으로써, 이스라엘을 완충 지대로 삼을 수 있었다. 당시 이집트가 가장 신경을 쓰던 나라는 앗수르였다. 이스라엘 왕을 사위로 맞아들이기 1백 년 전에, 이집트는 앗수르의 디글랏 빌레셀 1세의 힘에 밀려, 시리아와 페니키아에서 퇴각한 적이 있었다. 당시 앗수르는 아람인들 때문에 어려움을 겪고 있기는 했지만, 고대 근동의 최강자였다. 이집트로서는 당시 시리아-팔레스타인의 최강자였던 이스라엘을 자기편으로 끌어들임으로써 든든한 우군을 얻은 셈이다.[66]

고대 근동의 역사에서 이집트와 앗수르(혹은 바빌로니아)는 고대 근동의 국제 정치를 파악할 수 있는 가장 중요한 두 변수다. 시아문은 자기와 앗수르 사이에 완충 지대를 둔 것인데,[67] 이런 전략은 이후 수백 년 동안 이집트의 주요 전략이 된다. 그리고 실제로 효과가 있었다. 왜냐하면, 앗수르도 오랫동안 유다를 전략적 완충 지대로 여기고 더이상 이집트 본토를 침략하지 않았기 때문이다. 이런 전략은 기원전 663년에 앗수르의 왕 앗수르바니팔이 테베(노 아몬)를 점령할 때까지 계속되었다. 그때까지 이집트는 앗수르에게 본토를 침략당한 적이 없었다.

시아문은 팔레스타인에 관심이 있었는데, 타니스 부조(浮彫)에 새겨진

---

64 프로반 외 2인, 『이스라엘의 성경적 역사』, 498.
65 브라이트, 『이스라엘의 역사』, 271; 메릴, 『제사장의 나라』, 381; 르메르, "연합 왕정: 사울, 다윗, 솔로몬," 183.
66 메릴, 『제사장의 나라』, 382-383.
67 메릴, 『제사장의 나라』, 312.

그림을 보면 알 수 있다.[68] 이 부조에서 파라오는 일단의 포로들 위에서 승리의 자세를 취하고 있는데, 그림의 포로들은 그들이 들고 있는 양날 도끼를 통해서 팔레스타인 사람들임이 확인된다. 양날 도끼는 당시 에게해 지역과 아나톨리아 지역 사람들이 흔히 사용하던 도구였다.

시아문은 가나안 땅의 게셀을 점령하고 도시를 불태우고 주민들을 학살한 후, 이 성읍을 자기 딸의 지참금으로 솔로몬에게 주었다. 다윗이 "게바에서 게셀까지 블레셋 사람을 쳐서 물리쳤다"라는 기록(삼하 5:25)을 보면, 다윗 시대에는 게셀이 블레셋의 수중에 있었던 것 같다. 그렇다면 다윗과 솔로몬이 통치하던 어느 시점에 게셀은 블레셋의 영향력에서 벗어났다가 시아문에게 점령당한 것이다.

게셀은 항구 도시인 욥바로부터 예루살렘에 이르는 도로 위에 있었는데, 솔로몬이 성전을 건축할 때 히람이 보내준 백향목을 욥바에서 예루살렘까지 옮길 때 아무런 문제도 없었던 점으로 미뤄보건대, 이때쯤엔 게셀이 완전히 이스라엘의 영토로 편입된 것 같다.[69] 이걸 보면, 솔로몬이 통치할 때도 아직 이스라엘 영토 안에 있지만 이스라엘의 수중에 들지 않은 지역들이 있었던 것이다.

---

68 이하 브라이트, 『이스라엘의 역사』, 271; 카이저, 『이스라엘의 역사』, 341-342.
69 메릴, 『제사장의 나라』, 383.

그림 35. 페니키아의 도시 국가들. 페니키아를 대표하는 시돈과 두로 이외에도 아르밧, 시미라, 트리폴리, 비블로스, 베리투스, 사렙다 등 여러 도시국가들이 있다.

솔로몬이 이스라엘 왕으로 등극했다는 소식을 듣고 두로 왕 히람이 사신들을 솔로몬에게 보냈다(왕상 5:1). 두로와의 관계도 이스라엘 역사를 이해하는 데 중요하다. 여기서는 두로가 성전을 건축하는 데 결정적인 도움을 주지만, 1백여 년 후에는 이스라엘에 간접적으로 해악을 끼치기 때문이다.

기원전 1200년경 블레셋인들이 시돈을 약탈하자 많은 주민이 남쪽의 두로로 도망쳤다. 이후 두로는 페니키아의 중요한 항구가 되었다. 두로는 이 무렵 북쪽의 아코만(灣)에서 남부 페니키아의 해안 지대 전역을 지배하고 있던 나라의 수도였다. 그래서 종종 두로나 시돈을 페니키아라고 부르기도 하지만, 엄밀히 말하면 두로나 시돈은 페니키아를 구성하고 있던 여러 도시 중 하나다.

다윗은 주변의 여러 국가를 정복했지만 두로와는 우호적인 관계를 유지했는데, 그 이유는 두로와 동맹 관계를 유지하는 것이 이스라엘에 더 유익했기 때문이었다. 두로는 시리아-팔레스타인을 넘어 지중해를 중심으로 곳곳을 누비며 해상 무역과 식민지 건설에 힘썼다. 두로 왕 히람은 왕위에 있는 동안 내륙 항구와 섬을 인공 둑으로 연결하는 공사를 벌였다. 두로는 식민지를 확장하고 더 많은 나라와 무역하기 위해 바다로 진출할 여러 항로가 필요했다. 이 시기부터 두로의 황금시대가 시작되어 두로인(人)들은 지중해 동부를 장악했다.

게다가 두로에겐 기술과 자원이 있었는데, 그것 때문에 다윗은 왕궁을 지을 때 두로 왕 히람의 도움을 받았다. 히람은 다윗에게 사절단을 보내면서, 백향목과 함께 목수와 석공을 보내준 것이다(삼하 5:11). 이런 동맹 관계는 솔로몬이 즉위한 후에도 변하지 않는다.

5. 성전 건축을 위해 태어난 사람

가나안 땅에 정착한 후 수백 년 동안 이스라엘은 성전을 지을 생각을 하지 않았다. 성막이 성소의 기능을 충분히 담당하고 있었기 때문에 굳이 성전을 지을 필요가 없었다. 성막보다 훨씬 규모가 크고 많은 인원을 수용할 수 있다는 점을 빼면, 성전은 성막과 기능이 같다. 다만 차이점이라면 성막은 이동이 가능하지만, 성전은 그렇지 않다는 것이다. 이 점 때문에 성전이 이스라엘 백성의 신앙을 더 고착화시켰다고 보는 견해도 있다.

그러나 신명기 12장은 이스라엘 백성이 가나안 땅에 정착한 후 "하나님께서 택하실 한 장소"를 이야기하며, 그곳에서만 제사를 드리라고 가르친다(신 12:5-7, 11-14). 이것을 중앙 성소법이라고 하는데, 신명기 12장을 읽어보면 "네 하나님께서 택하실 곳"이라는 말이 자주 나타난다(18, 21절). 결국 예루살렘에 지어진 성전 덕분에 이 법을 지킬 수 있게 되었기 때문에 이 법이 성전 건축을 암시하는 것일 수도 있다.

앞에서 길게 설명했듯이 다윗은 성전을 건축하고 싶었지만, 하나님이 허락하시지 않았다. 그래서 그 사명을 자기 아들 솔로몬에게 위임했다. 솔로몬은 성전 건축을 위해 태어난 사람이라고 해도 과언이 아닐 정도로 성전 건축은 솔로몬이 한 일 중 가장 중요한 일이다.

하나님이 다윗을 통해 평화를 주셨고, 다윗으로 하여금 성전 건축에 필요한 준비를 하게 하셨다. 또 솔로몬에게 지혜와 부와 영광을 주셨으므로 솔로몬은 이제 성전 건축 공사를 시작만 하면 되는 것이다. 모든 것이 준비된 상황에서 솔로몬에게 필요한 것은 목재와 기술자였는데, 솔로몬은 이것들을 얻기 위해 두로의 왕 히람에게 도움을 청했다.

히람은 다윗이 죽기 10년 전쯤에 두로의 왕으로 즉위한 것으로 보이는데, 다윗을 무척 존경했기에(열왕기상 5:1을 보면 히람은 평생에 다윗을 사랑하였다고 하는데 여기서 사랑했다는 말은 친밀한 언약 관계에 있었다는 히브리식 표현이다[70]) 자신이 존경하던 왕의 아들이 사람을 보내어 성전 건축을 도와달라고 부탁하자 적극적으로 도와주었다. 백향목과 잣나무를 건축에 필요한 목재로 보내준 것이다.

레바논의 백향목은 고려 인삼처럼 유명한 지역 특산물이다. 소나무과에 속하는 이 나무는 키가 30m 정도고 둘레는 1.8-2.7m나 된다. 레바논의 중부 및 북부 지역에서 흔히 발견되며 해발고도 1400-1700m에서 자란다.[71] 이 나무가 얼마나 좋은 물건이었던지, 메소포타미아의 왕들은 이

---

[70] Wisemam, *1 and 2 Kings*, 107.
[71] M. Zohary, "Flora," *IDB* 2, 292; F. N. Hepper, "Trees," *NBD*, 1215; Wisemam, *1 and 2 Kings*, 108.

곳을 자주 침략하여 이 나무들을 베어가곤 했다. 바벨론 왕들이 얼마나 백향목을 많이 베어갔던지, 바벨론 왕이 죽자 향나무와 레바논의 백향목이 기뻐하면서, "네가 죽어서 우리를 베어 버릴 자가 없다"고 노래할 정도다(사 14:18).

이 나무들을 건축 현장까지 보내기 위해서는 몇 단계의 작업이 필요했는데, 첫 번째 작업은 나무들을 벌목하는 일이다. 벌목은 시돈 사람들이 주도했다(왕상 5:6). 이들이 나무를 베어내면 이 나무들을 바다까지 내려보냈다. 레바논 산지에는 바다(지중해)로 흘러들어 가는 강들이 꽤 많은데, 그 강들을 이용하여 벌목한 나무들을 바다로 흘려보내는 것이다. 그러면 강 하구에서 그 나무들을 모아 뗏목으로 만든다. 그다음에는 이 뗏목들을 욥바까지 보내는 것이다(대하 2:16).

욥바는 당시 예루살렘에서 가장 가까운 항구였고 통나무를 하역할 수 있는 적당한 장소였다. 두로에서 욥바까지의 거리가 160km에 달했고[72] 두로 북쪽의 시돈이나 더 북쪽의 베이루트나 그발에서의 거리는 300km도 넘기 때문에 이 나무들을 욥바까지 가져오는 일도 쉬운 일은 아니었을 텐데, 아마 이 일은 두로의 선원들이 담당했을 것이다. 이렇게 욥바까지 나무들이 오면 이제 가장 힘든 작업이 기다리고 있었는데, 그것은 욥바에서 예루살렘까지 나무들을 옮기는 일이다. 일단 뗏목이 욥바에 도달하면 뗏목을 해체하여 나무들을 운반하는데, 이것은 가장 힘든 작업이다.

욥바에서 예루살렘까지는 56km 정도의 거리인데, 예루살렘은 해발 700-1000m에 이르는 유다 산지에 위치하고 있고 성전이 지어진 곳은 해발 고도는 745m라서 나무를 오르막길로 올려야 한다. 아마 나무 아래에 조그만 나무들을 받쳐서 나무를 굴리는 방식으로 옮겼을 것이다.

---

[72] 월튼 외 2인, 『IVP 성경배경주석 구약』, 606.

그림 36. 레바논의 백향목. 소나무과에 속한 이 나무는 억세고 아름다우며 높이는 30미터, 몸통의 지름은 1.8-2.7미터라고 한다. 높이가 40미터에 이르는 것도 있다.

백향목을 베고 운반하는 이 모든 작업을 위해 솔로몬은 많은 노동력을 동원했는데, 3만 명의 역군(히브리어 '마스'는 강제 노역이란 뜻을 갖고 있다)을 징집하여 매달 1만 명씩 번갈아 레바논으로 보냈다. 이들은 레바논에서 한 달 일하고 본국으로 와 두 달 쉬었다가 다시 가서 한 달 일하는 식으로 레바논에 가서 일했다(왕상 5:13-14).

솔로몬은 또 짐꾼(노세 싸발) 7만 명과 채석공 8만 명을 징집했고 이들을 감독할 십장 3,300명을 두었고 아도니람을 이 모든 공사를 감독하는 감독관으로 임명했는데(왕상 5:15-16), 이들은 건축에 쓰일 석재를 준비하기 위해 필요한 노동력이었던 것 같다.[73]

솔로몬의 성전 건축 사업은 국제적인 일이었다. 우선 히람은 숙련된 기술자들을 보내줬는데, 특히 두로 사람인 아버지와 단 지파 출신의 어머니에게서 태어난 후람 아비는 결정적인 역할을 했다. 그는 재주 있고 총명한 자로서 뛰어난 기술자이자 예술가였다.

---

[73] Gray, *I and II Kings*, 156.

공사를 돕기 위해 그발 사람들도 왔는데, 그발은 베이루트에서 북쪽으로 40km 정도 떨어진 가나안과 페니키아의 항구 도시로서, 그리스식 이름인 비블로스로 더 유명하다. 비블로스는 "책"이라는 뜻으로서 그발 사람들은 이집트에서 수입한 파피루스로 종이를 만들었다. 에스겔 27:9을 보면, 그발의 노인들과 지혜자들이 배의 틈을 막는 자가 되었다고 하는데, 이곳 사람들의 그런 기술이 국제적으로 잘 알려져 있었던 것이다. 그들은 돌을 다듬는 기술뿐 아니라 선박을 제조하고 운항하는 기술도 뛰어났다.

그발은 레바논 산맥의 기슭에 위치하여 있었기 때문에 풍부한 목재를 이용해 배를 만들어 목재가 부족한 이집트에 여러 품목을 수출했는데, 목재, 미라를 만드는 재료, 화장품, 약용 식물 등이 포함된다. 이집트로부터는 파피루스, 금속, 향수 등을 수입했다.[74]

솔로몬 성전은 당시 팔레스타인과 시리아 지방에서 유행하던 건축 양식을 본떠서 지었다(왕상 7:13 참고). 길이 60규빗(약 27m), 폭 20규빗(약 9m), 높이 30규빗(13.5m)의 직육면체 구조물로서 성전 건물 자체는 동서로 놓여있다(왕상 6:1).[75] 뜰은 두 개 있었는데 안뜰과 큰 뜰(바깥 뜰)이다(왕상 6:36; 7:9, 12; 왕하 23:12; 대하 4:9). 안뜰은 제사장의 뜰이라고도 불리며, 이곳에는 번제를 드리는 놋(청동) 제단이 있었다(왕상 8:22, 64; 9:25). 이 제단은 가로 세로가 모두 20규빗(약 9m)이고 높이는 10규빗(약 4.5m)인 큰 계단 모양의 제단이다(대하 4:1).[76]

성전 오른쪽 동남방(대하 4:10), 즉 이 놋 제단과 입구 사이에는 놋으

---

[74] A. R. Millard, "Gebal," *NBD*, 407; A. S. Kapelrud, "Gebal," *IBD* 2, 359-360.
[75] 이하 성전의 상세한 부분에 관해서는 R. J. McKelvey, "Temple," *NBD*, 1168-1169; W. F. Stinespring, "Temple, Jerusalem." *IDB* 4, 534-538; 셀만, 『역대하』, 57-73 참고.
[76] 놋을 부어 만든 바다를 설명하는 왕상 7:23-26에 이 놋 제단이 함께 언급될 만도 한데, 열왕기상에는 이 놋 제단이 언급되지 않았으며 역대기(대하 4:2-5)에만 나온다. 열왕기 기자가 왜 이 놋 제단을 언급하지 않았는지, 그 이유는 알려지지 않았다.

로 만든 바다가 있었는데(왕상 7:23-26; 대하 4:2-6), 이것은 지름이 10규빗
(약 4.5m)이나 되는 거대한 물탱크로서 용량은 2천 밧이다(왕상 7:26).[77] 2천
밧은 약 43,500ℓ다. 제사장들은 이 바다에서(성막이 있었을 때엔 물두멍에서)
손발을 씻었는데, 그렇게 하지 않으면 죽는다(출 30:20). 이 놋 바다 이외에
물두멍(대야라고 번역하는 것이 낫겠다)이 열 개가 있었는데, 번제로 바칠 동
물을 거기서 씻었다. 번제물의 일부를 씻을 때도 사용했다(대하 4:6).

그림 37. 솔로몬 성전에 있었던 놋(청동)으로 만든 바다. 열두 마리의 소가 바다라고 불린 큰 대야
를 받치고 있는 형상이다(왕상 7:23-26).

---

[77] 역대기에는 3천 밧으로 나오는데(대하 4:5), 이렇게 다른 이유는 뭘까? 학자 와일리
(Wylie)는 역대기가 놋 바다의 모양을 원기둥 모양으로 생각하고 계산했기 때문에 더 많
이 나온 것이라고 주장한다(H. G. M. Williamson, *1 and 2 Chronicles. New Century Bible
Commentary* [Eugene: Wipf & Stock, 1982], 210-211). 그러나 놋 바다는 반구체였기 때
문에 반구체를 원통형으로 생각한다는 것은 납득하기 어렵다. 아마 서기관이 필사 과
정에서 실수했거나(Raymond B. Dillard, *2 Chronicles*. WBC [Waco: Word Books, 1987],
33), 역대기 기자가 사용한 도량형의 기준이 열왕기와 달랐기 때문일 것이다(Patterson
and Austel, "1 Kings," 694).

안뜰에는 일련의 층계가 있었을 것으로 추정되는데, 이 층계를 따라 올라가면 성전 건물이 나온다. 가장 먼저 눈에 띄는 게 낭실의 입구 좌우에 서 있는 커다란 기둥들이다. 이 기둥들은 건물의 일부가 아니었으며 건물과는 별도로 서 있었는데, 이 두 개의 기둥이 그 유명한 야긴과 보아스다(왕상 7:21; 대하 3:15-17). 높이가 18규빗(약 8m)이고 둘레 길이는 12규빗(약 5.3m)이다(왕상 7:15).[78] 야긴이라는 이름은 "야웨가 네 보좌를 영원히 세우리라"는 말씀에서 온 것으로 보인다. 야긴이라는 말은 "그가 세울 것이다"라는 뜻이다.[79] 보아스는 "힘이 그에게 있다"라는 뜻일 것이다.[80] 굵기가 1m가 넘는 이 기둥들은 느부갓네살의 군대가 예루살렘을 짓밟고 이 기둥들을 바벨론으로 가져가기 전까지(왕하 25:13) 솔로몬 성전을 굳게 지키고 있었다.

그림38. 솔로몬 성전에 있었던 물두멍 그림. 이 물두멍은 사람 키보다 높았으며 운반할 수 있도록 바퀴도 달려 있었다. 측면에는 사자와 황소와 그룹의 형상이 새겨져 있었다. 성전에는 이런 물두멍이 좌우로 다섯 개씩 모두 열 개나 있었다(왕상 7:7-39).

---

[78] 역대기에는 기둥의 높이가 35규빗으로 나오는데(대하 3:15), 가장 그럴듯한 설명은 이 수치가 두 기둥의 높이를 합친 것이라고 보는 것이다(셀만, 『역대하』, 64 참고).
[79] D. J. Wiseman, and C. J. Davey, "Jachin and Boaz," NBD, 545.
[80] 셀만, 『역대하』, 64 참고.

그림 39. 솔로몬 성전 복원도

성전에 들어서려면 제일 앞에 있는 낭실을 거쳐 성전의 본당인 성소로 들어갈 수 있었는데, 낭실에는 문이 없었다. 낭실로 번역되는 히브리어 울람은, 우리가 현관이라고 부르는 것과 같은 용도로 쓰이는 방을 말한다. 신약에 나오는 '앞뜰'이나 '행각'(요 5:2)도 비슷한 것이다. 울람은 길이가 10규빗(약 4.5m), 폭이 20규빗(약 9m)이며,[81] 높이는 아마 20규빗이었을 것이다.[82]

낭실을 지나 안으로 더 들어가면 '헤칼'이라 불리는 공간이 나오는데, 이곳이 성소다. 지성소를 내소라고 부르는 것과 대비해 외소라고도 부른다. 성소(외소)는 공중에서 보면 직사각형 모양인데, 길이가 40규빗

---

[81] 성경에는 울람의 폭이 얼마라고 나오지 않기 때문에 성전의 폭(20규빗)과 같을 것이라고 추정하는 것이다.
[82] 역대기는 높이가 120규빗이었다고 하는데(대하 3:4), 성전 건물의 높이가 30규빗인 것에 비해 이것은 너무 높은 수치다(거의 60m에 달한다). 그래서 대부분의 주석가들은 이 수치가 뭔가 잘못되어 있다고 생각한다(McKelvey, 1168; Stinespring, 538; 셀만, 『역대하』, 60). 이 수치가 실제 수치였다면 성전 입구에 거대한 타워, 혹은 고대 이집트 신전에 세워진 것 같은 탑문이 세워졌다는 말인데, 당시의 건축술로 봐서도 가능성이 없는 얘기다. 아마 본문이 훼손되었을 것으로 추정되며, 많은 헬라어 사본과 시리아어 사본이 읽는 것처럼, 20규빗으로 읽는 것이 맞을 것이다(J. Barton Payne, "2 Chronicles," *The Expositor's Bible Commentary* vol. 4, 450, 454).

(약 18m), 폭이 20규빗(약 9m), 높이가 30규빗(약 13.5m)인 방이다. 낭실에서 성소로 들어가려면 조그만 문을 통과해야 하는데, 각각 두 짝의 문으로 이뤄진 이중의 잣나무 문들이 낭실과 성소를 구분해 주고 있었다.

그러나 이 문들의 크기는 공간을 완전히 차단할 만한 크기는 아니었던 것으로 보인다(왕상 6:33-35).[83] 이 문들은 그룹들과 종려나무와 핀 꽃으로 화려하게 장식되어 있었다. 또 성소의 지붕 밑에는 작은 창들이 있어 그 창들을 통해 햇빛이 들어올 수 있게 되어 있었다(왕상 6:4). 성소 안에는 금으로 된 분향하는 단과 진설병을 위한 열 개의 상과 열 개의 등잔들이 제사 용구들과 함께 있었다.

성소를 지나 더 안쪽(서쪽)으로 들어가면 가장 깊숙한 곳에 폭과 깊이(앞뒤)와 높이가 모두 20규빗(약 9m)인 정육면체의 공간이 나타나는데, 이 공간을 '드비르'라고 한다. 우리는 이 공간을 지성소라고 부른다. 이곳엔 창문이 없기 때문에 빛이 들어올 공간이 없어서 아주 깜깜했을 것이다. 오늘날 큐브(cube)라는 단어로 더 잘 알려진 정육면체는 완전한 공간, 완전한 형태의 구조물을 상징한다.

당시 대제사장들은 일 년에 한 번 속죄일에 그 캄캄한 공간에 들어갔는데, 어떤 심정으로 들어갔을까?

앞, 뒤, 좌, 우, 위, 아래가 모두 똑같이 생긴 이 어두컴컴한 공간에 혼자 있으면 어떤 마음이었을까?

하나님이 임재하시는 완전한 공간에 들어갈 수 있는 대단한 특권을 누린다는 자부심 같은 것보다는, 거룩하고 엄위하신 하나님 앞에 선다는 두

---

[83] 왕상 6:33은 "외소의 문을 위하여 감람나무로 문설주를 만들었으니 곧 벽의 사분의 일이며"라고 하는데, 문설주가 벽의 사분의 일이라는 말은, 다른 신전의 비율처럼, 출입구의 폭이 성전의 폭(20규빗)의 4분의 1(5규빗)이라는 뜻으로 이해된다(McKelvey, 1169).

려움과 이스라엘 백성을 대표하여 속죄의 사역을 감당해야 하는 중압감이 그들의 마음을 짓눌렀을 것 같다.

주님께서 십자가에 달려 돌아가심으로써 더이상 필요 없게 된 성소 휘장이 멋진 대리석이 붙여진 우아하고 아름다운 장소로 대체되고, 공간이 만들어 주는 성과 속의 구별이 무의미해져가는 시대에 사는 현대의 그리스도인들에게 거룩하신 하나님 앞에 두려운 마음으로 서는 것은 가능한 일일까?

대제사장이 이곳에 들어갈 때, 그의 눈에는 오직 성스러운 물건의 실루엣이 어둠 속에서 희미하게 눈에 들어왔을 것이다. 법궤와 법궤를 덮고 있는 속죄소가 그것인데, 대제사장의 눈에는 이 두 개의 물건이 합쳐져 한 개처럼 보였을 것이다. 속죄소 위에는 높이가 4.5m 정도(10규빗)되는 그룹(천사의 일종)이 날개를 펴고 있었는데, 날개들 중 두 개는 언약궤 위 중앙에서 마주쳤고 다른 두 날개는 각각 남쪽 벽과 북쪽 벽에 닿았다(왕상 6:23-28; 대하 3:10-14).

지성소로 들어서는 대제사장은 날개를 편 그룹들의 어슴푸레한 형상을 마주치게 되는 것이다. 그룹들은 보이시지 않는 하나님이 임재하시는 발판, 혹은 눈에 보이는 보좌 역할을 했을 것으로 여겨지며, 보좌를 운반하는 역할도 했던 것 같다(삼하 22:11; 시 18:10)[84]

성소와 지성소를 구분해 주는 경계선에는 잣나무로 만들어진 문이 있었다(왕상 6:31-32; 7:50). 이 문은 이중으로 되어 있었고 "상인방과 문설주는 벽의 1/5이라고 하는데(왕상 6:31), 이 모호한 말은 그 길이(폭)가 격리벽의

---

[84] J. Mauchline, "I and II Kings," *Peake's Commentary on the Bible*, 341. 그룹의 바깥 날개는 일종의 팔걸이 역할을 했고, 안쪽 날개는 한데 모여 일종의 의자 역할을 했다고 한다(라이너 알베르츠, 『이스라엘 종교사 I』(*Religions geschichte Israel in Alttestamentlicher*), 강성열 역 [서울: 크리스챤다이제스트, 2003], 282).

1/5, 즉 4규빗(약 1.8m)이라는 뜻일 것이다.[85] 이 문은 일 년에 한 번밖에 열리지 않았다.[86]

이와 같이 솔로몬 성전은 대기실, 외소(성소), 내소(지성소)의 3중 구조로 되어 있는데, 이것은 성막이 뜰, 성소, 지성소로 이뤄진 것과 같은 구조다. 솔로몬의 성전은 대기실을 지닌 공동 주택 형식의 성전 유형에 속하는데, 이러한 유형은 기원전 3천 년대부터 1천 년대에 이르기까지 시리아 지역에서 폭넓게 발견된다고 한다.[87]

이제 성전의 기구들을 살펴보자. 성전에는 금으로 된 등잔대 열 개와 금으로 된 상(진설병의 상) 열 개가 있었는데, 내전(성소)의 왼쪽에 다섯 개, 오른쪽에 다섯 개씩 있었다(왕상 7:48-49; 대하 4:7-8). 역대하 4:20에는, "지성소 앞에서 규례대로 불을 켤 순금 등잔대"라는 말이 나오는데, 이걸 보면 등잔대에 규칙적으로 불을 켰다는 것을 알 수 있다. 아비야가 여로보암과 이스라엘 사람들에게 한 설교의 내용(대하 13:11)을 통해 그 등에 저녁마다 불을 켰다는 것을 확인할 수 있다.

금 제단, 즉 분향하는 단도 하나 만들었는데(왕상 7:48; 대하 4:19), 여기서 매일 아침저녁으로 분향했다(대하 13:11). 이상하게도 열왕기와 역대기는 성막에 있었던 중요한 기구들인 순금 등대, 진설병의 상, 금 단(분향단)에

---

[85] R. J. McKelvey, "Temple," *NBD*, 1169.
[86] 대하 3:14에는 청색, 자색, 홍색 실과 고운 베로 휘장문(혹은 휘장)을 지었다고 하는데, 휘장문은 히브리어 파로켓을 번역한 것이다. 이 단어는 칸막이나 장벽을 뜻한다. 예수님이 돌아가셨을 때 휘장이 찢어졌다는 기사(마 27:51; 막 15:38; 눅 23:45)를 보면 헤롯 성전에는 분명히 휘장이 있었다. 역대기 저자가 열왕기에 나오는 문을 휘장으로 대체한 것은(Williamson, 209), 솔로몬 성전에도 휘장이 있었다고 믿었기 때문인가?(셀만, 『역대하』, 63 참고) 딜러드는 역대기 저자가 휘장을 첨가한 것으로 본다(Dillard, 29-30). 아마 처음에는 문이 달려 있었으나 어느 시점에 휘장으로 바뀐 것일 수 있다. 웃시야가 성전에서 분향하려 할 때 지진이 났다고 하는데 이때 지진이 나면서 이 문이 파손되었을 것이며, 나중에 히스기야가 성전을 수리할 때 휘장을 달았을 것이다.
[87] 알베르츠, 『이스라엘 종교사 I』, 281.

대해서는 별로 얘기하지 않는다. 아마 새로운 것이 아니라서 그럴 것이다.

기술자 후람 아비는 물두멍과 부삽, 대접 같은 성전의 기구들도 만들었는데, 솔로몬도 성전 기구들을 만드는 데 참여했다(왕상 7:48-50).

성전을 다 짓고 그 안에 들어갈 성전 기구들을 모두 만든 후, 솔로몬은 법궤를 성전으로 가져왔다. 다윗은 다윗성에 하나님의 궤(언약궤)를 둘 장소를 마련하고 그것을 위해 장막(오헬)을 친 다음, 언약궤를 오벧에돔의 집에서 가져와서 그 장막(오헬) 안에 두었다(대상 15:1; 16:1). 솔로몬은 이스라엘의 모든 지도자급 인사(이스라엘 장로들과 지파의 족장들)를 예루살렘으로 소집했고, 이스라엘 모든 남자도 다 모이게 한 다음(왕상 8:1-2), 법궤를 성전에 들여놓았는데, 처음에는 레위인들이 메다가(대하 5:4), 레위인들이 더이상 들어갈 수 없는 성전 구역에서부터는 제사장들이 메었다(왕상 8:3).

성전에 법궤를 들여놓던 이날, 기브온에 있던 성막도 성전으로 옮겼다.[88] 성막과 성막 안의 모든 거룩한 기구도 마찬가지로 일정 부분은 레위인들이 메고 성전 구역에선 제사장들이 옮겼을 것이다(왕상 8:4; 대하 5:5).[89]

---

[88] Patterson and Austel, "1 Kings," 700.
[89] 두 구절은 모두 언약궤뿐 아니라 장막에 있었던 성소의 모든 기구도 옮겼다고 분명히 말한다(한글 개역개정판은 역대하 5:5을 "장막 안에"로 번역해 놨는데, "(장막) 안의"로 번역하든지, "있었던"이라는 단어를 추가하면 뜻이 분명해진다). 두 본문의 차이점은 열왕기에는 "제사장들과 레위 사람들"로(복수임) 나오는 반면, 역대기에는 접속사 '과'가 빠져 "레위 사람 제사장들"로 나온다는 점이다. 역대기는 항상 레위인과 제사장을 뚜렷이 구별하기 때문에(A. S. Herbrt, "II Chronicles," *Peake's Commenary*, 364), 역대기의 마소라 본문에 접속사 와우(우리말 '과')가 빠진 것으로 봐야 한다. 제사장들과 레위인들 모두 이 일에 참여한 것은 일반적으로 성소의 기구들을 레위인들이 운반하지만, 성소 안에는 제사장들만 들어갈 수 있기 때문일 것이다(민 3:8; 4:5-16; 19-20). 오벧에돔의 집에서 다윗성으로 법궤를 옮길 때 레위인들이 메었고(대상 15:15), 그 후로 레위인들이 법궤를 돌보고 있었기 때문에(대상 16:37-38), 성전 밖에까지는 레위인들이 언약궤를 운반했을 것이다.
한편, 회막으로 번역된 '오헬 모에드'는 일반적으로 모세가 만든 성막을 가리킨다(Anthony Tomasino, "אהל ohel," *NIDOTTE* 1, 300). 장막으로 번역된 오헬의 일반적인 의미는 텐트라는 뜻이지만, 성막을 가리키는 경우도 있다(셀만, 『역대하』, 77-78 참고). 오헬이 모세가 만든 성막을 가리키는 경우, 대체로 정관사가 붙거나(왕상 1:39; 대상 9:23), '증거의 성막'(오헬 하 에듯)처럼 수식어가 붙는데, 여기에선 "성소의 모든 기구"

법궤가 성전 뜰에 도착하자 솔로몬과 이스라엘 회중은 궤 앞에서 제사를 드렸다(왕상 8:5; 대하 5:6). 이제 얼마 후에 법궤가 그들의 눈앞에서 사라지면, 앞으로는 영원토록 법궤를 보지 못하게 될 것이다.[90] 성막 시절에는 법궤를 볼 수 있었지만, 이제부터는 오직 대제사장만, 그것도 일 년에 한 번밖에 볼 수 없게 될 것이다. 그것이 기념인지, 감사인지, 기원인지, 아니면 이 모든 의미가 다 담겨있는 것인지는 모르겠지만, 솔로몬과 그 앞에 모인 모든 이스라엘 백성은 셀 수 없이 많은 수의 소와 양으로 법궤 앞에서 제사를 드렸다.

그리고 제사장들이 성막과 성막의 기구들을 성전 안으로 메어 들이고(왕상 8:5), 마지막으로 법궤를 지성소 안에 메어 들이고(왕상 8:7; 대하 5:7), 성소에서 나오자, 기브온에서 온 헤만과 여두둔, 그리고 예루살렘에서 온 아삽이 이끄는 노래하는 레위 사람들이 각종 악기를 동원해 제단 동쪽, 즉 뜰에 있는 놋 제단과 성전 문 사이에서[91] 나팔 부는 제사장 120명과 함께 하나님을 찬양했고, 그와 동시에 성전 건물 전체가 구름으로 뒤덮였다(왕상 8:10; 대하 5:13).

이 영광의 구름은 랍비들이 '쉐기나 영광'이라고 부르는 것으로서, 보이지 않는 하나님이 임재하셨다는 것을 보여주는 상징물이며,[92] 하나님의 신비와 위엄을 강조한다.[93] 이 영광의 구름이 너무나 가득해서 제사장들은 성전에서 물러나야 했다(왕상 8:11).

이 영광의 구름은 하나님이 솔로몬이 손으로 만든 성전을 인정하셨다는 뜻이고, 하나님이 이스라엘 백성과 함께 하시겠다는 뜻을 보여주신 것이

가 그 안에 있었다는 설명이 첨가되었다.
90 셀만, 『역대하』, 78.
91 셀만, 『역대하』, 80.
92 Patterson and Austel, "1 Kings," 701.
93 셀만, 『역대하』, 81.

다.⁹⁴ 드디어 다윗의 계획이 완성된 것이다. 2장에서 다뤘듯이, 다윗은 예루살렘을 야훼 종교의 중심지로 삼으려고 했는데, 처음부터 기브온에 있었던 성막을 예루살렘으로 가져오는 대신 법궤만 가져왔었다. 그리고 그 아들 솔로몬은 성전을 건축했고, 법궤를 성전으로 들여놓으면서 동시에 기브온에 있던 성막도 성전 안으로 들여놓은 것이다. 사실상 성막을 없앤 것이나 다름없다. 이제 그 기능을 대체할 성전이 지어졌기 때문에 성막이 필요 없게 된 것이다.

이렇게 함으로써 다윗이 계획했던 큰 그림을 솔로몬이 완성했다. 이제 예루살렘은 명실상부한 이스라엘 종교의 중심지가 되었다. 이것은 이스라엘의 왕들이 백성들로 하여금 오직 야훼 하나님만 섬기게 하도록 이끌 수 있는 강력한 통치 기반이 마련되었다는 뜻이다.

솔로몬은 그곳에 모인 무리를 축복한 후 봉헌 기도를 드렸다. 기도를 마친 후 다시 한번 모인 무리를 축복했다. 솔로몬은 계속해서 하나님께 드리는 엄청난 양의 희생 제사를 주관했다. 솔로몬의 선포로 축제는 2주간(14일) 지속되었다.

6. 과유불급(過猶不及): 부와 영광이 넘치면 어떻게 되는가?

성전 건축을 마치자 솔로몬은 왕궁을 짓기 시작했는데, 완공되는 데 13년이나 걸렸다. 성전을 짓는 데 7년이 걸렸으니 두 건축물을 짓는 데만 20년이 걸린 것이다. 그는 앞에서도 언급했던 '울람 하 미슈파트'라는 것을 만들었는데, 번역하면 '재판하는 주랑'이다(왕상 7:7). 이곳에는 왕이 앉는

---

94 Patterson and Austel, "1 Kings," 701.

커다란 상아 보좌가 있었는데, 솔로몬은 이곳에 앉아 송사들을 다루었다. '울람'은 일반적으로 현관 같은 것을 뜻하는데, 주랑으로 번역한 것은 이곳이 벽으로 둘러싸이지 않고 기둥만으로 구별될 수 있는 공간이었기 때문일 것이다.

솔로몬은 이집트에서 온 파라오 시아문의 딸을 위해 궁전을 지어주었다(왕상 7:8; 9:24). 그동안 이 여인은 시온산에 있는 다윗성에 기거하고 있었는데(왕상 3:1), 그곳엔 법궤가 안치되어 있으므로 이방인이자 여인인 자기 아내를 그곳에서 떨어져 살게 할 필요가 있었다. 솔로몬은 그녀가 비록 자기 아내였지만 거룩한 장소에 이방인이 거주하는 것이 옳지 않다고 생각했거나, 자기의 아내가 거룩한 물건과 접촉하면 위험해지기 때문에 이런 조치를 취한 것이다(대하 8:11).[95]

이 원칙이 다른 아내들에게도 적용되었다면, 솔로몬은 분명히 모압, 암몬, 에돔, 시돈, 헷에서 온 아내들을 위해서도 거처를 마련해 주었을 것이다. 그러나 이 이방인 아내들에게 거처할 독립된 공간을 마련해준 것은 결과적으로 이방 여인들이 자신들이 모국에서 섬기던 신을 섬길 수 있는 길을 열어주었다. 자기들이 사는 독립적인 공간에 자신들이 섬기는 신들을 위해 산당을 지어달라고 여인들이 요구할 때, 솔로몬은 이 요청을 거절하기 어려웠을 것이다(왕상 11:7-8). 솔로몬은 애초부터 이방인 아내들과 결혼하지 말았어야 했다.

---

[95] H. G. M. Williamson, "1 and 2 Chronicles," *New Century Bible Commentary* (Eugene: Wipf & Stock, 1982), 231.

그림 40. 솔로몬이 건축한 므깃도 성문

그림 41. 솔로몬이 건축한 마굿간의 북쪽 터

솔로몬은 다른 건축물도 많이 지었는데, 먼저 시온산(다윗성)과 그 북쪽에 있던 성전과 공공 건물 지역을 둘러싸는 성벽을 건설했다. 둘러싸인 지역의 넓이는 남북으로 약 900m, 동서로 약 200m에 이른다. 평수로 따지면 약 5만 6천 평인데, 고대 세계에선 이 정도면 상당한 규모의 성이었다.[96]

솔로몬은 또 밀로를 건축했는데(왕상 9:15, 24; 11:27), 밀로라는 말은 (가득) 채운다는 뜻으로서, 아마 가파른 언덕 위에 세워진 계단 모양의 구조물이거나, 도시의 가파른 동쪽 경사면에 돌을 쌓아서 만든 일종의 대지로서 그곳에 집들이 세워졌을 것으로 추측된다.[97]

솔로몬은 또 하솔, 므깃도, 게셀 등 교통의 요지들을 재건하고 강화했다. 이 도시들은 국제 도로들이 지나가는 곳이기에 군대나 상인들이 반드시 거쳐 가는 교통의 요지(要地)다. 솔로몬은 이런 전략적인 도시들에 병거와 마병을 위한 성을 마련했는데, 이런 창고 시설과 군사 시설들은 남쪽으로 네게브를 거쳐 에시온게벨에 이르는 대상로를 보호하기 위해 설치되었을 가능성이 있다. 그 증거로서 에시온게벨에서는 한 건물이 발견되었는데, 그동안 많은 학자는 이 건물이 제련소였을 것이라고 생각했지만, 최근에는 이 건물이 일종의 요새였을 것으로 본다. 항구에 선박들이 드나들고 대상들에게 필요한 물건들을 창고에 보관했는데, 이런 것들을 지키기 위해 요새가 필요했을 것이다.[98]

솔로몬은 또 블레셋의 침략에 대비해 기브온 바로 북쪽의 벧 호론과 게셀 바로 남쪽의 바알랏에 건축물을 세웠고, 다드몰에도 성읍을 건축했는데, 다드몰은 다메섹에서 동쪽으로 약 235km 떨어진 시리아 동부 사막 지

---

[96] 메릴, 『제사장의 나라』, 388.
[97] *HALOT*, 587; *BDB*, 571; Wiseman, 137; 메릴, 『제사장의 나라』, 388.
[98] 브라이트, 『이스라엘의 역사』, 278.

대의 오아시스 도시로서, 팔미라와 같은 곳으로 추정된다.[99]

고대의 중요한 통상로는 시리아 사막을 우회하는 도로이지만, 다드몰을 이용하면 시리아의 사막 지대를 직선으로 횡단할 수 있었다. 솔로몬은 또 히람에게서 돌려받은 성읍들을 건축하여 그곳에 이스라엘 백성들을 이주시키고, 레바논의 오론테스 강가에 있는 하맛 소바를 점령한 후 재건하였다(대하 8:2-6). 솔로몬은 이렇게 함으로써 수도 예루살렘의 방어 체계를 강화하고 이스라엘과 보다 확대된 주변 정복 지역으로 연결되는 주요 도로들까지 보호하는 일련의 방어 기지를 구축했다.

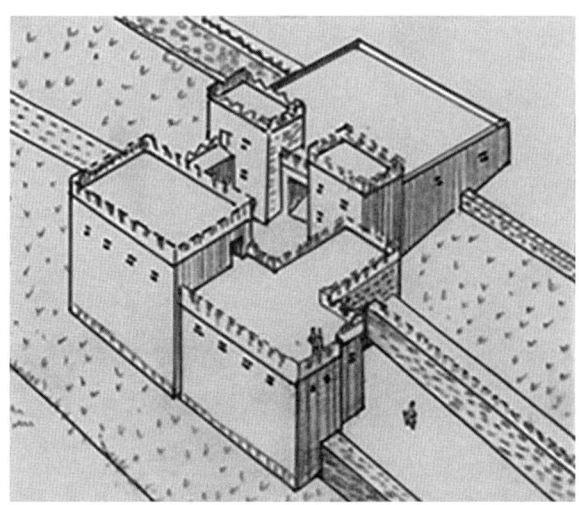

그림 42. 팀나(딤나)의 성벽과 성문. 딤나에는 솔로몬이 만든 구리 광산이 있었다고 알려졌다.

앞에서 얘기했듯이, 솔로몬이 누린 모든 부귀와 영광은 하나님이 복을 주신 결과다. 그런데 솔로몬이 믿음에서 멀어지자 그 복이 왕국을 위협하는 요인이 되어 버렸다. 이스라엘은 하나님의 계명을 지키는 것을 우선순

---

[99] S. Cohen, "Tadmor," *IBD* 4, 509-510; F. C. Fensham, "Tadmor," *NBD*, 1161

위로 둬야 하는 특별한 나라다. 부귀와 영광은 하나님이 주신 선물이지, 얻으려고 애써야 할 목적이 되어서는 안 된다. 이스라엘은 자신이 제사장 나라라는 독특한 사명을 지니고 있음을 잊지 말아야 한다. 애굽이나 앗수르나 바빌로니아처럼 세계를 지배하는 강대국이 되거나 페니키아처럼 해상 무역을 지배하는 경제 대국이 되는 것이 이스라엘의 사명이 아니다. 이 사실을 망각할 때 왕국에 위기가 닥친다.

솔로몬은 어느 순간부터 부귀와 영광을 추구하면서 믿음에서 멀어지기 시작했다. 그는 병거 성들과 마병의 성들을 건축했고, 병거 1,400대와 마병 12,000명을 모았고, 말들을 애굽에서 들여왔다(왕상 9:19; 10:26, 28). 애굽에서 병거와 말을 들여와 헷 족속과 아람 왕들에게 팔기도 했다(왕상 10:29).[100] 하나님은 장차 이스라엘의 왕이 될 사람들은 말을 많이 두지 말라고 말씀하셨는데(신 17:16), 하나님을 의지하는 대신 군사력을 의지할 것을 우려하신 것이다. 잠언 21:31은 "싸울 날을 위하여 마병을 예비하거니와 이김은 야웨께 있느니라"라고 한다. 성경은 군대가 아주 필요 없다고

---

[100] 역대기는 이 이야기를 솔로몬이 기브온에서 하나님께 약속을 받은 사건 이후에 두었다(대하 1:14-17). 솔로몬이 병거 1,400대와 마병 12,000명을 보유하고 있고, 솔로몬에게 은금이 풍부하고, 솔로몬은 말과 병거를 사들여 파는 무역을 했다. 열왕기에는 같은 이야기가 통치 후반부에 나오는데(왕상 10:26-29), 여기에선 이례적으로 앞에다 두었는데, 그 이유는 그 다음에 곧바로 성전 건축 문제를 이야기하기 때문에(대하 2-7장), 하나님이 솔로몬에게 부에 대한 약속을 지키셨다는 것을 보여주면서, 이 부가 성전을 위해 일부 준비되고 있다는 것을 보여주기 위해서일 것이다(셀만, 『역대하』, 42)
하지만, 말이나 은금을 많이 두지 말라는 신명기의 규례(신 17:16-17)를 모를 리 없는 역대기 기자가 이 이야기를 여기에 둔 것은 의미심장하다. 왜냐하면, 은금은 성전 건축에 필요한 자원이지만, 말과 병거는 성전 건축과 무관해 보이기 때문이다. 이를 부(富)로 보는 해석도 있는데, 은금은 부의 상징일지 몰라도, 말이 무슨 부의 상징이었겠는가? 역대기 기자는 솔로몬을 다윗과 함께 이스라엘 야웨 종교의 기반을 창설한 사람으로 보기 때문에, 부정적인 이야기는 다 생략했다. 하지만 역대기 기자가 솔로몬의 문제점을 모를 리는 없었을 것이다. 그는 이런 방식으로 솔로몬의 통치가 하나님의 은혜와 축복으로 시작하지만, 그 축복이 축복으로 남아 있으려면 지속적인 믿음이 필요하다는 것을 암시하는 것일지도 모른다. 너무나 맑은 하늘에 보이는 주먹만 한 작은 구름이 어딘지 모르게 불길하게 느껴지는 것처럼, 솔로몬이 받은 지혜와 부와 영광이 이스라엘의 미래에 어두운 그림자를 드리우는 것 같다.

가르치지는 않는다. 하지만 강한 군사력을 보유할수록 하나님을 의지하는 마음은 약해질 것이 분명하다.

그림 43. 솔로몬의 무역선.

솔로몬은 또 은금을 많이 두었다. 다윗이 에돔을 정복한 덕분에 솔로몬은 아카바만 끝에 있는 엘롯(에일랏) 근처의 에시온게벨에서 배들을 건조한 후 홍해를 통해 무역선들을 보낼 수 있었는데, 다시스 배라고 불린 이 배들은 3년에 한 번씩 금, 은, 백향목, 보석, 상아, 원숭이, 공작을 실어왔다(왕상 10:22).[101] 항해하는 데 3년이 걸렸다는 것은 목적지가 상당히 멀었거나, 목적지까지 가는 도중에 많은 항구에 들렸기 때문일 것이다.

솔로몬이 배들을 보낸 주요 목적 중 하나는 금을 실어오는 것인데, 히람의 도움을 받아 항해술이 뛰어난 페니키아 선원들을 고용해 오빌까지 가서 금을 실어왔다(왕상 9:26-28). 오빌은 성경의 다른 본문에서도 금의 원산

---

[101] 다시스(히브리어 타르쉬슈)는 지명인데, 다시스가 어딘지에 관해서는 카르타고, 팔레스타인 서부의 섬들 중 하나 등, 여러 견해가 제시되었지만 가장 널리 받아들여지고 있는 견해는 스페인으로 보는 것이다(*HALOT*, 1797).

지로 나온다(욥 28:16; 사 13:12). 오빌은 아마 남 아라비아였을 것으로 추정되기도 하지만,[102] 정확한 위치는 알 수 없고, 다만 상당히 먼 곳이었다는 점만은 분명해 보인다.[103]

게다가 솔로몬 왕국은 세금으로 거둬들인 금도 많았다. 매년 666달란트의 황금을 거둬들였다고 하는데(왕상 10:14), 이것은 약 25톤에 해당되는 어마어마한 양이다.[104] 나중에 산헤립이 히스기야에게 은 300달란트와 함께 금 30달란트를 요구하는데, 히스기야가 이 요구를 들어주기 위해 성전 문의 금과 자기가 모든 기둥에 입힌 금을 벗겨 주었다는 사실(왕하 18:14-16)을 고려한다면. 매우 많은 양이었다는 것을 상상할 수 있을 것이다.

그렇다면 이렇게 많은 금이 왜 필요했을까?

이렇게 많은 말과 무역 등 솔로몬 왕국이 누린 부와 영광은 무슨 의미가 있는가?

솔로몬은 금의 일부를 가지고 방패들을 만들었다(왕상 10:16-17; 대하 9:15-16). 그는 쳐서 늘인 금으로 큰 방패 2백 개와 작은 방패 3백 개를 만들었는데, 큰 방패에는 한 개당 600세겔, 즉 3.5kg의 금이, 작은 방패에는 3마네, 즉 1.7kg의 금이 사용되었다.

이 방패들은 과연 무슨 의미가 있는가?

분명히, 이 방패들은 실전을 위해 만들어진 것이 아니라 의식에 사용하려고 만든 것이다.[105] 실제로 고대 근동에서 의식용 놋 방패가 고고학자들

---

[102] D. J. Wisemam, *1 and 2 Kings*. TOTC (Downers Grove: Intervasity Press, 1993), 138.

[103] 이 밖에도 오빌의 위치에 관해서 남 아라비아(예멘), 남동 아라비아(오만), 동 아프리카의 소말리아, 남 로디지아의 짐바브웨, 인도의 뭄바이 근처 등 여러 견해가 제시되었다.

[104] 666이라는 수치는 오빌에서 실어온 금 420달란트(왕상 9:28), 히람에게서 받은 금 120달란트(왕상 9:14), 스바의 여왕이 가져온 금 120달란트(왕상 10:10)를 합산한 것이라는 견해가 있다(Marvin A. Sweeny, *I & II Kings*. OTL [Westminster: John Knox Press, 2007], 151; Gray, *I and II Kings*, 264가 인용한 반 덴 본(van den Born)의 견해.

[105] Wiseman, *1 and 2 Kings*, 142,

에 의해 발견되었다. 이 방패들은 솔로몬 왕국의 부를 과시하기 위한 것이다.[106]

그림 44. 이스라엘 고대부(古代府)가 소장하고 있는 이 돌은 텔 카실레에서 발견되었는데, 돌 위에 쓰인 글자는 '오빌의 금'이라는 뜻이다(대상 29:4).

솔로몬의 왕국이 누리는 부귀와 영화가 왕국을 타락시킬지도 모른다는 우려가, 점점 현실이 되어가고 있었다. 적절한 시점에 하나님이 솔로몬에게 다시 나타나셔서, 언약에 충실하라고 경고하셨다. 솔로몬이 성전과 왕궁 건축을 끝내고 자기가 이루고자 하는 것을 다 마치자, 하나님이 솔로몬에게 다시 나타나셔서 말씀하셨다(왕상 9:3-9). 하나님은 크게 두 가지를 말씀하신다.

첫째, 아버지 다윗처럼 온전한 마음으로 하나님을 섬겨서 하나님의 말씀에 순종하면, 다윗에게 주신 약속대로 솔로몬의 왕위를 견고하게 하실 것이다.

둘째, 하나님의 말씀에 순종하지 않고 우상을 섬기면 성전조차 짓밟히

---

[106] 월튼 외 2인, 『IVP 성경배경주석 구약』, 615.

도록 내버리실 것이다. 말씀에 순종하고 오직 하나님만 섬기라는 말씀이다. 이 두 번째 말씀은 솔로몬에게만 주신 것이 아니라 이후의 모든 왕에게도 주시는 경고다.

이 경고를 듣고도 솔로몬은 크게 달라지지 않았다. 아니, 달라지기 어려웠다. 세속적인 가치가 하나님 나라의 목표를 대신해 버린 것이다. 하나님이 이스라엘의 왕이 될 사람은 말(馬)을 많이 두지 말고, 자기를 위해 은과 금을 많이 쌓지 말고 아내를 많이 두지 말라고 말씀하셨는데(신 17:16-17), 솔로몬은 하나님의 말씀을 듣지 않고 말과 은금과 아내를 많이 두었다.

특히, 아내를 많이 둔 것이 치명적인 결과를 가져왔다. 솔로몬에게는 아내가 700명, 첩이 300명 있었는데(왕상 11:3), 아내들 가운데는 이집트를 비롯해 모압, 암몬, 에돔, 시돈과 헷으로부터 온 공주들도 있었다.[107] 모압, 암몬, 에돔은 조공을 바치던 국가였기 때문에 적극적으로 솔로몬과 혼인 관계를 맺으려 했을 것이고 시돈과 헷은 조금 다른 상황에서 솔로몬에게 공주를 주었을 것이다. 두로가 이스라엘과 동맹 관계에 있었기 때문에 시돈의 공주와의 결혼은 자연스럽게 이뤄졌을 것이다.

도대체 솔로몬은 왜 이렇게 많은 이방 여인들과 결혼했을까?

국가 안보를 확실히 하려는 외교적인 목적 때문이었을까?

---

[107] 헷이라는 명칭은 힛타이트 제국을 가리키기도 하고, 가나안의 헷 족속을 가리키기도 하는데, 여기에선 전자를 가리킨다. 힛타이트 제국은 기원전 1800년경 한 인도 유럽어족이 소아시아 땅에 세운 국가인데, 기원전 1200년경 붕괴되었다. 그렇지만 시리아에서는 과거에 힛타이트 제국에 속했던 일곱 도시 국가들이 몇 세기 동안 계속해서 힛타이트 족속이라는 명칭을 사용했다. 예를 들면 오론테스 강변의 하맛과 유프라테스 강변의 갈그미스가 대표적이다. 하맛은 다윗과 동맹을 맺고 있었다(삼하 8:9). 그러므로 솔로몬이 결혼 관계를 맺은 힛타이트의 왕들은 하맛 왕을 포함해 시리아에 거주하던 힛타이트 도시 국가들의 왕일 것이다(F. F. Bruce, *NBD*, 485-486). 이 용어가 왕하 7:6에서처럼 인종적인 의미를 지닌다면, 시리아 북부와 아나톨리아 남부에 있던 후리족을 가리키는 것이다(Gray, *I and II Kings*, 270).

다윗이 주변 국가들을 정복하고 솔로몬은 주변 국가들로부터 조공을 받았는데, 그렇다면 솔로몬이 왕국의 평화를 유지하기 위해서 그랬다기보다는 시아문이 자기 딸을 솔로몬에게 주었던 것처럼, 주변 국가들이 솔로몬과 혼인 관계로 맺어지길 원했기 때문에 이렇게 되었을 것이다.

솔로몬에게 이 많은 이방 여인을 아내로 맞이하는 것은 불가피한 선택이었을까?

솔로몬의 결혼은 한 세기 후 아합이 이세벨을 맞이해서 맞게 될 영적인 혼란의 전조다.

이세벨이 그랬던 것처럼, 이 여인들도 솔로몬과 결혼할 때 자신들이 믿던 이방 신들까지 가져왔다. 그리고 솔로몬이 늙자 솔로몬을 꾀어 다른 신들을 따르게 했다(왕상 11:4). 아담부터 시작된 인류 역사를 통틀어, 남자가 여자의 유혹에 넘어가지 않은 경우는 거의 없었다. 그런 관점에서 보면, 이 여인들이 솔로몬을 따라 야웨를 섬기는 경건한 백성이 되는 대신, 오히려 솔로몬이 여인들을 따라 배교의 길을 걸어갔다는 것이 하나도 이상하지 않다.

그림 45. 사랑과 다산과 전쟁의 여신인 아스다롯을 형상화한 테라코타와 거푸집. 테라코타란 양질의 점토를 설구워서 만든 형상을 가리킨다. 솔로몬이 아내로 맞이한 시돈 여인들 때문에 아스다롯 숭배가 이스라엘에 유입되었다(왕상 11:35).

솔로몬이 구체적으로 어떻게 이방인들의 신에게 제사를 드리거나 분향을 했을까?

이방인 아내가 자기네 국가 신에게 제사를 드릴 때 동행하고 그 신들에게 분향하고 제물을 드렸을까?

아니면 동행은 했지만 제사를 드리거나 신들에게 분향하거나 제물을 드리지는 않았을까?

어떤 행동을 한 것인지 알 수 없지만, 다윗처럼 하나님을 온전히 따르지 않았다는 뜻이다. 솔로몬은 시돈 사람의 여신 아스다롯과 암몬 사람의 우상 밀곰을 따랐다고 하는데(왕상 11:5), 여기서 "따랐다"는 말은 히브리어 '할락 아하르'를 번역한 것으로서, 요셉이 형들의 뒤를 따라갔다고 할 때처럼(창 37:17), 누군가의 뒤를 따라간다는 뜻으로부터 온 말로서, 다른 신들을 적극적으로 섬긴다는 뜻을 나타낸다.[108]

아스다롯은 팔레스타인과 시리아에 만연한 사랑과 풍요의 여신이고 밀곰은 암몬의 국가 신이다.

> 솔로몬이 야웨의 눈앞에서 악을 행하여 그의 아버지 다윗이 야웨를 온전히 따름 같이 따르지 아니하고 모압의 가증한 그모스를 위하여 예루살렘 앞 산에 산당을 지었고, 암몬 자손의 우상 몰렉을 위한 산당도 지었다(왕상 11:6-7).

그런데 열왕기는 솔로몬을 비난하면서도 솔로몬이 나이 많을 때에 그의 여인들이 그의 마음을 돌려 다른 신들을 따르게 했다며(왕상 11:4), 더 큰 책임을 이방 여인들에게 돌리는 듯하다. 이방인 아내들이 솔로몬을 꾀어

---

[108] *BDB*, 29; *HALOT*, 35.

솔로몬이 거기에 넘어갔다는 식이다. 이방인 아내들은 한 걸음 더 나아가 솔로몬을 설득하여 자기네 국가 신을 위한 성소를 예루살렘에 짓게 했다. 솔로몬의 이런 행동을 우리는 이해하기 어렵다.

어떻게 솔로몬 같은 사람이 이런 심각한 우상 숭배의 죄를 지을 수 있는가?

하지만 솔로몬의 입장을 조금만 깊이 생각해 보면 이해가 간다. 외국에서 시집온 아내가 언어와 문화와 종교가 전혀 다른 상황 속에서 외로움을 호소하며 당신에겐 강요하지 않겠다고 하면서 자기를 위해 산당을 하나 지어달라고 하면, 그런 부탁을 거절하기 어려웠을 것이다. 애초부터 이방 여인을 아내로 맞아들이지 말았어야 한다.

하나님은 일찍이 이스라엘 백성들에게 이방인과 통혼하지 말라고 수차례 말씀하셨지만, 소용없는 일이었다. 솔로몬에게도 두 번씩이나 나타나셔서 다른 신들을 섬기지 말라고 경고하셨지만, 솔로몬은 끝내 순종하지 않았다. 외국인 아내들을 위한 산당들을 파괴하고 예루살렘에 스며들어온 외국의 종교와 문화를 없애버리기엔 솔로몬이 너무 늙었는지 모른다.

결국 솔로몬의 죄에 대한 징계로, 하나님은 왕국을 떼어내어 솔로몬의 신하에게 주실 것이다. 하지만, 다윗과의 언약을 기억하셔서 솔로몬의 생전이 아니라 그의 아들 대에 이렇게 하시겠다고 말씀하셨다(왕상 11:11).

7. 왕국에 짙게 드리우는 어두운 그림자

앞에서 얘기했듯이, 솔로몬은 통치 초기에 하나님으로부터 지혜와 부와 영광까지 주시겠다는 약속을 받았고, 그 약속대로 이스라엘은 솔로몬의 지혜로운 통치 아래 눈부시게 발전했다. 솔로몬은 하나님이 주신 부요를 자원으로 삼아 성전을 건축함으로써, 다윗에게 하신 약속의 일부를 이루는 선한 도구가 되기도 했다. 그러나 그가 믿음에서 멀어지면서 그의 왕국도 위기를 겪게 된다. 하나님은 약속을 지키셨지만, 솔로몬은 초심을 끝까지 지키지 못했다. 말년에 가서 신앙을 잃으면서 왕국의 찬란한 영광도 사라져 버렸다.

하나님이 솔로몬을 징계하셔서 세 명의 인물을 대적자로 세우셨는데, 그 세 사람은 에돔 사람 하닷, 다메섹의 르손, 느밧의 아들 여로보암이다(왕상 11:14-40). 성경은 이들이 솔로몬을 대적하게 된 것이 하나님이 하신 일임을 분명히 한다. 왕이 믿음에서 멀어지자 하나님이 그를 징계하심으로써 왕국에 위기가 온 것이다.

다윗이 에돔을 정복할 때 요압은 에돔의 남자들을 학살했는데, 그런 와중에 어린 왕자 하닷이 미디안과 바란을 경유해 애굽으로 도망갔다. 당시 애굽을 통치하던 아멘엠오페(기원전 993-978년)는 하닷을 보호해 주었고, 하닷은 장성하여 파라오의 처제이자 왕비인 다브네스의 동생과 결혼했다.[109] 이때의 파라오는 시아문으로 추정된다. 시아문은 당시 솔로몬과 동맹 관계에 있었는데도 하닷을 자기 처제와 결혼시키고 보호해 주었는데, 정치적인 이유에서 그렇게 했을 것이다. 다윗과 요압이 죽었다는 소식을 듣자 하닷은 용기를 내어 고국으로 돌아갔는데, 아마 솔로몬의 통치 초기에 돌아갔을 것이다(왕상 11:21-22).

따라서 시점으로만 보면 하닷이 귀국한 것은 솔로몬의 통치 초기이므로 귀국 자체는 솔로몬의 죄에 대한 징계 차원에서 일어난 일은 아니다. 그러나 본국으로 돌아간 하닷은 몸을 도사리고 보복할 날을 기다리며 힘을 기

---

[109] 이하 메릴, 『제사장의 나라』, 390-392; 프로반 외 2인, 『이스라엘의 성경적 역사』, 517-518; 르메르, "연합왕정: 사울, 다윗, 솔로몬," 181 참고.

르고 있었을 것이고, 솔로몬의 통치 말년에 적극적으로 대적이 된 것으로 보인다.

하나님이 솔로몬의 대적자로 일으키신 또 다른 인물은 다메섹의 르손이다. 르손은 소바 왕 하닷에셀의 봉신이었는데, 다윗이 하닷에셀을 정복한 후에 자신의 세력을 구축할 수 있었다. 솔로몬이 죽을 때까지 다메섹은 겉으로는 이스라엘의 속국에 불과했지만, 솔로몬에게는 껄끄러운 존재였다. 아마 솔로몬이 죽고 왕국이 분열된 후 얼마 지나지 않아 르손이나 그의 후계자 타브림몬 때에 다메섹은 이스라엘의 지배에서 벗어난다. 다메섹은 그 후 한동안 이스라엘에게 가시 같은 존재가 된다.

하나님이 솔로몬의 대적자로 일으키신 세 번째 인물은 느밧의 아들 여로보암인데 이 사람이 가장 중요하다. 예루살렘에서 밀로를 건설할 때 여로보암은 청년이었는데, 솔로몬은 그의 부지런함에 깊은 감명을 받아 그를 요셉 족속의 감독자로 세웠다(왕상 11:27-28). 그러나 솔로몬의 말년에 자기의 의사와는 상관없이 실로의 선지자 아히야로부터, "이스라엘을 솔로몬의 손에서 빼앗아 너에게 열 지파를 주겠다"라는 하나님의 말씀을 듣는 바람에, 그는 반역자가 되어 정치적인 망명을 선택할 수밖에 없었다(왕상 11:29-40). 그는 애굽으로 도망쳐 22왕조의 쇼솅크(기원전 945-924년)의 보호를 받다가 솔로몬이 죽자 귀국하여 북이스라엘 왕국을 창건한다.

이런 일은 하나님이 솔로몬의 죄를 징계하신 결과인데, 궁극적인 목적은 솔로몬과 이스라엘로 하여금 회개하게 하시려는 것이다. 국가의 부가 증대되었지만, 그 혜택이 사회 각 계층에 골고루 분배되지 않았고, 대규모 건축 사업을 위해 동원된 사람들(이스라엘 영토 안에 거주하던 이방인들)의 불만의 목소리는 커져 가기 시작했을 것이다.

게다가 어느 시점부턴 이스라엘 사람들도 국가 건축 사업에 동원되어 노동력을 제공한 것으로 보인다(르호보암과 이스라엘 대표들이 협상하는 장면을 보면 알 수 있다). 솔로몬이 죽자 불만은 한층 더 커졌고 혹독한 세금과 노역의 부담을 줄여달라는 호소가 받아들여지지 않자, 이스라엘 지파들은 다윗의 왕실에 등을 돌렸다. 나라가 분열되고 만다. 이 장면은 다음 장에서 좀 더 자세히 살펴보려고 한다.

넬슨이라는 주석가는 이렇게 말한다.

> 솔로몬의 번영은 지혜를 구한 왕의 신실한 기도의 결과로 주어진 하나님의 선물이지만 이 모든 번영의 계속적인 향유 여부는 권력을 쥔 자의 율법에 대한 계속적인 순종이라는 조건에 달려있다.[110]

문제의 핵심을 아주 정확히 지적한 말이다. 솔로몬이 지혜로운 사람이었기 때문에 지혜롭게 통치를 했다고 말할 수 있을지 모르겠지만, 그 지혜 역시 하나님의 선물이므로 궁극적으로는 모든 것이 하나님의 은혜의 결과인 것이다. 하지만, 어느 시점부터 솔로몬은 자신의 눈에 펼쳐진 부귀와 영화가 자신의 손으로 이룩한 것이라고 생각했을지 모른다. 이런 생각이 마음에 들기 시작하는 순간부터 신앙의 위기가 시작되는 것이다. 결국, 그는 말년에 이르러 심각한 배교를 함으로써 왕국 분열의 원인을 제공한다.

솔로몬의 이야기가 오늘 우리의 맘에 와 닿는 이유는 무엇일까?

21세기 대한민국을 살아가는 많은 그리스도인의 모습이 왜 자꾸 솔로몬의 모습과 중첩되는 것일까?

---

[110] 넬슨, 86.

8. 성령으로 시작해서 육체로 마친 사람

솔로몬은 단순하게 평가하기 어려운, 복합적인 캐릭터를 지닌 인물이다. 그는 매우 지혜로운 사람이었다. 지혜롭다는 것은 좋은 것이다. 성경은 이상적인 왕의 모습 가운데 하나로 공의와 정의(히브리어로 '미슈파트'와 '쩨데크'라고 함)를 자주 언급하는데, 솔로몬의 지혜는 공의와 정의를 세우는 것으로 나타난다.

그러나 그의 지혜는 정치, 경제, 외교 등 여러 분야에서 수많은 방책으로 나타나기도 하는데, 방책을 세운다는 것이 지혜로운 행동일 수도 있지만, 하나님을 신뢰하지 못해서 그럴 수도 있는 것이다. 신앙이란 하나님을 의지하는 것인데, 이것은 수단과 방법에 의존하지 않는다는 뜻이다. 신앙을 지키려면 길이 하나밖에 없어야 하는데, 길이 많다 보면 도망칠 가능성도 많아지는 법이다. 솔로몬을 평가할 때 지혜롭다고 하는 것은 이런 긍정적인 평가와 부정적인 평가를 모두 포함한다는 뜻이다.

한 국가의 통치자로서, 솔로몬은 높이 평가받을 만한 인물이다. 그는 성전을 건축하고 관료제를 확립하고 행정 구역을 재편해서 중앙 정부(왕실)의 통치력이 전국에 미칠 수 있게 했고, 무역을 통해 국가의 부를 증대시키는 등, 많은 업적을 남겼다. 대외적으로는 결혼을 통해 여러 왕실과 동맹을 맺었는데, 심지어 이집트와도 동맹을 맺어 국제적인 위상이 높아졌다. 그가 통치하는 동안 이스라엘은 고대 근동에서 가장 부강한 나라가 되었으며 이스라엘은 평화를 누릴 수 있었고 백성들은 안락한 삶을 즐겼다. 세속적인 관점에서 그를 평가한다면 그는 유능한 왕이다.

솔로몬은 성전을 건축하고 다윗과 함께 이스라엘 국가 종교의 기초를 놓은 믿음의 사람이다. 역대기는 이 점만 보았고 다른 부정적인 면은 이야기하지 않았다.[111] 하지만 열왕기는 솔로몬이 죄를 지었다는 사실을 강조한다. 그의 좋은 업적들은 인정할 수 있지만, 그것은 하나님이 주신 선물이다. 그러나 말년에 그가 하나님을 떠나자 이스라엘에 우상 숭배가 만연하게 되었고 그의 죄에 대한 징계로 나라가 둘로 갈라졌다. 솔로몬의 성전과 왕궁의 화려함과 웅장함의 이면에는 강제 노역과 과중한 세금에 시달린 백성들의 불만이 있었다.

솔로몬이 통치하던 이스라엘은 공의로운 통치와 평화와 안정과 경제 발전과 부의 증가와 같은 좋은 모습들을 보여주면서, 막판에는 왕국의 분열이라는 비극으로 끝나고 만다. 이런 점들을 소홀히 다뤄서는 안 된다. 솔로몬 통치의 이런 상반된 모습들을 모두 보고 평가해야 비로소 솔로몬의 통치에 대해 공정한 판단을 내릴 수 있는 것이다. 솔로몬의 통치를 거치면서 이스라엘에는 위기가 닥치는데, 순수했던 야웨 신앙에 불순물이 끼어들기 시작했다.

이 위기를 극복할 방법이 있을까?

이스라엘이 유다로부터 갈라져 나간 것은 야웨 신앙을 순수하게 보존하기 위한 고육지책이었을까?

솔로몬을 보면서 사도 바울이 대단히 화가 나서 갈라디아교회에 편지를 쓰면서 한 말이 생각난다.

성령으로 시작해서 육체로 마치려느냐?(갈 3:3)

---

[111] 역대기는 정치적인 사건들보다는 종교적인 사건들에 더 큰 집착을 보이며 성전과 성전 예배를 매우 중요하게 생각한다(J. E. Goldingay, "Chronicles, Books of," *NBD*, 187).

제4장

금수저와 흙수저가 만들어낸 합작품

왕국을 분열시킨 두 왕 르호보암과 여로보암:
통합 이스라엘이 남북으로 갈라진후 서로 다른 길을 걷기 시작하다

1. 과격한 말은 분노를 일으킨다(잠 15:1)

　기원전 931년경의 이스라엘 왕국, 솔로몬이 죽은 지 얼마 되지 않은 어느 날,[1] 수도 예루살렘에서 북쪽으로 50km 떨어진 세겜에 많은 백성이 운집해 있다. 북쪽에는 에발산이 골짜기 위로 427m가 우뚝 솟아 있고,[2] 남쪽으로는 그리심산이 천연 원형 극장을 만들어 주는 계곡의 동쪽 끝에 있는 유서 깊은 이 도시에서 이제 유다 왕 르호보암이 이스라엘의 왕으로 즉위하는 대관식이 치러질 예정이다.[3]

---

[1] 왕국이 분열된 연대를 930년으로 잡는 것은 틸레(Thiele)의 연대기를 따른 것이다. 틸레는 솔로몬이 죽은 해를 기원전 931년으로, 왕국이 분열된 것은 기원전 930년으로 잡는다(에드윈 R. 딜레, 『히브리 왕들의 연대기』(*The Mysterious Numbers of the Hebrew Kings*), 한정건 역 [서울: CLC, 1990], 107-8). 많은 학자가 이 연대를 따른다(직프리드 H. 혼, "분열 왕정: 유다 왕국과 이스라엘 왕국," 허셜 섕크스 엮음, 『고대 이스라엘』, 206; 카이저, 『이스라엘의 역사』, 369).

[2] 에발산의 실제 높이는 해발 938m이다(G. T. Manley, G. I. Davies, "Ebal, Mount," *NBD*, 294).

[3] 왕상 12:1에 따르면 "온 이스라엘"이 르호보암을 왕으로 삼으려고 세겜에 이르렀다"라고 한다. 여기서 '온 이스라엘'(콜 이스라엘)이라는 말은 유다와 베냐민 지파를 제외한

르호보암은 얼마 전에 예루살렘에서 대관식을 치렀지만, 북쪽 지파들 앞에서 대관식을 한 번 더 치르기 위해 이곳으로 온 것이다. 모인 무리 중에는 르호보암과 담판을 지으려고 온 일단의 무리들도 있었는데, 이 협상단의 대표는 여로보암이라는 사람이었다. 이들은 여차하면 여로보암을 중심으로 새로운 나라를 세울 생각이었다.

사람들이 많이 모여 있는 세겜 성문 앞에는 상수리나무들이 여기저기 서 있는데, 성문에서 50m 떨어진 곳에는, 둘레는 어른 셋이 팔을 크게 벌려야 감쌀 수 있을 정도로 크고 높이는 15m는 될 것 같은 큰 상수리나무가 우뚝 솟아 있고 그 옆에는 단을 쌓은 흔적으로 보이는 돌들이 쌓여있다. 믿음의 조상 아브라함이 가나안 땅에 도착한 후에 여호와를 위해 쌓은 단이라고 한다.

성문에서 조금 더 멀리 떨어진 곳에는 조금 넓은 곳이 있고, 그곳에도 유난히 큰 상수리나무 하나가 우뚝 솟아 있는데, 잣처럼 생긴 도토리들이 가득 달려 있는 이 나무는 아주 멀리서도 보일 만큼 큰 것이 높이가 20m는 될 것 같다. 그 나무 아래에 큰 돌이 하나 우뚝 서 있는데, 여호수아가 언약을 맺으면서 세운 돌이라고 한다. 족장들과 선조들의 자취가 묻어 있는 유서 깊은 이곳에서, 르호보암은 이스라엘을 대표하는 협상단과 곧 협상을 벌일 예정이다. 협상이 타결되면, 유다의 왕 르호보암을 이스라엘의 왕으로 추대하는 즉위식이 열릴 것이다.

르호보암과 관료들을 태운 병거들과 왕을 호위하는 일단의 군인들이 군중들을 지나 세겜성으로 들어가자 여로보암을 앞세운 협상단도 세겜성으

이스라엘의 모든 지파를 뜻한다. 같은 표현이 왕상 12:20에도 두 번 나오는데, "온 이스라엘이 여로보암을 온 이스라엘의 왕으로 삼았다"라고 한다. 이때 즉위식에 모인 지파들 가운데는 유다와 베냐민 지파가 포함되지 않았다. "왕으로 삼는다"라는 말은 즉위식을 가리키는 것이다.

로 들어갔다.[4] 왕의 친위대가 무장한 채 성문을 지키고 있었고 성문 앞 광장에는 백성들이 삼삼오오 모여 협상이 잘 타결되길 바라며 이야기를 나누고 있었다.

르호보암의 부왕 솔로몬은 이스라엘의 왕으로 등극하는 데 아무런 문제도 없었고,[5] 선대왕 다윗은 이스라엘 장로들이 그를 이스라엘의 왕으로 추대하려고 헤브론으로 찾아오기까지 했지만, 지금 이 사람은 이스라엘 대표들을 만나기 위해 세겜까지 행차해야 하다니 상황이 많이 나빠진 것이다.

도대체 왜 이렇게 상황이 변했을까?

새로 왕위에 오른 이 왕에게 다윗과 솔로몬이 지녔던 카리스마가 없다는 것도 문제지만, 가장 큰 변화는 이스라엘 사람들에게 외적들로부터 자기들을 보호해 줄 강력한 지도자가 필요 없어진 것이다.

---

[4] 왕상 12:3에는 "여로보암과 이스라엘의 온 회중이 와서 르호보암에게 말했다"라고 하는데, '이스라엘의 온 회중'(콜 커할 이스라엘)으로 지칭된 사람들이 누구든 대표단을 통해 협상을 시도했을 것이라고 보는 것이 상식적인 판단이다.

[5] 솔로몬이 이스라엘(유다와 베냐민을 제외한 모든 지파들)의 왕으로 등극하는 대관식을 치렀는지에 관해 성경은 침묵한다. 그런 대관식을 치렀지만(John Bimson, "1 and 2 Kings," *New Bible Commentary*, 351), 그 사건이 솔로몬의 통치와 관련하여 별로 중요하지 않기 때문에 언급되지 않았을 것이다. 열왕기상 4:20을 보면 솔로몬 왕국의 인구에 관해 말하면서 유다와 이스라엘을 별개의 집단으로 언급한다. 이것은 솔로몬 시대에도 두 왕국이 별개의 분리된 실체였다는 뜻이다(Bimson, "1 and 2 Kings," 343).

그림 46. 성벽이 없는 작은 마을. 이런 마을은 전쟁이 일어나면 적의 공격에 무방비 상태로 노출된다. 그러므로 고대 세계에서 성과 벽은 대단히 중요한 구조물이었다.

그리고 무엇보다도 이스라엘 사람들에겐 전 왕인 솔로몬의 치하에서 고생들을 많이 했는데, 이런 고생을 하면서까지 굳이 다윗 왕조를 섬겨야 할 이유가 없어진 것이다.

게다가 지금 유능하고 젊은 지도자 여로보암이라는 뚜렷한 대안이 있지 않은가?

아마 이스라엘 협상단들의 머릿속에는 이런 생각들로 꽉 차 있어서 다른 생각들이 자리 잡을 수가 없었을 것이다. 이들에겐 지금 우리가 가지고 있는 통일된 국가 이념이나 개념 같은 것은 없었다.[6]

여로보암을 협상의 대표로 내세운 무리는 르호보암에게 한 가지 사항만 요구했다.

> 왕의 부친이 우리에게 시키신 고역과 메운 무거운 멍에를 가볍게 해 주십

---

[6] R. 드보, 『구약시대의 생활 풍속』(Das Alte Testament und Seine Lebensordnungen), 이양구 역(서울: 대한기독교출판사, 1983), 181-183.

시오. 그리하시면 우리가 왕을 섬기겠나이다.

르호보암은 즉답을 피하고 3일 후에 답을 주겠다고 약속했다. 3일 동안, 이 문제를 놓고 열띤 논쟁이 벌어졌다. 솔로몬을 보필했던 나이 많고 경험이 많은 신하(이들은 현직에서 물러난 자들로 보인다)은 르호보암에게 그들의 요구를 들어주라고 조언했다. 그들은 이렇게 말했다.

전하께서 이 백성을 섬기는 마음으로 다스리시고 좋은 말로 그들에게 대답하신다면, 이 백성은 평생토록 전하의 종이 될 것입니다. 그들에게 요구를 듣겠다고 답하소서.

반면 현재 르호보암을 보필하고 있는, 르호보암과 함께 자라난 젊은(상대적으로 젊다는 뜻이다) 신하들은[7] 정반대로 나아갈 것을 권면했다.

전하. 이 백성은 지금 전하의 권위에 정면으로 도전하고 있사옵니다. 저들의 요구를 들어주시면 다음엔 또 다른 것을 요구할 것입니다. 강한 모습을 보여주셔야 합니다.

3일 후에 협상단을 다시 만난 르호보암은 이스라엘 역사상 가장 어리석은 말로 대답했다(왕상 12:10-11, 14).

---

[7] 왕상 12:8은, 이 신하들을 "자기 앞에 모셔 있는 자기와 함께 자라난 어린 사람들"(하열라딤 아쉐르 가딜루 잇토)이라고 표현했는데, 르호보암이 41세에 왕위에 올랐기 때문에 이들은 결코 어린 나이는 아니다. 그런데도 저자가 그들을 어린이들이라고 표현한 것은 저자가 보기에 그들의 조언이 너무나 미숙하기 때문일 것이다(Bimson, "1 and 2 Kings," 352).

내 아버지께서 너희에게 메게 하신 무거운 멍에를 더욱 무겁게 하겠다. 내 아버지는 채찍으로 너희를 징계하였으나 나는 전갈 채찍으로 너희를 징계할 것이다.

이 말은 듣는 사람을 불쾌하게 만드는 모욕적인 언사다.

왕의 젊은 신하들은 "내 새끼손가락이 내 아버지의 허리보다 굵으니"라는 말을 덧붙였는데, '내 새끼손가락'으로 번역된 히브리어 '카탄니'는 직역하면 '나의 가장 작은 부분'이라는 뜻이다. 벌게이트(라틴어성경)는 이것을 '새끼손가락'으로 번역했는데, 우리말 성경도 벌게이트를 따라 이렇게 번역했다. 하지만 문맥상 이 말은 모욕적인 언사이기 때문에 자신의 성기를 가리키는 말로 보인다.[8] 전갈 채찍(원문은 전갈)이란, 채찍 끝이 여러 갈래로 갈라져 있고 끝에 가시나 갈고리나 유리 조각 같은 것들이 달려있어서 맞으면 전갈에 물렸을 때처럼 매우 큰 고통을 느끼는 그런 채찍을 말한다.[9] 한 마디로 더욱 강하게 밀어붙이겠다는 뜻이다.

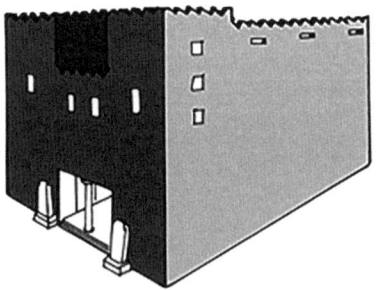

그림47. 세겜에서 발굴된 초기 요새-성전의 복원도. 문 입구에 보이는 돌기둥(마쩨봇)은 기원전 17세기 이후에 세워진 것이다.

---

[8] *HALOT*, 1093; Patterson & Austel, 741; Marvin Sweeny, *I and II Kings. OTL* (Westminster: John Knox Press, 2007), 170.

[9] Gray, *I and II Kings*, 306; Patterson & Austel, 740.

르호보암은 나이 많고 경험이 풍부한 솔로몬의 신하들에게 자문을 구하기는 했지만 그들이 권고한 유화책을 쓰지 않고, 현재 자기를 섬기고 있는 신하들의 말을 듣고 강경하게 나가기로 작정했다. 역사가 어떻게 흘러갔는지 알고 있는 우리는, 르호보암이 왜 그런 어리석은 판단을 했는지 이해하기 어렵지만, 인간이 원래 그렇게 어리석은 것이다. 상황이 돌아가는 것을 보면 오히려 몸을 낮추어야 할 상황인데, 르호보암은 약점을 숨기기 위해 일부러 강한 척 한 것으로 보인다.[10] 사실, 이 모든 일의 배후에는 오묘한 하나님의 섭리가 있었다(왕상 12:15).

르호보암의 강경한 말을 들은 협상단은 "뚜껑이 열렸다!" 그들은 왕의 면전에서 물러나 성문 앞 광장에 모여 있는 백성들에게 협상이 결렬되었다는 소식과 함께 왕의 말을 전했다. 왕이 백성들의 요구를 거절했다는 소식이 알려지자 여기저기서 고함 소리가 들렸다.

"다윗이 우리와 무슨 관계가 있는가?"

"우리가 언제까지 다윗의 후손을 왕으로 떠받들 건데?"

"이새의 아들에게서 받을 게 뭐가 있단 말이냐?"

"이스라엘 사람들아 집으로 돌아가자." "다윗이여 이제 너는 니 새끼나 다스려라."

흥분한 회중들이 내뱉는 거친 말들이 사태의 심각성을 알려주었다. 분노에 찬 이스라엘 사람들이 토해내는 말들은 세바가 반역을 일으켰을 때 했던 말들처럼(삼하 20:1), 유다 지파에 대한 뿌리 깊은 불신과 증오를 드러내고 있었다. 이스라엘 백성들은 르호보암의 거친 말에서 왕의 권위나 위엄이나 힘을 느낀 게 아니라, 유다 지파의 오만함과 유다 지파의 왕을 더 이상 왕으로 섬길 필요가 없는 확실한 이유를 발견한 것이다. 분노가 두려

---

[10] 주도권을 가지려고 그런 것이다(Bimson, "1 and 2 Kings," 352).

움을 압도했고 현실이 명분을, 증오가 존경심을 덮어버렸다. 반란이 일어난 것이다!

　세겜성 앞에 모여 있던 이스라엘 백성들은 뿔뿔이 흩어졌고 이스라엘 백성들 앞에서 즉위식을 치르려던 르호보암의 계획은 무산되었다. 이런 상황이 즉각 왕에게 보고되자, 그제야 왕은 사태가 심각하다는 것을 깨달았다. 왕은 신하들을 모으고 의견을 물었다. 솔로몬을 모셨던 나이 많은 신하들은 적극적으로 왕에게 간언했다.

　"전하, 지금이라도 늦지 않았으니 협상단을 불러들이시고 백성들의 요구를 들어주겠다고 말씀하소서! 사태가 생각보다 심각한 것 같습니다!"

　강경책을 요구했던 르호보암의 신하들 가운데는 친위대를 보내어 협상단을 잡아들여야 한다고 주장하는 사람들도 있었고, 일단 예루살렘으로 몸을 피한 뒤 군대를 소집하여 초기에 반란을 진압해야 한다고 주장하는 사람들도 있었다. 뒤늦게 사태가 심상치 않다고 판단한 르호보암은 이번에는 나이 많은 옛 신하들의 말에 귀를 기울였다.

　"그대들의 말대로 하는 게 좋겠소. 그렇다면 누가 가서 그들을 만나면 좋겠소?"

　누가 고양이 목에 방울을 다는 이 위험한 일을 맡는다는 말인가?

　분노한 북쪽 지파 사람들을 만나 그들을 달래고 설득하기 위해선 경험도 많고 무엇보다도 그들을 잘 아는 사람이어야 한다. 그 일에 적격인 사람은 한 사람밖에 없었다. 그날 그 자리에 모인 사람들 중에 가장 나이가 많은 이 사람은 다윗과 솔로몬을 주군으로 섬기면서 솔로몬의 통치 기간 내내 강제 노역을 감독하고 지혜롭게 일을 잘 처리했던 역군의 감독 아도람이다.[11] 지금은 나이가 많아 현직에서 물러났지만, 공사 현장을 잘 알고

11　이 사람은 솔로몬의 신하였던 노동 감독관 아도니람(왕상 4:6; 5:14)과 동일인이었을 것

여로보암과도 친분이 있는 이 사람만큼 이 일을 잘 해낼 사람은 없었다. 하지만 아무도 그를 천거하지 못했다. 그 자리는 목숨을 내어놓아야 할 자리이기 때문이다.

"제가 가겠습니다." 아도람의 말이 잠시 동안의 정적을 깼다. 아도람은 자신이 맡은 일이 목숨을 잃을지도 모를 아주 위험한 일이라는 것을 잘 알고 있었지만, 지금 이 일을 할 수 있는 사람이 자신밖에 없다는 사실도 잘 알고 있었다. 자기가 모셨던 두 주군은 먼저 가셨고 자기는 수를 오랫동안 누렸으니, 지금 죽어도 여한이 없다.

그동안 왕실을 위해 일하며 살았으니 왕을 위해 죽는 것도 당연하지 않겠는가?

이렇게 생각하고 그는 이 일을 맡기로 결심한 것이다.[12]

"어디로 가면 그들을 만날 수 있겠소?"

아도람이 자신이 죽을지도 모른다는 것을 알면서도, 마지막 시도를 하려고 사람들에게 길을 물었다.

> 아마 벧산 방향으로 가고 있을 것입니다. 어쩌면 북동쪽으로 한 시간 정도 가시면[13] 그들을 만날 수 있을 겁니다. 다들 그곳에 모여 있을지 모릅니다.

이고(프로반 외 2인, 『이스라엘의 성경적 역사』, 521), 다윗 시대에 감역관(강제 노동 담당 책임자)이었던 아도니람(삼하 20:24)과도 동일 인물이었을 것이다(밀러, 헤이스, 『고대 이스라엘 역사』, 280).

[12] 성경에는 아도람의 역할이 무엇인지 나오지 않았지만(왕상 12:18), 그가 이스라엘 사람들을 더욱 못살게 굴기 위해서 갔을 것이라는 프로반의 주장처럼(프로반 외 2인, 『이스라엘의 성경적 역사』, 521), 그를 보낸 것을 일종의 강경책의 연장선상에서 보는 것은 말도 되지 않는다. 무력 진압을 원했다면 르호보암은 군대를 보냈을 것이다. 공사 감독관을 보낸 것은 분명히 대화로 뭔가를 해보겠다는 의도로 봐야 한다.

[13] 세겜에서 북동쪽으로 약 11km 떨어져 있는 디르사를 가리킨다.

왕의 경호대장인 가드 사람 아스마웻이 대답했다.

"알겠소." 이 한 마디를 남기고 아도람은 다시는 돌아오지 못할 길을 떠나면서 사람들과 작별 인사를 나누었다. 그와 함께 솔로몬을 섬겼던 늙은 신하들은 그를 떠나보내면서 눈물을 글썽이는 자도 있었다. 실낱같은 희망을 버리지 않고 그가 무사히 돌아오기를 바라며 그의 평안을 빌었다. "야웨께서 그대를 보호하시길 빌겠소!"

왕은 그에게 노새 한 마리를 내주었고 병력 십여 명을 붙여줬지만 아도람은 그들을 곧 돌려보내고 혼자 길을 떠났다.

그러나 아도람을 보낸 지 몇 시간도 안 되어 아도람이 죽었다는 소식이 르호보암의 귀에 들어왔다. 흥분한 군중들이 그를 돌로 쳐 죽인 것이다. 사태는 이미 걷잡을 수 없는 상황이 된 것이다. 르호보암은 자기 할아버지 때 있었던 세바의 반란을 떠올리며 급히 세겜성을 빠져나와 예루살렘으로 달아났다. 예루살렘으로 가는 길의 풀과 나무들은 여전히 그 자리에 서 있었고 이따금씩 새들이 지저귀는 소리가 산과 골짜기의 고요함을 깰 뿐 평온하기 그지없는 모습이었지만, 왕국은 커다란 위기에 봉착했다. 나라가 둘로 분열되기 시작한 것이다.

2. 역사는 하루아침에 이뤄지지 않는다 (분열의 잠재적 원인들)

역사가 어떻게 전개되었는지를 알고 있는 우리는 르호보암이 왜 그렇게 어리석은 말로 대답했는지 이해가 가지 않는다.

당시 르호보암의 나이가 41세였으니, 적지 않은 나이인데 경험을 통해 배우지 못한 것일까?

자신의 말이 백성들의 분노를 일으킬 것이라는 것을 예상하지 못했을까?

부왕 솔로몬이 자기들에게 부과한 무거운 짐을 조금 가볍게 해 달라는 백성들의 요구가 부당하다고 판단한 것일까?

르호보암이 부왕 솔로몬처럼 대규모의 토목 공사를 벌일 계획을 가지고 있었던 것도 아닌 것 같은데, 왜 그런 식으로 말했는지 이해가 가지 않는다. 하지만 역사를 읽어보면 수많은 폭군이 르호보암처럼 행동했다. 한 가지 요구를 들어주면, 그 다음 요구도 들어줘야 한다는 생각 때문인지, 백성들의 정당한 요구를 억누르다 사태를 악화시키는 일은 역사에서 흔히 볼 수 있는 장면이다.[14]

르호보암은 그런 식의 답변을 통해 백성들의 불만을 초기에 잠재움으로써 정치적 불안정의 원인들을 제거하려 했는지 모르지만, 그의 말은 불에 기름을 붓는 꼴이 되어버렸다. 궁궐처럼 안락한 공간에 살면서, 아부하는 사람들에게 둘러싸여 바깥세상이 어떻게 돌아가고 있는지 제대로 파악하지 못하는 권력자들이 민심을 읽지 못할 때, 흔히 일어나는 일이다. 르호보암은 당시 자신이 어떤 상황에 처하고 있었는지 제대로 파악하지 못한 것 같다. 게다가 그는 믿음이 부족했다. 그가 진정으로 하나님을 사랑하는 마음에서 백성들의 고통에 조금이라도 귀를 기울였다면 나라가 분열되는

---

[14] 이와 비슷한 사건들은 계속 반복되는데, 예를 들어 제정러시아의 황제 니콜라이 2세는 정교회 신부였던 가퐁의 호소를 무시하고, 결국 1905년 1월 9일 피의 일요일 사건을 일으킨다. 그날 제정 러시아의 페테스부르크에서 노동자와 가족 20만 명은, 자신들의 굶주림과 고통을 호소하며 니콜라이 2세에게 자비를 베풀어 달라며 평화적인 행진을 했다. 요구한 것은 일하는 시간을 하루에 여덟 시간으로 줄여달라는 것과, 규정 시간 이외의 노동을 없애주고 일당을 최소한 1루블만 달라는 것이었다. 그러나 짜르의 무장한 군대는 평화적으로 행진하는 비무장한 시위대에 발포함으로써, 500명 이상의 사망자와 수천 명의 부상자가 발생했다. 이 사건을 계기로 노동자들은 황제가 더이상 자신들의 자비로운 아버지가 아니라 잔인한 압제자라는 사실을 깨달았고, 제정 러시아는 결국 볼셰비키 혁명으로 막을 내린다.

비극은 최소한 그의 시대에는 일어나지 않았을 것이다.

그러나 한편으로는, 이것은 오래전부터 예견된 일이었다. 사실상 분열은 상당히 오랜 과정을 거쳐 발생한 것이다. 르호보암의 어리석은 말이 사태를 걷잡을 수 없게 만들어 분열에 결정적인 역할을 한 것은 사실이지만, 그의 말 한마디에 아무 문제 없던 나라가 둘로 갈라진 것은 아니다. 삼풍백화점이 무너지기 전에 여러 차례 붕괴의 조짐이 보였던 것처럼, 왕국도 분열로 가는 길에 여러 조짐들이 있었다. 교회같이 수백 명이 모인 공동체가 갈라지는 것도 오랜 시간 쌓인 오해와 불신과 갈등과 증오와 질투심 같은 것들이 씨줄과 날줄처럼 얽혀서 발생하는 법인데, 국가 같은 거대한 집단이 어떤 단일한 사건 때문에 갈라지지는 않는다. 훨씬 더 복잡한 사건들이 얽혀있는 법이다.

분단의 원인을 찾아 문제를 파헤쳐보면, 분열의 씨앗은 이미 다윗 시대부터 뿌려져 있었다. 다윗이 개인적으로 기름 부음을 받은 것을 제외하고도 공식적인 대관식만 두 번 치렀다는 것은 두 왕국이 하나로 합쳐졌다는 뜻이다. 분열에 관한 한 다윗도 책임을 면할 수 없다. 왜냐하면, 다윗은 유다 지파를 편애하는 발언을 했기 때문이다(삼하 19:11-12).

이스라엘 역사를 더 거슬러 올라가 사사 시대 때의 모습을 보면, 지파들은 독자적으로 행동했었다. 원래 광야 시대부터 이스라엘은 지파 중심의 공동체였다. 각 지파는 서로 다른 지파들의 일에 관심이 없었고, 개별적으로 행동한다. "그때에 이스라엘에 왕이 없으므로 사람이 각기 자기의 소견에 옳은 대로 행하였더라"(삿 21:9)라는 말은 이스라엘 개인에게만 해당되는 말이 아니라, 이스라엘 지파들에게도 해당되는 말이다.

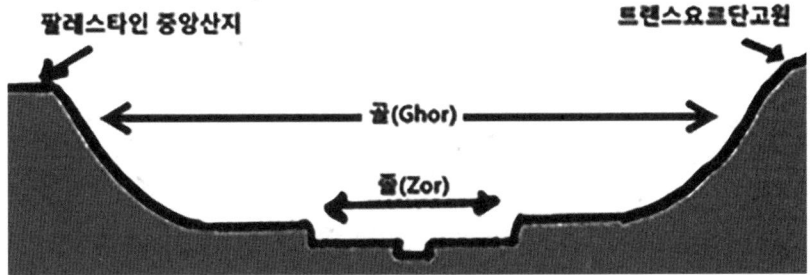

그림48. 요단계곡 횡단면. 이 단면도를 보면 요단강은 골(고르)이라고 하는 큰 계곡 속에 졸(조르)이라고 하는 작은 계곡이 들어 있다는 것을 알 수 있다. 골 계곡의 폭은 여리고에서는 20킬로나 된다. 졸 계곡은 폭이 50미터, 깊이는 3-6미터 정도다. 졸 계곡 안에 폭이 5-8미터 정도 되는 강물이 흐르고 있다. 이런 넓고 깊은 협곡이 이스라엘 땅을 동쪽 땅(트랜스요르단)과 서쪽 땅(가나안 땅)으로 갈라놓는다.

이스라엘이 지파 중심의 공동체라는 사실과 함께, 지리적인 원인도 중요하다.[15] 지리산이 경상도와 전라도를 갈라놓았듯이, 요단강은 강 동쪽 지파들(르우벤, 갓, 므낫세의 반 지파)을 서쪽 지파들로부터 분리시켰고, 이스르엘(에스드렐론) 골짜기는 중앙 산악 지대를 갈릴리 산지와 사마리아 산지로부터 분리시킴으로써, 갈릴리 지파들(납달리, 스불론, 잇사갈 지파)을 에브라임과 므낫세로부터 고립시킨다.

르우벤 지파, 갓 지파, 므낫세 반 지파는 요단강을 건너기 전에 요단강 동쪽의 야셀 땅과 길르앗 땅을 자신들에게 달라고 하는 과정에서 모세의 책망을 받기도 했다(민 32:1-15). 그들이 모세의 말을 듣고 가나안 땅(요단강 서편) 정복 전쟁에 동참한 것인지, 아니면 처음부터 그렇게 하려고 했는지는 분명하지 않으나, 그들에 대한 의구심은 여호수아가 가나안 땅을 정복하는 과정에서도 오해를 가져와 자칫 잘못하면 내전이 일어날 뻔했다. 그들이 요단 강가에 제단을 쌓았는데 그들의 의도를 오해하여 서쪽 지파들이 그들과 전쟁을 벌이려 한 것이다(수 22:10-12).

---

15 메릴, 『제사장의 나라』, 411-412; 카이저, 『이스라엘의 역사』, 361-362.

교통과 통신이 오늘날처럼 발달하지 않은 고대 사회에선 지리적인 여건이 오늘날보다 더 중요한 변수로 작용했을 것이다. 교류가 없다 보면 언어, 문화, 풍습 등의 차이가 편견과 오해와 갈등을 불러올 수 있다.

사실 다른 어느 지파보다도 유다는 독자적인 행동을 했는데, 그렇게 된 가장 중요한 원인은 유다 지파가 분배를 받은 땅이 다른 지파들로부터 고립되어 있기 때문이다.[16] 성경 지리학자들은 유다의 지정학적 특성을 '찬란한 고립'이라고 부르는데, 유다 지파는 북쪽으로는 소렉 골짜기에 의해 남쪽으로는 네게브(광야), 서쪽으로는 블레셋, 그리고 동쪽으로는 사해에 의해 섬처럼 고립되어 있다. 이런 고립 덕분에 유다 지파는 많은 혜택을 누렸다. 바다와 호수와 사막과 골짜기와 같은 자연적인 방어물들 때문에 접근하기가 어렵다 보니, 침략자들이 유다를 비켜 가는 경우가 많았다.

유다 지파가 걸어온 길을 보면, 유다 지파 사람들은 매우 독립심이 강했고 다른 지파들의 일에 관여하지도 않았다. 다윗이 사울에게 쫓겨 다니다가 유다 지파의 왕으로 등극한 사건도, 왕국의 통합이라는 관점에서 보면 바람직한 일은 아니다. 그들이 다윗을 자신들의 왕으로 삼았다는 말은 더 이상 사울의 후손들을 자신들이 통치자로 인정하지 않겠다고 공개적으로 선언한 것이다. 사울의 관점에서 보면 명백한 반역 행위다.

---

[16] 참고. 메릴, 『제사장의 나라』, 412; H. C. Ellison, "Judah," *NBD*, 628; K. Elliger, "Judah," *IBD* 2, 103-104.

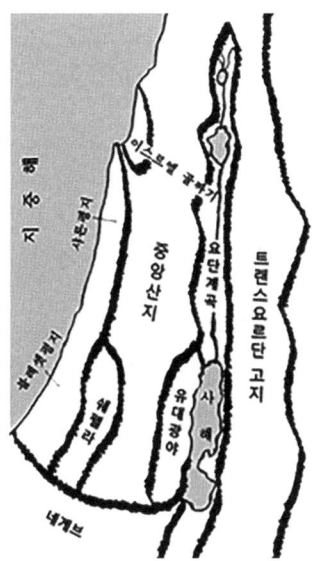

그림49. 팔레스타인의 지형. 간단하게 구분하면 이렇다.

그런데도 성경은 유다 지파가 이스라엘을 배반했다고 말하지 않는다. 그것은 당시 사울이 통치하던 이스라엘이 다윗-솔로몬이 통치하던 시대의 국가와 같이 기반을 갖춘 국가가 아니기 때문일 것이다.

사울이 왕이 된 후에도 표면적으로는 열두 지파가 하나의 왕 아래 모여 한 국가를 이룬 것처럼 보였지만, 아직 강력한 중앙 집권이 확립되지 못했기 때문에 결속력이 약했다. 자기가 속한 작은 공동체(지파, 씨족 등)에 대한 충성심 같은 개념밖에 없는 사람들에게 국가라는 더 큰 집단에 속해 있다는 소속감과 충성심이 생기려면 시간이 좀 더 필요했을 것이다. 사울이 다윗을 죽이려고 찾아다닐 때도 유다 지파는 심정적으로는 사울(국가의 왕)이 아니라, 다윗(유다 지파의 지도자)을 지지했던 것 같은데, 사울이 죽자마자 다윗을 자신들의 왕으로 추대한 것을 보면 분명하다. 왕정이 수립되었다고 지파에 대한 충성심이 갑자기 국가에 대한 충성심으로 옮겨가지 않았던 것이다.

사울이 다스리던 이스라엘은 국가라는 이름을 붙이기가 민망할 정도로 매우 느슨한 형태의 국가였다. 그러니 유다 지파 사람들이 다윗을 자신들의 왕으로 삼을 때, 자신들이 반역 행위를 한다고 생각하지 않았을 것이다. 그들의 행위를 반역으로 보기도 어렵다는 말이다.

게다가 이스라엘[17](유다 지파를 제외한 다른 지파들)을 대표하는 장로들이 헤브론으로 다윗을 찾아와 자신들의 왕이 되어달라고 요청한 것을 보면, 그들도 다윗이 유다 지파의 왕이 된 것을 크게 문제 삼지 않았던 것으로 보인다. 아마 하나님이 사무엘을 통해 다윗을 왕으로 삼으셨다는 사실이 다윗에게 정통성, 즉 왕으로서의 권위를 부여했을 것이다. 이처럼 다윗은 처음에는 유다 지파의 왕으로 등극했다가, 그 다음에 이스라엘(유다를 제외한 나머지 지파들)의 왕으로 등극하는데, 이것은 다윗이 다스리던 통합 이스라엘이 유다 지파와 다른 지파의 연합체라는 것을 뜻한다. 이런 불안정한 성격 때문에 통합 이스라엘 왕국은 언제라도 분열될 가능성이 있었다.

조금만 틈이 보여도 균열 될 위험이 있었던 왕국에 두 번의 큰 반란(압살롬, 세바)이 일어나자, 다윗이 통치하는 데도 두 집단 간에 갈등이 있었다.

다윗같이 탁월한 통치력을 지닌 군주가 통치하는데도 이런 갈등이 생겼는데, 그렇지 못한 지도자가 다스리면 어떻게 되겠는가?

솔로몬은 다윗의 후계자인 데다 지혜도 있었지만, 이것도 저것도 없는

---

[17] 구약에서 '이스라엘'이라는 용어는, 이중적인 의미가 있다. 일반적으로는 유다 지파를 포함한 모든 지파로 구성된 집단을 가리키지만, 사무엘서에선 유다 지파를 제외한 다른 지파들로 구성된 집을 가리키기도 한다. 특히 이스라엘이라는 단어가 유다라는 말과 함께 나올 때에는, 유다 지파를 제외한 다른 지파들을 가리킨다. 예를 들어, 사울은 이스라엘과 유다를 구별하며(삼상 11장), 다윗은 인구 조사에서 이스라엘과 유다를 따로 계산하는데(삼하 24:9), 이때 이스라엘은 유다 지파를 제외한 나머지 지파들 모두를 가리키는 말이다. 왕국이 분열되고 난 후에는 이스라엘이 분단 왕국 중 북쪽에 위치한 나라를 가리키는데, 유다뿐 아니라 베냐민 지파도 제외된다. 이 두 지파가 남쪽에 위치한 유다 왕국을 구성했기 때문이다.

르호보암이 왕위에 오르자 그동안 감춰졌던 문제들이 수면 위로 떠오른 것이다. 이제 어떤 계기만 마련되면 여러 문제가 화학 반응을 일으켜 폭발할 것과 같은 상황이 된 것이다.

앞에서 언급했듯이, 솔로몬은 대규모 건축 사업을 많이 벌였다. 성전, 왕궁, 병거성 같은 건축물들을 짓기 위해 그는 백성들을 강제 노역에 동원시켰다. 처음에는 외국인들만 강제 노역을 했고 이스라엘 사람들은 감독과 관리로만 일했다(왕상 9:20-23). 그러나 나중에 가면 이스라엘 사람들은 솔로몬이 자신들에게 고역을 시켰다고 말한다(왕상 12:4). 이들이 말하는 것은 가끔씩 일시적으로 동원된 노역을 가리키는 것인지, 아니면 외국인들만 했던 강제 노역을 자기들도 하게 되었다는 말인지 알 수 없다.

아니면 이들은 솔로몬의 노동 정책 때문에 자신들도 노예처럼 되었다고 느낀 것일까?[18]

열왕기상 5:13에선 솔로몬이 온 이스라엘 가운데서 역군(마쓰)을 불러일으켰다고 하고, 9:21에선 이스라엘 자손이 다 멸하지 못하므로 그 땅에 남아 있는 그들의 자손들을 솔로몬이 노예로 역군(마쓰 오베드)을 삼았다고 하는데, 두 본문에 쓰인 단어가 조금 다르다. 외국인들을 언급할 때는 "노예로"(오베드)라는 말이 추가되는데, 이 두 단어는 의미가 다르다. '마쓰 오베드'는 영구적인 노예 상태, 혹은 노역의 의무를 가리키는 것이고, 마쓰는 이따금씩 노역을 위해 동원된 무리를 가리키지만, 노예 신분은 아니다.[19] 아마 강제로 노역에 동원된 회수가 많아지면서 불만이 커져 갔을 것이다.

게다가 솔로몬의 왕실은 많은 비용을 필요로 했는데, 씀씀이가 크다 보

---

[18] 혼, "분열 왕정: 유다 왕국과 이스라엘 왕국," 198.
[19] Gray, *I and II Kings*, 155.

면 백성들의 부담도 큰 법이다. 그 많은 비용을 전부 세금으로 충당하지는 않았지만, 일정 부분을 세금으로 충당해야 했기 때문에 백성들에게 부담이 되었을 것이다. 강제 노역과 세금은 백성들의 불만을 증폭시켰다. 협상단이 르호보암에게 요구한 것이 바로 이 문제였다.

또 솔로몬은 백향목과 잣나무와 금을 제공해준 대가로 히람에게 갈릴리 성읍 20개를 양도했는데(왕상 9:11), 히람은 이 성읍들이 마음에 들지 않아 돌려주었다(왕상 9:12; 대하 8:2). 이걸 보면 이 땅들이 히람에게 그다지 쓸모 있는 땅은 아니었던 것 같다. 가불이란 "아무것도 아닌 것 같은"이라는 뜻이다.

솔로몬이 이 성읍들을 준 것은 이 성읍들이 이스라엘에게 별로 필요 없는 땅이라고 판단했거나, 아니면 이 성읍들이 두로와 접경 지역에 있는 영토로서 소유권을 둘러싸고 분쟁의 여지가 있는 성읍들이기 때문일 것이다.[20] 솔로몬이 과감하게 소유권을 양보하는 것처럼 히람에게 주었을 수도 있다.[21] 솔로몬은 그 땅을 돌려받자 그곳에 성읍들을 건축하여 이스라엘 자손에게 거주하게 했다(대하 8:2).

국익(national interest)이라는 차원에서 보면 귀중한 자원들을 공급받고 그 대신 쓸모없는 땅들을 내어주었으니, 유익한 거래였다고 말할 수 있겠지만, 하나님이 기업으로 주신 성읍들을 이방인에게 넘겨주려 했다는 점은 책망받을 일이다.

---

[20] 이 성읍들은 아마 두로와 접경 지대인 아셀 지파의 북서쪽 지역에 있었을 것으로 추정된다(Patterson & Austel, 716; DeVries, *1 Kings*. WBC, 132; 브리스코, 『두란노 성서지도』, 113). 그리고 실제로 아셀 지파가 기업으로 받은 성읍 명단을 보면, 악고 근처에 가불이란 곳이 있다(수 19:27). 밀러와 헤이스는 가불 땅이 악고에서 동남동쪽으로 약 15km 떨어진 가불 성읍 근방이었을 것이라고 추정한다. 이것은 솔로몬 통치 말기에 갈멜산 이북의 지중해 해안과 이스르엘 계곡 상당 지역이 페니키아 수중에 들어가 있었다는 뜻으로 해석된다(밀러, 헤이스, 『고대 이스라엘 역사』, 259).

[21] DeVries, *1 Kings*. WBC, 132.

마지막으로, 솔로몬은 통치 말년에 배교했다는데, 이것은 분단의 신학적 원인일 뿐만 아니라, 야웨 하나님만 섬기려는 경건한 자들로 하여금 솔로몬에게 등을 돌리게 했다. 신실한 신앙인들이 보기엔 다른 무엇보다도 이것이 국가에 화를 불러일으킬 가장 심각한 사건이다. 아마 이들 중에는 여로보암이 새로운 국가를 세우려고 했을 때, 여로보암을 지지한 사람들도 있었을 것이다. 단순히, 새로운 국가에서 신앙을 지킬 수 있다고 판단했다면 충분히 가능한 일이다.

　르호보암이 솔로몬을 뒤이어 왕좌에 올랐을 때에는 솔로몬의 통치에 대한 불만의 목소리가 커져 가고 있었다. 불만을 가진 이스라엘 사람들은 솔로몬의 아들을 자신들의 왕으로 인정해야 할지 망설였을 것이다. "만약 과중한 세금과 노역을 덜어준다면 유다 지파 다윗의 후손을 왕으로 계속 섬기겠다." 이런 생각에서 협상이라는 얘기가 나온 것으로 보인다.

　그런데 이스라엘 지파 대표들이 예루살렘으로 오지 않고 르호보암이 세겜으로 갔다는 것은 르호보암이 협상에서 주도권을 쥐지 못했다는 뜻이다.[22] 경험 많고 지혜로운 신하들은 상황이 불리하다는 것을 알았기에 르호보암에게 유화책을 쓰라고 조언한 것이다.

　게다가 협상단을 이끌고 있는 자는 부왕의 정적이었던 여로보암이었는데, 이건 대단히 중요한 사실이다!

　그는 부왕에게 반역을 시도했던 반역자가 아닌가?

　부왕이 살아계실 때 이집트로 망명하여 이집트 왕실의 보호를 받던 그가 협상을 주도하고 있는 것이다(왕상 12:3, 12; 대하 10:3, 12).[23]

---

[22] 밀러와 헤이스는 설득력 있는 추론을 한다. "분명히 르호보암이 왕권 문제를 타결하기 위해 북부로 가야 할 절박한 정치적 이유가 있었을 것이다. 그들이 자발적으로 예루살렘에 대표단을 파견하여 르호보암을 지지한다는 것을 보여주지 않았다는 점이, 이미 충성을 바치지 않겠다는 신호였을 수도 있다"(밀러, 헤이스, 『고대 이스라엘 역사』, 277).

[23] 왕상 12:2-3과 대하 10:1-3을 보면, 여로보암은 "르호보암이 온 이스라엘의 추대를 받

그것도 자신의 허락 없이 돌아온 것이다. 들리는 소문에 의하면 일단의 무리들이 이집트까지 찾아가서 그를 모셔왔다고 한다. 부왕의 총애를 받다가 정적이 되어 망명한 후, 이스라엘 백성들의 열렬한 환호를 받고 돌아온 그의 존재가 못마땅하지만, 왕으로서도 어쩔 수 없었다. 북부 지파, 특히 에브라임 지파 사람들이 그를 적극적으로 지지하고 있었기 때문이다. 이런 상황에서 르호보암은 즉위식을 거행하기 위해 세겜으로 간 것이고 그것은 일종의 정치적 타협이었다.

상황이 이렇다 보니, 르호보암은 어떻게 하는 것이 국면을 자신에게 유리한 방향으로 이끌어가는 것인지 판단해야 했는데, 거칠고 강압적으로 대답하는 것이 자신에게 유리한 결과를 가져올 것이라고 오판했다. 약점을 감추고 상대방에게 자신이 강하다는 인상을 주면 불만을 초기에 잠재울 수 있을 것이라고 오판한 것이다. 상황이 걷잡을 수 없게 돌아가자, 예루살렘으로 돌아온 르호보암은 반란 세력을 진압하기 위해 즉각 군대를 소집했다. 유다 지파와 베냐민 지파에서 징집된 18만 명의 용사가 반란을 진압할 왕의 군대로 조직되었다(왕상 12:21; 대하 11:1). 이제 이스라엘은 사

기 위해 세겜으로 갔다"는 소식을 이집트에서 듣고 자기를 모시러 온 사람들에 의해 이스라엘로 돌아온다. 그러나 그다음 장면을 보면 여로보암이 협상단의 대표로 나온다(왕상 12:3; 대하 10:3). 예루살렘에서 출발하여 세겜까지 가는 데 하루나 이틀 정도 걸리므로(DeVries, *1 Kings*. WBC, 157), 예루살렘에서 이집트까지의 거리를 감안하면, 르호보암이 예루살렘을 출발한 후에 여로보암이 이집트에서 그 소식을 듣고 세겜으로 갔다고 보기는 어렵다. 아마 여로보암을 이집트에서 모셔온 무리(왕상 12:3; 대하 10:3)가 세겜에서 르호보암의 대관식을 치르기로 르호보암 측과 약속을 잡은 직후에, 여로보암에게 그 사실을 알렸고, 여로보암을 데리고 왔을 것이다.
한편, 왕상 12:20은 "온 이스라엘이 여로보암이 돌아왔다 함을 듣고 사람을 보내 그를 공회로 청하여 온 이스라엘의 왕으로 삼았다"고 하는데, '돌아왔다'는 말을 이집트에서 돌아온 것으로 이해하는 주석가들은, 왕상 12:2-3, 12에 언급되는 여로보암은 후대에 삽입된 것으로 보려한다(Gray, *I and II Kings*, 299-301). 실제로 여로보암이 돌아온 것은 세겜에서 반란이 일어난 후라고 보는 것이다(DeVries, *1 Kings*. WBC, 158). 그러나 이 구절에서 '돌아왔다'라는 말을, 대관식을 치른 세겜에서 돌아왔다는 뜻으로 읽으면 문제 될 것이 없다(참고. 셀만, 『역대하』, 142).

사 시대 이후로 다시 한번 내전에 휩싸이게 되었다. 아마 르호보암의 군대가 즉각 투입되었다면 반란이 진압되었을 것이다. 협상을 주도했던 자들이 조직적인 군대를 지녔을 리 없고, 북쪽 지파 사람들이 모두 일사분란하게 움직였을 것 같지는 않기 때문이다.

하지만 내전이 일어나기 직전에 군사 작전이 취소되었는데, 스마야 선지자가 전쟁을 말렸기 때문이다(왕상 12:22-24; 대하 11:2-4). 스마야는 전쟁을 하지 말라는 하나님의 말씀을 듣고 왕에게 전쟁을 벌이지 말라고 설득했다. 하나님은 스마야에게 "이 일이 나로 말미암아 난 것이다"라고 말씀하셨는데, 이전에 이미 솔로몬에게 "네가 내 언약과 법도를 지키지 않았으므로 이 나라를 네 신하에게 줄 것이다"라고 말씀하신 바 있다. 왕국의 분열은 솔로몬의 죄에 대한 징계의 결과였다.

이런 상황들을 고려한 것인지는 몰라도, 르호보암은 놀랍게도 스마야가 전하여 준 하나님의 말씀에 순종하여 더이상 반란을 진압하려는 시도를 하지 않았다. 르호보암이 어리석기는 해도 고집불통은 아니었던 것 같다. 어쨌든 하나님의 명령에 순종하여 무력을 사용하지 않기로 결정한 것은 칭찬할 만하다.

초기에 군대를 투입했다면 이 사태가 나라의 분열로 이어지기까지는 하지 않았을 것이다. 하지만 무력 진압으로 사상자가 발생했다면 백성들의 마음속에 타오르기 시작한 분노의 불길은 점점 더 거세졌을 것이고, 결국에는 조직적인 반역으로 번져 내전이 일어났을 가능성이 크다. 다윗이나 솔로몬보다는 많이 부족했지만, 르호보암은 결정적인 순간에 하나님의 명령에 순종함으로써 내전을 피했다.

문제를 객관적으로 보면, 유다 지파가 문제라는 결론이 나온다. 팀워크를 해치는 것은 기량이 뛰어난 잘난 선수이지, 실력이 떨어지는 무명의 선수가 아니다. 유다 지파가 분단에 큰 책임이 있다. 그런데도 성경은 분단의 책임을 이스라엘에게 돌린다(대하 10:19). 이것은 정통성이 유다에 있기 때문이다. 즉 다윗 왕조가 유다에서 나왔고, 성전을 다윗과 솔로몬이 세웠다. 다윗은 하나님으로부터 무조건적 언약을 받았다. 다윗 왕조의 후손들이 왕위에 올라 다스려야 한다. 다윗의 후손이라는 정통성이 왕으로서의 권위를 부여한다. 이것이 성경의 관점이다.

분단의 과정을 깊이 들여다보면, 분단은 어리석은 죄인들이 만들어내는 죄의 결과라는 결론이 나온다. 인간들이 만드는 세상에서는 갈리고 나뉘고 갈등을 겪고 시기하고 반목하는 것이 '정상'인 것이다. 하나가 되고 화합하고 세워주고 사랑하는 것은 오직 하나님의 은혜로만 가능하다!

그림50. 현대 팔레스타인 지도 현대 이스라엘은 1948년에 건국된 국가로서 성경시대의 이스라엘과 별로 관계가 없다.

3. 혼자서는 할 수 없는 일: 여로보암을 도운 반란 세력

성경을 읽어보면 르호보암의 말 한마디에 분노한 북쪽 지파들이 다윗 왕조를 거부하고 떨어져 나가 새로운 국가를 세운 것처럼 보이지만, 실제로는 더 복잡한 과정을 거쳤을 것이다. 새로운 국가를 세우는 일이 그리 쉽게 이뤄질 수는 없는 법이다. 이들은 다윗 왕조를 거부하고 새로운 왕을 세웠는데, 이런 일들은 단지 분노만 가지고 되는 일은 아니다. 역사를 보면 분노한 무리들이 반역을 일으키는 경우는 많지만, 반역이 새로운 국가 건립으로 이어지는 경우는 흔치 않다.

성경을 읽어보면 세겜에서 일어난 사태는 처음부터 독립을 쟁취하려는 목표로 일으킨 조직적인 반란은 아닌 것처럼 보인다. 하지만 본문이 주는 몇몇 정보들을 모아 보면, 다윗 왕조로부터 떨어져 나가 새로운 국가를 세우려는 반란 세력이 있었고 그들은 세겜에 모이기 전부터 준비를 했던 것으로 보인다. 국가가 수립되려면 국가를 이끌어나갈 통치 세력이 있어야 하는데, 군주제에선 그 통치 세력의 중심이 왕이다. 그러나 왕 혼자서는 국가를 세울 수 없다. 그를 지지하고 따르는 세력이 반드시 있어야 한다. 열왕기상 12:3을 보면 "무리가 사람을 보내 그를 불렀다"라고 하는데, 히브리어 원문에는 무리에 해당되는 단어가 별도로 나타나지 않는다(동사의 복수형 어미를 통해 표현되었다).

성경은 오직 말하고자 하는 것과 관련된 정보만 준다. 그래서 우리는 성경이 별로 관심을 보이지 않는 이 정체불명의 사람들이 누군지 알 수 없지만 분명한 것은, 이집트에 머물고 있는 여로보암을 데려오기 위해 누군가는 갔다는 사실이다. 게다가 열왕기상 12:3을 읽어보면, 여로보암은 이 사람들이 오기 전에 세겜에서 르호보암의 대관식이 있을 것이라는 정보를 들었다. 이집트에 있는 여로보암에게 누군가 정보를 주었다는 뜻이다. 그 정보를 제공한 자가 이집트의 왕실일 수도 있고, 여로보암을 추종하는 이스라엘 사람들일 수도 있다.

결국 세겜에서의 대관식이 이스라엘 사람들의 반란으로 끝난 후, 여로보암은 분단된 이스라엘의 초대 왕으로 등극한다.

> 온 이스라엘(유다와 베냐민 지파를 제외한 다른 지파들 전체)이 여로보암이 돌아왔다는 소식을 듣고, 사람을 보내어 그를 공회에 청하여 온 이스라엘의 왕으로 삼았다(왕상 12:20).

이 구절에서 공회로 번역된 '에다'는 회중들의 모임을 가리키는 말이다. 온 이스라엘이 회중들의 모임에서 여로보암을 왕으로 옹립했다는 말이다. '온 이스라엘'은 원래 유다를 포함한 이스라엘의 모든 지파를 가리키는 말이지만, 여기에선 유다와 베냐민 지파를 제외한 열 지파들의 대표들을 가리킨다.

결국 이런 이야기들을 종합하면 여로보암의 귀환과 등극에 관해 이런 결론을 내릴 수 있다. 누가 주도했는지는 알 수 없지만, 이스라엘을 대표하는 일단의 사람들이 르호보암과 세겜에서 대관식을 치르기로 약속한 다음, 이집트에 있는 여로보암에게 사람을 보내어 그를 데려왔다. 이들은 사전에 여로보암을 협상단의 대표로 세우면서, 그에게 자신들의 요구를 르호보암에게 제시하도록 권한을 위임했다. 여로보암은 세겜에서 협상을 주도했고, 협상이 결렬되자 무리는 여로보암을 자신들의 왕으로 삼았다. 전체적인 그림을 보면 어딘지 모르게 이 일련의 사건들이 계획적으로 진행되는 것 같은 생각이 든다.

성경을 읽어보면 하나님이 솔로몬의 죄에 대한 징계로 여로보암에게 열 지파를 주셔서 나라를 통치하게 하셨다는 점이 강조되기 때문에 북이스라엘의 초대 왕으로 옹립되는 과정에서 여로보암은 수동적인 역할만 한 것처럼 보인다. 이런 영적인 차원에서 보면 여로보암은 하나님이 계획하신 역사에서 한 역할을 담당하고 있을 뿐이다. 하지만 이 사건을 다른 각도에서 볼 수도 있다. 새로운 왕조가 어떻게 탄생했는지 여로보암의 입장에서 살펴보자. 그가 어떻게 새로운 왕조를 창건하게 되었는지 살펴보려고 한다.

여로보암이라는 이름이 성경에서 최초로 언급되는 곳은 열왕기상 11:26이다. 열왕기 기자는 그를 솔로몬을 대적한 세 명 중 한 사람으로 소개하면서 그에 관한 이야기를 시작한다. 그는 스레다 출신인데, 스레다는 사람들에게 잘 알려지지 않은 작은 성읍으로서 에브라임 지파의 영토 변두리에 있었을 것으로 추정된다.[24] 그는 홀어머니 밑에서 자랐는데 어머니의 이름은 '스루아'(히브리어 쩌루아)다. 이 말은 나병환자라는 뜻이기 때문에 이것이 실제 이름이라기보다는 사람들이 그녀에게 붙여준 이름일 것이다.[25] 그의 배경에 관한 정보를 종합하면 그는 아무런 배경도 없는 사람이라는 것을 알 수 있다.

그렇다면 그런 사람이 어떻게 이스라엘의 왕이 될 수 있었을까?

여로보암이 주목받기 시작한 것은 솔로몬에게 발탁되면서부터다. 솔로몬은 밀로를 건축하고 다윗의 성읍이 무너진 것을 수축하다가 한 부지런한 청년을 발견했다. 솔로몬은 이 청년이 재능이 있고 열정적인 인물임을 알아보고 그에게 요셉 족속의 일을 감독하는 직책을 주었는데(왕상 11:27-

---

[24] DeVries, *I Kings. WBC*, 150. 세겜에서 남서쪽으로 25km 정도 떨어진 아인 세리다/와디 세리다로 추정되기도 한다(월튼 외 2인, 『IVP 성경배경주석 구약』, 522; Gray, *I and II Kings. OTL*, 293).

[25] Gray, *I and II Kings*, 293, 290, n. a; *HALOT*, 1054. 심지어 70인역(왕상 12:24)은 그녀를 매춘부라고 하는데, 그레이는 이런 표현들은 모두 서기관이 의도적으로 여로보암을 비난하기 위해 만든 것이라고 주장한다(Gray, *I and II Kings*, 293).

28), 이 청년이 바로 여로보암이다. 요셉 족속(베이트 요셉)이라는 말은 에브라임 지파와 므낫세 지파를 가리키는 말이다.[26] 그러니까 그가 맡은 직책은 에브라임과 므낫세 지파에서 노역을 위해 불려온 이스라엘 사람들을 관리하는 일이다. 아마 그는 이 사람들을 데리고 힘든 일들을 잘 처리함으로써 사람들의 주목을 받기 시작했을 것이다.[27]

성경에는 그에 관해 두 가지 표현이 나오는데, 하나는 그가 '깁보르 하일'이라는 것이다(왕상 11:28). 한글개역개정판은 이 말을 '큰 용사'라고 번역했는데, 좋은 번역 같지는 않다. 이 말은 힘센 사람(용사)을 뜻할 수도 있지만, 어떤 일에 뛰어난 능력을 지닌 사람을 뜻할 수도 있고, 부유한 사람을 뜻할 수도 있다(룻기 2:1은 보아스를 가리켜 깁보르 하일이라고 하는데, 부자라는 뜻이다).[28] 그 구체적인 의미는 문맥에 따라 결정되는데, 열왕기상 11:28에 나오는 이 용어는 '유능한 사람'이라고 번역하는 것이 좋을 것 같다.[29] 건축하는 일에 뛰어난 재능을 가진 사람이라는 뜻이다.[30]

성경은 그를 표현할 때 '오세 멀라카'라는 표현도 썼는데, 이 말은 근면하거나 활동적인 것을 뜻한다.[31] 성실하다는 것은 중요한 덕목이다. 유능하고 성실하고 활동적인 데다가 사람들의 마음을 살 수 있는 지도력까지 갖췄다면 지도자가 될 충분한 자격을 갖춘 것이다.

그렇다면 그의 어떤 점이 솔로몬의 맘에 들었을까?

자기 일을 묵묵히 성실하게 하는 정도로는 솔로몬의 눈에 띄기 어려웠을 것이다. 성실한 사람들은 오히려 눈에 잘 띄지 않는다. 아마 토목 공사

---

[26] Patterson & Austel, 734; DeVries, *1 Kings*. *WBC*, 150.
[27] 참고. 월튼 외 2인, 『IVP 성경배경주석 구약』, 523.
[28] Robin Wakely, "גבר," *NIDOTTE* 1, 810-811. 806-816.
[29] Patterson & Austel, 736.
[30] 그를 '재산가'로 보려는 견해(Hubbard, "Jeroboam," *NBD*, 565; Gray, *I and II Kings*, 294)는 불확실한 추론에 근거한 것이다.
[31] Gray, *I and II Kings*, 294.

가 난관에 부딪쳤을 때 문제를 지혜롭게 해결했다든지, 사람들이 서로 다툴 때 그들을 화해시켰다든지, 사람들을 잘 이끌어 힘든 일을 해냈다든지, 뭔가 인상적인 모습을 보여줬을 것이다. 솔로몬이 그에게 감독관의 직책을 준 것을 보면, 그에게 사람을 다룰 줄 아는 특별한 재능이 있었던 것 같다.

여로보암을 소개하는 열왕기상의 70인역 본문에는 마소라 본문에 없는 이야기가 많이 있는데,[32] 여로보암이 '사리라'라는 이름의 매춘부에게서 태어났다고 한다. 그는 요셉 족속의 노역 부대를 감독하는 솔로몬의 '채찍을 든 관장'이었다. 그는 사리라(스레다)성을 건축했고, 병거 300대를 소유했고, 예루살렘에 지하 수로를 축조했으며, 다윗성을 요새화했으나 왕권을 노렸다. 솔로몬이 그를 죽이려 하자 이집트 왕 시삭에게로 도망가 파라오의 사촌 누이와 결혼하여 아비아(아비야)라는 아들을 낳는다. 솔로몬이 죽자 사리라로 돌아와 그 성을 요새화한다.

그의 아들이 병들자 그의 아내는 실로의 선지자 아히야를 찾는데, 이때 아히야가 여로보암의 운명을 알려주었다. 이 이야기들은 여로보암이 도망치게 된 이유를 마소라 본문(우리가 읽는 성경 본문)이 자세히 설명하지 않기 때문에, 보충하려는 의도에서 첨가되었을 것이다.[33] 여러 이야기가 섞여 있는 이 이야기는 믿을 만한 것이 못 된다. 다만 70인역의 번역자들이 여로보암을 상당히 주도적인 사람으로 생각했다는 것을 알 수 있다.

다윗이 골리앗을 죽인 후 갑자기 정치에 휘말려든 것처럼, 여로보암도 솔로몬에게 발탁되면서 정치 무대의 중심에 서게 된다. 요셉 족속을 감독하는 일을 맡게 된 것은, 그에게는 입지를 다질 수 있는 좋은 기회였을 것

---

[32] 참고. 밀러, 헤이스, 『고대 이스라엘 역사』, 282; M. Aberbach & L. Smolar, "Jeroboam," *IDBS*, 473-474.
[33] Hubbard, "Jeroboam," *NBD*, 565.

이다. 간혹 총 공사 감독관(노동 감독관 아도니람)의 명령이 너무 가혹하다고 판단되면, 요셉 족속을 대표해서 공사 감독관을 찾아가 명령을 변경시킴으로써 요셉 족속의 이익을 대변하는 역할을 했을지도 모른다.[34]

이런 모습이 솔로몬에게 보고되어 솔로몬이 그를 위험 인물로 생각한 것은 아닐까?

여로보암의 인생을 뒤바꾼 결정적인 사건은 요셉 족속의 감독이 되고 난 후 얼마 지나지 않아 일어났다(왕상 11:29은 '그 즈음에'라고 함). 실로 사람 선지자 아히야를 만난 것이다. 여로보암이 어느 날 예루살렘 성 밖의 들판으로 나왔을 때, 아히야가 길에서 그를 만나 자기가 입은 새 옷을 열두 조각으로 찢은 후 열 조각을 그에게 주면서, 하나님이 열 지파를 그에게 주실 것이라고 예언했다(왕상 11:29-39). 여로보암이 이 예언을 들은 후에 솔로몬이 여로보암을 죽이려 하자 여로보암은 이집트로 도망갔다(왕상 11:40).

그렇다면 아히야가 여로보암에게 준 예언의 내용이 솔로몬의 귀에 들어간 것인가?

그럴 가능성은 없다. 아히야가 여로보암에게 예언을 전달할 때 두 사람만 들에 있었다(왕상 11:29). 그러므로 두 사람이 발설하기 전에는 이 예언에 관해 아무도 알 수 없는데, 두 사람 모두 발설하지 않았을 것이다. 그 예언이 알려지면 자기 목숨이 위태로워진다는 것을 알면서 여로보암이 발설했을 리는 없다.

아히야는 어떤가?

만약 했다면 야웨 신앙을 지키려는 믿음의 동지들에게 이야기했을 것이다. 아히야는 실로 사람인데, 실로는 에브라임 산지의 중앙에 위치한 곳으

---

[34] DeVries, *1 Kings. WBC*, 150.

로서 블레셋 군대에 의해 파괴되기 전까지 이스라엘의 종교적인 중심지였다. 다윗이 예루살렘에 법궤를 들여놓고 솔로몬이 성전을 건축한 이후로, 종교의 중심축은 예루살렘으로 이동하지만 자존심이 강한 에브라임 지파 사람들에게는 실로에 대한 향수가 있었을 것이다.

솔로몬이 말년에 배교함으로써 예루살렘이 우상 숭배의 중심지가 되어 버렸을 때, 유다와 이스라엘의 경건한 사람들은 분노했을 것이다. 특히 실로 출신의 경건한 사람들은 이런 상황을 종교개혁의 기회로 여겼을 가능성도 있다. 여로보암의 새로운 종교 정책의 실체가 드러나기 전까지는 하나님 율법에 충실한 경건한 자들은 여로보암을 통해 이스라엘의 종교가 정화될 것을 기대했을지 모른다.[35]

그러나 이런 열망이 있었다 하더라도, 이 일이 솔로몬의 귀에 들어가면 여로보암의 목숨이 위태로워질 뿐 아니라 자기에게도 위험이 닥칠 수 있다는 것쯤은 알았을 텐데, 아히야가 다른 누군가에게 이 일을 이야기했을 것 같지는 않다(삼상 16:2에서, 이새의 아들에게 기름을 부어 왕을 삼으라는 하나님의 말씀을 듣고 사무엘이 보인 반응을 생각해 보라).

그렇다면 왜 솔로몬은 여로보암을 죽이려고 했을까?

열왕기상 11:26을 보면 여로보암이 손을 들어 왕을 대적했다고 하는데, "손을 들어 왕을 대적했다"라는 표현(봐야렘 야드 밤멜렉) 자체는 여로보암이 적극적으로 왕에게 대적하는 행동을 취했다는 뜻이다.[36] 열왕기상 11:27은 여로보암이 솔로몬에게 대적하는 이유를 설명하면서 아히야가

---

[35] 존 브라이트도 비슷한 견해를 제시했는데, 아히야나 스마야의 말을 통해 이전의 지도력에 관한 전통을 되살리려는 일부 사람들의 열망이 있었다는 것이다. 이 선지자들은 혁명에 의해서라도 다윗과 솔로몬의 국가에서 벗어나 이전의 체제로 돌아가려고 하는 이스라엘 백성 사이에 널리 퍼져 있던 열망을 대변하고 있다는 것이다(브라이트, 『이스라엘의 역사』, 294).

[36] 그레이는 이 어구가 왕이 되려고 시도했다는 뜻으로 이해한다(Gray, *I and II Kings*, 290, n. b).

그에게 예언을 전한 사건을 이야기한다. 그러니까 여로보암이 아히야의 예언을 들었기 때문에 솔로몬에게 대적했다는 말이다.

그렇다면 여로보암은 아히야의 예언을 들은 후 적극적으로 반란을 주도했을까?

두 가지 이유 때문에 그렇다고 보기는 어렵다.

첫째, 열왕기상 11장은 솔로몬의 배교와 세 명의 대적들(에돔 사람 하닷, 엘리아다의 아들 르손, 여로보암)을 이야기하는데, 이 세 명의 대적들은 하나님이 배교한 솔로몬을 징계해서 일으키신 것이다. 그렇다면 "손을 들어 왕을 대적했다"라는 말은 단순히 "솔로몬의 대적이 되었다"라는 뜻일 수도 있다. 열왕기 기자가 본문을 서술하는 시점에서 보면 여로보암이 솔로몬을 대적한 사건이 이미 일어난 과거의 일이기 때문에, 여로보암을 '솔로몬을 대적한 자'로 표현할 수 있다.

둘째, 여로보암이 반란을 계획하고 추진했다면, 그런 흔적들이 나타나야 하는데, 성경에는 그런 흔적들이 전혀 나타나지 않는다. 그가 그런 일을 벌였다면 이집트까지 무사히 도망치기도 어려웠을 것이고 나중에 이집트에서 돌아와 협상단의 대표가 되기도 어렵다. 정적이라는 이유로 죽이려 했던 사람과, 적극적으로 반역을 일으킨 사람은 분명히 다르다.

그렇다면 왜 솔로몬은 여로보암을 죽이려고 했고, 여로보암이 솔로몬을 대적했다는 말은 무슨 뜻인가?

가장 가능성 있는 시나리오는 이렇다. 솔로몬은 배교 후, "내가 반드시 이 나라를 네게서 빼앗아 네 신하에게 주리라"라는 말씀을 하나님으로부터 직접 들었었다(왕상 11:11). 솔로몬은 이 말씀을 듣던 당시엔 그 신하가 누구인 줄은 몰랐다. 그런데 시간이 흐르면서 솔로몬은 그 신하가 여로보암이라고 확신하게 된 것이다. 그렇다면 여로보암이 손을 들어 왕을 대적했다는 말은 왕이 그를 위험한 인물로 간주했다는 뜻이다. 그에게 요셉 족속을 감독하는 일을 맡긴 이후로, 그가 요셉 족속에게 대단히 인기 있는 것을 보고 솔로몬은 그를 정적으로 간주했다. 다윗이 인기를 얻자 사울이 그를 죽이려 했던 것과 같은 이치다.

한편, 여로보암은 아히야로부터 예언을 들은 순간부터, 이스라엘의 왕이 되는 것을 상상해 보고 왕이 된 이후에 어떻게 통치할 것인지를 구상했을 것이다. 어쩌면 그 이전부터 그는 왕이 되려는 야심이 있었는지 모른다. 아히야의 예언은 분명히 여로보암의 행동에 영향을 주었을 것이다.

여로보암은 어느 순간 자신이 솔로몬의 정적이 되었다는 것을 깨닫고 이스라엘 영토 안에서는 자신의 목숨이 유지되기 어렵다고 판단하였을 것이고 결국 정치적 망명의 길을 택한다. 정치적 망명을 추구하는 과정에서 비로소 추종자들에게 아히야의 예언을 알렸을 가능성이 있다. 추종자들에게는 여로보암을 지지한다는 것이 목숨을 걸어야 하는 일이므로 아히야의 예언은 그들의 생명을 보장하는 안전장치 같은 역할을 했을 것이다. 만약 이런 추론이 가능하다면 여로보암이 이집트에 망명하기 직전이나 직후 어느 시점에 아히야의 예언이 솔로몬의 귀에 들어갔다고 판단할 수 있다.

이제 여로보암은 루비콘강을 건넜다. 여로보암이 선택할 수 있는 길은 하나뿐, 국가를 건립하는 것이다. 그는 추종자들과 은밀하게 새로운 국가를 수립하는 문제를 의논했을 것이고 이집트는 여로보암 정권의 요람과 같은 역할을 했다. 솔로몬은 바로의 사위였고 자기에게 시집온 바로의 딸을 위해 궁궐까지 지어주었기 때문에, 당시 그 관계가 지속되고 있었다면 여로보암은 그곳에서 잡혀서 예루살렘으로 압송되었을 것이다.

그러나 당시 이집트는 솔로몬에게 자기 딸을 시집보낸 시아문이 죽고 시삭이 통치하고 있었다.³⁷ 정권이 바뀌면서 이집트의 대외 정책도 바뀌었다. 카르낙 신전 벽에 있는 시삭이 남긴 기록을 통하여, 강하고 통일된 이스라엘이 이집트 제국의 부흥의 꿈을 막고 있었고, 솔로몬이 죽기 전부터 시삭은 솔로몬에게 대항할 책략을 꾸미기 시작했다는 사실을 추론해 낼 수 있다.³⁸

아마 시삭은 여로보암에게 왕이 되도록 적극적으로 돕겠다는 언질을 주었을 것이다. 이집트에게는 솔로몬의 정적, 여로보암을 보호하고 도움으로써 솔로몬이 다스리는 강대국 이스라엘을 분열시키고 약화시킬 좋은 기회가 온 것이다. 여로보암은 이집트로 망명하여 이집트의 왕실에서 기거하면서 당시 최고로 발달된 문명과 학문과 기술을 배우며 지도자 수업을 확실하게 쌓았다. 이집트 왕실은 적극적으로 여로보암을 도와주었고 그는 이집트에서 망명 생활을 거치면서 유력한 지도자로 입지를 굳혀나갔다.

그렇다면 여로보암은 어떻게 이집트를 망명지로 선택했을까?

이집트가 자기를 적극적으로 보호하고 후원할 것을 어떻게 알았을까?

그리고 이집트까지 그 먼 길을 어떻게 붙잡히지 않고 갈 수 있었을까?

이집트로 망명하겠다고 결정한 것이나 망명이 성공한 것을 보면, 여로보암을 적극적으로 도와주던 사람들이 있었던 것이 분명하다. 이런 일을 여로보암 혼자서 해내긴 어렵다. 아무리 유능해도 혼자서는 이런 문제들을 다 헤쳐 나갈 수 없다. 아마 여로보암은 정치적 망명지를 선택하기 전에 자기를 확실히 보호해 줄 곳이 어딘지를 파악하기 위해 애썼을 것이고 여로보암의 추종자들은 이집트를 포함하여 여러 주변국의 왕실과 접촉하며 신중하게 망명지를 선택했을 것이다.

37　Gray, *I and II Kings*, 297; Sweeny, *I and II Kings. OTL*, 161.
38　참고. 혼, "분열 왕정: 유다 왕국과 이스라엘 왕국," 198-199; 브라이트, 『이스라엘의 역사』, 297.

그렇다면 여로보암을 적극적으로 돕고 여로보암이 새로운 왕국을 건립할 때 큰 역할을 했을 것으로 여겨지는 이들은 누굴까?

여로보암은 요셉 족속을 감독하는 직책을 맡았었는데, 그의 수하에 그를 따르던 사람들이 많이 있었을 것이다. 에브라임이나 므낫세 지파 출신인 그들이 주요 정치 세력이 되었을 것이다.

이런 추론은 단지 상상력의 산물이 아니다. 르호보암이 세겜에 갔다는 사실로부터 에브라임 지파가 반란을 주도하고 있었을 것이라는 단서를 얻을 수 있다. 세겜은 앞에서도 언급했듯이 역사와 전통이 서려 있는 유서 깊은 도시다. 에브라임 지파의 영내에 있는 도시에서 르호보암이 즉위식을 치러야 했다는 것은 에브라임이 북쪽 지파들을 주도하고 있었다는 것을 암시한다. 그리고 무엇보다도 결정적인 것은 여로보암이 에브라임 지파 사람이었다는 것이다.

여로보암이 아무리 유능하더라도 혼자서는 국가를 창건할 수 없다. 특히 고대 이스라엘처럼 지파들의 독립적 성격이 강한 나라에서는 각 지파를 통솔하는 족장처럼 중간 지도자의 역할이 중요하다. 한 왕국을 이끌어 나갈 왕실이나 군대, 중앙 정부가 금방 구성되고 작동하기 어려운 상황에서 분명히 어느 정도 느슨하지만 잘 짜인 비공식적인 조직이 이미 존재했다고 보는 것이 타당하며, 그 비공식적인 조직이 여로보암의 적극적인 추종자들이었을 것이라고 추정하는 것이다.

4. 여로보암의 핸디캡과 종교 정책

여로보암은 유능한 인물이었다. 아마 세겜에서 즉위식을 치른 후 그는 국가의 기반을 다지는 데 박차를 가했을 것이다. 유다는 이스라엘보다 영토가 좁지만 동질감이 있었고(유다 지파를 중심으로 베냐민이 가세한, 거의 동일 집단이다) 지리적으로도 격리되어 있었기 때문에 외적의 침략에 대처하는 데 훨씬 유리했다.

반면 북왕국(이스라엘)은 유다에 비해 영토도 넓고 비옥했지만, 유다보다 불리한 점도 많았다. 가장 불리한 점 가운데 하나는 동질감이 떨어져서 정세가 불안했다는 것이다. 북왕국은 열 지파로 이뤄졌고 꽤 큰 규모의 성읍들도 여럿 있었고 영토 안에 가나안 족속들이 많이 살았으며 그들 각자가 고유한 제의 장소들을 가지고 있었고, 이들이 구릉지와 요단강 동쪽(트랜스요르단)과 갈릴리의 작은 촌락들에 흩어져 살고 있었다. 통치자들은 이 서로 다른 집단들을 만족시켜야 하기에 정세가 불안했다.[39] 북왕국에서 쿠데타가 끊임없이 일어나는 것을 보라.

북왕국(북이스라엘)의 영토는 전략적으로 볼 때, 국제 간선 도로와 서로 연결되는 더 중요한 위치에 있었다. 주요한 해안 도로를 따라 나 있는 해변 길은 므깃도에 있는 갈멜산 능선을 가로지르거나, 더 남동쪽으로 도단 평지를 통과하는데 유다 영토를 지나가지는 않지만, 이스라엘 영토는 반드시 지나간다. 즉 북왕국의 영토는 팔레스타인 남쪽에서 북쪽으로, 혹은 그 반대로 이동하는 상인이나 군대가 반드시 밟고 지나가야 할 지점에 놓여 있다. 게다가 동서를 가로지르는 도로가 도단 평지와 세겜 협로를 통과한다(유다 영토에는 이런 도로가 없는데, 유다 영토의 동쪽에 있는 사해가 천연적인 거대한 해자를 이루기 때문이다).

북왕국 사람들은 샤론 평지, 이스르엘 평지, 갈릴리, 북부 트랜스요르단을 장악하고 있었기 때문에 지중해와 바로 통할 수 있었고, 페니키아나 다메섹과 교류할 수 있었고 요단강 동편을 남북으로 관통하는 교역로를 장

---

[39] 이하 밀러, 헤이스, 『고대 이스라엘 역사』, 283-285.

악할 수 있었다. 이렇게 교통의 관문들을 장악하고 있었기 때문에 국제 무역으로부터 유다보다 훨씬 더 많은 이익을 얻어낼 수 있었다.

그러나 이것은 한편으론 이스라엘이 외국의 문화를 더 쉽게 받아들일 수 있었고, 외국 군대의 발길에 더 쉽게 노출되어 있었다는 것을 말한다. 왕국의 역사를 읽어보면 북왕국이 남왕국에게 방파제 역할을 한다는 것을 알 수 있다. 그것은 북왕국의 북쪽에 위치한 아람이 앗수르의 침략을 어느 정도 막아주는 역할을 했던 것과 같은 이치다.

여로보암이 자신의 왕국이 가지고 있는 이런 장단점을 파악하고 있지는 않았겠지만, 왕조를 창건하는 자가 해야 할 가장 기본적인 일들은 했다. 그는 일단 왕국의 수도를 세겜으로 정했는데, 세겜을 수도로 정한 이유는 세겜이 중앙에 위치해 있었고 예전부터 제의와 관련된 유서 깊은 도시였기 때문일 것이다.[40] 그는 이곳에 건축물들을 세워 이곳에 상주하면서 나라를 통치했다(왕상 12:25).

여로보암은 요단 동편의 브누엘(왕상 12:25, 엔 부느엘로 나옴)도 건설했는데, 이곳은 야곱이 천사와 씨름했던 브니엘과 같은 곳이고 미디안족을 물리치고 돌아오던 기드온에게 그 주민들이 살해당했던 곳이다. 일부 학자들은 이집트의 파라오 시삭이 침공하자 요단 동편으로 피신한 것이라고 추측하지만,[41] 성경은 이주를 한 이유를 설명하지 않는다.[42] 이것은 열왕기상 12:25(여로보암이 거기서 '나가서' 브누엘을 건축했다고 함)에 나오는 '나

---

[40] 존 브라이트는 세겜이 므낫세 지파의 영토 안에 있었던 가나안계 히브리인의 거류지여서 지파 체제와 별로 관련이 없어서 지파들의 시기심을 최소화할 수 있고 비 이스라엘계 주민들을 기쁘게 했을 것이라고 주장한다(브라이트, 『이스라엘의 역사』, 300). 그러나 세겜이 가나안계 히브리인의 거류지인지의 문제는 논쟁의 여지가 있다. 역대상 7:28에는 에브라임 지파에 속한 도시로 나온다.

[41] 예를 들어 노트는 이 기사를 근거로 여로보암이 도읍지를 옮겼다는 가정하에 시삭의 침공을 피해 피신한 것이라고 주장한다(노트, 『이스라엘 역사』, 297).

[42] 혼, "분열 왕정: 유다 왕국과 이스라엘 왕국," 203 참고.

가서'라는 단어(야짜)를 '도피했다'로 해석해야 가능한 얘기다.[43] 여로보암은 아마 북쪽과 북동쪽으로부터 아람이 침략할 것을 대비해 성읍을 건축하고 요새화했을 것이다.[44] 이 두 성읍 모두 야곱과 관계가 있기 때문에 선택되었을 수도 있다.[45]

나중에는 디르사로 수도를 옮긴 것으로 보이는데, 이것은 열왕기상 14:17에 암시되어 있다.[46] 디르사는 세겜에서 동북쪽으로 약 11km 떨어진 세겜 북쪽의 산악 지대에 있다. 디르사는 오므리가 사마리아를 새로운 수도로 건설할 때까지 북왕국의 수도였다. 이곳에서 바아사가 왕위에 올랐고(왕상 15:33), 엘라도 왕위에 올랐고(왕상 16:8), 엘라가 시므리의 손에 죽었고(왕상 16:9), 시므리가 7일간 왕 노릇하다 자살했다(왕상 16:15, 18). 오므리도 이곳에서 왕위에 올라 6년간 다스리다가(왕상 16:23), 나중에 사마리아로 수도를 옮긴다.

수도를 세겜에서 다른 곳으로 옮긴 이유는 세겜이 방어하기가 쉽지 않았기 때문인데, 디르사로 옮긴 이유는 이곳이 원래 이스라엘계 성읍으로서 지파 체제와 별로 얽히지 않으므로(수 12:24; 17:1-4), 정치적으로는 세겜과 동일한 이점이 있기 때문일 것이다.[47] 디르사로 수도를 옮긴 후에도 세겜은 북왕국의 중심지로 계속 남아 있었다.

여로보암의 통치에 관해 성경은 더이상의 정보를 주지 않는데, 그것은 성경이 그런 부분에 관심이 전혀 없기 때문이다. 사마리아에서 출토된 도자기 파편(사마리아 오스트라카)을 통해 어떤 지방 조직은 기원전 8세기의

---

[43] 야짜의 기본적인 의미는 나간다는 것인데, 문맥에 따라 도망간다는 뜻을 지닐 수도 있다(*HALOT*, 425-427).
[44] Patterson & Austel, 743.
[45] 메릴, 『제사장의 나라』, 424.
[46] 노트는 여로보암이 시삭의 공격을 받아 요단 동편의 브누엘로 갔다가 세겜으로 돌아오지 않고 디르사를 왕도로 삼았다고 주장한다(노트, 『이스라엘 역사』, 297-298).
[47] 브라이트, 『이스라엘의 역사』, 301.

솔로몬의 지방 조직을 그대로 본 딴 것임을 알 수 있고, 이런 사실을 근거로 여로보암이 솔로몬이 했던 것들을 많이 차용했을 것이라고 추측할 수 있다.[48] 여로보암이 솔로몬 밑에 있었으니 이것은 당연하다고 하겠다.

어떤 국가든 가장 기본적인 것은 세금을 거두고 토목 공사에 필요한 노동력을 모으고 군대를 징집하는 것이다. 이것은 여로보암에게도 예외가 아니었을 것이다. 여로보암과 관련된 구체적인 자료가 하나도 없기 때문에 여로보암이 세금을 어떻게 거두었는지, 군대를 어떻게 운용하려 했는지 등에 관해 전혀 알 수 없다. 다만 그가 세겜과 브누엘과 디르사를 건축한 것을 보면 북왕국의 사람들에게 어느 정도 강제 노역을 요구했을 것이다.[49]

강제 노역을 완화해 달라는 요구를 르호보암이 들어주지 않아 새로운 국가를 건립했는데, 백성들에게 강제 노역을 요구할 수밖에 없었다니 이 세상의 역사는 동서고금을 막론하고 똑같다!

유능한 여로보암은 자신을 따르는 무리들과 함께 국가의 초석을 마련하는 데 성공했던 것으로 보인다. 하지만 여로보암에겐 두 가지 고민거리가 있었다. 하나는 왕권이 안정적이지 못하다는 점이고 다른 하나는 이스라엘 종교의 제의 중심지가 유다에 있었다는 사실이다. 그리고 이 두 가지 사실은 서로 연결되어 있다.

르호보암이 비록 무능하다 할지라도 군사 반란이 일어나 왕권이 교체될 가능성은 없었다. 다윗의 후손이기 때문이다. 유다는 다윗의 후손들이 계속 왕위를 이어가기 때문에 반란이 일어날 위험이 없다. 하지만 이스라엘은 다르다. 여로보암이 새로운 왕조를 창건했기 때문에 여로보암의 후손

---

[48] 브라이트, 『이스라엘의 역사』, 301.
[49] 브라이트, 『이스라엘의 역사』, 301 참고.

이 왕이 되어야 한다는 전통이 아직 없다. 반란이 일어날 소지가 있는 것이다.

그리고 여로보암에게 가장 신경 쓰이는 것은 제의의 중심지인 성전이 예루살렘에 있다는 사실이다. 율법에 따르면 이스라엘 남자는 일 년에 세 번 예루살렘으로 가야 한다(출 23:17). 모든 백성이 이 법을 철저히 지키지는 못했다 하더라도 적어도 일 년에 한 번은 예루살렘으로 간다.

예루살렘을 다녀오면서 백성들은 무슨 생각을 할까?

그들이 거룩한 성전의 건물과 그곳에서 예복을 입고 하나님 앞에서 섬기는 제사장들을 보면 무슨 생각이 들겠는가?

"우리에겐 성전도 없고 제사장도 없고 법궤도 없다"는 사실을 깨닫는 순간 백성들의 마음은 어떻게 되겠는가?

"왕실에 대한 충성심이 약화되지는 않을까?"

"예루살렘의 보좌에 앉아 있는 르호보암에게 마음을 빼앗기지 않겠는가?"

"마음을 빼앗긴 자들이 반란을 일으켜 나를 권좌에서 몰아내고 나를 죽이지 않겠는가?"(왕상 12:27)

생각이 여기까지 미쳤다면, 여로보암은 이 문제가 결국 백성들의 충성심을 도적질하고 자신의 왕권에 심각한 타격을 줄 수 있다고 판단했을 것이다. 이 문제를 해결하기 위한 대안으로 그는 단과 벧엘에 예루살렘 성전을 대체할 성소를 세웠다. 이 두 장소가 선택된 이유 중 하나는, 두 도시가 북왕국 영토의 경계선에 있기 때문이다. 벧엘은 베냐민 지파와 에브라임 지파의 경계 지점인 남북 능선 도로에 위치한 성읍으로서 구약에선 예루살렘 다음으로 자주 나오는 중요한 곳이다.[50]

---

[50] J. L. Kelso, "Bethel," *IDB* 1, 391.

여호수아가 땅을 분배할 때는 베냐민 지파에게 주어졌으나(수 18:21),[51] 베냐민 지파가 사사 시대에 가나안 사람들에게 빼앗겼고 에브라임이 성읍을 도로 찾았다. 이곳은 북왕국의 남쪽 경계선에 있는 도시로서 예루살렘에서 북쪽으로 20km밖에 떨어지지 않아 베냐민 지파의 영토와 경계를 접하고 있었다(수 18:13).

그림51. 이스라엘 가장 북쪽에 있는 도시인 단(현대명 텔 단) 가까운 곳에는 엔 단이라 불리는 요단강의 발원지가 있는데(엔은 샘이라는 뜻이다), 이곳에는 이처럼 건기에도 물이 흐른다(이 사진은 필자가 2010년 6월말에 찍은 것이다). 여로보암이 성소를 단에 세운 이유 중 하나는 성소를 찾은 이스라엘 백성들이 이 풍부한 수원(水源)을 보게 하려는 것이었을지 모른다.

단은 북쪽 단 지파의 영토에 있는 도시로서 이스라엘의 제일 북쪽에 있는 도시다. 원래 이름은 라이스, 또는 레센이었는데 단 지파가 점령하고 난 후부터 '단'이라 불렸다(삿 18:29; 수 19:47). 영토의 북쪽 끝과 남쪽 끝에 예루살렘 성전을 대체할 만한 성소를 세우겠다는 것이다.

한편 이 두 곳은 나름대로 전통이 있는 곳인데, 벧엘은 족장들과 깊은 관계가 있다. 아브라함은 벧엘 동편에 장막을 치고 여호와께 단을 쌓았고

---

[51] 대상 7:28에는 에브라임 지파에게 분배된 것으로 나온다.

(창 12:8) 이집트 방문 후에 이곳으로 되돌아왔다(창 13:3). 야곱은 브엘세바를 떠나 하란으로 가는 길에 벧엘에서 꿈에 하나님을 만나서 그곳 이름을 벧엘, 즉 하나님의 집이라 칭했다(창 28:16-19). 그는 하란에서 돌아오는 길에도 벧엘로 부르심을 받고 다시 제단을 쌓고 기둥을 세운 다음, 전에 그가 지었던 이름을 다시 불렀다(창 35:1-15). 단은 모세의 손자 요나단과 그의 후손들이 단 지파의 제사장으로 있던 곳이다(삿 18:30).

단에서는 1966년부터 발굴 작업이 이루어져 후기 청동기 시대의 지층에선 현무암의 화려한 무덤이 발굴되었는데, 45구의 유해가 드러났고 부장품으로 수입해 온 미케네와 키프로스의 그릇, 기름 등잔, 주발, 화살촉, 청동검, 상아로 만든 화장품 케이스, 금, 은, 보석이 나왔다. 단은 두로에서 다메섹으로 가는 도로가 남북으로 달리는 간선 도로와 교차하는 지점에 있었기 때문에,[52] 일찍부터 더 발달된 문명의 혜택을 받은 곳으로 보인다.

또 이곳은 요단강의 수원(水源)이 있는 곳으로서 이곳을 찾는 사람들은 시원한 물이 일 년 내내 솟구쳐 오르는 모습을 보고 이곳이 풍요로운 땅이라는 생각을 하게 된다. 여로보암은 이곳을 방문하는 백성들로 하여금 "살기 좋은 땅에 계속 머물러야겠다"라는 생각을 가지게 만들려고 이곳에 성소를 두었는지 모른다.

여로보암은 금송아지를 두 개 만들어 두 성소에 두었다(왕상 12:28-29).[53] 이 기사를 보면 여로보암이 두 곳에 성소를 새로 지었다기보다는 원래부터 사람들이 오랫동안 자주 드나들던 고대 성소들을 왕실의 예배 처소로

---

[52] A. Biran, "Dan," *IDBS*, 205.
[53] 마틴 노트는 호세아 8:5-6을 근거로, (나중에는) 수도 사마리아에도 금송아지가 세워졌을 것으로 본다(노트, 『이스라엘 역사』, 299).

격상시켰다는 주장이[54] 맞는 것 같다.

　금송아지는 그의 종교 정책의 핵심인데, 그가 금송아지를 만든 이유는 북왕국의 백성들로 하여금 예루살렘에 가는 것을 막으려는 것이다(왕상 12:28). 즉 종교적인 목적이 아니라 정치적인 목적에서 금송아지를 만들었다. 여로보암은 금송아지를 만든 후 북왕국의 백성들에게 "너희가 다시는 예루살렘에 올라갈 필요가 없다. 이는 너희를 이집트 땅에서 인도하여 올린 너희의 하나님이시다!"라고 말했는데, "이는 너희를 이집트 땅에서 인도하여 올린 너희의 하나님이시다!"라는 말은[55] 놀랍게도 이스라엘이 출애굽 한 후 아론이 금송아지를 만들었을 때, 그것을 보고 이스라엘 백성이 한 말(출 32:4)과 똑같다.

　여로보암은 왜 금송아지를 만들었을까?

　이 문제는 쉽게 설명할 수 있는 간단한 문제가 아니다. 여로보암을 믿음이 아주 없는 불신자 같은 사람으로 보면 쉽게 설명할 수 있지만, 여로보암을 그런 식으로 평가해선 안 된다. 그는 기본적으로 이스라엘에서 태어나서 자란 이스라엘 사람이다. 그는 어쨌든 야웨 하나님을 믿는 사람이며 선지자로부터 자신에 관한 예언을 들었다. 사울이 대단히 종교적이었지만 믿음이 부족한 사람이었던 것처럼, 여로보암도 기본적으로 이스라엘 사람들이 지닌 야웨 신앙을 가진 사람이라는 사실에서 출발해야 한다.

　일단 그가 금송아지를 만든 것이 정치적인 목적 때문이라는 것은 앞에서도 언급했다. 즉 금송아지를 만든 이유는 북왕국의 백성들로 하여금 예

---

[54] 노트, 『이스라엘 역사』, 299.
[55] 한글개역개정판은 "엘로헤카 이스라엘"을 "너희의 신들이다"라고 잘못 번역했는데, 하나님을 뜻하는 히브리어 단어 엘로힘이 신들을 의미할 수도 있기 때문에 이렇게 번역한 것 같다(출 32:4에 나오는 똑같은 구를, 무슨 이유에서인지 "너희의 신이다"라고, 단수로 번역했다). 왕이 금송아지를 만들어놓고 "이것이 너희의 신들이다"라고 말하면 백성들이 그것을 쉽게 받아들였겠는가? 여기선 하나님으로 번역하는 것이 맞다.

루살렘에 가는 것을 막으려는 것이다.

그렇다면 백성들이 예루살렘에 가지 않아도 될 만큼 중요한 물건, 즉 예루살렘 성전에서 가장 중요한 물건은 뭔가?

그것은 언약궤다. 여로보암은 분명히 예루살렘 성전에 안치되어 있는 법궤를 대치할 목적으로 금송아지를 만든 것이다. 즉 법궤가 보이시지 않는 하나님이 임재하시는 대좌(臺座)이기 때문에(시 132:7), 금송아지도 그런 대좌 역할을 하도록 만들어진 것이다.[56]

법궤는 그 누구도 볼 수 없도록 지성소에 안치되어 있었는데, 이것은 여로보암에게는 반길 만한 사실이었을 것이다. 왜냐하면, 당시 대부분의 백성들은 법궤가 어떻게 생겼는지 잘 몰랐을 것이기 때문이다(솔로몬이 성전을 건축한 후 법궤를 지성소 안에 들여놓은 후 대제사장이 일 년에 한 번 보는 것 이외에 아무도 볼 수 없었다).

그러므로, 법궤에 대응할 만한 어떤 물건을 만들어놓고 그것이 법궤와 같은 역할을 한다고 주장해도 대부분의 백성들은 속을 수밖에 없다. 필자가 이렇게 생각하는 확실한 근거는 법궤와 그룹이 모두 순금(자합 타호르)이나 금(자합)으로 만들어지거나 입혀졌듯이(출 25:11, 18), 여로보암이 만든 송아지도 금(자합)으로 만들어졌다는 사실이다(왕상 12:28). 아마 그룹을 본떠서 금송아지를 만들었을 것이다.[57] 법궤를 대치할 만한 물건을 국가가 주관하는 성소에 안치해 두면 백성들이 남쪽으로 가는 것을 막을 수 있을 것이라는 것이 여로보암의 계산이었을 것이다.[58]

56　Hubbard, "Jeroboam," *NBD*, 566; 노트, 『이스라엘 역사』, 300.
57　이와 유사하게 브라이트는 금송아지가 개념상으로는 예루살렘 성전의 그룹에 해당하는 것이라고 주장한다(밀러, 헤이스, 『고대 이스라엘 역사』, 294도 같은 견해다). 법궤-그룹과 황소상의 차이는 신학적인 차이가 아니라 어떤 형상을 사용하느냐의 차이라는 것이다(브라이트, 『이스라엘의 역사』, 302).
58　법궤가 중요한 역할을 했을 것은 분명하다. 노트는 유다 왕실의 성소에 법궤가 안치되어 있기 때문에 북왕국의 사람들을 끌어들였고 그들이 예루살렘에 순례했을 것이라고

그런데 여로보암은 한 걸음 더 나아가, 이 법궤 대용품을 보이시지 않는 하나님의 화신이라고 백성들에게 소개한 것이다. 그는 백성들을 통제하기 위한 수단으로 금송아지를 활용하기 위해 금송아지를 백성들에게 소개하면서, "이것이 너희 하나님이시다"라고 한 것이다.

눈에 보이고 만질 수 있는 하나님을 가까이 대한다는 것은 대중들에게는 얼마나 큰 축복인가?

이건 단지 상상이나 추론이 아니다. 이미 출애굽 한 이스라엘 백성들에게서 볼 수 있었던 모습 아닌가?(출 32장)

여로보암 자신이 금송아지를 하나님의 화신(化身, incarnation)으로 믿었을까?

절대로 그렇지 않다.[59] 그가 금송아지를 가리켜 "이는 너희의 하나님이다"라고 백성들에게 말을 하는 것과, 그가 진짜로 그렇게 믿는 것은 별개의 문제다. "이는 너희의 하나님이다"라는 말은 벧엘이나 단에 모인 백성들에게 신상을 소개할 때 정기적으로 외치는 제의적인 외침이었을 것으로 보이는데,[60] 여로보암이 금송아지를 소개하는 목적은 백성들로 하여금 예루살렘에 가지 못하게 하려는 것이다.

여로보암이 단과 벧엘에 예루살렘의 성전과 유사한 성전을 만들고 (그가 솔로몬 밑에서 공사를 감독하는 중요한 직책을 맡았다는 사실을 생각해 보라), 그 성전의 깊숙한 곳에 친 휘장을 걷어내며 금송아지를 가리켜 "이것이 너희 하나님이다"라고 말할 때, 그는 금송아지 위에 서 계시거나 좌정하신 보이지 않는 하나님을 가리킨 것이다. 그러나 백성들의 눈에 보이는 것

본다(노트, 『이스라엘 역사』, 298).
[59] 역사비평학자들은 이 지점에서 성경 기자들이 여로보암의 의도를 왜곡한 후 그를 비난했다는 식으로 말하는데(브라이트, 『이스라엘의 역사』, 303; 밀러, 헤이스, 『고대 이스라엘 역사』, 294), 이런 판단은 옳지 않다.
[60] 알베르츠, 『이스라엘 종교사 I』, 321.

은 금송아지뿐이니 백성들은 금송아지를 하나님의 화신으로 믿으려 했을 것이다. 여로보암의 죄는 자신의 정치적인 이득 때문에 백성들이 그런 잘못된 신앙을 가지게 되는 것을 알면서도 그냥 놔둔 것이다.

만약 하나님의 뜻에 민감한 경건한 사람들이 반론을 제기하면 "이것은 법궤와 같은 역할을 하는 발등상일 뿐이오. 나는 발등상 위에 임재하신 보이지 않는 야웨 하나님을 말한 것뿐이오"라고 대답함으로써 논쟁을 피해 갔을 것이다.[61]

한편, 여로보암이 이집트에서 망명 생활을 했기 때문에 이집트의 문화와 종교에 어느 정도 영향을 받았을 것이라고 추론할 수 있다. 그는 어쨌든 야웨 하나님을 믿는 이스라엘 사람이기 때문에 이집트 종교의 기본적인 틀과 사상은 받아들이지 않았을 것이다. 즉 여로보암이 유일신 사상을 버리고 이집트의 다신교(多神敎, polytheism)를 받아들였을 리는 없다.

여로보암이 이집트의 종교에서 영향을 받았다면, 이집트의 수많은 신이 여러 동물이나 식물 등 볼 수 있는 형상으로 존재한다는 사실에 흥미를 느끼지 않았을까?

만약 그가 이집트의 신들 가운데 하나를 가져오려 했다면 하토르를 가져왔을 텐데, 하토르는 암소 모양을 하고 있기 때문에 여로보암의 금송아지와는 맞지 않는다.[62]

---

[61] 텔 도단에서 동쪽으로 약 10km 떨어진 사마리아 산악 지대의 제의 장소에서 길이가 17.5cm이고 높이가 12.4cm인 황소 형상이 발견되었는데, 알베르츠는 이 유물이 국가가 설립되기 이전부터 황소 형상을 제의에 사용했다는 증거라고 해석한다(알베르츠, 『이스라엘 종교사 I』, 317) 필자는 이 견해에 동의하지 않지만, 만약 황소 형상이 민간 신앙에 널리 퍼져 있었다면, 그것이 여로보암이 송아지 형상을 만든 이유에 대한 답이 될 수도 있을 것이다.

[62] '하토르'(Hat-Hor)는 고대 이집트로부터 내려오는 오래된 세 신들 가운데 하나다(나머지 둘은 오시리스와 호루스) 사실 하토르란 말은 하트(성채)와 호르(호루스)가 합쳐진 이름으로써, 호루스의 품이란 뜻이다. 하토르는 항상 암소나 암소의 얼굴로 나타난다(크리스티안 데로슈 노블쿠르, 『먼나라 여신의 사랑과 분노』(*Amours et Fureurs Dela-*

만약 이집트의 종교의 영향을 받았다면, 신들이 동물 형상으로 나타난다는 것을 배웠을 가능성이 있다.[63] 그는 대단히 정치적인 사람이기에 자신은 야웨께서 동물 형상으로 나타난다고 믿지 않았지만, 이집트의 종교가 가진 그 특성을 이용해서 백성들을 통제하려 했을 것이다.[64] 여로보암

---

lointaine), 용경식 역 [서울: 영림카디널, 1999], 21-29).

[63] 금송아지와 연관시킬 만한 이집트의 신은(만약 이집트의 신들 가운데 하나를 본뜬 것이라면) 고대 이집트 멤피스 지역에서 숭배받던 성스러운 소인 아피스(Apis, Hapis, Hapi-ankh)다. 본래 나일강의 신 하피와 같은 형상이었던 아피스는 이집트의 다른 황소 신들과 마찬가지로 처음에는 가축이나 짐승의 번성과 관련된 다산의 신이었을 것으로 추정된다. 그러나 이 신은 멤피스 지방의 최고신 프타, 죽음의 신 오시리스, 지하 세계의 신 소카리스와 관련이 있다. 이 신은 아피스-아툼으로서 태양 숭배와도 관련되었으며, 뿔 사이의 햇무리로 표현되었다. 아피스는 흑백 무늬와 눈에 띄는 반점이 있는 것이 특징이었다. 신성한 황소가 죽으면 사람들은 그를 이을 송아지를 찾아내어 멤피스의 아피에이온에 앉혔다. 제사장들은 아피스의 행동을 보고 징조를 유추해 냈고, 아피스의 신탁은 널리 퍼졌다. 아피스 황소가 죽으면 고대 그리스·로마 세계에 사라페움으로 알려진 지하 회랑 사카라에 커다란 관과 함께 매장되었다. 고대 이집트의 종교는 인간을 신격화하고, 동식물이나 자연의 힘을 숭배했고, 진리나 운명 같은 추상적인 개념을 인격화한 것이다(J. A. Wilson, "Egypt." *IDB* 2, 57).

[64] 존 브라이트는 여로보암이 보이시지 않는 하나님이 임재하시는 대좌로 금송아지를 만들었는데, 이 송아지 상징이 가나안의 다산 제의와 밀접히 관련되어 있기 때문에 해를 끼칠 우려가 있어서 배척당한 것이라고 한다. 북왕국의 많은 백성은 겨우 절반 정도만 회심한 가나안 사람들이었기에 이런 상징이 여호와와 바알을 혼동하게 만들고, 여호와 제의에 이교적인 특색들을 끌어들일 위험성이 매우 컸다는 것이다. 그런 점에서 열왕기 기자는 공정하지 못하다고 주장한다(브라이트, 『이스라엘의 역사』, 302-303).
밀러와 헤이스는 여로보암과 그의 동시대인들은 여로보암의 종교 정책을 제의 개혁, 갱신, 예루살렘과 다윗 왕조의 이데올로기에 물들지 않은 옛 전통으로의 회귀 운동으로 보았을 것이라고 주장한다(밀러, 헤이스, 『고대 이스라엘 역사』, 294). 이런 관점에서 보면 여로보암이 브누엘을 건축한 것과 세겜을 왕도로 정한 것도 옛 성소들을 복원시킨 것이다(296).
하지만, 여로보암을 옹호하는 것 같은 이런 견해는 옳지 않다. 여로보암은 유능한 사람이었고 자신이 추진하는 종교 정책이 백성들의 신앙을 훼손시킬 것을 알고 있었을 것이다. 브라이트도 인정하듯이, 그의 종교 정책으로 북왕국이 종교적 순수성을 보존하지 못했다는 것은 확실하다(브라이트, 『이스라엘의 역사』, 303). 그런데도 이것을 추진한 것은 그가 정치적인 목적을 위해 다른 것들을 희생시킬 수 있는 그런 사람이었기 때문이다. 그의 나쁜 의도를 이해하려 하고 오히려 성경 기자를 비난하는 것은 사람들이 죄를 지을 수밖에 없는 상황을 인정하고, 죄를 책망하는 성경을 비난하는 것과 같은 것이다.
노트는 다윗 왕가의 권위는 거부되었지만 중앙 성소로서의 성전의 권위는 계속 유지되었을 것이며, 이것은 적어도 모든 이스라엘 지파와 다윗 왕조를 연결시켜 주는 간접적

의 금송아지는 십계명 중 하나님을 형상화하지 말라는 계명(출 20:4-6)을 어긴 것이다. 그것을 어기면서까지 금송아지를 만든 것은, 그런 방법이 백성들에게 먹혔기 때문이다.

이제 성전을 대신할 성소와 법궤를 대신할 금송아지가 만들어졌으니 남은 것은 여로보암이 고안한 종교를 유지시켜 나갈 성직자들이다. 여로보암은 레위인이 아닌 보통 사람들을 제사장으로 세워 성소에서 섬기게 했는데, 이것도 명백하게 율법을 어긴 것이다. 율법에 따르면 레위인만 성소의 직무를 수행할 수 있었으며, 레위 지파 중 아론의 후손들만 제사장이 될 수 있었다(민 1:47-54; 3:5-13; 18:1-7).

여로보암이 율법을 어기면서까지 보통 백성을 제사장으로 세운 이유는, 그가 수립한 종교 정책이 정치적인 동기에서 나온 것이기 때문이다. 이것이 다윗과 확연하게 구별되는 점이다.

여로보암은 레위인들을 해임하여 제사장 직분을 행하지 못하게 했는데, 이런 정책은 그의 아들들, 즉 후계자들에게까지[65] 내려온 것 같다(대하 11:14). 해임당한 레위인들은 모두 자기들의 재산을 버리고 마을을 떠나 유다와 예루살렘으로 내려가서 북쪽 땅에는 레위인들이 하나도 없게 되었다(대하 11:13-15). 그 빈자리를 레위 지파가 아닌 다른 사람들이 채웠다. 누구든지 어린 수송아지 한 마리와 숫양 일곱 마리를 가져오는 자는 제사장이 될 수 있었다(대하 13:7). 그들은 여로보암이 만든 여러 산당들과 숫염소 우상과 금송아지를 위해 제사장 업무를 맡았다(대하 11:15). 악한 권력과 불법과 폭력이 사라지지 않는 것은, 그것들을 추종하는 평범한 사람들이 있기 때문이다!

인 접촉점이라는 것을 의미했다고 주장한다(노트, 『이스라엘 역사』, 298-299).
[65] Williamson, *1 and 2 Chronicles. NEW Century Bible Commentary*, 243.

그림52. (왼쪽) 텔 단에서 발견된 유적. 고고학자들은 텔 단의 둔덕 북쪽에서 성전을 찾아냈으며 제단으로 추정되는 모서리가 뿔처럼 나와 있는 암석을 발견했다. 사진은 이스라엘 여행자들이 많이 찾는 곳으로서 여로보암의 제단이 있었던 곳으로 추정된다. (오른쪽) 므깃도에서 발굴된 제단. 석회석으로 만들어졌으며 기원전 10세기 것으로 추정된다.

언뜻 생각하면 한 사람의 레위인이라도 달래서 붙잡아 둬야 할 상황인 것 같은데, 여로보암은 왜 이런 강경한 조치를 취했을까?

레위인들이 다윗에게 특히 충성스러웠기 때문에, 자기 영토 내의 여러 성소들에서 친다윗적인 성향을 지닌 제사장들을 몰아내려 했을 것이다.[66] 여로보암에게는 신실한 성직자가 필요했던 것이 아니라, 자기의 종교 정책을 담당할 충성스러운 신하가 필요했던 것이다.

레위인들이 남쪽으로 내려갈 때, 이스라엘 모든 지파 중에 신실한 믿음을 가진 사람들도 그들을 따라 내려갔다.[67] 그들은 "마음을 굳게 하여 이스라엘의 하나님 여호와를 찾는 자들"이다(대하 11:16). 그들은 예루살렘 성전에서 드리는 예배만 진정한 예배라고 생각했다.[68] 그들의 눈에는, 여로보암이 고안해 낸 종교가 불법이었고 거짓이었다. 그들은 조상들의 하

---

[66] 밀러, 헤이스, 『고대 이스라엘 역사』, 294-295.
[67] 대하 15:9을 보면 "에브라임과 므낫세와 시므온 가운데서 나와서 저희 중에 머물러 사는 자들"을 언급하는데, 이때 남쪽으로 내려온 사람들일 것이다(Williamson, *1 and 2 Chronicles*, 270 참고).
[68] Williamson, *1 and 2 Chronicles*, 244.

나님 여호와께 제사를 드리고 싶어서(대하 11:16) 고향을 떠난 것이다.[69]

그들은 국가 공동체를 분열시키는 나쁜 사람들이 아니라, 신앙을 지키려는 의로운 사람들이었던 것이다!

나라가 분열된 후 북쪽에서 남쪽으로 되돌아가는 피난민들이 많이 있었는데, 다윗과 솔로몬이 만든 행정 조직과 관련된 사람들도 있었을 것이다.[70]

신앙 양심에 따른 그들의 결단이, 여로보암에겐 정치적인 배신 행위로 보였을 것이고 예루살렘 성전 제사만을 고집하는 레위인들이 충성스럽지 못한 집단으로 보였을 것이다. 그들이 존재하는 한 통치력이 약화될 것이므로 차라리 없는 것이 낫다. 여로보암은 탁월한 정치인이었지만 신앙은 없었다. 열왕기상 13장을 읽어보면, 그는 벧엘에서 제사 드리는 동안 유다에서 온 하나님의 사람의 예언을 듣고 기적을 체험한 후에도, 회개하려 하지 않고 선지자를 회유하려고 한다. 이 사건은 그의 신앙이 어떠했는지를 잘 보여준다.

이런 작업들에 비하면 종교력 7월 15일에 지키는 초막절 대신 8월 15일을 절기로 선포하는 일은 아무것도 아니었다. 그는 자신이 고안한 종교에 정통성을 부여하고 백성들로 하여금 그 종교를 따르게 하려고 자신이 직접 벧엘의 단으로 올라가서 분향하기도 했다(왕상 13:1).

여로보암은 다윗처럼 되고 싶었겠지만, 오히려 다윗과 정반대되는 인물이 되어 버렸다. 그의 정책은 성공을 거둬(!) 단과 벧엘의 성소는 이스라엘

---

[69] 제2차 세계대전에서 일본이 패전한 후 한반도엔 38선을 기점으로 북쪽은 소련군이, 남쪽은 미군이 진주하면서 나라가 둘로 나뉜다. 두 제국은 각각 자기들이 점령한 지역에 공산주의 정권과 자유민주주의 정권을 심으려고 했는데, 이 때문에 수많은 사람이 고향을 떠나 이동했다. 여로보암의 왕조가 들어설 때의 상황은 이것과는 비교할 수 없었겠지만 순수한 야웨 신앙을 지키려던 사람들에겐 매우 혼란스러웠을 것이다.

[70] 밀러, 헤이스, 『고대 이스라엘 역사』, 295,

국가의 합법적인 종교가 되었고, 이후 북왕국의 모든 왕은 이 천재적인 통치자의 정책을 답습하여 성경 기자로부터 "느밧의 아들 여로보암의 길을 따랐다"는 비난을 받는다. 국가의 존재 기반이 되었던 이 종교 정책이 결국 이스라엘 왕들의 정통성을 무효화시키는 치명적인 도구가 된 것이다.

역사비평학자들은 여로보암의 이런 정책을 불가피한 것으로 생각하는 경향이 있다.[71] 예루살렘 성전 제의가 여호와와 다윗의 영원한 언약을 기념하는 것이기에, 여로보암의 입장에선 백성들이 다윗 가문 이외의 모든 왕권을 불법으로 선언하는 제의에 참여하도록 내버려 둘 수 없었기 때문에, 고대로부터 내려오는 전통들이 있는 장소들 ― 벧엘은 족장 시대와 관련 있고, 단은 모세의 자손이 제사장으로 있었던 곳이다(삿 18:30) ― 을 선택했다고 한다.

그러나 여로보암의 정책은 불가피한 것이 아니었다. 그는 자신의 정치적인 이득 때문에 백성들의 신앙을 혼잡하게 만들었다. 신앙을 지키려면 우선순위를 신앙에 두어야 한다. 신앙을 지키기 위해 다른 것들을 희생시키지 않으면 신앙을 지킬 수 없다. 당면한 현실 때문에 현실과 타협하는 모습은 앞으로 수많은 왕에게도 나타나며 성도라고 불리지만 믿음으로 살지 못하는 수많은 현대 그리스도인에게도 나타난다.

---

[71] 브라이트, 『이스라엘의 역사』, 301-302; 노트, 『이스라엘 역사』, 298-299; 밀러, 헤이스, 『고대 이스라엘 역사』, 294-297.

5. 분단 직후의 두 왕국의 모습

솔로몬이 죽자마자 이스라엘 왕국은 둘로 갈라졌고, 여로보암의 뛰어난 통치력 덕분에(!) 북왕국은 새로운 국가로 탄생했다. 이제 이스라엘은 다윗이 헤브론에서 유다를 다스리던 시대로 돌아갔다. 다른 점이 있다면 그때엔 다윗이 유다 지파만을 다스렸고 사울의 베냐민 지파가 이스라엘을 주도했던 반면, 지금은 베냐민 지파가 유다 지파에 합류해서 둘이 한 나라를 이뤘다는 사실뿐이다.

왕국이 분열되고 난 직후 두 왕의 핵심 과제는 약화된 국력을 강화시키는 것이었다. 이것은 두 왕의 왕명을 보면 알 수 있다(여로보암이나 르호보암 모두 왕명일 것이다). 르호보암은 "백성이 번성하기를 (바란다)," 혹은 "백성의 번성"이라는 뜻이고,[72] 여로보암은 "백성이 번성/증가하기를 (바란다)," 혹은 "그가 백성들을 위해(유다의 왕 르호보암의 압제에 맞서) 싸우기를 (바란다)"라는 뜻이다.[73] 두 왕의 이름 뒤에 나오는 '암'은 백성이라는 뜻이다. 약간의 차이는 있으나 이것들은 거의 같은 뜻이다.

이스라엘 왕국은 둘로 나뉘자 약해졌다. 분열로 인해 이스라엘은 여러 면에서 손해를 봤다. 먼저, 다윗-솔로몬 시대 때 이스라엘의 지배를 받았던 주변 국가들이 하나둘씩 지배를 벗어나기 시작했다. 이렇게 이스라엘로부터 독립한 나라들 가운데 가장 중요한 나라가 다메섹 아람이다.

다메섹 아람은 이스라엘의 북동쪽에 있는 아람 족속들이 세운 여러 도시 국가 중 하나인데, 이후로 몰라보게 힘이 강해져서 한 세대 후에는 이

---

[72] H. B. MacLean, "Rehoboam," *IBD* 4, 29; D. W. Gooding, "Rehoboam," *NBD*, 1016.
[73] D. A. Hubbard, "Jeroboam," *NBD*, 565; M. Aberbach & L. Smolar, "Jeroboam," *IDBS*, 473.

스라엘을 매우 괴롭힌다.[74]

　동쪽에 있던 암몬과 모압도 서서히 이스라엘의 지배에서 벗어나기 시작했다. 암몬은 이스라엘에 대한 충성을 철회했지만, 유다는 암몬을 제어할 수 없었다. 다음 세기에 가면 독립 국가가 되어 있는 것으로 보아 암몬은 이 무렵에 독립을 선언한 것으로 보인다. 모압도 유다의 지배에서 벗어난 듯하다. 모압 비문을 보면 이스라엘이 모압을 재정복한 것은 오므리 시대인데, 그것은 모압이 이때쯤 독립했다는 뜻이다. 모압은 인접한 이스라엘 지파인 르우벤 지파의 도시들을 쳐서 영토를 넓혔을 것이다. 에돔은 계속 유다의 지배를 받은 것 같다. 그렇게 보는 이유는 유다가 에시온게벨에서 계속 배를 건조했기 때문이다. 이것은 유다가 아카바만으로 통하는 길목을 장악하고 있었다는 뜻이다.

　서남쪽의 블레셋인들의 도시들은 가드를 제외하고 모두 이스라엘의 지배에서 벗어났다. 르호보암이 방어를 목적으로 성읍을 건설할 때 가드가 그 목록에 포함되어 있는 것으로 보아(대하 11:8), 당시 가드는 유다의 지배하에 있었다. 그러나 블레셋의 다른 도시들은 이스라엘의 손아귀에서 벗어났다. 블레셋인들이 사사 시대처럼 이스라엘에게 위협적인 존재는 아니었지만, 게셀에서 서쪽으로 조금 떨어진 깁브돈 부근 국경 지대에서 전투가 벌어진 것을 보면(왕상 15:27; 16:15), 블레셋이 이스라엘에 적대적이었다는 것을 알 수 있다.

　이스라엘과 유다의 영토는 축소되었다. 유다는 자기 지파의 영토 이외에 블레셋 평야의 변두리 지역인 가드와 에시온게벨까지의 네게브 지방과 에돔의 일부 지역을 차지하는 데 만족해야 했다. 이스라엘은 예전의 자기 지파들의 영토와 북부 해안 평야에 널리 퍼져 있던 가나안족 도시들과 이

---

[74] 이하 브라이트, 『이스라엘의 역사』, 294-296; 노트, 『이스라엘 역사』, 306-309.

스르엘과 갈릴리 바다 동쪽의 아람 족속의 일부 지방을 한동안 차지했을 것이다.

다윗과 솔로몬의 시대에 '제국'이라고까지 불릴 수 있었던 나라는 사라졌고 과거에 누렸던 위상도 사라졌다. 주변국들이 바쳤던 조공도 없어지면서 경제적인 손실도 컸다. 이스라엘은 더이상 해안선과 요단 동편을 관통하는 교역로들을 독점하지 못했다. 나라가 둘로 갈라진 후에도 남북을 오고 가는 상인들이 분명 있었겠지만 이전처럼 자유롭지는 못했을 것이다.

솔로몬에 의해 시작된 중요한 사업들이 그 이후의 역사에서 발견되지 않는 가장 중요한 이유는 왕국의 분열로 인해 남북 간의 공식적인 통상이 제한되었기 때문일 것이다.[75] 한 마디로 말해서, 경제적인 관점에서 볼 때 분단으로 인해 이스라엘은 큰 타격을 입었다. 하지만 영적인 차원에서 보면, 분단되었기 때문에 유다는 일시적으로나마 야웨 신앙을 혼합주의 신앙으로부터 지켰다고 말할 수 있다. 그러나 시간이 흐르면서 유다의 신앙도 혼탁해진다.

6. 암몬 여인의 아들이 유다의 첫 왕이 되다

솔로몬의 뒤를 이어 왕위에 오른 르호보암은 기원전 931년경 41세의 나이에 등극하여 17년간 유다를 다스렸다(왕상 14:21). 그는 부왕 솔로몬이나 선대왕 다윗 같은 유능한 왕도 아니었고 믿음도 없었다.

그래도 통치 초기에는 3년 동안 우상 숭배에 빠지지 않고 하나님만 섬

---

[75] 브라이트, 『이스라엘의 역사』, 295-296.

겼는데, 그럴 수 있었던 결정적인 이유는 여로보암에게 쫓겨난 제사장들과 레위인들이 남쪽으로 내려와 남왕국(유다)을 적극적으로 섬겼기 때문이다(대하 11:17). 앞에서도 얘기한 것처럼, 여로보암은 금송아지를 만들고 여러 산당과 숫염소 우상을 섬기게 하고, 자신의 종교 정책에 순종할 보통 사람들을 제사장으로 세웠고, 솔로몬 치하에서 직책을 맡았던 모든 레위인을 해임했다. 해임당한 이들은 여로보암의 정책에 반발하여 자기 고향과 자기의 기업을 버리고 르호보암에게 왔다(대하 11:13-14). 야웨를 믿는 신실한 사람들도 이들과 함께 고향을 버리고 남쪽으로 내려왔다(대하 11:16).

왕위에 오른 지 얼마 되지도 않아 나라가 분단되어 매우 어려운 상황에 처한 르호보암에게는 이들의 도움이 절대적으로 필요했을 것이다. 즉 분단된 직후 남왕국과 북왕국은 야웨 신앙을 지키려는 자들과 야웨 신앙을 훼손시키는 자들의 구도가 되었기 때문에 르호보암은 정권 유지 차원에서라도 야웨 신앙을 지키는 것이 절대적으로 필요했던 것이다. 그가 믿음이 있어서 그랬다기보다는 정치적인 동기에서 야웨 신앙에 충실했고, 이런 그의 모습 때문에 야웨 신앙에 충실한 자들의 전폭적인 지지를 받았다는 말이다.

그러나 나라가 견고하고 세력이 강해지자 르호보암은 여호와의 율법을 버렸다(대하 12:1). 율법을 붙잡고 있을 이유가 없어진 것이다. 그 결과 유다에는 우상 숭배가 만연해졌다. 유다 백성들은 산 위와 푸른 나무 아래에 산당(바마)들을 세웠고 신성한 돌(마쩨바)들과 아세라 상들을 세웠다(왕상 14:23). 심지어 신전에서 종사하는 남창(카데쉬)들이 있었는데(왕상 14:24), 다윗이 죽은 지 반세기도 되지 않아 이런 일이 벌어졌다는 것이 놀랍기만 하다.

열왕기 기자는 그의 통치를 이렇게 평가했다.

그가 다스리던 시대에 유다는 여호와 보시기에 악을 행하되 그 열조의 행한 모든 일보다 뛰어나게 하여 그 범한 죄로 여호와의 노를 격발하였다 (왕상 14:22).

역대기 기자는 르호보암이 여호와를 구하는 마음을 굳게 하지 않았기 때문에 악을 행했다고 평가한다(대하 12:14). 성경은 담담하게 그의 통치에 대해 평가할 뿐, 왜 그가 그런 배교의 길을 걷게 되었는지 설명하지 않는다. 하지만, 몇 가지 사실을 근거로 그의 배교의 원인을 설명할 수 있다.

가장 중요한 원인은 그가 원래부터 믿음이 없었다는 것이다. 그는 솔로몬의 부인 중 암몬 여인 나아마에게서 태어난 아들이다(왕상 14:21b; 대하 12:13). 솔로몬에겐 후궁이 7백 명이 있었는데(왕상 11:3, 이 여자들은 첩 300명과 구별된다[76]), 이 여자들에게서 태어난 아들들은 누구든 왕이 될 자격이 있었을 것이다. 7백이라는 숫자를 문자 그대로 보지 않을 이유가 없으며,[77] 그 많은 여인에게서 얼마나 많은 아들이 태어났는지 알 수 없지만 왕이 될 자격을 갖춘 아들들이 대단히 많았을 것이다. 그런데도 왜 솔로몬이 그 많은 여인 중에서 하필이면 외국에서 온 여인이 낳은 아들에게 왕위를 물려주었는지, 알 수 없는 일이다.

이것은 왕을 세울 때 이스라엘 사람 중에서 세우고 타국인을 세워서는

---

[76] 후궁들로 번역된 '나쉼 사롯'은 높은 지위의 여인들(women of rank)을 가리키며(HALOT, 1354) 정실부인들이다. 반면 첩으로 번역된(대상 3:9에선 소실로 번역됨) '필레게쉬'는 일반적으로 '이샤'로 불리는 정실부인보다 지위가 낮은 아내를 가리킨다 (Victor P. Hamilton, "פלגש[pileges]," NIDOTTE 3, 618-619). 정실부인의 아들들은 누구나 다 왕위에 오를 자격이 있었지만, 첩의 아들들은 아니었다. 대상 3:1-9에 나오는 다윗의 아들들의 명단을 보면 소실(첩)의 아들들은 이름도 나오지 않는다.

[77] 드 브리스는 이 숫자가 실제 숫자라면 그 **많은 여인에게서** 태어난 그 많은 아이가 어디에 수용되었겠느냐고 반문하면서, 700은 7x10x10을 나타내는 도식적인 숫자라고 주장한다. 300에 대해서도 같은 식으로(3x10x10) 해석한다(DeVries, 143).

안 된다는 신명기 법(신 17:15)을 어긴 것으로 볼 수도 있다.[78]

성경은 르호보암이 어떻게 솔로몬의 뒤를 이어 왕위에 오르게 되었는지, 이 문제에 관해 전혀 언급하지 않는데, 그 이유는 그것이 성경 기자들의 관심사가 아니었기 때문일 것이다. 우리가 알 수 있는 것은 르호보암의 모친이 암몬 사람이라는 것과 솔로몬이 말년에 배교를 했다는 사실이다. 그는 노년에 암몬 사람의 가증한 밀곰을 좇고(왕상 11:5), 암몬 자손의 가증한 몰록을 위해 산당을 지었다(왕상 11:7). 솔로몬이 그렇게 한 것은 분명히 아내였던 암몬 여인이 부추겼기 때문일 것이다.

르호보암이 왕위에 오를 때의 나이가 41세였고 솔로몬이 40년을 통치했다는 사실로 미뤄볼 때, 르호보암은 솔로몬이 낳은 아들들 가운데 연장자 그룹에 속했던 것으로 보인다.[79] 후계자 선택의 기준이 나이였다면, 이것은 자연스러운 것이다. 그러나 솔로몬은 나이가 어린데도 연장자들을 물리치고 왕위에 올랐다. 성전 건축이라는 사명 때문이었다. 이 사실을 생각했더라면 솔로몬은 후계자를 선택할 때 좀 더 신중하게 생각했어야 했다. 그렇지 못한 것을 보면, 결국 르호보암이 왕위에 오르는 데 암몬 여인 나아마가 깊이 관여했을 것이라고 판단할 수 있다.

르호보암은 성장 과정에서 이 암몬 여인으로부터 제대로 된 신앙 교육을 받지 못했다. 그런 르호보암에게 믿음을 기대하긴 어려웠을 것이다. 그는 18명의 부인과 60명의 첩을 두어 28명의 아들과 60명의 딸을 낳았다고 하는데(대하 11:21), 이것은 하나님이 그의 가문을 축복하셨고 견고하게 하셨다는 표지로 읽을 수도 있지만,[80] 그의 관심사가 왕국을 신앙으로 이끄

---

[78] 셀만, 『역대하』, 156.
[79] 메릴은 심지어 솔로몬이 왕이 되기 전에 나아마와 결혼했다고 주장한다(메릴, 『제사장의 나라』, 407).
[80] 셀만, 『역대하』, 156 참고.

는 데 있었던 것이 아님을 보여준다.

르호보암의 어리석은 판단 때문에 왕국이 분열되었고 그의 배교로 국가는 위기를 맞았다. 이집트의 시삭이 유다를 침공했는데, 야웨가 그의 죄를 징계하신 결과다(대하 12:2; 왕상 14:25-26) 솔로몬이 죽은 지 불과 5년 만인(왕상 14:25) 기원전 926/925년 봄에 일어난 일이다.

성경이 시삭이라고 부르는 사람은 리비아의 귀족 출신으로서 이집트의 제21 왕조를 무너뜨리고 부바스티스(비베셋)에 제22 왕조를 창건한 세숑크(혹은 쇼셍크) 1세다(기원전 945-924년).[81]

21년간의 통치 기간 동안, 그는 분열되어 있던 이집트의 남쪽과 북쪽을 통합했고 바벨론, 페니키아, 아람과 외교 무역 협상을 체결하기도 했다. 그가 권좌에 오른 것은 아직 솔로몬이 왕위에 있을 때, 여로보암이 솔로몬을 피해 달아나자 여로보암을 받아주고 보호해 줬다(왕상 11:40). 그러다가 솔로몬이 죽자 여로보암은 망명 생활을 끝내고 본국으로 돌아갔는데, 이 때 시삭은 이스라엘이 둘로 나뉘는 것을 보고 기뻐했을 것이다. 그리고 기회를 엿보다가 르호보암 재위 5년째 되던 해에 이스라엘을 침략한 것이다. 그가 이스라엘이 분열된 직후가 아니라 분단된 후 5년 만에 발톱을 드러낸 것은, 국내 사정 때문에 군사 원정을 미루었거나 분단이 고착화되기를 기다렸기 때문일 것이다.

이스라엘 입장에서는 한 세대 전까지만 하더라도 동맹국이었던 이집트의 태도가 돌변한 것이 당황스러울지 모르지만, 이집트의 국내 사정을 살펴보면 놀랄 일도 아니다. 현대의 이집트는 북쪽으로는 북위 22도의 북 아프리카의 지중해 해안까지 닿았고(북쪽 끝에서 남쪽 끝까지 길이가 1,100km다),

---

[81] 이하 혼, 200-202; 브라이트, 『이스라엘의 역사』, 297-298; 노트, 『이스라엘 역사』, 308-309; 밀러, 헤이스, 『고대 이스라엘 역사』, 297-299; 메릴, 『제사장의 나라』, 421-423 참고.

동쪽으로는 홍해로부터 서쪽으로 동경 25도까지 걸쳐있는, 총면적이 100만 km²가 넘는(정확히 1,000,250km²), 정방형의 나라다.[82] 그러나 이 영토의 96%는 사막이고, 단지 4%의 땅에만 사람들이 살고 있다.

고대 이집트도 구체적인 수치에선 조금 차이가 나겠지만 전체적인 모습은 현대 이집트와 크게 다르지 않다. 이것은 이집트가 아열대성 기후를 가지고 있고 비가 내리지 않는 사막에 위치하고 있기 때문이다. 1년 강우량이 카이로는 38-50mm, 알렉산드리아는 150-200mm밖에 되지 않고, 남쪽의 아스완에는 거의 비가 내리지 않는다. 그래서 나일강을 따라 거주지가 형성되다 보니 전체 영토의 4%인 나일강 주변에 사람들이 살게 된 것이다.

기원전 5세기 그리스의 역사가인 헤로도투스는 이집트를 '나일강의 선물'이라고 했는데, 위성 사진을 보면 이 말이 실감난다. 이집트 영토 대부분은 희게(사막이라서) 나오는 반면, 나일강 주변만 검게(비옥한 토양이라서) 나타난다. "이집트는 세계에서 가장 크고 푸른 오아시스다."

이런 지리적 특성 때문에 이집트는 크게 둘로 나뉘는데, 이집트의 남쪽을 상(Upper) 이집트라고 하고 이집트의 북쪽을 하(Lower) 이집트라고 한다. 이름이 이렇게 우리가 생각하는 것과는 반대로 붙여진 것은 나일강이 이집트의 남쪽인 아프리카 대륙의 적도 부근에서 발원하여 북쪽으로 흐르기 때문이다. 그래서 나일강의 상류 쪽이 상 이집트이고 나일강 삼각주로 잘 알려진 분산형 델타 지역을 중심으로 하는 곳이 하 이집트다(하 이집트는 카이로와 멤피스의 바로 남쪽으로부터 시작되는데, 멤피스는 "두 땅의 균형을 잡아주는 곳"으로 알려져 있다). 이집트가 이렇게 두 개의 땅으로 나뉘어져 있었기

---

[82] 이하 K. A. Kitchen, "Egypt," *NBD*, 301-302, 305-306; 하워드 F. 보스, 『성경 지리 개론』, 47-59; Wilson, "Egypt," 39-40, 52-53; 제임스 K. 호프마이어, "이집트인," 알프레드 J. 허트 외 2인, 『고대 근동 문화』, 363-420 참고.

때문에 이집트를 '두 땅들'이라 불렀고, 파라오가 사용한 공식 칭호는 '두 땅의 군주'였다.

이 두 이집트가 상호 대립하거나 통일되는 역사가 반복되면서, 다양한 역사를 만들어갔는데, 시삭이 새로운 왕조(22왕조)를 창건하기 전까지 이집트는 둘로 분열된 상태였다. 21왕조에는 타니스(북쪽)와 테베(남쪽)라는 두 개의 중심지가 있었는데, 이 두 중심지에서 나온 두 명의 최고 권력자들이 권력을 나눠 가졌다. 즉 한 사람은 파라오가 되어 두 이집트를 모두 다스리고, 한 사람은 아문의 대제사장이 되는 것이다. 람세스 11세가 기원전 1069년경에 죽자 타니스에 있던 스멘데스라는 사람이 파라오가 되었고, 타니스의 파라오인 그의 후계자들이 상 이집트도 다스렸다.

그 대신 상 이집트의 최고 권력자인 헤리호르 장군과 그 후계자들은 테베에서 아문의 대제사장직을 계승했다. 이런 상황 속에서 이집트는 인접한 팔레스타인 국가들과 우호적인 관계나 동맹 관계를 유지하는 정책을 펼쳤고 군사력도 자신들의 북쪽 국경인 팔레스타인의 남서쪽을 지키는 데만 사용했다. 21왕조의 파라오 시아문이 솔로몬과 동맹을 맺은 것과, 에돔의 후계자 하닷이 이집트로 피신했을 때 환영받은 것(왕상 11:18-22)은 모두 이집트의 국내 사정 때문이었다.

그림53. 므깃도에서 출토된 이 비문 조각은 기원전 926년경의 것으로 추정되는데, 시삭의 이름이 이집트의 상형문자로 새겨져 있다.

이런 상황이 지속되던 중 타니스의 마지막 파라오가 기원전 945년에 죽자, 한 강력한 리비아 부족(부바스티스)의 족장이 무력 없이 세숑크 1세로 왕좌에 오르고 22왕조를 열었다. 그는 내부적으로는 왕권을 강화하면서 대외적으로는 공격적인 외교 정책을 시작했는데, 이런 외교 정책의 일환으로 솔로몬이 다스리던 이스라엘을 동맹국으로 보지 않고 정치와 경제의 적수로 본 것이다. 그가 이스라엘의 분열에 어느 정도 관여했는지 알 수 없지만, 여로보암에게 은신처를 제공한 것은 이런 이유에서였다.

아마 기회를 노리다가 이스라엘이 둘로 나뉘자, 베두인 국경 사건을 핑계 삼아 기원전 925년에 이스라엘을 침략한 것이다. 그는 1,200대의 병거와 6,000명의 마병과[83] 이집트의 서쪽 지역에서 온 리비아 사람들과 숙 사람들과 이집트의 남쪽 구스에서 온 병사들을 이끌고 쳐들어왔다.[84] 숙 사람들은 리비아인들로 구성된 지원군으로서 기원전 13세기에서 12세기에

---

[83] 대하 12:3에는 6만 명으로 나오지만 이는 서기관의 실수로 보이며 병거의 수와 비교할 때 6천 명이 맞을 것이다(한 병거 당 마병 5명)(Williamson, *1 and 2 Chronicles. NEW Century Bible Commentary*, 247; Wilcock, "1 and 2 Chronicles," *New Bible Commentary*, 407).

[84] 셀만, 『역대하』, 161.

이집트 군대에서 주로 정찰병으로 활동했던 사람들이다.[85] 구스는 에티오피아 혹은 누비아를 가리킨다.

시삭의 군대는 쉐펠라를 가로질러 아얄론 골짜기를 통해 기럇여아림과 기브온까지 올라온 후 예루살렘의 북서쪽에서 예루살렘을 위협했다.[86] 나라가 위기에 처하자 유다 방백들이 모였고, 이들이 모인 자리에 선지자 스마야가 나타나서 그들이 야웨를 버렸기 때문에 야웨께서도 그들을 버려 시삭의 손에 넘기셨다며 회개를 촉구했다(대하 12:5). 이 말씀을 듣고 르호보암과 방백들이 회개하자 하나님이 징계를 완화시켜 주셔서 부분적인 구원을 허락하셨다(대하 12:5-8). 르호보암은 시삭의 군대가 예루살렘 성을 포위하기 전에 비싼 배상금을 치른 것으로 보인다.[87]

르호보암이 성전의 보물과 왕궁의 보물과 솔로몬이 만든 금 방패를 갖다 바치자(대하 12:9), 보물을 손에 넣은 시삭은 더이상 예루살렘을 공격하지 않고 말머리를 북쪽으로 돌려 북왕국을 공격했다. 르호보암과 방백들이 회개함으로써 유다는 파멸을 면했지만(대하 12:12) 솔로몬이 만든 금 방패를 빼앗기면서 다윗-솔로몬 시대의 찬란한 영광도 사라졌다. 금 방패가 사라진 것처럼, 솔로몬의 황금시대가 가고 르호보암이 사라진 금 방패를 대신할 청동 방패를 만든 것처럼, 청동과 같은 시대가 온 것이다(왕상 14:27-28).[88]

성경은 시삭의 침공을 하나님의 징벌로 보기 때문에 시삭의 군대가 이스라엘을 공격한 사실은 언급하지 않았지만, 이때 시삭의 군대는 가나안 땅 전역의 도시들을 공격했다. 시삭은 르호보암으로부터 배상금을 받자

---

[85] K. A. Kitchen, "Sukkim," *NBD*, 1148; T. O. Lambdin, "Sukkim," *IDB* 4, 454.
[86] Mazar, *Archaeology of Land of the Bible*, 398.
[87] Mazar, *Archaeology of Land of the Bible*, 398.
[88] 프로반 외 2인, 『이스라엘의 성경적 역사』, 525.

북쪽으로 진군하여 벧엘, 세겜, 디르사까지 올라갔다가 동남쪽으로 방향을 돌려 요단강 동편의 아담, 숙곳, 브누엘, 마하나임, 사본을 파괴한 후, 다시 요단강을 건너와서 르홉, 벧산, 수넴, 다아낙을 유린하고 므깃도에 전승 기념 석비를 세운 후 남쪽으로 내려오면서 아루나, 보림, 야함, 소고 등을 거친 후 남쪽으로 내려갔다. 이 외에도 이집트 군대는 네게브 전 지역을 정복하여 솔로몬의 요새들을 점령했고(아랏과 에시온게벨이 이때 파괴되었을 것이다) 에돔까지 침입했다. 남부의 구릉지에 있던 여러 성읍들과 유다의 쉐펠라가 공격을 받았고 몇 군데는 파괴되었다.[89]

이런 사실은 카르낙에 있는 신전의 비문에 새겨져 있는데, 테베(현대의 룩소르)에 있는 카르낙의 아문 대신전의 첫 번째 앞뜰 남쪽 벽에 부바스티스 현관(Bubastise Portal)이 있는데, 이곳에 상형문자로 시삭의 승리가 새겨져 있다. 비문을 보면 원정의 주요 목표는 유다가 아니라 이스라엘이었고, 시삭은 150곳이 넘는 장소를 정복했다. 그는 비블로스와 메소포타미아로 가는 통상로를 열려고 했으며, 여로보암이 약속했던 조공을 바치지 않자 징벌하기 위해 왔다. 시삭은 대단한 승리를 거두었음에도 불구하고, 이집트의 취약한 내부 사정 때문에 혁혁한 전과를 포기하고 철수할 수밖에 없었다. 그러나 예외적으로 그랄 부근의 남부 국경 지대에 있는 교두보는 포기하지 않은 것 같다.

시삭의 아들 오소르콘 1세(기원전 924-889년)는 엄청난 양의 금과 은을 소유한 것으로 알려져 있는데, 이 은금은 시삭이 예루살렘에서 약탈해 간 것이다. 이때 약탈해 간 은금이 무려 2.5t 이상이라고 한다. 그는 더이상 이스라엘을 침략하지 않았는데, 부왕 시삭이 보물을 하도 많이 빼앗아가

---

[89] 아하로니, 『아가페 성서지도』, 77; James B. Pritchard (ed.), *The Times Atlas of the Bible* (London: Time Books, 1987), 96-97; Mazar, *Archaeology of Land of the Bible*, 398.

서 더이상 약탈할 보물이 없다고 판단한 모양이다.

르호보암은 15개 성읍을 요새화하고 지휘관들을 상주하게 하고 전쟁에 대비한 군수품(양식, 기름, 포도주)과 무기들(방패와 창)을 두어 전쟁에 대비하게 했는데(대하 11:5-10), 유다의 우측면에 북에서부터 남쪽으로 네 성읍(베들레헴, 에담, 드고아, 벧술), 유다의 남쪽 측면에 서쪽에서 동쪽으로 네 성읍(라기스, 아도라임, 십, 헤브론), 유다의 서쪽 측면에 북쪽에서부터 남쪽으로 일곱 성읍(아얄론, 소라, 아세가, 소고, 아둘람, 가드, 마레사)에 방비하는 성읍들을 건축했다.[90] 헤브론은 이들 성읍들과 동떨어져 있다. 요해지를 굽어볼 수 있는 대부분의 요새는 남쪽과 서쪽에 접근해 있다. 이런 조치는 분명히 북왕국을 염두에 둔 것은 아니다. 왜냐하면, 북왕국과 마주한 북쪽에 세워진 성읍들은 하나도 없기 때문이다.

르호보암이 이러한 조치를 취한 것이 시삭의 침략 이전이라면, 아마 여로보암이 이집트에서 돌아온 것을 보고 언제 있을지 모를 이집트의 침략에 대비해 방어 시설을 구축한 것이다. 만약 시삭의 침략 이후라면, 이집트 군의 재침략에 대비하기 위한 것이다. 그렇다면 르호보암은 하나님의 징계를 받고도 그 사건의 영적인 의미를 제대로 깨닫지 못한 채, 방어할 인간적인 수단만 강구한 것이다.[91]

이집트와의 관계는 이스라엘 역사를 이해하는 데 매우 중요하다. 우리가 한국사를 이해할 때 중국과의 관계를 잘 알아야 하는 것과 같은 이치다. 기원전 931년경에 솔로몬이 죽자 왕국은 둘로 나뉜다. 두 왕국은 끝내 통일을 이루지 못하고 북왕국(이스라엘)은 앗수르에게, 남왕국(유다)은 바빌로니아에게 멸망을 당하는데, 이 비극적인 역사의 출발점에 르호보암과

---

[90] Williamson, *1 and 2 Chronicles*, 242.
[91] Raymond Dillard, *2 Chronicles. WBC*, 95-96.

여로보암이 있다.[92] 솔로몬은 이집트와 동맹 관계를 맺었지만, 그가 죽자 5년 만에 이집트는 침략자로 돌변한다. 이집트는 항상 이스라엘을 메소포타미아에서 일어난 제국의 침략으로부터 자기네를 지켜줄 방파제 정도로 생각했다. 하나님은 이스라엘 백성들에게 이집트를 믿지 말라는 말씀을 하신다(예, 사 31장).

이제 두 왕의 등장과 함께 이스라엘 왕국은 둘로 나뉘어 약해졌으나, 각자 강대국에게 패망할 때까지 다시 합치지 못했다. 두 왕국은 이제 각자도생(各自圖生), 제각기 살 길을 찾아야만 한다.

---

[92] 한편 여로보암은 분열된 이스라엘의 최초의 왕이다. 그가 다윗처럼 순전한 마음으로 하나님만 섬기며 하나님의 계명에 순종했다면, 이스라엘의 역사는 달라졌을 것이다. 하나님이 그에게도 왕조를 견고하게 세워주실 것이라고 약속하셨다(왕상 11:37-38). 다만 이 언약은 여로보암이 하나님의 율례와 명령을 지켜야 한다는 점이 조건으로 주어졌다는 점에서 다윗 언약과는 달랐다. 결국, 그는 언약을 제대로 지키지 못하였고, 그 이후의 모든 이스라엘 왕들이 답습하는 잘못된 종교 정책을 창안해 내었다. 여로보암 이후 이스라엘의 왕들은 배교의 길을 걸으며 하나님의 심판의 때를 앞당기기 시작한다.

제5장

개혁의 대상이 된 개혁 군주

남유다에 안정을 가져온 왕 아사: 유다에 안정을 가져오고 훼손된 유다의 종교를
개혁했지만, 강대국을 의지하는 나쁜 선례를 남긴다.

1. 이이제이(以夷制夷)가 뭔지를 보여주다

기원전 885년경 이스라엘, 솔로몬이 죽고 나라가 둘로 갈라진 지 45년쯤 된 어느 날에 예루살렘의 왕궁에 대신들이 모여 옥신각신하고 있다. 한쪽에선 그렇게 해야 한다고 주장하고 반대쪽에선 그렇게 하면 안 된다고 반대하는 모습이 어디서 많이 본 것처럼, 전혀 낯설지 않은 광경이다. 이들은 지금 다메섹 아람의 지원을 얻기 위해 예물을 보내는 문제를 놓고 격론을 벌이고 있다. 왕의 신하 중 가장 높은 직위라고 할 수 있는 궁내 대신¹ 엘리

---

1   왕상 4:6에는 궁내 대신이라는 직책이 나오는데, 궁내 대신으로 번역되는 히브리어 '알 합 바잇'이 왕하 18:18에는 왕궁의 책임자(엘리야김)로, 사 22:15에선 왕궁 맡은 자(셉나)로 번역되었다. 이 직책이 정확히 어떤 직무를 수행한 것인지 알 수 없으나, 어떤 주석가는 이 직책을 왕의 시종(royal chamberlain)으로(Gray, *I and II Kings*. OTL, 133), 어떤 학자는 왕실 사무장(royal steward)으로 이해하며 비교적 중요하지 않은 직책이었다가 웃시야 시대에 왕궁의 모든 대소사를 책임지는 의전관의 직위로까지 발전했을 것이라고 주장한다(월튼 외 2인, 885). 하지만 군사령관을 지칭하는 직책의 이름인 '알 핫 짜바'(왕상 4:4)가 '짜바,' 즉 군대의 총 책임자라는 사실을 놓고 볼 때, '알 합 바잇'은 바잇, 즉 왕실이나 궁전의 총 책임자, 왕실이나 궁전과 관련된 업무의 최고 책임자라고 유추해 볼 수 있다. 실제로, 대부분의 주석가는 이 직책이 왕실의 2인자, 혹은 최측근이

아김이² 입을 열었다. 그는 솔로몬 왕실에서 궁내 대신을 지낸 아히살의 손자다.

"전하의 말씀대로 해야 합니다. 이번 기회는 야웨께서 주신 것이오. 이번 기회를 놓치면 또다시 이런 기회를 만나기 어렵소."

"게다가 다메섹의 힘이 갈수록 강해지는데, 이번 기회에 우호적인 관계를 맺어놓으면 앞으로도 우리 국방에 도움이 될 것 아니겠소?"

"부디 멀리들 내다보시오."

"이런 일을 야웨께서 좋아하실 거란 말씀입니까?"

"선지자께서도(하나니 선지자를 가리킴) 이번 일을 반대하고 계시지 않소?"

"그분은 선지자이지 외교에 대해서는 전혀 모르시는 분이오. 그분 말대로 지금 아무것도 하지 않고 있다고 칩시다. 앞으로 저 코앞에 이스라엘 군대가 주둔하게 된다면 어떡하란 말이오?"

"적이 우리 왕궁 앞에 진지를 쌓는데 보고만 있으란 말이오?"

"우리에겐 시간이 얼마 남지 않았소." "도대체 시간이 얼마나 있는 것이오?"

궁내 대신 엘리아김이 노동 감독관 엘리벨렛을 쳐다보면서 물었다.

"빠르면 두 달 정도면 완공될 것 같습니다. 아마 우기가 시작되기 전에 공사를 마무리하려 할 것입니다." 노동 감독관인 엘리벨렛이 대답했다.

"다들 들으셨소?

었을 것이라고 추측한다(월튼 외 2인, 『IVP 성경배경주석 구약』, 885; 에드워드 J. 영, 『이사야서 주석 II』(The Book of Isaiah), 조휘, 정일오 공역 [서울: CLC, 2008], 119-21; 존 오스왈트, 『이사야 I』(Isaiah), 이용중 역 [서울: 부흥과개혁사, 2015], 482). 메로빙거 왕조의 왕들 아래 있었던 총리도 '왕궁의 우두머리'라는 똑같은 칭호를 지녔다고 한다 (오스왈트, 『이사야 I』, 482, 각주 377).

2 이 인물은 가공의 인물이며 열왕기하 18:18에서 가져온 것이다. 이하 여기 등장하는 인물들은 대부분 가공의 인물들이다.

두 달이오, 두 달. 두 달 후엔 우리 눈앞에 놈들이 주둔하게 된다는 말이오. 그러면 그때부턴 우리 집 앞마당에 적들을 살게 놔두는 꼴이 되는 것이오.

우리 수도가 위험해지면 시민들이 불안에 떨지 않겠소?

게다가 아얄론 계곡을 거쳐 오는 우리 상인들이 이제 다른 길로 돌아서 와야 하는데, 물품 공급이 원활하지 못하면 시민들의 불만이 커지고 그러면 안팎으로 적이 생기는 셈이오."

"사령관. 그나저나 저들이 우릴 공격할 것 같지는 않소?"

"우리가 먼저 라마를 급습하는 것은 어떻겠소?"

다메섹의 원조를 받는 것을 적극적으로 반대하는 서기관 하샤뱌가 군사령관 박박갈에게 물었다.

"저들이 라마에서 더이상 진군하지 않은 지 거의 1주일입니다. 부하들이 수집해온 정보를 종합해 보면, 저들의 목표는 우리 수도가 아닌 것 같습니다. 저들은 라마에 요새를 건축하려는 것 같습니다." 군사령관 박박갈이 대답했다.

"그리고 저들을 선제 공격하는 것은 좋은 계획은 아닙니다. 지금 우리 군은 하슐렐보니 장군이 이끄는 주력 부대가 기브아에 주둔하고 있고, 아스마웻과 브에롯에는 아스홀 장군과 아홋삼 장군이 지휘하는 부대가 진치고 있습니다. 그리고 요르그암 장군이 이끄는 소규모 부대가 기브온에서 첩보를 수집하고 있습니다.

만약 적을 선제 공격하려면 예루살렘에 주둔하고 있는 헤스론 부대와 아얄론, 소라, 아세가, 소고, 모레셋 가드, 아둘람, 마레사, 라기스에 주둔하고 있는 부대들 가운데 최소한 4개 부대를 전진 배치해야 하는데, 그렇게 하면 블레셋 군대가 어떻게 나올지 모르겠고, 설사 블레셋 군대가 움직이지 않는다 하더라도, 만약 선제공격이 실패하면 예루살렘도 위험해지고 국가 전체가 위험해 질 수 있습니다. 게다가 무엇보다도 우리 군은 지난번 치른 마레사 전투[3]로 인해 많이 지쳐있습니다."

"하술렐보니 장군이 이끄는 병력만 가지고는 안 됩니까?"

"적들은 지금 우리 병력의 두 배는 되는데, 공격하려면 지금보다 더 많은 병력이 필요합니다. 지금 제 판단으로는 …." 박박갈 사령관이 말끝을 흐리고 있을 때 그동안 입을 다물고 있던 왕이 불쑥 끼어들었다.

"선제 공격은 무리요. 싸우지 않고 적을 물리칠 수 있는 방법이 있다면 그것보다 더 좋은 건 없소. 그런 걸 외교라고 하는 것이오."

"하지만 전하. 아뢰옵기 송구하오나, 현재 다메섹은 북쪽 사람들(이스라엘)과 동맹 관계가 아닙니까?"

"어떻게 다메섹을 우리 편으로 끌어들일 수 있다는 말씀이신지요?"

다메섹과의 동맹을 반대해 온 제사장 스라히야가 한마디 했다.

"다메섹은 이전에는 우리와 동맹관계였소.

"짐의 선친(아비얌을 가리킴)께서 다메섹 왕(다브림몬을 가리킴)과 동맹을 맺었었다는 것을 잊으셨소?"

왕이 대답했다.

"그렇지만 그것은 지나간 일이고 지금은 북쪽과 동맹 관계가 맞습니다."

"밀사라도 보내서 다메섹의 뜻을 타진해 보는 건 어떻겠습니까? 전하."

중도적 입장을 취하고 있는 지방 관장의 두령인 여리못이 말했다.

"벌써 보냈소. 내일쯤이면 소식을 가져올 것이오. 그래서 짐이 오늘 이 회의를 소집한 것이오. 밀사가 소식을 가져오면 서둘러서 예물을 보낼 준비를 해야 하오."

왕의 이 말에 다들 놀라는 눈치였다. 왕의 마음이 이미 확고하다는 것을

---

[3] 구스의 세라와 싸운 전투를 가리킴(대하 14:9-10).

확인하는 순간이었다.

"아뢰옵기 황공하오나 전하. 예물로 뭘 보낸단 말입니까?"

"아람 왕이 말을 원한다면 그 많은 말을 어디서 구한단 말입니까?"

"그리고 아람 왕이 예물만 받고 우리 편을 들지 않으리라는 것을 어떻게 확신할 수 있습니까?"

서기관 하사뱌가 말했다.

"당신은 외교의 이응 자도 모르는 사람이오. 지금 다메섹을 이용하자는 것은 다메섹이 이스라엘과의 동맹 관계를 끊고 이스라엘을 치고 싶어한다고 판단하기 때문이오. 우리가 수집한 정보에 따르면 다메섹은 이스라엘의 북부 지방을 탐내고 있소." 왕이 말했다.

"맞습니다. 지금 우리가 다메섹에게 손을 내밀면 다메섹으로선 이스라엘을 7명분이 생겨서 내심 좋아할 것입니다. 분명히 우리 제안을 거절하지 않을 것입니다." 왕의 말을 받아 궁내 대신 엘리야김이 거들었다.

마치 발을 딛고 있던 디딤돌들이 하나둘씩 사라지듯이, 반대파들에겐 점점 더 다메섹을 이용하여 이 위기를 벗어나자는 제안을 반대할 근거가 사라져 가고 있었다. 그러나 마지막으로 서기관 하사뱌가 용기를 내어 말을 꺼냈다.

"전하. 아뢰옵기 황공하오나 한 말씀만 여쭙겠습니다."

"전하의 계획대로 한다고 해도 그 많은 말을 어디서 구하고 그 예물들을 어떻게 보낸단 말씀입니까?"

"다메섹으로 가려면 이스라엘 영토를 지나야 하는데 어떻게 거길 통과한다는 말입니까?"

왕이 잠시 뜸을 들이더니 대답했다.

"말이 아니오. 예물은 ··· 성전 곳간과 왕궁 곳간에 은과 금이 많이 남아 있소. 그것을 이번 기회에 씁시다."

왕이 입을 열자 서기관 하샤뱌를 비롯해서 다메섹과 손잡는 것을 반대하는 몇몇 대신들이 큰소리로 외쳤다.

"전하. 아니 되옵니다."

"그것은 선대왕(다윗을 가리킴)께서 피땀 흘려 모으신 것입니다. 그리고 거룩한 집(성전을 가리킴)을 건축할 때 사용했던 성물 아닙니까?"

"그것을 이방인 군주에게 주어서는 아니 되옵니다. 통촉하여 주소서, 전하!"

"다메섹을 우리 편으로 적극적으로 만들기 위해선 비용을 치러야 하오."

"이 방법이 병사들을 희생하는 것보다는 낫지 않겠소?"

"그리고 무엇보다도, 지금 우리 병사들이 많이 지쳐 있소. 야웨께서도 이렇게 하는 것을 기뻐하실 것이오."

왕이 말을 마치자 조금 전부터 왕에게 전갈을 하려고 기다리고 있던 시위 대장 베겔이 왕에게 귓속말로 전했다. "선지자께서 전하를 알현하려고 기다리고 계십니다." 그러자 왕은 시위 대장에게 "회의가 끝날 때까지 기다리라고 하시오"라고 대답했다.

그러나 왕의 말이 끝나기도 전에 하나니 선지자는 회의 석상으로 들어오면서 큰소리로 외쳤다.

"전하, 아뢰옵기 황송하오나 다메섹의 도움을 받으려는 일을 중단하옵소서. 야웨께서 기뻐하지 않으십니다."

다소 무례해 보이는 행동에도 불구하고 존경심 때문인지, 아니면 선지자의 성격이 어떤지 알기 때문인지, 왕은 더이상 선지자를 어떻게 해 볼 생각을 하는 대신 선지자의 말을 듣고 있었다. 그리고 이렇게 대답했다.

"짐의 생각은 그대와 다르오. 짐은 젊은 시절부터 오늘날까지 오직 야웨 하나님만 섬기며 살았소. 이 땅의 우상들을 몰아내고 이 나라를 외적들의 손에서 건져낼 수 있도록 야웨께서 짐에게 힘을 주셨소. 지난번 전투에서도 야웨께서 우리를 적의 손에서 구원하여 주셨소. 이제 어쩌면 짐의 생전에 마지막이 될지도 모를 위기를 맞이하고 있소. 이 위기를 극복할 수 있도록 도와주시오. 분명히 야웨께서는 피를 흘리는 것보다는 이런 평화적인 방법으로 해결하는 것을 기뻐하실 것이오."

"아닙니다. 전하, 전하께서 오직 야웨만 의지하실 때 야웨께서 이 나라를 구원해 주셨습니다. 지금 전하는 잘못된 생각에 사로잡혀 계십니다. 피를 흘리자는 이야기가 아닙니다. 그냥 이전처럼 야웨 하나님만 믿고 기다리십시오. 야웨께서 도와주실 것입니다."

그러나 왕의 귀에는 더이상 반대의 목소리가 들어갈 자리가 없었다.

"듣기 싫소. 이제 그만들 하시오. 이제부터 짐의 하는 일을 반대하는 자는 엄중하게 다스리겠소."

왕의 생각이 너무 확고하다는 것을 알자 서기관 하사뱌를 비롯한 반대파들은 입을 다물었다. 그러나 선지자 하나니는 물러서지 않았다.

"야웨께서 말씀하십니다. 네가 아람 왕을 의지하고 나를 의지하지 않는다면, 네가 의지하던 아람 왕이 네게 큰 올무가 될 것이다."

이 말을 듣는 순간 왕의 얼굴이 갑자기 붉어지더니 소리를 질렀다.

"그만하시오!" "여봐라, 선지자를 당장 밖으로 뫼셔라!"

결국 선지자 하나니는 강제로 끌려나갔고 회의 자리는 마치 찬물을 끼얹은 것처럼 조용해졌다.

그 침묵을 깨려는 듯이 왕이 입을 열었다.

"이제 다들 물러가시오. 이번 결정은 나라를 위한 것이오. 그대들의 충정을 내 모르는 바는 아니지만, 지금 나라를 위기에서 구할 수 있는 길을 이것밖에 없소. 이제 그만들 하고 물러가시오." "그리고 궁내 대신과 사령관은 남으시오."

"…"

왕 앞에서 격론을 벌이던 대신들은 모두 입을 다물었다. 더이상 말할 분위기가 아니었다. 왕의 의지가 너무 확고해서 반대파들도 더이상 아무런 말도 꺼낼 수가 없었고 모두 그 자리에서 물러날 수밖에 없었다. 대신들이 다 물러가고 궁내 대신과 사령관만 남자, 왕이 입을 열었다.

"이번 일의 성패는 두 사람에게 달려 있소. 궁내 대신은 왕궁과 성전의 곳간에 있는 은금들을 내오는 일을 잘 처리하길 바라오. 반대하는 사람들이 있을지 모르니 신속하게 일을 처리해야 하오."

"명하신 대로 거행하겠사옵나이다."

"허나 성전의 곳간에 둔 것들은 어떻게 하면 좋겠사옵나이까?"

왕의 명령에 궁내 대신 엘리야김이 되물었다.

"그건 슬로못 형제의 도움을 받으시오. 그들의 가문은 선대왕 때부터 왕실을 위해 섬겨왔으니 별문제 없을 것이오."

궁내 대신의 질문에 대한 대답을 마치면서 왕은 사령관 박박갈을 쳐다보았다.

"그런데 사령관은 예물을 어떻게 운반할 작정이오?"

"무슨 좋은 계획이라도 있소?"

"여기서 강(요단강을 가리킴)을 건넌 후 왕의 대로를 이용할 계획입니다."

"그곳으로 가면 이스라엘 영토를 지나야 하는 것 아니오?"

"그렇습니다. 그래서 제가 관측병들을 보내어 정보를 수집해 오도록 했는데, 며칠 동안 관찰해 본 결과, 그쪽(요단강 동쪽)은 이쪽(요단강 서쪽)에 비해 경계가 느슨합니다."

"그래도 만에 하나 우리 움직임이 발각되면 곤란할 텐데 …." 왕이 난감한 표정을 지으며 말했다.

"그래서 대상인 것처럼 가장하여 이동할 생각입니다. 마침 만월이 되면 남쪽에서 올라오는 스바의 대상들이 바산을 통과할 것입니다. 우리가 먼저 가서 바산에서 기다리고 있다가 그들 틈에 끼어 같이 움직일 계획입니다."

"그래도 그쪽으로 가면 암몬인들의 땅을 지나야 하는 것 아니오?"

"그들의 공격에 대비해 최소한 일개 부대는 동원해야 하는 것 아니오?"

"전하, 아뢰옵기 황송하오나 이런 일은 기밀을 유지하는 것이 중요하옵나이다. 작전이 성공하려면 오히려 소수의 병력만 데리고 움직이는 것이 더 낫습니다. 소신에게 이 일을 맡겨주시면 이 일을 반드시 성공시키겠습니다."

"알겠소. 이번 임무의 성공에 국가의 존망이 걸린 만큼 사령관은 반드시 이 작전을 성공시키도록 하시오!"

"알겠습니다, 전하. 분부대로 하겠사옵나이다!"

옆에서 듣고 있던 궁내 대신이 입을 열었다.

"그런데 전하의 서신을 가져갈 사신으로는 누구를 보내실 생각이옵나이까?"

"…."

왕이 침묵하다가 되물었다.

"누굴 보내는 것이 좋겠소?"

"궁내 대신의 생각은 어떻소?"

"…."

잠시 침묵하더니 궁내 대신이 입을 열었다.

"소신이 가겠나이다. 윤허하여 주옵소서."

왕은 잠시 여러 감정이 섞인 듯한 표정을 짓더니, 궁내 대신 엘리야김의 손을 잡고 말했다.

"그대의 손과 입에 국가의 운명이 달려 있소. 내 그대를 믿겠소. 야웨 하나님이 그대와 함께 하시길 바라오!"

이렇게 해서 유다 역사상 가장 잘못된 결정 중 하나가 내려지게 되었다. 선지자의 반대에도 불구하고 끝까지 자기 생각대로 다메섹의 힘을 빌리려고, 다메섹에게 예물을 보낸 이 왕이 바로 남조 유다에 안정을 가져온 아사 왕이다.

어전에서 물러나면서 궁내 대신 엘리아김이 박박갈 사령관에게 물었다.

"사령관, 내가 사령관보다 이 방면에 지식은 부족하지만 나름대로 지리에 관해 아는 것이 있는데, 한 가지만 물어보겠소."

"바다를 이용하는 것은 어떻소?"

"바다로 가는 것이 훨씬 위험 부담이 적지 않소?"

박박갈 사령관이 웃으며 대답했다.

"해로라면 두로까지 가서 거기서부터 산길을 이용하여 갈릴리 북부 지방을 관통해서 가는 것 말씀이십니까?"

"그렇소. 상선을 이용해서 두로까지 간 다음 그곳에서 육로를 이용하여 가는 것 말이오.. 그 길이 더 안전하지 않겠소?"

"그 길은 큰 장애물이 있습니다. 말씀하신 것처럼, 두로가 선대왕 때부터 우리와 동맹 관계였기 때문에, 두로까지 가는 것은 문제 될 것이 없습니다. 문제는 그 다음부터인데, 두로에서 다메섹으로 가려면 두 가지 길 중 하나로 가야 합니다. 남쪽으로 난 길은 타프니스를 거쳐 카데스를 지나 하솔을 거쳐 고원(골란고원)을 가로질러 갑니다. 이 길로 가면 하솔을 거쳐야 하는데, 하솔에는 적의 요새가 있어서 이 길로는 갈 수 없습니다. 북쪽으로 난 길은 아벨벧마아가와 단을 지난 후 헬몬산 기슭을 지나 남쪽 길과 만나는데, 아벨벧마아가와 단에도 적들의 수비대가 주둔하고 있습니다. 그리고 북로는 강(리타니강을 말함)을 건너야 하고, 길들이 너무 가파른 곳이 많아서 이동하는 데도 어려움이 많습니다."

"..."

"우리가 운반해야 할 물건이 무거운 것이라는 점을 생각하셔야 합니다."

"그렇다면, 왕의 대로로 가는 것은 별문제 없겠소?"

"이 길은 워낙 상인들이 많이 다니는 길이라서 아라비아 상인들에 섞여서 가면 의심받지 않고 라못까지 갈 수 있을 겁니다. 미리 연통(連通)을 보내 다메섹 군이 라못까지 호위를 나오도록 해 놓을 테니, 라못까지만 가면 그 다음부터는 걱정하지 않아도 됩니다. 궁내 대신께선 그리 알고 계십시오."

궁내 대신과 군사령관은 구체적인 사항을 의논한 뒤 다메섹으로 가져갈 예물을 운반할 팀을 꾸렸다. 이 팀의 면면을 소개하면 다음과 같다.

이 사절단의 대표는 궁내 대신 엘리야김이다. 그는 아사가 다메섹 왕에게 보내는 친서를 가져가며 이 외교를 성사시킬 가장 중요한 인물이다. 그가 다메섹 왕을 만나 대화를 나눌 때엔 아람어에 능통한 통역관 예델엘리야김이 통역을 할 것이다. 은금을 운반하는 일의 총책임을 맡은 지휘관 에드난은 헤스론 부대장을 지낸 바 있으며 현재는 사령관 박박갈의 부관으로 있다. 그리고 각 부대에서 차출된 군인 40명이 상인으로 변장하여 수레를 몰거나 나귀나 낙타를 몰면서 다메섹에 보낼 예물을 운반할 것이다.

이 군인들은 보통 한 가지 이상 뛰어난 재능을 갖춘 사람들을 선발했는데, 이들 중에는 마아가 출신으로 유다 땅에 와서 정착하여 살고 있는 하닷에셀과 같은 아람인이지만 소바 출신인 글룹처럼 아람 출신 용병들이 몇 명 있고, 갓 지파 출신으로 유다로 귀순한 사람 소베바와 길르앗 출신 요스브가사처럼 북왕국에서 남쪽으로 내려온 사람들도 몇 명 있다.

이들을 지휘할 지휘관 므오노대도 길르앗 출신이다. 이들 중에는 남부 셈어(아람어)를 할 줄 아는 병사가 두 명이나 있었는데, 한 사람은 구스 출신으로서 이스라엘로 귀화한 사람이고, 한 사람은 어머니가 스바 사람이다. 이들 중에는 대장장이 출신도 한 사람 있었는데, 그 사람 덕분에 수레가 고장 날 때마다 고쳐서 쓸 수 있었다.

팀을 꾸리는 데만 사흘이 걸려서 조금 늦게 출발했지만, 만월이 되기 직전에 바산에 도착한 그들은 스바에서 올라오는 대상들을 만나서 그들과 함께 이동했다. 라못까지 가는 동안 한 번도 적군을 만난 적이 없었으며, 라못에선 미리 연락받고 나온 다메섹 호위대가 그들을 기다리고 있었다. 이렇게 해서 일행은 예루살렘을 떠난 지 열흘 만에 다메섹에 도착했다.

다메섹 왕은 이들을 환대하며 융숭하게 대접했고 수많은 은금을 보고 입을 다물지 못했다. 다메섹 왕은 유다 왕이 보낸 친서를 읽은 후 매우 만족해하는 표정으로 궁내 대신에게 이스라엘을 공격하겠다고 약속했고, 사절단이 돌아간 후 군대를 이끌고 이스라엘 북부를 공격했다. 사실 아사는 울고 싶은 아이 뺨을 때려준 셈이었다.

성경은 이 사건에 대해 이렇게 보고한다.

> 아사가 여호와의 성전 곳간과 왕궁 곳간에 남은 은금을 모두 가져다가 그 신하의 손에 넘겨 다메섹에 거주하고 있는 아람의 왕 헤시온의 손자 다브림몬의 아들 벤하닷에게 보내며 이르되 나와 당신 사이에 약조가 있고 내 아버지와 당신의 아버지 사이에도 있었느니라. 내가 당신에게 은금 예물을 보냈으니 와서 이스라엘의 왕 바아사와 세운 약조를 깨뜨려서 그가 나를 떠나게 하라 하매(왕상 15:18-19; 대하 16:2-3).

2. 같은 민족인데 서로 싸우는 이유가 뭘까? – 분열 후 두 왕국의 갈등

솔로몬이 죽고 왕국이 둘로 나뉘자 이스라엘은 다윗-솔로몬 시대와는 다른 상황에 직면하게 되었다. 왕국이 나뉘면서 국력이 이전보다 많이 약해졌고, 그 결과 주변 국가들이 이전과는 다른 태도로 이들을 대하게 되었다. 이전에는 이스라엘의 지배를 받던 나라들이 적대적인 관계로 돌아섰고, 외국 군대의 침략을 받아 영토가 소실되기도 했다. 더 안 좋은 것은, 각 왕국은 이전까지 같은 국가였던 사람들을 적으로 대해야 하는 상황에 처하게 된 것이다.

왕국이 분열된 후 대략 50년간(기원전 931-876년) 두 왕국은 서로를 적대시하고[4] 끊임없이 전투를 벌였다(왕상 15:6, 7, 16).

이렇게 두 왕국이 서로 적대적으로 대했던 이유는 무엇일까?

남왕국 입장에서 보면 열 지파가 반역을 일으키고 떨어져 나갔으므로, 여로보암을 위시하여 그에게 동조하는 에브라임 지파와 나머지 지파들에게 좋은 감정을 가질 수 없었을 것이다. 북왕국 입장에서 보면 다윗 왕조의 후손을 섬겨야 할 명분이 없어졌고, 그동안 유다 지파에 대해 가졌던 시기심 같은 것들이 작용하여 남왕국에 대해 좋은 감정을 가지기 어려웠을 것이다.

---

4 이스라엘이 남북으로 분열된 이후 북왕국이 기원전 722년에 앗수르에게 멸망할 때까지의 역사는 두 왕국의 관계에 따라 크게 세 시대로 나뉜다. 처음 50년(대략)은 적대적인 관계였고, 이런 적대적인 관계는 북조에 오므리 왕조(기원전 876-841년)가 들어서면서 달라진다. 아합의 딸 아달랴와 여호사밧의 아들 여호람이 결혼함으로써 두 왕가는 서로 동맹을 맺으며, 이때부터 예후가 오므리 왕조를 멸망시킬 때까지 두 왕국은 서로 친밀하게 지낸다. 그리고 세 번째 시기는 예후가 정변을 일으켜 오므리 왕조를 무너뜨리면서(기원전 841년) 시작되는데, 예후가 유다 왕 아하시야를 살해한 것이 결정적인 계기가 되어 두 왕국은 다시 사이가 나빠졌다. 북왕국의 마지막 왕들이 통치하는 동안 이런 상황은 지속되었다.

그래도 갈라져 나가는 과정에서 내전이 발생한 것도 아닌데, 왜 두 왕국은 거의 50년 동안 적대적인 관계를 이어간 것일까?

두 왕국은 분열 이후 얼마 동안 소규모의 전투들을 벌였는데, 이것이 당분간 적대적인 관계를 이어가도록 만들었다. 즉 서로 싸우면서 점점 더 감정이 안 좋아진 것이다. 성경은 르호보암과 여로보암 사이에 항상 전쟁이 있었다고 하는데(왕상 14:30), 이 전투는 두 왕국 모두 당면한 문제 때문에 벌어졌다. 유다는 수도 예루살렘을 방어하기 위해 베냐민 지파의 영토를 지켜야 했고, 북왕국은 남쪽으로 내려가려는 사람들을 막기 위해 국경의 경계선을 강화하려고 했다. 북왕국의 그런 행동이 남왕국에겐 적대적인 태도로 보였을 것이다.

왕국이 분단된 직후, 그리고 아사 왕 때까지도 북왕국의 백성들 가운데 많은 사람이 신앙을 지키려고 남왕국으로 내려갔다(대하 15:9-10). 아사가 우상들을 없앨 때 "에브라임 산지에서 빼앗은 성읍들에서도 없앴다"고 하는데(대하 15:8), 이것은 아사 이전의 왕들이 에브라임 산지의 성읍들을 빼앗았다는 것을 암시한다. 실제로 "아비야가 여로보암을 쫓아가서 벧엘과 그 동네들과 여사나와 그 동네들과 에브론과 그 동네들을 빼앗았다"고 한다(대하 13:19).

여사나와 에브론은 각각 벧엘에서 북쪽과 북동쪽으로 6km 정도 떨어진 곳에 있다. 여기서 벧엘이 언급되었다는 사실이 중요한데, 여로보암이 만든 북왕국의 성소가 그곳에 있었기 때문이다. 아마 여로보암은 벧엘이 점령당하기 전에 금송아지를 다른 곳으로 안전하게 옮겼겠지만,[5] 자신들의 성소가 공격받고 점령당한 사실 때문에 매우 격분했을 것이다.

결국, 북왕국은 남왕국의 손에서 벧엘을 도로 찾았는데, 그것은 북왕국

---

[5] J. Barton Payne, "1 & 2 Chronicles," 483.

의 바아사가 라마를 건축하려고 한 사실에서 알 수 있다(왕상 15:17; 대하 16:1). 이것은 북왕국이 벧엘을 다시 점령했다는 뜻이다. 라마는 팔레스타인의 중앙 산마루를 따라 난 남북 도로 선상에 있으며 예루살렘에선 8km 정도밖에 떨어져 있지 않다.[6] 그렇다면 아비야가 벧엘을 빼앗은 후 오래 점령하지 못하고 다시 북왕국에게 빼앗긴 것이다.[7] 이런 정보들을 종합해 보면, 두 왕국은 경계선상에 있는 도시들을 두고 계속해서 빼앗고 빼앗기는 공방전을 계속 이어간 것으로 보인다.

이렇게 공방전이 아사 때까지 이어졌는데, 그것은 아사 때까지 국경선이 확정되지 않았다는 뜻이다. 사실 당시 두 왕국은 현대의 국가처럼 확실한 국경선을 가지고 있지 않았다. 아마 갈릴리 지파 같은 북왕국의 북부에서 오지에 살던 사람들은 이때까지도 왕국이 분단되었다는 사실도 모르고 살았을지 모른다. 당시의 국경선 분쟁이 현대 국가의 그것과는 다르다는 점을 염두에 두고 살펴봐야 한다.

국경 분쟁은 주로 베냐민 지파의 영토에서 벌어졌는데, 우리는 두 가지 문제에 주목하려고 한다.

첫째, 왜 주로 베냐민 지파의 영토에서 분쟁이 벌어졌는가?
둘째, 베냐민 지파는 어떻게 유다 지파에 합류하게 되었는가?

첫 번째 문제에 관해서는 베냐민 지파의 영토가 유다 지파와 에브라임 지파의 영토 사이에 있었기 때문이라고 말할 수 있다. 유다는 수도 예루살렘을 방어하기 위해서 베냐민 지파의 영토를 사수해야 하는 입장이었고,[8]

---

[6] Payne, "1 & 2 Chronicles," 489-490.
[7] Williamson, *1 and 2 Chronicles*, 270.
[8] 베냐민 지파의 영토는 유다 지파 영토의 북쪽에 붙어 있고, 수도 예루살렘은 유다 지파

북왕국은 수도 세겜의 안전을 위해 더 나아가서 벧엘의 성소를 지키기 위해 가능하면 벧엘에서 더 멀리 떨어진 남쪽에 국경선을 설정하려 했을 것이다.[9] 상황이 이렇다 보니 두 지파의 중간에 위치한 베냐민 지파의 영토에서 분쟁이 자주 발생했고, 국경선은 처음부터 베냐민 지파의 영토 안에서 설정될 수밖에 없었다.

이것은 베냐민 지파의 영토 중 일부가 북왕국에 속하게 된 이유를 설명해 준다. 일부 학자들은 왕국이 분열되고 난 후 베냐민 지파는 전체적으로 유다에 합류했지만, 라마, 여리고[10]를 포함한 베냐민의 북부는 북쪽 왕국의 일부가 되었는데, 그렇게 된 원인은 베냐민 지파가 다윗 왕조를 따르는 사람들과 그렇지 않은 사람들로 나뉘어졌기 때문이거나,[11] 다른 정치적

와 베냐민 지파와의 경계선에 있다. 예루살렘은 이스라엘 자손이 가나안 땅을 분배받을 때 베냐민 지파에게 주어졌다(수 18:28). 하지만 사사 시대에 와서 유다 자손이 예루살렘을 점령했고(삿 1:8), 한동안 여부스 족속에게 빼앗겼다가 다윗이 여부스 족속으로부터 다시 (시온 산성을) 빼앗았다(삼하 5:7).

[9] 벧엘은 베냐민 지파의 북쪽 경계에 있던 성읍으로서(수 18:13), 사사 시대 초기에는 가나안 사람들이 점령하고 있었으나 요셉 지파가 재정복했다(삿 1:22-26). 삿 20장의 사건이 사사 시대 초기의 사건이라면, 요셉 지파가 그때 벧엘을 재정복한 것이며 그 이후로 계속 에브라임 지파의 영토였다(대상 7:28). 여리고에서 벧엘로 가는 길이 베냐민 지파와 에브라임 지파의 경계가 되었다(수 16:1; 18:11-13). 벧엘에서 길이 두 갈래로 갈라져서 하나는 아얄론을 거쳐 블레셋 해안으로 가고 다른 하나는 곱나(Gophna)를 지나 샤론 평야로 간다(J. L. Kelso, "Bethel." *IDB* 2, 391). 벧엘이 베냐민 지파의 땅이었던 적은 없다.

[10] 여리고는 베냐민 자손에게 분배된 성읍이다(수 18:21). 하지만 아사/아합 시대에 벧엘 사람 히엘이 여리고를 건축했다는 사실(왕상 16:34)을 보면, 당시에는 북왕국에 속했음이 확실하다.

[11] 왕상 12:20에선 "유다 지파 외에는 다윗의 집을 따르는 자가 없다"라고 해 놓곤, 21절에선 "르호보암이 유다 온 족속과 베냐민 지파를 모았다"고 한다. 레온우드에 따르면 '유다 온 족속'과 '베냐민 지파' 사이의 대조는, 아마도 베냐민 지파의 충성심이 나뉘어졌다는 것을 암시한다. 실제로 레온 우드가 제안하는 것은 이것이다. "벧엘, 라마, 여리고를 포함하는 베냐민 지파의 북부 지방은 북왕국의 일부가 되었다. 따라서 베냐민 지파의 대부분은 유다에 합류했지만, full tribe(즉 whole house)에 계산되지 않았다. 유다의 도시들을 기업으로 받은 시므온(수 19:1)은 대하 15:9과 34:6에서 에브라임과 므낫세와 함께 나오는 데, 이것으로 봐서 분열되기 전 언젠가 북쪽으로 이주했을 것이다. 이것이 맞는다면 북이스라엘을 구성한 열 지파 가운데 시므온도 포함되는 것이다(베냐민을 빼고 레위 지파를 포함시키지 않을 경우, 시므온을 포함시켜야 열 지파가 된다). 그

원인 때문이라고 주장한다.[12] 그러나 이런 이유들 때문이 아니라, 분쟁이 베냐민 지파의 영토에서 벌어지다 보니, 결과적으로 그렇게 된 것으로 보인다.

유다는 르호보암, 아비얌, 아사, 이렇게 세 왕에 걸쳐 베냐민 지파의 영토를 사수하려고 애썼고, 베냐민 지파의 영토 북쪽 지역에서 전투가 자주 벌어졌다. 앞에서도 언급했듯이, 르호보암은 유다 영토 안에 15개 성읍들을 요새화했는데, 이 중 가장 북쪽에 있는 성읍은 아얄론이다.[13] 이것은 이

러나 라소르는 시므온은 유다에 흡수되었기 때문에 별개의 지파로 계수되지 않았다고 주장한다(Patterson & Austel, 108, n. 13).

[12] 70인역은 왕상 11:32을 두 지파로 읽는다. 그레이에 따르면, 이 당시 열두 지파로 이뤄진 신성한 연맹이라는 것은 실제가 아니라 이상이었다. 왜냐하면, 시므온과 레위는 오랫동안 실제가 아니었고 사실상 유다에 흡수되어 신성한 길드로 있었기 때문이다. 베냐민의 충성은 둘로 나뉘었다. 일부는 다윗 왕조에 달라붙었는데, 자발적으로 선택한 것이 아니라, 상황 때문에 어쩔 수 없이 그렇게 한 것이다. 국경선이 계속 바뀌고 여리고처럼 중요한 도시가 북왕국에 남았다는 것은 베냐민 지파 전체가 다윗 왕조에 달라붙은 것은 아님을 암시한다. 에브라임에 가장 가까운 베냐민 지역은 이스라엘에 합류했다. 제에바스는 베냐민이 에브라임과 지역 경쟁을 거치며 유다에 합류했다고 주장한다. 유다에 합류한 베냐민의 영토가 기브온, 브에롯, 그비라 같은 옛 후리족속들의 도시 국가들을 포함한다는 것은 중요한 사실이다. 이들 중 기브온은 다윗(삼하 21:1 이하)과 솔로몬(왕상 3:4 이하)에 의해 특혜 조치를 받아왔다. 베냐민 지파 남부의 성읍은 아마 다윗 치하에서 왕국을 조직하는 일환으로 기브온, 게바, 아나돗, 알몬에 레위인들이 정착함으로써(수 21:17-18) 더욱 확실해졌을 것이다(Gray, *I and II Kings*. OTL, 296).

마자르(B. Mazar)는 수 21장에 나오는 레위인들의 정착을 가나안 지역들을 합병한 후 이스라엘의 특성을 보존하기 위해 다윗과 솔로몬의 관리들로서 정착한 것이라고 본다(대상 26:29-32). 베냐민 지파 남부 지역에 레위인들이 정착한 것은 사울의 가문의 영향력에 대한 대응책으로 고안되었을 것이다. 아마 레위인들이 다윗의 가문에 충성하자 여로보암은 그들을 벧엘의 제의에서 배제시켰을 것이다(Gray, *I and II Kings*. OTL, 296, n. b).

[13] 아얄론은 예루살렘의 서북 서쪽에 있으며, 벧호론 바로 아래에 있는 블레셋 경계에 있다. 이곳은 유다 산지로 갈 수 있는 주요 교통로였다. 여호수아가 땅을 분배할 때 아얄론은 단 지파에게 주어졌으며, 그 옆이나 근처가 에브라임 지파의 경계선이었다(수 19:42). 그러나 단 지파는 아모리 족속에게 밀려났고(삿 1:35), 주인이 바뀌다가, 다윗이 아얄론을 고핫 자손에게 준 것(대상 6:69)을 보면, 다윗 시대 이전에 이스라엘의 수중에 들어와 있던 것 같다. 왕국이 분열된 후에는 베냐민 지파에 속하게 되었다(대상 8:13). 르호보암이 이곳에 요새를 세운 것은 북서쪽에서 예루살렘으로 접근하는 것을 막기 위한 것이다(V. R. Gold, "Aijalon," *IDB* 1, 73; J. P. U. Lilley, "Aijalon," *NBD*, 23).

스라엘과의 경계선이 그보다 북쪽에 있었다는 것을 암시한다. 아비야는 여로보암과 전쟁을 벌여 북왕국의 성읍들을 빼앗고 국경선을 북쪽으로 더 밀어 올렸다(대하 13:19). 역대기에 따르면(열왕기에는 이 전쟁이 언급되지 않았다), 이 전쟁에서 죽은 이스라엘의 군인들이 50만 명이었다(대하 13:17). 이 숫자는 역대기가 하나님의 은혜를 강조하기 위해 과장한 것으로 보이지만, 아비야가 큰 승리를 거둔 것은 사실일 것이다.

이런 정보들을 종합해 보면, 분단 초기에는 유다가 북왕국보다 군사적으로 우위에 있었다고 판단할 수 있다. 북왕국은 갈라져 나간 신생 왕국이므로 조직력이 떨어지는 북왕국의 군대가, 남왕국의 군대보다 약했을 것이라는 것은 쉽게 짐작할 수 있다. 그러나 시간이 흐르면서 이런 상황은 역전된 것으로 보인다. 아사 때 와서 바아사가 벧엘보다 남쪽에 있는 라마에 요새를 건설하려고 한 것을 보면,[14] 북왕국의 바아사는 아비야한테 빼앗겼던 땅을 도로 찾은 것이다. 이것은 분쟁 지역 안에 있던 영토들을 북왕국이 차지하기 시작했으며 남왕국이 북왕국에게 조금씩 밀리기 시작했다는 뜻이다.

결론을 내리면, 분단 직후 베냐민 지파의 영토는 남왕국에 속해 있었지만, 베냐민 지파 영토의 북쪽 경계선에서 분쟁이 일어나면서 베냐민 지파 영토의 북쪽 지역 일부가 북왕국에 속하게 된 것으로 보인다.

두 번째 문제로, 그렇다면 왕국이 둘로 갈라질 때 단 지파의 땅은 두 왕국 사이에서 나뉘었는데, 베냐민 지파는 어떻게 유다 왕국의 영토로 간주되었는가?

베냐민 지파는 사울을 왕으로 배출한 지파인데, 왜 북왕국에 합류하지

---

[14] 라마는 북왕국의 남단에 위치한 벧엘과 예루살렘의 중간쯤에 있으며, 예루살렘에선 8km 정도 떨어져 있다(W. H. Morton, "Ramah," *IDB* 4, 8.).

않고 유다에 합류했는가?

만약 분단 직후 베냐민 지파가 유다에 남아서 에브라임 지파 사이에 완충 지대와 같은 역할을 하지 않았다면, 유다 왕국은 상당히 어려움을 겪었을 것이다. 사울을 추종하던 베냐민 지파 사람들은 처음에는 자기 주군의 왕위를 빼앗아간 다윗을 미워했을 것이다.

다른 베냐민 지파 사람들은 어땠을까?

이들이 기브온에서 범죄한 무리들을 내어주지 않으려고 전쟁까지 벌였던 것을 보면(삿 20:12-14), 자신들이 베냐민 지파에 속해 있다는 의식이 강했던 것 같다. 그렇다면 그들도 처음에는 다윗이 자신들의 통치자가 된 것을 못마땅하게 생각했을 것이다.

하지만, 바로 이 점 때문에 다윗은 사울의 후손들과 사울의 잔여 세력들을 특별히 관리했다. 다윗은 사울의 후손들을 후대하기도 했고, 감시하기도 했고, 사울의 잔여 세력 중 자신에게 적대적인 자들을 제거하기도 했다. 솔로몬과 그 이후에 왕위에 오른 후손들도 이런 정책을 답습했을 것이다. 그리고 그 결과 수십 년이 흐른 후에는 베냐민 지파가 친다윗의 성격을 갖게 되었으리라고 추측할 수 있다. 반란이 일어났을 때 베냐민 지파는 반란에 합류하지도 않았을 뿐만 아니라, 오히려 반란을 진압하려고 르호보암이 군대를 소집했을 때 소집된 18만 명의 군대에 베냐민 지파가 포함되어 있었다(왕상 12:21).

베냐민 지파 사람들이 다윗 왕조에 적대적이었다면, 진압군에 베냐민 지파 사람들을 포함시켰겠는가?

또 한 가지 잊지 말아야 할 것은 다윗이 사울의 사위였다는 사실이다. 이것은 다윗이 넓은 의미에서 사울의 친족이었음을 뜻한다. 어쩌면 일부 사울의 추종 세력들만 다윗에게 적대감을 보였을 뿐, 대부분의 베냐민 지파 사람들은 오히려 다윗을 적극적으로 지지했을지도 모른다.

또 예루살렘에는 베냐민 지파 사람들이 많이 살았는데, 족보에 오른 베냐민 지파의 각 가문의 족장들이 예루살렘에서 살았다(대상 8:28). 이들이 예루살렘에 살았던 것은 예루살렘이 유다 지파와 베냐민 지파의 경계에 위치하고 있기 때문이다.[15] 어쨌든 왕국의 수도에 사는 사람들이 자신들이 누릴 수 있는 온갖 경제적, 문화적 혜택을 버리면서까지 반란에 동참할 이유가 없는 것이다. 참고로 예루살렘에는 두 개의 베냐민 문이 있다. 하나는 성전에 있었고(렘 20:2), 또 하나는 북쪽 성벽에 있는 양의 문과 같은 문이었을 것이다(렘 37:13; 슥 14:10).

한편, 영적인 차원에서 그 이유를 설명한다면, 하나님은 베냐민 지파를 다윗의 후손 왕들에게 주셨기 때문이다. 몇몇 본문들은 하나님이 다윗과 예루살렘을 위해 한 지파를 르호보암에게 주시겠다고 말씀하신다. 먼저 하나님이 솔로몬에게는 "다윗과 예루살렘을 위해 한 지파를 네 아들(르호보암)에게 주리라"라고 말씀하셨고(왕상 11:13), 여로보암에게는 "다윗과 예루살렘을 위해 한 지파를 솔로몬에게 줄 것"이라고 말씀하셨는데(왕상 11:31-32), 여기서 언급된 한 지파가 베냐민 지파를 언급한 것이라면[16] 이 말씀대로 베냐민 지파만 유다에 합류한 것이다(대하 11:12).

열왕기상 12:20은 "유다 지파 외에는 다윗의 집을 따르는 자가 없다"라고 보도하는데, 이것은 일종의 과장법으로 봐야 한다. 여기에 베냐민 지파가 언급되지 않았다는 사실에 너무 의미를 두려고 하면 안 된다.[17] 아마 베

---

[15] Williamson, *1 and 2 Chronicles*, 85.
[16] Bimson, "1 and 2 Kings," 351.
[17] 앞의 본문들에서 언급된 '한 지파'는 유다 지파를 가리키는 것인가? 아니면 베냐민 지파는 북왕국에 합류하려 했지만 그 영토가 유다에게 절대적으로 필요했기 때문에 강제로 잔류된 것인가? 유다의 수도 예루살렘이 베냐민 지파와의 경계선에 있기 때문에 유다가 베냐민 지파를 빼앗기지 않으려 한 것은 당연하다. 이 지파를 빼앗기면 예루살렘을 지키기 어려웠을 것이므로 르호보암은 베냐민 지파를 빼앗기지 않으려고 적극적으로 노력했을 것이다. 하지만, 그렇다고 해서 베냐민 지파가 유다에 합류하게 되었다고 보기는 어렵다.

냐민 지파의 영토는 수도 예루살렘과 붙어 있었고 앞에서 말한 것처럼 베냐민 지파를 특별히 관리했기 때문에, 베냐민 지파가 유다 지파의 일부로 간주되었을 수도 있다.

앞에서도 말한 것처럼, 유다의 왕들은 수도의 안전을 위해서 베냐민 지파의 영토를 이스라엘에게 빼앗겨서는 안 되는 절박한 입장에 있었기 때문에 왕국이 분열되고 계속되어온 북왕국과의 전투에 힘썼다(왕상 14:30; 왕상 15:16, 32). 이 국경 분쟁은 아사와 바아사 사이의 대결에서 최종적인 판가름이 나는데, 이 이야기를 하기 전에 아사가 통치 초기에 행했던 일들을 살펴보려고 한다.

3. 대왕대비를 폐위시킨 유다 최초의 개혁 군주

이스라엘은 다윗과 솔로몬 통치의 말기 이전까지 야웨 하나님만 섬기는 국가였다. 그러나 솔로몬은 말년에 배교했고, 앞에서 말한 것처럼 왕국이 갈라진 후 그 아들 르호보암도 왕국의 신앙을 훼손시켰다. 그 아들 아비야는 이런 잘못된 흐름을 이어갔다. 이런 상황에서 등장한 인물이 아사다.

아비얌을 뒤이어 유다의 왕이 된 아사는 여로보암 통치 말년에 등극하여 무려 41년 동안 유다를 통치했다. 물론 이 통치 기간에는 아들 여호사밧과의 공동 통치 기간(섭정 기간)도 포함된다.[18] 아사가 유다를 이렇게 오래 통치하는 동안, 북쪽에선 반대로 무려 일곱 명의 왕(여로보암, 나답, 바아사, 엘라, 시므리, 오므리, 아합)이 통치했다(왕상 15:25-16:29).

이렇게 남과 북이 상황이 극단적으로 달라진 것은 북왕국에서 계속 정

---

[18] 메릴, 『제사장의 나라』, 445.

변이 일어났기 때문이다.

여로보암의 아들 나답이 통치한 지 2년 만에 바아사가 나답을 죽이고 새로운 왕조를 건립했다(왕상 15:25-27). 그러나 그의 아들 엘라도 2년밖에 통치하지 못하고 시므리에게 살해당했다(왕상 16:8-10). 그러나 시므리는 즉위식도 치러보지 못하고 왕이 된 지 7일 만에 죽었다. 오므리의 포위를 받아 왕궁이 함락되자 왕궁에 불을 지르고 자살한 것이다(왕상 16:18).

이후 오므리는 왕권을 두고 경쟁을 벌인 디브니를 물리치고 새로운 왕조를 창건했다(왕상 16:21). 오므리가 권력을 잡으면서 북왕국의 왕권이 안정되었다. 아사는 오므리가 죽고 그의 아들 아합이 이스라엘의 왕이 되었을 때도 여전히 왕위에 있었다(왕상 16:29). 그리고 아합 제4년에야 비로소 아사의 아들 여호사밧이 유다의 왕이 된다(왕상 22:41). 이 한 가지 사실만 보더라도, 아사가 다스리는 유다는 정치적으로 안정되었다는 것을 알 수 있다.

아사는 매우 어린 나이에 등극한 것으로 보이는데, 그의 아버지 아비얌이 3년밖에 통치하지 못했다는 사실을 근거로 그렇게 판단할 수 있다(왕상 15:1). 부왕이 일찍 죽는 바람에 아사는 미처 준비되지 못한 상태에서 왕이 되었을 것이다.[19] 따라서 아사는 등극한 직후 얼마 동안은 권력 기반을 다지는 데 힘을 썼을 것으로 보인다.

아사가 어린 나이에 왕위에 올랐기 때문에 얼마 동안 누군가가 섭정을

---

[19] 왕상 15:10과 대하 15:16에선 아사가 마아가의 아들로 나오는데, 왕상 15:2을 보면 아비야도 마아가의 아들로 나온다. 그러나 대하 13:2에선 아비야의 어머니가 미가야로 나온다. 이런 여러 본문을 근거로 아사가 아비야의 형제였을지 모른다는 주장이 나온다. 아비야의 통치 기간이 3년도 안 되므로 아사는 작은 아들로서 그의 생모는 일찍 죽었고 마아가가 계속 대비 역할을 했을 수도 있다는 것이다(브라이트, 『이스라엘의 역사』, 305, 각주 33). 그러나 왕상 15:8과 대하 14:1은 아사를 아비야의 아들이라고 말하며, 대하 11:20에는 르호보암의 아들들의 명단이 나오는데, 여기에 아사는 나오지 않는다. 이런 본문들을 염두에 둔다면, 이 문제를 다른 방식으로 해결해야 한다.

했을 것이 분명하다. 열왕기상 15:10에 나오는 마아가가 그 일을 했을 것이 확실한데,[20] 그녀가 보여준 행태를 보면 그렇게 추측할 수 있다. 역대하 11:20-22을 보면 마아가는 압살롬의 딸로서, 나중에 르호보암의 아내가 된 후 아비야를 낳았다.

한글개역개정판은 마아가를 아사의 어머니라고 번역했지만(왕상 15:10), 여러 정보를 종합해 볼 때, 할머니라고 번역해야 할 것 같다(새번역성경, NIV, NEB, GNB 등은 할머니라고 번역했다).[21] 이 여인과 열왕기상 15:2에 나오는 아비야의 어머니 마아가는 동일 인물일 것이다. 그녀는 아들 아비얌이 죽은 후에도 계속 살아서 손자가 왕으로 등극하자 대왕대비로 권력을 휘둘렀을 것이다. 역대하 13:2엔 그 이름이 미가야로 나오는데, 그것은 필사자의 오류일 것이며, 미가야(마아가)의 아버지로 나오는 기브아 사람 우리엘은 압살롬의 아들일 수 있다. 이렇게 되면 마아가/미가야는 압살롬의 손녀가 된다.[22]

어쨌든 이 여자가 혐오스러운 아세라 목상을 만들었다는 이유로, 아사는 이 여인을 태후의 자리에서 물러나게 하고 그녀가 만든 목상을 토막 내어 가루로 만든 후 기드론 시냇가에서 불살라 버렸다(대상 15:13; 대하 15:16). 태후의 지위를 없앤다는 것이 쉬운 일은 아니었을 텐데, 이렇게까지 한 것을 보면, 그녀가 개혁에 걸림돌이 되었던 것이 분명하다. 태후가 권력을 휘두르며 개혁을 방해하지 않았다면 아사가 그 지위를 없애지도 않았을 것이다.

---

[20] 참고. 브라이트, 『이스라엘의 역사』, 305.
[21] *HALOT*, 61; 카이저, 『이스라엘의 역사』, 388. Patterson & Austel, 759.
[22] 셀만, 『역대하』, 169.

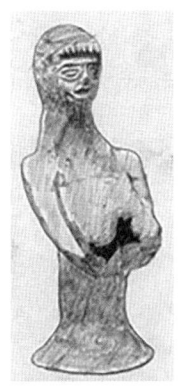

그림54. 풍요 여신을 상징하는 기둥모양의 피규어. 철기 시대의 것으로서 예루살렘에서 출토되었다.

이렇게 권력을 장악하자 그는 곧바로 개혁에 착수했다. 솔로몬의 통치 말년부터 시작되어 르호보암 시대 때 만연하게 된 여러 우상을 없앴고, 르호보암 시대 때 생긴 '카데쉬'라 불리는 남창들을 유다 땅에서 추방했다(왕상 15:12). 또 조상들이 지은 모든 우상을 없앴다. 대왕대비(마아가)가 만든 아세라 상을 찍어 기드론 시냇가에 불살라버렸다.

이렇게 아사는 적극적으로 개혁을 추진했지만 산당을 완전히 없애지는 못했다(왕상 15:14; 대하 15:17). 그런데 역대하 14:3, 5에선 아사가 산당을 없앴다고 보도하기 때문에, 이 두 기사를 종합해 보면, 아사가 산당을 없애기는 하되 모두 없애지는 않은 것 같다.[23]

산당으로 번역된 히브리어 단어는 '바마'인데(겔 20:29를 보라), 이 단어는 원래 언덕, 산마루, 높은 장소를 뜻한다.[24] 하지만, 산당들이 반드시 높은 곳에 지어지지는 않았다. 성문 곁에 있던 산당도 있었고(왕하 23:8), 골짜기 안에 지어진 산당도 있었다(렘 7:31). 산당은 이스라엘이 가나안 땅에

---

[23] 셀만, 『역대하』, 207.
[24] 이하 G. Henton Davies, "High Place, Sanctuary," *IDB* 2, 602-604; J. T. Whitney, "High Place," *NBD*, 483-484; 월튼 외 2인, 『IVP성경배경주석 구약』, 255-256. 참고.

들어가기 전부터 가나안 땅에 있었다. 기원전 3천 년대 후반기부터 가나안 사람들은 자신들의 신을 예배하기 위한 목적으로 산당을 만들었다. 산당은 실내 시설이며 신성한 비품과 단과 제사장들의 숙박시설을 갖춘 일종의 성소다.

이스라엘 백성들은 가나안 땅에 들어가는 즉시 산당들을 파괴하라는 명령을 받았다(민 33:52, 신명기 12:2-3도 가나안의 성소들을 파괴하라고 명령하는데, 여기에 언급된 야외의 성소들은 산당과는 구별된다). 그러나 어찌 된 일인지 모르겠지만, 이스라엘은 가나안 땅을 정복한 후에 산당에서 제사를 드리고 있었다. 사무엘은 산당에서 특별한 제사를 드렸고(삼상 9:12-14), 솔로몬도 기브온의 큰 산당에서 일천 번제를 드렸다(왕상 3:4; 대하 1:3-6). 아마 가나안 사람들이 만들어 놓은 산당을 완전히 파괴하지 않고 일부를 남겨뒀거나, 가나안 성소를 헐어버린 장소에 새로운 집을 지어 사용했을 것이다.

어쨌든 솔로몬이 성전을 건축하기 전까지는 예배 처소가 없었기 때문에 산당에서의 제사가 허용된 것으로 보인다(왕상 3:2). 그러나 성전이 봉헌된 이후에는 중앙 성소인 예루살렘의 성전에서만 제사를 드릴 수 있었기 때문에(신 12:5) 산당에서 드리는 제사는 불법으로 간주되었다.

문제는 성전이 지어진 후에도 이스라엘 사람들이 계속해서 산당에서 제사를 드렸다는 것이다. 북왕국의 경우 여로보암을 비롯해서 많은 왕이 산당을 지었고(왕하 17:9), 이것은 야웨를 진노케 했다(시 78:58).

유다에서도 르호보암 시대에 산당에서의 제사가 성행했다(왕상 14:23). 이스라엘 사람들은 높은 언덕과 푸른 나무 아래마다, 그리고 잎이 무성한 상수리나무로 둘러싸인 언덕에 성소를 세웠다. 성소들은 지붕이 있는 것도 있고 없는 것도 있었다. 높이 솟아 있는 단을 비롯해 집과 회당 및 다양한 종류의 건물을 갖춘 것도 많았다. 산당에는 세 가지 필수품이 있었던 것으로 보이는데, 제물을 바칠 수 있는 제단과 신성한 돌기둥(마쩨바)과 나무로 된 막대기(아세라)가 그것이다. 돌기둥은 가나안의 종교에서는 남성 신의 상징이었고, 나무로 된 막대기는 풍요 다산의 상징이었다.[25] 그렇기 때문에 이런 장소에서 야웨 하나님께 예배를 드리게 되면 순수한 야웨 신앙을 훼손하는 것이다.

그런데도 산당에서의 제사를 없애지 못한 이유는 많은 백성이 산당에서 제사를 드렸고, 이에 맞춰 산당 제사를 주관하는 제사장들이 많았기 때문일 것이다. 많은 백성이 산당을 선호했던 이유는 두 가지다.

첫째, 믿음이 연약한 대다수 사람은 눈에 보이고 손에 잡힐 수 있는 실체를 좋아한다. 보이지 않으나 말씀하시는 하나님을 믿고 그분을 신뢰하려면 믿음이 필요하다(오늘날도 마찬가지다). 그런데 산당의 제사는 이런 대중들의 '종교적 욕망'을 충족시켜 주었을 것이다.

둘째, 보다 더 중요한 이유는, 산당 제사가 기복 신앙과 밀접히 관련되어 있다는 점이다. 산당에 풍요 다산을 상징하는 아세라 상이 있었다는 것은 산당에 제사를 드리러 오던 많은 백성이 풍요와 다산을 원했다는 것이다. 호세아 선지자는 이스라엘 백성들이 '온갖 푸른 나무 아래에서' 우상을 섬겼다고 비난하는데(호 4:13), 푸른색의 나무는 팔레스타인처럼 나무가 귀한 땅에서는 생명과 풍요와 다산의 상징이었다.[26]

이런 점들 때문에 개혁 군주들도 산당을 완전히 없애지 못했다. 비록 산당을 완전히 파괴하지는 못했지만, 아사는 솔로몬 말년부터 시작되어 르호보암과 아비야가 통치할 때까지 이어져 내려온 온갖 우상 숭배의 온상

---

[25] H. 링그렌, 『이스라엘의 종교사』(Israelitische Religion), 김성애 역 (서울: 성바오로출판사, 1990), 211.
[26] 링그렌, 『이스라엘의 종교사』, 212.

들을 없애버렸다. 그가 적극적으로 유다의 부패한 종교를 정화할 수 있었던 것은 선지자 아사랴가 그에게 동기를 부여했기 때문이다(대하 15:1-9). 아사랴의 예언에 힘입어 그는 백성들로 하여금 야웨와 맺은 언약을 갱신했다(11-15절). 이 언약의 내용은 백성들이 하나님께 전적으로 순종하겠다는 서약이다. 백성들은 마음을 다하고 목숨을 다하여 하나님 야웨를 찾기로 서약했다(대하 15:12). 세 번 반복해서 나오는(대하 15:12, 13, 15), '찾는다'는 말(히브리어 '다라쉬')은 하나님의 길을 따르겠다는 자세를 가리키거나 하나님께 전적으로 헌신한다는 의미를 지닌다.[27]

아사는 유다의 종교를 개혁하는 데 만족하지 않고 북이스라엘의 땅에까지 종교개혁을 확산시켰다. 에브라임 산지에서 빼앗은 성읍들에서도 가증한 물건들도 없애버린 것이다(대하 15:8). 어떻게 아사가 북왕국의 지역에서까지 그렇게 할 수 있었는지, 납득하기 어려운 점도 있지만, 당시까지 국경 분쟁이 계속되고 있었기 때문에 비록 성경에는 기록되지 않았지만, 아사가 일시적으로나마 에브라임 산지에서 성읍들을 빼앗았다고 봐야 한다.

아사는 국방에도 힘을 썼다. 그의 전전 왕이었던 르호보암은 여러 도시에 요새들을 세웠었는데(대하 11:5-12), 아사는 이 요새들을 다시 증축하고 방어 시설들을 보강했다(대하 14:6-7).

---

[27] 셀만, 『역대하』, 191; Williamson, *1 and 2 Chronicles*., 95.

4. 내 사전에는 국경 분쟁이란 없다: 분열 초기 국경 분쟁이 아사에 이르러 종결됨

앞에서 국경 분쟁에 관한 이야기를 했었는데, 이제 그 일이 어떻게 비극적인 결말을 맺게 되었는지 이야기하려고 한다. 나라가 둘로 갈라진 사건이 있은 지 36년째 되던 해에, 북이스라엘 왕 바아사(900-886년)가 군대를 이끌고 유다를 침략했다. 이 전쟁의 주요 목적은 라마에 요새를 세워 이스라엘 사람들이 유다에 왕래하지 못하게 하려는 것이었다(왕상 15:17).[28]

앞에서 얘기했던 것처럼, 왕국이 수립된 지 거의 40년이 다 되어가는데도 그때까지도 북왕국을 떠나 남쪽 유다 왕국으로 가는 사람들이 있었다(대하 15:9). 분열 직후 여로보암이 우려했던 것이 이 문제였고(왕상 12:26-27), 그래서 그가 단과 벧엘에 성소를 세웠던 것인데, 오히려 이 정책 때문에, 순수한 야웨 신앙을 지키려는 자들이 유다로 가려고 했던 것이다.

라마는 유다와 이스라엘의 국경 근처에 있던 베냐민 지파의 성읍으로서(수 18:23), 군사적인 요충지였다.[29] 이곳은 팔레스타인의 중앙 산지를 따라 남북으로 난 큰 길과 접해있고, 예루살렘에서는 겨우 8km 정도 떨어져 있다(북쪽에).[30] 아사 입장에서는 수도 예루살렘의 코앞에 적군이 기지를 건설하게 놔둘 수 없는 것이다. 라마에 요새가 세워지면, 라마에 주둔하는

---

[28] 아사 왕의 연대기는 **여러 본문이** 서로 상충하기 때문에 설명이 필요하다. 예를 들어, 대하 15:19의 아사 왕 제35년과 그 다음 구절(16:1)의 아사 왕 제36년은, 이스라엘 왕국이 분단된 지 35년, 36년이란 뜻으로 이해해야 한다. 아마 왕국이 분열된 해를 기원전 930년으로 보면, 제35년은 기원전 895년이며, 구스의 이는 세라가 침입한 지 15년 되는 해다. 따라서 원저자는 대하 15:19에서 단지 35년이라고 썼는데, 후에 편집자가 '아사'라는 말을 삽입했을 것이다. 아사 통치 기간 중 일어난 일들에 관한 연대기는 딜레, 112-118, 메릴, 『제사장의 나라』, 432-435를 따른 것이다.

[29] 훗날 앗수르 군이 예루살렘으로 진격할 때 이 성읍을 통과하며(사 10:29), 예레미야는 바벨론에 포로로 끌려가다가 이곳에서 풀려난다(렘 40:1).

[30] J. A. Thompson, "Ramah." *NBD*, 1011; Morton, 8.

수비대는 아얄론 계곡을 거쳐 서부로부터 예루살렘으로 가는 교역로(아얄론 골짜기를 통하는 서쪽 무역로)를 관장할 수 있다. 게다가 라마에 이스라엘 군대가 주둔하게 된다면, 예루살렘이 위험해진다. 유다로선 내버려 둘 수 없는 일이었다. 아사는 바아사가 유다를 공격하려 했다고 오판한 것이 아니라,[31] 바아사의 행동이 수도 예루살렘에 위협이 될 것이라고 판단한 것이다.

그림55. 팔레스타인의 도로들. 가장 중요한 국제도로는 트랜스 요르단을 남북으로 관통하는 왕의대로(The King's Highway)와 지중해 해안을 끼고 남북을 연결시켜 주는 해안도로(Via Maris)다. 이 두 도로는 현대세계의 고속도로와 같은 것이다. 이 도로들 이외에도 팔레스타인 중앙산지를 따라 나 있는 도로들도 성경시대에 중요한 역할을 했으며, 주요 간선 도로들을 동서로 연결시켜 주는 도로들도 중요하다. 지도에서 실선으로 그려진 도로는 주요 간선 도로이고 점선으로 표시된 도로들은 현대세계의 국도, 지방도 같은 길들이라고 생각하면 된다.

상황이 이렇게 되자 아사는 이 문제를 해결하려고 다메섹의 벤하닷(1세)에게 도움을 요청했다.[32] 당시 다메섹 아람은 바아사와 동맹 관계에 있었기 때문에 아사는 다메섹이 북이스라엘과의 동맹 관계를 깨고 자기를 돕

---

31 메릴, 『제사장의 나라』, 436 참고.
32 열왕기에 나오는 여러 벤하닷에 관해서는 프로반 외 2인, 『이스라엘의 성경적 역사』, 527, 각주 15 참고.

게 하려고 성전 곳간과 왕궁 곳간의 은금을 벤하닷에게 보냈다. 사신을 통해 벤하닷에게 보내는 편지에서 아사는 이렇게 말했다.

"내 아버지와 당신의 아버지 사이처럼, 나와 당신 사이에 동맹을 맺읍시다. 내가 은금을 보내니 와서 이스라엘 왕 바아사와 맺은 동맹 관계를 끊고 그를 공격하시오."

아사가 말한 '부친 사이의 동맹'이란 벤하닷의 아버지인 헤시온의 아들 타브림몬(왕상 15:18)과 아사의 아버지인 아비얌 사이에 맺어진 조약을 가리킨다. 타브림몬의 아버지 헤시온은 솔로몬의 적이자 다메섹 아람을 세운 르손과 동일 인물일 것이다.[33]

다윗 시대에 다메섹은 이스라엘의 속국이었다. 그러나 기원전 990년쯤 솔로몬이 다스리던 시대에 솔로몬의 적이었던 헤시온(르손)이 다메섹에 아람인들의 왕조를 수립했다. 그는 아람인들이 세운 또 다른 소국인 소바의 왕 하닷 에셀과 관계를 끊고 수도를 다메섹으로 옮겼다.[34]

그 후 그의 아들 타브림몬과 손자 벤하닷을 거치면서 다메섹은 강한 군사력을 지닌 나라가 되었다. 아마 이스라엘 왕국이 둘로 갈라져 서로 싸우는 동안 힘을 길렀을 것이다. 아람 인들이 세운 다른 소국들이 약해진 것과 앗수르가 아닷니라리 2세 이전까지 강해지지 않은 것도, 다메섹이 힘을 기를 기회를 줬다. 이렇게 힘을 기른 후 다메섹은 아람 인들이 세운 여러 나라의 맹주가 된다. 다메섹은 여러 아람 소국들과 동맹을 맺었으며 기원전 9세기 어간에는 이스라엘의 가장 심각한 적이 되었다.

---

[33] 이하 밀러, 헤이스, 『고대 이스라엘 역사』, 300-302; 메릴, 『제사장의 나라』, 436-437; 브라이트, 『이스라엘의 역사』, 298-299; 노트, 『이스라엘 역사』, 302-303 참고.

[34] 이하 웨인, T. 피타드, "아람인." 알프레드 J. 허트 외 2인. 『고대 근동 문화』, 299-332; A. Malamt, "The Aramaeans," *Peoples of Old Testament Times*. ed. by D. J. Wiseman(Oxford: Clarendon Press, 1973), 134-155; K. A. Kitchen, "Aram, Aramaeans," *NBD*, 67-69; R. A. Bowman, "Arameans," *IDB* 1, 190-193; 보스, 『성경지리개론』, 75-88 참고.

아사의 계획은 이런 것이었다.

"아람과 북왕국 사이의 동맹 관계를 깨뜨리고, 아람으로 하여금 이스라엘 북부에 군사적인 압박을 가하게 하면, 바아사의 군대는 철군할 수밖에 없을 것이다."

아사의 전략은 정확히 맞아떨어졌다. 벤하닷은 아사가 보낸 편지와 예물을 보고 크게 기뻐했다. 안 그래도 벤하닷은 북이스라엘을 침략할 구실을 찾고 있었는데, 아사가 명분을 준 것이다. 아람의 관심은 트랜스요르단과 이스라엘의 북부 지역을 지배하는 것이었다. 이제 벤하닷은 이스라엘을 침략할 명분을 얻음으로써, 영토를 넓히려는 계획을 실현할 수 있게 되었다. 게다가 유다 왕이 금은보화까지 보냈으니 아람 민족의 신인 폭풍의 신 하닷께서 돕는다고 생각했을 것이다(아람 왕들의 왕명이었을 것으로 보이는 '벤하닷'은 하닷의 아들이라는 뜻이다).

벤하닷은 편지와 예물을 받자 수하의 군대 지휘관들을 보내어 이스라엘의 북쪽 지역인 이욘, 단, 아벨벧마아가와 긴네렛 온 땅과 납달리 온 땅을 공격했다(왕상 15:20). 이 성읍들은 모두 레바논과 안티레바논 산맥의 남쪽 경사지들 사이에 있는 요단강 상류를 따라 형성된 도시들로서 이스라엘 영토의 최북단에 있는 헬몬산의 기슭이나 그 아래에 있는 리타니강의 분기점 방향으로 위치해 있다.

다메섹은 이 지역을 지배함으로써 강 유역으로 가는 길을 확보할 수 있게 되었고, 리타니강의 하구에서 10km밖에 떨어지지 않은 곳에 있는 페니키아의 항구 도시 두로로 가는 길이 열리게 되었다. 이스라엘 중개상들과 협상을 거치지 않고도 두로에 접근할 수 있게 되자 팔레스타인 북부의 중요한 교역로를 장악하기 위해 끊임없이 애쓰던 다메섹의 상인들은 환호했다.³⁵ 이스라엘은 이때, 요단 동편의 야르묵강 북쪽에 있었던 영토를 아람에게 빼앗겼다. 라마에서 한참 요새를 건설하는 데 열중하고 있던 바아사는 다메섹의 군대가 국경을 침범하여 북쪽 지역을 공격하고 있다는 급보를 받고 서둘러 철군했다.

그림56. 한 아람 왕(바르 라캅)의 옆모습. 기원전 8세기의 것으로 추정되는 부조(浮彫).

바아사의 군대를 공격하지 않고 관망만 하고 있던 아사는 바아사의 군대가 떠난 뒤 군대를 이끌고 라마로 가서 라마의 요새를 헐어버렸다. 그리고 요새를 건축하려고 바아사가 준비해 온 건축 자재들(돌과 목재)을 동쪽과 북쪽에 있는 게바와 미스바로 운반하여, 두 성읍을 요새로 만들었다. 미스바로 추정되는 텔 엔 나스베에서 두께가 22피트나 되는 성벽이 발굴되었는데, 벽 하단부는 측량이 불가능할 정도의 두꺼운 회반죽으로 덮여 있었다.³⁶

라마에서 북쪽으로 약 5km, 예루살렘에서는 10km 이상 떨어진 지점에

---

35 혼, "분열 왕정: 유다 왕국과 이스라엘 왕국," 209.
36 카이저, 『이스라엘의 역사』, 390.

있던 미스바는, 적을 방어하기에 아주 좋은 위치에 있다. 적군이 예루살렘으로 진격하려면 중부 구릉지를 거쳐 북쪽에서 남쪽으로 뻗어있는 주요 도로인 하상로(河床路, 하천의 바닥을 따라 난 길)를 따라가야 하는데, 라마에선 이 도로를 통제할 수 있으며, 서쪽의 지중해로 통하는 도로도 방어할 수 있다.

게바는 라마에서 동쪽으로 약 3km 떨어진 지점, 남동쪽으로 길게 뻗은 깊은 와디 에스-수웨이니트의 남쪽에 있는 성읍으로서 적들이 와디 에스-수웨이니트를 건너올 때 방어할 수 있는 위치에 있다. 이 와디는 아주 쉽게 건널 수 있고, 이 길은 예루살렘으로 진격할 때 사용할 수 있는 두 번째로 중요한 도로상에 있었다.

아사가 이 두 성읍을 요새화한 이후, 이 지역이 두 왕국의 국경선이 되었다. 즉 베냐민 영토의 북쪽 경계(게바와 미스바는 베냐민 북방 경계에 가장 근접해 있다)가 두 왕국의 국경선이 되었는데 아사 이후로도 이런 상황은 변하지 않았다. 요시야 때도 유다의 영토를 가리킬 때, "게바에서부터 브엘세바까지"라며, 북방 경계를 게바로 말한다(왕하 23:8). 아사가 통치하던 시기에 유다와 이스라엘 사이의 국경 분쟁이 끝났고, 이때부터 베냐민 영토의 상당 부분을 계속 지켜낸 유다는 예루살렘을 보호할 수 있게 된 것으로 보인다.[37]

---

[37] 노트, 『이스라엘 역사』, 303.

5. 자기 꾀에 배부르리라(잠 1:31): 아사의 책략이 가져온 치명적인 결과

아사는 이렇게 다메섹 아람의 힘을 빌려 북왕국의 위협을 제거한 후 국경선을 북쪽으로 밀어올림으로써, 수도인 예루살렘을 위험에서 벗어나게 했다. 서희가 담판으로 강동 6주를 돌려받은 역사적 사실을 알고 있는 우리는 다메섹의 힘을 이용하여 북왕국을 물리친 아사를 탁월한 외교술을 발휘한 인물로 생각할 수 있다. 외교란 적대적인 국가든, 우호적인 국가든, 상대방 국가와 대화와 협상을 통해 국익에 도움이 될 만한 결과들을 이끌어내는 국가의 기본적이고도 중요한 책략이다. 그렇다면, "적의 적은 친구"라는 원리에 기초해서 아람과 동맹을 맺고 아람의 힘을 이용해서 북이스라엘의 위협을 물리친 아사는 외교가 뭔지 아는 똑똑한 왕이다.

게다가 한 가지 사실을 더 추가할 수 있다. 바아사가 라마를 요새화하려고 할 때, 아사는 막강한 군사력을 지니고 있었는데도 바아사의 군대를 공격하지 않았다. 아사의 군대는 유다 지파 중에서 큰 방패와 창을 잡는 자가 30만 명, 베냐민 지파 중에서 작은 방패를 잡으며 활을 쏘는 자가 28만 명이라고 한다(대하 14:8).

이 정도 군사력이라면 바아사의 군대를 직접 공격할 수도 있었을 텐데, 아사가 그렇게 하지 않은 이유는 무엇일까?

아마 이 일이 있기 바로 전에 구스 사람 세라가 이끄는 군대와 전쟁을 치렀기 때문일 것이다(대하 14:9-13).[38] 이 전쟁에서 전투력에 손실을 입지는 않았지만, 아사는 2년 연속 군대를 전투에 투입하고 싶지 않았을 것

---

[38] 아사의 통치 기간에 있었던 사건들의 연대를 이렇게 보는 것은 메릴, 432-436에 따른 것이다.

이다.

전쟁을 치르지 않고도 이길 수 있다면 그것보다 더 좋은 방법이 어디 있겠는가?

아사가 정말 이런 생각을 했다면, 아사는 최고의 전술을 구사한 뛰어난 전략가로 평가받을 만하다.

그런데 선지자 하나니는 아사 왕을 칭찬하기는커녕 호되게 책망한다. 그리고 아사에게 계속해서 전쟁이 있을 것이라고 예언했다(대하 16:7-9).

> 왕이 아람 왕을 의지하고 하나님을 의지하지 않았기 때문에 아람 왕의 군대가 왕의 손에서 벗어났나이다(대하 16:7).

이 말은 만약 아사가 하나님만 의지했더라면, 하나님이 아람의 군대까지 물리쳐 주셨을 것이라는 뜻이다. 요점은 아사가 하나님을 의지하는 대신 아람 왕을 의지했다는 것이다.

선지자의 관점은 우리와 전혀 다르다. 믿음은 하나님만 의지하는 것인데, 아사는 아람 왕을 의지했다. 그가 아람을 이용하여 북왕국을 물리쳐야겠다는 기발한 생각을 하는 순간부터 그는 하나님을 의지하는 대신 아람 왕을 의지하게 된 것이다. 당시 다메섹은 점점 강해지고 있었으며, 영토를 넓히려는 야욕을 품고 있었다. 아사가 도와달라고 하지 않았어도, 다메섹은 언젠가는 이스라엘을 침략했을 것이다. 그런데 아사는 예물까지 바치며 이스라엘을 공격해 달라고 부탁한 것이다.

당시 벤하닷은 유다와 이스라엘 모두와 조약을 맺었는데, 이것은 한편으로는 다메섹의 위상이 높아졌기 때문이기도 하지만, 다른 한편으로는 벤하닷이 노회한 외교술을 펼치고 있었기 때문이다. 아사가 준 예물로 벤하닷은 전쟁 비용 걱정 없이 이스라엘 북부를 공격함으로써, 갈릴리 북부를 지배할 수 있게 되었고 지중해 해안을 넘어 진출할 수 있게 되었다. 게다가 왕의 대로와 안티레바논 산맥의 동쪽과 남쪽의 주요 도로들을 장악함으로써 통치 영역을 넓혔다. 다메섹은 이 전쟁으로 애굽에서 메소포타미아에 이르는 중요한 도로를 통제하게 되었다.[39]

결국, 아사의 외교는 다메섹의 힘을 길러준 꼴이 되었다. 처음에는 그럴듯한 책략인 것처럼 보였지만, 아사의 책략은 결과적으로 유다와 이스라엘 모두에게 화를 불러왔다. 아사가 하나님만 믿고 잠잠히 기다리고 있었다면 하나님이 어떤 방법으로든지 이보다 더 좋은 결과를 가져다 주셨을 것이다. 아마 아사가 다메섹에게 도움을 요청해서 이뤄진 것과 같은 상황이 발생했을지 모른다. 다윗을 추격하던 사울이 블레셋 군대의 침략을 받고 어쩔 수 없이 철군했던 것처럼, 하나님이 다메섹으로 하여금 이스라엘 북부 지역을 침공하게 하셔서, 바아사가 어쩔 수 없이 철군했을지 모른다.

똑같은 일이 벌어졌다 하더라도 이것은 아사가 했던 일과 천지 차이만큼 다르다. 이것은 하나님이 하신 일이고, 아사는 하나님을 끝까지 신뢰한 결과 하나님의 도우심을 받은 것이 된다. 이 경우엔 성전과 왕궁의 보물을 다메섹 왕에게 갖다 바치지 않았으니 아사가 갖다 준 은금으로 다메섹이 군사력을 더 강하게 키울 수도 없었을 것이다. 아사의 믿음 없는 행동 때문에 직접적으로는 북왕국이 다메섹(아람)에게 시달리게 되었고, 이후로 기원전 9세기 내내 이스라엘은 아람에게 괴롭힘을 당한다.

아사는 강대국의 힘을 빌려 문제를 해결하려고 한, 좋지 않은 선례를 남겼다. 이후로도 이스라엘 역사에서 이런 일이 반복되는 것을 보면, 이후의 왕들이 아사를 보고도 교훈을 얻지 못한 모양이다.

아사를 통해 하나님 나라의 왕이 추구해야 할 이상은 세상 나라의 왕과

---

[39] 메릴, 『제사장의 나라』, 437; 혼, "분열 왕정 : 유다 왕국과 이스라엘 왕국," 279.

전혀 다르다는 것을 다시 한번 확인한다. 이스라엘 왕들의 가장 중요한 목표는 이스라엘이 하나님을 섬기는 나라가 되게 만드는 것이지 현실의 문제를 해결하는 것이 아니다. 백성들이 필요로 하는 모든 요구는 백성들이 언약에 순종할 때 채워질 것이다.

하나님은 믿음으로 사는 자를 기뻐하시고 그런 자녀를 위해 능력을 베푸신다(대하 16:9). 많은 그리스도인은 말로는 하나님을 믿는다고 하면서도, 정작 문제가 생기면 뭔가 다른 것을 의지하려 한다. 보이지 않는 하나님 대신 눈에 보이는 구체적인 것들, 즉 사람이나 돈이나 지위나 방법을 의지하려고 한다. 그렇지 않으면 불안한 것이다. 마치 어린아이의 눈에 엄마가 보이지 않으면 불안한 것처럼 말이다.

대책이나 수단이나 방법이 모두 부정되어야 한다는 말이 아니다. 하나님이 사람을 통해 도우실 수도 있고, 다른 방법을 통해 도우실 수도 있다. 대책을 세우는 것 자체가 불신앙의 표시라고 말할 수는 없지만, 하나님을 신뢰한다는 말이 끝나자마자 대책을 마련해야 한다고 생각하는 우리의 마음에 진정으로 하나님을 신뢰하는 마음이 있는지 묻는 것이다.

심지어 많은 그리스도인은 현실 문제에 대해 아무런 대책을 마련하지 않는 사람을 광신자로 치부하지 않는가?

아사의 경우, 선지자가 문제 삼는 것은 아사가 대책을 마련했다는 사실이 아니라 아람 왕을 의지하려 했다는 점이다. 하나니는 "여호와의 눈은 온 땅을 두루 감찰하사 전심으로 자기에게 향하는 자들을 위하여 능력을 베푸신다"라고 아사를 훈계했다(대하 16:9). 아사가 하나님을 온 맘으로 의지하지 않았기 때문에 하나님이 능력을 베풀지 않으셨다는 뜻으로 들린다. 아사는 자신의 지혜가 하나님이 주신 것이라고 생각했을지도 모른다. 그러나 하나님 나라의 지도자는 온전히, 전적으로 하나님만 의지해야 한다.

"대책이 무엇이냐?"

이런 질문을 받았을 때, 하나님이 기뻐하시는 답은 이것이다.

"우리에게 대책은 없습니다. 우리의 유일한 대책은 주님이십니다."

무대책이 진정한 대책이다. 하나님을 신뢰하고 잠잠히 기다리는 것이 이스라엘의 지도자가 할 일인 것이다. 안타깝게도, 하나니의 책망을 들은 아사는 회개하는 대신, 그를 옥에 가뒀다. 그리고 아사가 그렇게 하는 것에 반대하며 직언하던 사람들을 학대했다. 세상 나라의 왕들은 하나같이 이런 모습을 보여주었는데, 이스라엘의 여러 왕들도 같은 모습을 보여주었다. 아합은 바른 말만 하던 미가야를 미워했고(왕상 22:8), 요아스는 자기에게 직언하던 선지자 스가랴를 죽였고(대하 24:20-21), 헤롯은 세례 요한을 옥에 가두고 죽였다(마 14:3-11). 다윗은 나단의 책망을 듣자 회개했는데(삼하 12:13), 이런 모습 때문에 그가 믿음이 있는 사람이라는 소리를 듣는 것이다.

회개하지 않은 아사는 결국 하나님의 징계를 받아 발에 병이 들었다. 회개할 마지막 기회가 주어졌는데도 그는 회개하지 않았다. 그는 재위 39년에 발에 병이 걸려 2년 동안 병고를 치렀는데, 병이 걸렸는데도 하나님께 병 낫기를 구하지 않고 의원들을 의지했다(대하 16:12). "의원들에게 구했다"라는 말은, 주술적인 방법으로 병을 치료하려 했다는 뜻일 수도 있다.[40] 그런 뜻이 아니라 하더라도, 어쨌든 아사는 마지막 위급한 순간에 하나님을 의지하지 않았다.

아사는 통치 초기에 선지자 아사랴의 말을 듣고 우상의 터전들을 제거하며 순수한 야웨 신앙을 회복하는 등 개혁에 힘썼다. 태후인 할머니가 개

---

[40] Alan Kam-Yau Chan and Thomas B. Song/Michael L. Brown, "אפר(rp')," *NIDOTTE* 3, 1168-1169; Williamson, *1 and 2 Chronicles*, 277.

혁에 방해가 되자 폐위시켰다. 개혁을 완수한 후에는 야웨께 대규모의 제사를 드리기 위해 예루살렘에서 거대한 집회를 소집했다. 이런 모습을 보면 그는 분명히 신앙이 있는 사람이다.

하지만, 그는 바아사가 군대를 몰고 와 라마를 요새화하려고 하자 위기를 느끼고 벤하닷에게 도움을 요청했는데, 도움을 받기 위해 성전과 왕궁 곳간의 보물을 바쳤다. 이런 일이 개인적인 차원에서 일어났다면 뇌물 청탁인 것이다. 선지자 하나니가 이 일을 심하게 책망하자 그를 투옥했고, 자신의 백성들을 압제했다. 하나님이 죄를 깨닫게 하시려고 아사가 왕이 된 지 39년, 즉 871년에 발에 병이 들게 하셨다. 그러나 아사는 하나님께 돌아오지 않고 의원들을 의지했다. 이런 모습을 보면, 그는 믿음이 있긴 하지만 믿음이 부족한 사람이었다는 결론이 나온다. 그는 결국 통치 41년 만에 발에 든 병으로 죽었다.

아사가 세상 나라의 군주였다면 그가 한 일은 칭찬받을 수도 있다. 하지만 하나님은 아사를 책망하셨다. 양자는 보는 것이 다르다. 세상 나라는 정책이나 수단의 효율성을 따진다. 결과가 좋으면 되는 것이다. 그러나 하나님은 믿음을 보신다. 아사가 다메섹의 도움을 얻으려고 성전의 금까지 갖다 바친 것은, 하나님을 의지하지 않았기 때문에 그렇게 한 것이다.

더 나아가서 그는 자신의 잘못을 책망하는 선지자를 핍박함으로써, 두 번째 실수를 한다. 그의 불신앙은 거기서 그치지 않았다. 하나님이 그의 발에 병이 들게 하셨을 때에도, 그는 하나님께로 돌아오지 않았다. 사실 하나님이 기회를 한 번 더 주신 것이다. 눈물 흘리며 회개하고 하나님께로 돌아왔다면, 하나님이 그를 회복시켜 주셨을 것이다. 그가 유종의 미를 거둘 수 있도록 그의 발의 병도 고쳐주셨을 것이다. 그러나 그는 발에 병이 들었을 때도 하나님을 의지하지 않았다.

아사는 하나님을 향하는 마음이 있지만, 삶의 중요한 순간에 전적으로 하나님을 의지하지 못하는 수많은 신자의 모습을 대변한다. 사람들은 문제가 생기면 해결할 방법을 생각한다. 양심이 있는 사람은 도덕적으로 옳지 않은 방법을 배제한다는 것뿐이지, 대부분 사람들은 문제가 생기면 방법을 찾는다.

그렇다면 그리스도인들은 어떤가?

신실한 그리스도인은 문제가 생기면 하나님께 기도하고 하나님을 의지하고 신뢰하며 잠잠히 기다리지만 많은 그리스도인은 방법을 먼저 생각하는데, 믿음이 부족해서 그런 것이다.

아사가 다메섹 아람을 의지하려 한 것은 다메섹에게 강한 군사력이 있었기 때문이다. 문제를 해결할 힘이 있다고 본 것이다. 그래서 아람에게 예물까지 갖다 바치면서 도와달라고 부탁해서 당장 눈앞에 닥친 문제는 해결했지만, 결과적으로 아람이 이스라엘 문제에 간섭할 명분을 주고 말았다. 장기적으로 볼 때, 아사가 한 행동은 국익에도 도움이 되지 않았다. 명분도 실리도 잃어버리는 이런 짓을 한 이유는 믿음이 부족하기 때문이다. 삶에 위기가 닥쳤을 때 하나님을 의지하는 것이 믿음이다.

6. 블레셋이 사라지자 아람이 등장하다

사사 시대에, 이스라엘이 우상 숭배의 죄를 범하면 하나님이 이스라엘 주변의 여러 민족을 도구로 사용하여 이스라엘을 징계하셨다. 왕정 시대에 접어들어서도, 하나님은 강한 군사력을 지닌 주변 강국들을 도구로 사용하여 이스라엘을 징계하신다(사 10:5-6을 읽어보라). 하나님이 이렇게 하시는 궁극적인 목적은 이스라엘로 하여금 죄를 깨닫고 하나님께 돌아오게 하시려는 것이다.

다윗이 통치하던 시대에 이스라엘 주변에는 이스라엘을 괴롭히는 국가가 없었는데, 그것은 하나님만 온전히 섬기기로 결단하고 백성들을 신앙의 길로 이끈 다윗 왕에게 하나님이 주신 선물이었다(삼하 7:1 참고). 자기 백성을 향한 하나님의 궁극적인 뜻은 평안(샬롬)이지 재앙(라아)이 아니다(렘 29:11). 이런 사실들은 역사의 무대에 등장하는 강국의 역할이 무엇인지를 짐작할 수 있게 해 준다. 이스라엘이 하나님만 잘 섬기고 우상 숭배에 빠지지 않으면 하나님이 이스라엘에 평안을 주신다.

그러나 이스라엘은 대체로 그러질 못했고, 하나님은 이스라엘을 징계하기 위해 강국들을 사용하셨는데, 왕정이 등장하기 직전과 직후에 블레셋이 했던 역할을 이제 다메섹 아람이 이어받았다. 다메섹은 아람 사람들이 세운 여러 왕국 중 하나로서 한 세기 전인 다윗 시대만 하더라도 이스라엘의 지배를 받았던 조그만 나라였다. 다윗은 다메섹의 아람 사람들이 소바 왕 하닷에셀을 도우러 왔을 때 그들을 크게 물리치고(아람 사람 2만 2천 명을 죽였다) 다메섹에 수비대를 두고 속국으로 만들었다. 그들은 다윗에게 조공을 바쳤었다(삼하 8:5-6; 대상 18:5).

이 전투에서 엘리아다의 아들 르손이라는 자가 달아났는데, 솔로몬 때 와서는 그가 사람들을 모은 후 다메섹에 가서 살다가 다메섹의 왕이 된다(왕상 11:23-24). 르손은 소바 왕 하닷에셀과 관계를 끊은 후 힘을 길렀고, 르손의 후계자인 헤시온(르손과 헤시온을 동일 인물로 보기도 한다)과 그의 아들 다브림몬이 다스릴 때 다메섹은 강한 나라가 되었다.

유다 왕 아비야 때는 다메섹의 다브림몬이 이스라엘과 대항하기 위해서 유다와 동맹을 맺는다. 다브림몬의 아들 벤하닷 1세(기원전 900-875년)가 바로 아사의 요청을 받아들인 사람이다. 벤하닷 1세가 즉위할 즈음인 기원전 900-860년경에는 다메섹이 강해져서 유다 왕 아사가 군사 지원을 요청할 정도였다(왕상 15:18). 다른 아람의 작은 국가들이 주춤하는 동안 다메섹은 강해진 것이다.

그 후 벤하닷 2세와 그의 아들 하닷에셀 때에는 이스라엘 왕 아합과 대항해 싸웠고, 아합은 라못 길르앗에서 전사한다(기원전 853년). 벤하닷 3세는 2년간 통치하다가 하사엘(기원전 843-797년)에게 살해당한다. 그 후 벤하닷 4세는 이스라엘과의 싸움에서 승리해 이스라엘 영토 전체를 점령하고 사마리아를 포위 공격했으나(왕하 6:24 이하), 엘리사의 기도로 포위가 풀렸고, 여로보암 2세 때에 오면 이스라엘의 국력이 회복된다.[41]

---

[41] A. Haldar, "Damascus," *IDB* 1, 758.

제6장

외국인 공주와 가죽옷을 입은 선지자

북이스라엘을 발전시킨 악한 왕 아합: 오므리 왕조가 들어서면서
북왕국이 안정과 번영을 누리지만 바알 숭배가 만연함

1. 외국인 공주가 이스라엘 왕자와 결혼하다

기원전 880년경의[1] 이스라엘. 때는 7월 초순. 샤론 평야의 북쪽 끝에 위치한 중요한 항구 도시 돌(Dor)에[2] 오십여 명의 군인들이 모여 있다. 바위에 둘러싸인 두 개의 작은 만을 내려다보고 있는 이 항구 도시에 천막들이 몇 개 쳐져 있고, 아직 동이 트기 훨씬 전인 새벽 4시경인데도 사람들이 수북이 모여 있다. 이들은 시돈에서 오는 공주를 맞이하기 위해 이스라엘의 왕 오므리가 보낸 호위대인데, 날씨가 너무 더워 해가 뜨기 전에 일을 마치려고 동이 트기 훨씬 전에 모여 있는 것이다. 다른 한쪽에는 대신들로 보이는 사람들이 모여서 이야기를 나누고 있고, 그 무리들 사이에 아직 어리지만 총명해 보이는 한 청년이 눈에 띈다. 이 사람이 시돈에서 오는 공

---

[1] 오므리의 통치 연대는 기원전 885년-874년으로 추정되며(딜레, 120), 그가 통치하던 시기(뒤에 있어야 할 문구가 없어진 듯합니다).
[2] 돌은 이집트의 신왕조 시대에 해군 기지로 건설되어, 해양 민족 중 하나인 체커 아래에서 항해의 중심지로 번영했고, 이스라엘 북부의 가장 중요한 항구가 되었다(Aharoni, *Land*, 25).

주와 결혼할 이스라엘 왕자 아합이다.

그림57. 우가릿 왕비의 두상. 기원전 14세기 말-13세기 초의 것으로서 상아를 깎아 만든 것이며 높이는 12.2cm다. 이세벨의 얼굴은 이런 모습이었을까?

저 멀리 어둠 속을 뚫고 온 깜빡이는 불빛들이, 페니키아에서 온 배라는 신호를 보낸 지 한 시간쯤 지나자 이젠 어둠 속에서도 배의 윤곽이 희미하게 보일 정도로 배들이 항구 근처까지 다가왔다. 어둠을 헤치고 항구로 들어오고 있는 배는 모두 세 척인데, 선두에서 오는 배는 전함이고 그 뒤를 두 대의 상선이 따르고 있다. 페니키아 전함이 선두에서 이물에 불을 밝힌 채, 세 줄로 길게 뻗은 노들이 마치 한 사람이 노를 젓듯이 일사분란하게 움직이자 전함은 매우 빠른 속도로 항구 쪽으로 들어오고 있었다.

현두(舷頭, 뱃머리)에 장식된 여인의 조각상(페니키아인들이 믿는 여신의 형상)이 점점 뚜렷하게 보이기 시작하더니 드디어 전함이 항구에 닿았다. 연이어 두 대의 상선이 차례대로 이물을 부두에 대자 물고기가 입에서 물을 뿜어내듯이, 두 상선에서 사람들이 쏟아져 나왔다. 마지막으로 정박한 상선에서는 짐꾼들이 각종 물품들을 육지로 나르고 있다. 상자 속에는 각종 가구, 보석, 상아, 모직물을 비롯해 온갖 진귀한 물건들이 가득 담겨 있었다.

가운데 상선은 겉모습만 봐도 시돈의 공주가 타고 있을 것이라고 짐작할 수 있을 정도로 호화롭게 꾸며져 있다. 마스트와 돛에도 여러 무늬의 그림을 그려 넣었고, 여기저기 꽂힌 깃발들을 봐도 그렇다. 그 배에서 먼저 여러 명의 남자가 내렸는데, 몇 명은 복장으로 봐서 시돈에서 보낸 왕의 사절단인 것이 분명하다. 몇 명은 특이한 복장을 하고 있었는데, 페니키아 사람들이 믿는 종교의 제사장들인 것 같다. 군인들도 몇 명 보이는데 공주의 경호원들인 것 같다. 그 뒤로 구릿빛 피부를 한 건장한 체구의 남자들이 가마를 메고 내렸는데, 그 가마에 시돈에서 온 공주가 탈 모양이다. 그들이 내리자 그다음으로 여태껏 이스라엘에서는 한 번도 본 적이 없는 모습의 옷과 장식과 머리와 화장을 한 예쁜 여자들이 아기작거리며 내려왔다.

순간 이스라엘 병사들의 시선이 모두 그곳으로 쏠렸다. 공주의 시녀들로 보이는 여자들이 양편으로 줄을 지어 서자, 잠시 후에 아름답고 화려한 의상과 보석으로 꾸민 여인이 면사포로 얼굴을 가린 채 양쪽 시녀들의 도움을 받아 이스라엘 땅에 발을 내디디고 있다. 그 누가 봐도 이 여자가 시돈의 공주 이세벨이라는 것을 금방 알아챌 수 있을 정도로 자태가 당당하다.

왕족만이 가진 품위랄까?

그녀가 육지에 발을 디디자 왕자 아합이 성큼성큼 다가가 그녀를 정중히 맞이했다. 시돈의 공주는 어린 나이에 어울리지 않게 정중하지만 도도한 태도로 왕자를 맞이했고 대신들이 왕자의 뒤를 따라 시돈의 공주와 인사를 나누었고 사절단들과도 인사를 나누었다.

이스라엘의 왕자와 결혼하려고 시돈에서부터 돌까지 100km가 넘는 바닷길을 달려온 이 여자는 시돈 왕 엣바알(이토바알)의 딸 이세벨이다. 그날 아벡을 지나 사마리아로 올라가는 긴 행렬을 바라보며 미소 짓고 손을 흔들던 수많은 농부와 아낙네는 자신들의 미래가 이 여인 때문에 크게 달라질 것이라는 사실도 모른 채, 하늘을 바라보며 소박한 기도를 드리고 있었다.

"야웨 하나님이시여, 왕을 축복하시고 왕자를 축복하소서. 이 나라에 평화를 주시고 올 한 해도 농사가 잘 되게 복 내려 주소서."

이스라엘 왕실이 시돈의 왕실과 혼인 관계를 맺은 이 사건은, 북왕국의 역사에서 전환점을 이루는 아주 중요한 사건이다. 많은 사람의 바람처럼, 이 결혼은 이스라엘에 평화와 번영을 가져왔다. 하지만, 이스라엘은 그것을 얻기 위해 매우 값비싼 대가를 치러야 했는데, 이 결혼이 이스라엘의 신앙을 타락시켰기 때문이다.

왕자의 결혼 날짜를 정할 때부터 이스라엘 일각에선 반대의 목소리가 있었다. 바알이 아낫과 재결합하는 신성한 결혼식의 축제에 맞춰서 결혼식의 날짜를 그 더운 여름에 잡을 때부터 이스라엘에선 정통 여호와 신앙을 지키려는 사람들이 이 결혼 자체를 반대한다는 목소리를 냈다. 하지만 그런 목소리는, 국가의 안보를 든든히 할 수 있고 경제를 발전시킬 수 있는 좋은 기회인데, 두 마리 토끼를 한 번에 잡을 수 있는 이 좋은 기회를 놓쳐서는 안 된다는 논리에 파묻혀 버리고 말았다. 당면한 문제를 해결하려면 이상은 잠시 뒤로 미뤄야 한다는 현실 논리가 신앙을 우선순위에서 밀어낸 것이다. 무엇보다도, 이스라엘의 왕실이 이 결혼을 추진하고 있다는 사실이 모든 반대의 목소리를 잠재웠다.

그림58. 앗수르의 산헤립 왕궁에 부조로 새겨진 페니키아 전함의 모습

2. 존재감 없는 오므리가 이룬 큰 업적들: 왕조를 건립하고 평화를 가져오다.

오므리 왕조가 들어서면서 이스라엘에는 처음으로 3대손(모두 네 명의 왕이 나왔지만, 마지막 두 왕은 형제지간이다)까지 이어지는 왕조가 탄생했다. 오므리와 그의 아들 아합은 대단히 유능한 인물들이었다. 오므리가 통치하면서 이스라엘은 주변 국가들과의 관계를 적극적으로 개선했다. 그는 아들 아합을 시돈의 공주와 결혼시킴으로써 페니키아와 동맹을 맺었고, 유다와의 관계도 개선했다. 북왕국과 남왕국은 적대적인 태도를 버리고 서로 우호적인 관계로 돌아섰다. 이스라엘은 정치, 경제, 군사, 외교 등 모든 면에서 안정된 모습을 보였다.

하지만 이스라엘은 '좋은 것들'을 얻기 위해 '생명 같은 것'을 팔았다. 페니키아와 문물을 교류하고, 특히 이세벨이 이스라엘의 왕비가 되면서, 이스라엘에는 두로의 국가 신 바알 멜카르트 숭배가 적극적으로 도입되었다. 엘리야가 백성들을 꾸짖으면서 외치는 말처럼, 이스라엘 백성들은 여호와 하나님과 바알 사이에서 머뭇거리며(왕상 18:21), 여호와 하나님도 섬기고 바알도 섬기게 된다. 이러한 혼합주의 신앙은 하나님이 가장 싫어하시는 것이다. 하나님은 엘리야 선지자를 보내어 바알과의 전쟁을 선포하셨는데, 이 싸움은 엘리사 때까지 지속된다. 페니키아의 공주가 이스라엘의 왕비가 된 사건은 결국 유다에게도 영향을 주어 유다 왕조에 일시적으로 위기가 닥친다.

이 역사적인 국제 결혼은 어떻게 해서 이뤄지게 되었는가?

한 세기 전, 이스라엘의 전성기를 이끌었던 솔로몬이 외국인 아내들을 맞아들인 결과, 외국의 우상들이 들어왔고 그 이후로 왕국이 쇠퇴의 길을 걸어왔다는 것을 역사를 통해 배우지 못한 것일까?

왜 오므리는 외국인 공주를 자기 아들의 아내로 맞아들였을까?[3]

이 문제에 관한 진실을 알려면, 오므리가 새로운 왕조를 창건하기 이전부터의 북왕국의 역사를 살펴봐야 한다. 오므리가 왕조를 건립하기 직전까지 북왕국은 정치적으로 매우 불안했다. 쿠데타가 계속 일어나서 왕조가 무려 두 번이나 바뀌었다. 바아사가 여로보암 왕가를 끝내고 새로운 왕조를 창건한 지 얼마 되지 않아 시므리가 바아사 왕가를 끝내버렸다.

이렇게 정변이 자주 일어나는 이유는 무엇일까?

그것은 북왕국이 출발할 때부터 지닌 태생적인 문제 때문이다. 그래서 왕권이 안정되지 못했다. 남왕국에선 다윗의 후손들이 왕위를 계승한다는 원칙이 있었고, 혈통적으로 다윗의 후손이면 이방 여인에게서 태어난 사람(르호보암!)이라도 왕위를 물려받을 수 있었지만, 북왕국에선 그런 원칙

---

[3] 왕상 16:31은 아합이 시돈 사람의 왕 엣바알의 딸 이세벨을 아내로 삼았다고 말하는데, 이 말은 이세벨을 아내로 선택한 것은 아합의 선택이었다는 말로 들린다. 하지만 일반적으로 당시 결혼, 특히 왕실의 결혼은 부모가 주도했기 때문에 이 결혼을 주도한 것은 아합이 아니라 오므리였을 것이다.

이 없었고 그런 원칙을 만들어가는 중이었다. 즉 여로보암의 후손이 왕위에 오른다는 것이다. 만약 여로보암의 후손이 3, 4대에 걸쳐 왕위를 이어갔다면, 그런 원칙, 혹은 전통이 생겼을 것이다. 그러나 여로보암의 왕가는 그런 전통을 만들기 전에 없어져 버렸다.

사실 그가 왕이 된 것은, 하나님이 그에게 왕권을 주셨기 때문이다. 다윗이 받은 약속과는 비교할 수 없지만, 여로보암도 하나님으로부터 언약을 받았다. 그 언약은 여로보암이 신앙의 길로 행하면 하나님이 "다윗을 위해 세운 것 같이" 여로보암을 위해 견고한 집을 세우고 이스라엘을 여로보암에게 주시겠다는 것이었다(왕상 11:38).

견고한 집을 세운다는 것은 왕조가 지속될 것이라는 뜻이다. 신앙의 길로 행한다는 것은 "하나님이 명령한 모든 일에 순종하고 하나님의 길로 행하며 하나님의 눈에 합당한 일을 하며 다윗처럼 하나님의 율례와 명령을 지키는" 것이다.

이 약속은 "믿음으로 행해야 한다"라는 조건이 전제되어 있다는 점에서 무조건적인 언약이었던 다윗 언약보다는 은혜가 덜 하다고 볼 수 있지만, 다윗 언약과 비교해서 그렇다는 것이지, 이 약속도 대단히 은혜로운 약속이었다. 만약 여로보암이 믿음의 길로 걸어갔다면 하나님이 약속하신 대로 왕조가 지속되는 큰 복을 받았을 것이다.

다시 말해서, 여로보암의 왕권이 단순히 다윗 왕조를 배반한 결과 탄생한 불법적인 것이라고만 볼 수는 없다는 것이다. 여로보암의 왕권도 하나님이 주신 것이므로 나름대로 정통성이 있었다.

그런데 여로보암은 통치 초기부터 신앙의 길에서 벗어났다(이 책 제4장을 보라). 여로보암이 실로 사람 아히야를 통해 주신 하나님의 약속을 받고 무슨 생각을 했는지는 알 수 없지만, 약속을 굳게 믿고 믿음으로 나아가려 하지 않고, 당면한 과제를 해결하기 위해 현실과 타협했다. 그에게는 정치적인 현실을 타개해 나갈 만한 능력은 있었지만 우직한 믿음은 없었던 것이다. 신앙의 눈으로 보면, 그는 길가에 떨어진 100원짜리 동전을 주우려고 손에 쥐고 있던 황금 덩어리를 버린 것과 같은 행동을 한 것이다. 그가 당면한 과제는 시급한 것이었다. 그러나 북이스라엘의 최대 약점을 보완하려고 그가 고안해 낸 금송아지 제단이, 결국 여로보암 자신뿐만 아니라 모든 이스라엘 왕으로 하여금 불신앙과 패망의 길을 걷게 했다.

바로 이 문제가 이스라엘(남북왕국 모두) 역사에서 항상 갈등의 요인으로 나타난다. 현실 문제를 해결할 뚜렷한 대책이 없더라도 하나님을 신뢰하고 기다려야 한다. 하나님이 이스라엘 왕들에게 요구하시는 가장 중요한 것이 바로 신앙이었다. 하나님은 이스라엘 왕들이 하나님의 말씀에 순종하면 왕권을 보장해 줄 것이라고 약속하셨지만, 대부분의 왕들은 그 약속을 믿지 못하고 현실 문제를 타개할 대안과 방법을 찾다가, 결국 자신도 망하고 왕국도 망치는 더 나쁜 결과를 가져왔다.

만약 여로보암이 단과 벧엘에 금송아지를 두지 않고, 자기 백성들이 예루살렘 성전에 올라가는 것을 허용했다면 역사는 어떻게 달라졌을까?

여로보암이 하나님의 계명을 지키는 데 힘썼다면, 약속대로 여로보암의 후손들이 계속해서 왕위를 이어받았을 것이고 북왕국도 번영하고, 나중에 가서는 두 왕국이 믿음(야웨 신앙) 안에서 하나가 되었을 것이다. 하지만, 역사는 그렇게 흘러가지 않았다. 하나님은 금송아지 숭배를 도입한 여로보암의 죄를 심판하셔서, 그의 왕조는 아들 나답 때에 끊어지고 만다. 어리석은 자는 자기 행위의 열매를 먹고 자기 꾀에 배 부르는 법이다 (잠 1:31).

여로보암이 하나님과의 언약을 지키지 못했기 때문에, 여로보암의 후손이 계속 왕위에 오르리라는 약속은 무효화 되었다. 그 결과 이스라엘에는 끊임없이 반란이 일어난다. 왕위는 여로보암의 혈통인 자가 물려받아야 한다는 전통이 생기기도 전에, 쿠데타가 일어나 여로보암의 후손이 지구상에서 사라져 버렸다. 여로보암은 자기 아들 나답에게 왕위를 물려주었지만, 나답은 왕권을 지키지 못했고 왕이 된 지 2년 만에 자신의 부하였던 바아사에게 살해당하고 말았다. 나답이 군대를 거느리고 출정하여 블레셋 영토에서 깁브돈을 탈취하려고 깁브돈을 공격하고 있을 때 잇사갈 지파 출신 군관인 바아사가 그를 죽인 것이다(왕상 15:27).

에브라임 지파 출신도 아닌 바아사가 어떻게 왕권을 장악했는지는 알려지지 않았지만, 그는 잔인한 사람이었다. 그는 후환을 없애려고 여로보암의 후손들을 모조리 죽였다. 바아사는 이스라엘 역사에서 큰일을 저지른 것이다. 만약 나답이 죽지 않고 후손에게 왕위를 물려주었다면, 유다에서 다윗의 후손이 합법적인 계승자로 여겨진 것처럼, 이스라엘에서는 여로보암의 후손이 합법적인 계승자로 간주되는 전통이 생겼을지 모른다.

그러나 바아사는 그런 전통이 생기기도 전에 싹을 잘라버리고 힘 있는 자가 왕권을 차지한다는 새로운 규칙을 세웠다. 바아사는 북왕국의 역사에서 쿠데타의 선조가 된 것이다. 그러나 쿠데타로 정권을 잡은 바아사도 자기 아들 엘라에게 왕국을 물려준 것이 전부였다. 엘라도 왕이 된 지 2년 만에 자신의 심복인 전차 부대장 시므리에게 살해당한다(왕상 16:9). 이 사건 이후로 시므리라는 이름은 주인을 살해한 자를 지칭하는 대명사가 된다.

이세벨은 정변을 일으킨 예후를 향해 이렇게 말한다.

"주인을 죽인 너 시므리여 평안하냐?"(왕하 9:31)

바아사는 그 불명예스러운 타이틀마저 시므리에게 빼앗겼다.

시므리가 권력을 쟁취한 이후에도 혼란은 지속되었다. 시므리는 겨우 7일간 왕좌에 앉았을 뿐이다. 시므리가 반란을 일으켰다는 소식을 듣자 백성들은 군대 지휘관인 오므리를 왕으로 추대했다. 오므리는 반란을 진압한다는 명분으로 깁브돈에 진을 치고 있던 군대를 철수시켜 시므리가 머물고 있던 디르사를 포위했다. 시므리는 절망적인 상황에서 왕궁에 불을 질러 자살했다(왕상 16:16-18). 그의 꿈은 7일 천하로 끝나고 말았다.

시므리가 죽자 북왕국은 내전에 휘말렸다. 기낫의 아들 디브니를 추종하는 세력과 오므리를 추종하는 세력이 왕권을 두고 싸운 것이다. 이 내전은 4-5년 정도 지속되었다.[4] 이 내전에서 오므리는 디브니를 제압하고 새로운 왕조를 창건했다(왕상 16:21-22). 그리고 오므리가 권력을 잡으면서부터 끊임없이 반복되어 온 정변이 그치고 잠시나마(44년간) 왕권이 안정된다. 북왕국의 이런 혼란스런 역사는 남왕국에서 아사 한 사람이 통치하는 동안 발생한 것이다.

오므리는 두 명의 경쟁자(시므리와 디브니)를 제압하고 권좌에 오를 정도로, 권력욕이 강한 사람이다. 그는 권력이 왜 무너지는지를 잘 알고 있었기에, 권력을 유지할 수 있는 대책을 마련했다. 하지만, 그는 믿음이 없었다. 이미 여로보암이 불신앙의 길을 걸으면서 이스라엘 왕들은 자신들이 하나님 나라의 왕이란 사실을 망각한 채, 세상 나라의 왕들처럼 권력을 획득하고 유지하는 일에만 전념했다.

오므리가 왕위에 오른 후 최우선의 과제로 삼은 것은 왕권을 안정시키는 것이었다. 자신이 거쳐 온 권력 투쟁의 과정을 돌아보면서, 또 다른 반란이 일어나지 않도록 확실한 조처를 취할 필요가 있었다. 그중 하나가 수도를 옮긴 것이다. 그는 디브니와 내전을 치르는 동안 디르사에서 6년간 다스렸는데(왕상 16:23), 내전이 끝나고 평화가 찾아오자 디르사에서 약 20km 떨어지고, 세겜에선 북서쪽으로 10km 정도 떨어진[5] 쇼므론(사마리아)

---

[4] 카이저, 『이스라엘의 역사』, 404; 딜레, 120.
[5] *HALOT*, 1587.

으로 수도를 옮겼다.

그림 59. 돌(Dor)에서 출토된 페니키아 귀족의 모습. 기원전 9-8세기 것이며 높이는 10cm다.

천도(遷都)를 위해 그는 쉐메르(세멜)라는 사람에게서 은 두 달란트를 주고 사마리아 산을 구입한 후 그곳에 성읍을 건설했다(왕상 16:24). 은 두 달란트면 68.6kg이며(한 달란트는 34.3, 혹은 34.2kg) 6천 세겔에 해당하는 금액이다. 다윗이 아라우나의 타작마당과 소를 사들일 때 지불한 돈이 은 50세겔인 것(삼하 24:24)과 비교하면, 오므리가 얼마나 많은 돈을 지불한 것인지 알 수 있다. 이렇게 많은 돈을 지불한 것은 오므리가 사들인 땅이 다윗이 사들인 땅보다 더 넓었기 때문일 것이다.

로마 시대의 사마리아는 상부 도시와 하부 도시를 합쳐 약 65만 평 정도였다고 하는데,[6] 오므리가 사들인 땅은 이보다는 좁았겠지만, 성채의 넓이만 약 5천 평(16,000m²)이었다는 점을 감안하면 상당히 넓었을 것이다.[7]

오므리는 아마 이 땅의 일부를 심복들에게 무상으로 나눠줌으로써 그들

---

[6] 오늘날 구매력으로 환산하면 195-260억 정도 된다고 한다(월튼 외 2인, 『IVP 성경배경 주석 구약』, 534).

[7] 성채는 정확히, 가로 178m, 세로 89m 되는 거대한 직사각형 대지(15,842m², 4,890평) 위에 세워졌으며 그 둘레를 두 겹 형태의 벽이 감싸고 있었다(Mazar, *Archaeology of Land of the Bible*, 406).

의 충성을 이끌어 내었을 것이다.[8] 그는 군대 지휘관으로 있다가 권력을 잡은 사람이기에 군대의 중요성을 잘 알고 있었다. 군대를 충성스러운 집단으로 만들지 않으면, 그들이 결국 자신의 왕권에 가장 큰 위협이 될 것이다! 다윗이 어떤 지파에도 속하지 않았던 예루살렘을 정복하여 수도로 삼은 것처럼, 그는 땅을 사들여 자신의 사유지로 삼고 그 땅을 정치적인 중심지로 만든 것이다. 그동안 북왕국의 지배층은 여로보암 때부터의 수도였던 디르사를 중심으로 형성되어 왔을 텐데, 사마리아가 새로운 수도가 되면서, 디르사를 중심으로 한 지배층의 힘은 약해지고 신흥 지배층이 생기기 시작했을 것이다.

오므리는 새로운 왕도의 이름을 그 땅의 주인 이름(쉐메르)을 따라 사마리아라 불렀는데, 이 산지의 주인이었던 세멜(쉐메르)은 상당히 유력한 사람이었던 것 같다. 그의 이름을 따서 성을 지었다는 것은 그곳에 살던 사람, 혹은 그의 휘하에 있던 사람들과의 관계를 개선하려는 정치적인 의도가 깔린 것이다.[9]

유다는 유다 지파가 중심이 되고 베냐민 지파가 합류한 데다가 예루살렘이라는 종교적, 정치적 구심점이 있었기 때문에 비교적 통치하기가 쉬웠던 반면, 북왕국은 열 지파가 모여 있는 데다가 유다에서 떨어져 나가 여로보암 때부터 새로 시작된 신생 왕국이고, 유다 왕국보다 인구도 많고 땅도 더 넓고 구성원도 다양해서 통치하기가 더 어려웠다. 여로보암은 자

---

[8] Gray, *I and II Kings. OTL*, 366 참고.
[9] 카이저는 세멜이 아마 에브라임 산지에서 땅을 매매할 수 있는 위치에 있는 가나안 사람이었을 것이라고 주장한다(카이저, 『이스라엘의 역사』, 405). 삿 10:1을 보면, 잇사갈 사람 도도의 손자 부아의 아들 돌라가 에브라임 산지 사밀(샤미르)에 거주했다고 하는데, 이것은 잇사갈 지파의 어떤 씨족들이 에브라임 산지와 연관이 있음을 암시한다. 대상 7:1을 보면 야숩과 시므론이 돌라와 부아와 함께 잇사갈의 아들로, 즉 씨족장으로 나온다. 또 야숩(야쉽)은 '사마리아 오스트라카'에서 나오는 지명 중 하나인 야숩과 관계있다. 아하로니는 시므론(쉬므론)이 사마리아(쇼므론)와 관계있다고 본다(Aharoni, *The Land*, 243-244).

신의 약점이 무엇인지를 알고 북왕국의 백성들이 남쪽으로 왕래하는 것을 막으려고 단과 벧엘에 예루살렘 성전을 대체할 금송아지를 두었다. 그러나 이 제단들은 종교적 구심점의 역할을 하지 못했고 세겜이나 디르사도 정치적 구심점 역할을 하기에는 역사가 너무 일천했다.

오므리가 이런 모든 약점을 고려했는지는 알 수 없으나, 지파들의 견지에서 보면 사마리아는 중립적인 영토이고 전략적으로도 탁월한 지점에 있다. 게다가 해발 430m의 산 위에 있었기 때문에, 적의 침략을 받았을 때 방어하기에 유리하다. 고고학자들의 발굴을 통해, 오므리가 착수해서 아합이 완공한 사마리아 성은 고대 팔레스타인에서는 견줄 데가 없는 요새 시설들을 갖추고 있었다는 것이 밝혀졌다.[10] 훗날(기원전 722년) 앗수르 군대의 침략을 받았을 때, 이 성은 왕이 없는데도 3년간 버텼다. 이런 사실을 보면, 사마리아 성이 대단한 요새라는 것을 알 수 있다.

수도를 사마리아로 옮긴 것은 탁월한 선택이었다. 이후 사마리아는 이스라엘이 앗수르에게 멸망 당할 때까지 거의 150년 동안 이스라엘의 수도의 자리를 다른 곳에 내어주지 않았다. 훗날 사마리아라는 이름은 북왕국의 대명사가 되고 갈릴리, 사마리아, 유다로 구분되는 세 지역 중 한 지역을 일컫는 이름이 된다.

오므리가 사마리아를 새로운 수도로 선택한 가장 중요한 이유는 그가 펼친 외교 정책과 관계있다.[11] 세겜의 북서쪽에 위치한 이곳은 해변의 샤론 평야로 가는 큰 도로에서 가깝다. 그리고 이곳에서 북쪽으로 난 큰 도로는 도단과 이스르엘 평원을 거쳐 페니키아까지 갈 수 있다. 즉 사마리아는 페니키아로 갈 수 있는 중요한 두 개의 길이 갈라지는 지점 가까이에

---

[10] 브라이트, 『이스라엘의 역사』, 309-310.
[11] Mazar, *Archaeology of Land of the Bible*, 406.

위치해 있다.

오므리가 사마리아로 천도를 함으로써, 이스라엘의 수도가 페니키아와 지리적으로 가까워졌다. 오므리는 여기서 그치지 않고 자기 아들 아합을 시돈 왕 엣바알의 딸 이세벨과 결혼하게 함으로써 페니키아와의 동맹을 공고히 했다. 거리가 가까워지면서 둘은 사이도 좋아졌다. 북왕국은 페니키아와 가깝게 지내면서 페니키아 문화의 영향을 크게 받는다. 그가 세상 나라의 왕이었다면 칭찬받았겠지만, 영적인 차원에서 보면 그의 정책은 백성들로 하여금 하나님으로부터 점점 더 멀어지게 만든 것이다.

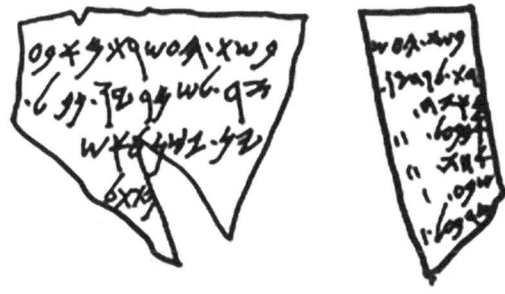

그림 60. 사마리아 오스트라카(도편). 기원전 8세기의 것으로 추정되는 이 도편(사금파리 조각)에는 당시 세금 징수 체계를 알려줄 만한 중요한 정보들이 담겨 있다. 도편은 오늘날의 메모용지에 해당하는 고대의 기록수단이다.

3. 페니키아와 바알 멜카르트

페니키아는 리타니와 아르밧(현대의 레바논 남부 라타키아) 사이의 약 240km에 달하는 지중해 연안에 있는 지역과 그곳 주민들을 일컫는 말이다.[12] 아르밧, 시미라, 그발(비블로스), 베루트(베이루트), 사렙다(사르밧) 등

12　이하 D. J. Wiseman, "Phoenicia, Phoenicians," *NBD*, 935-937; 보스, 『성경 지리 개론』,

도 페니키아의 주요 도시들이었다. 그러나 페니키아의 가장 중요한 두 도시는 두로와 시돈이었고, 페니키아를 보통 두로와 시돈이라고 부르기도 했다. 신약에서도 페니키아는 '두로와 시돈 지방,' 혹은 '두로와 시돈의 해안'이라고 불렸는데(마 15:21; 눅 6:17), 성경은 페니키아라는 말과 '두로와 시돈'이라는 말을 엄격하게 구별하여 사용하지 않는다.

이스라엘은 페니키아와 동맹을 맺었는데, 그것이 두 국가에게 모두 유익했기 때문이다. 페니키아는 중부 산간 지대를 거쳐 요단 동편으로 가는 길을 장악하고 싶었다. 요단 동편에는 '왕의 대로'라고 불리는 큰 길이 있었는데(민 20:17; 21:22에 이 길이 언급된다), 대상들이 남쪽에서 여러 물건을 가지고 이 길을 이용해 북쪽으로 올라간다. 대상들은 엄청난 부의 원천이었기에 그들이 다메섹에 이르기 전에 방향을 바꾸어 자기네 쪽으로 오게 하는 것이 페니키아의 여러 도시의 공통된 목표였다.[13] 이 길은 벧산이나 이스르엘 평원과 같은 이스라엘 영토를 통과해야 지중해 해안가의 페니키아 도시들로 갈 수 있었다.

이스라엘도 대상들이 길르앗 라못에서 다메섹으로 올라가지 않고 페니키아 쪽으로 방향을 틀면, 자기네의 경제에 도움이 된다. 게다가 당시 페니키아가 식민지 사업의 전성기에 있었기에(그 유명한 식민지 도시인 카르타고도 기원전 9세기 후반에 건설되었다), 이스라엘은 페니키아의 항구들과 그들의 무역선들을 통해 얻을 수 있는 것이 많았을 것이다.

61-72.
[13] 혼, "분열 왕정: 유다 왕국과 이스라엘 왕국," 212.

그림 61. 페니키아인들의 상선

한 세기 전, 이스라엘 왕국이 둘로 나눠지기 전에, 두로의 선원들이 지중해 연안을 따라 백향목을 이스라엘의 항구로 운반하는 장면을 볼 수 있었다면, 이제는 밀과 포도주와 기름을 잔뜩 실은 짐마차들이 이스르엘 평원을 지나 페니키아 쪽으로 줄지어 가는 장면을 자주 목격할 수 있게 되었다. 이제 이스라엘은 페니키아라는 든든한 이웃을 친구로 둘 수 있었다. 이 둘은 더 나아가서 공동의 적인 다메섹에 대항해 연합 전선을 구축할 수 있게 되었다.

앞장(제5장)에서 살펴본 것처럼, 한 세기 전만 해도 이스라엘의 지배를 받던 다메섹 아람은 이스라엘 북부를 침략하고 점령할 만큼 군사 강국이 되었다. 상황이 이렇다 보니, 오므리의 입장에선 페니키아와 동맹이 꼭 필요한 것이었다. 페니키아 입장에서도 아람은 껄끄러운 상대다. 아람인들은 이스라엘과 페니키아 모두에게 만만찮은 경쟁자였다. 이스라엘은 페니키아에게 포도주와 올리브유를 수출할 수 있었다.[14]

이 동맹의 주된 목적은 경제적인 것이지만, 동맹은 이스라엘의 안보를 강화했다. 오므리는 유능한 통치자였다. 오므리 정권이 들어선 후, 이스라

---

[14] Gray, *I and II Kings. OTL*, 369.

엘의 상황은 확실히 안정되었다.

왕국이 남북으로 갈라진 후 첫 50년 동안 이스라엘의 내정이 얼마나 불안했던지, 남왕국을 아사 한 사람이 다스리는 동안, 북쪽에서는 정권이 세 번이나 바뀌었고 무려 여섯 명이나 왕위에 올랐다. 그만큼 이스라엘은 정치적으로 불안정한 시기를 지내고 있었던 것이다. 그런데 오므리 정권이 들어서면서 왕권이 안정되었으니, 오므리의 통치가 북왕국에게 얼마나 큰 의미가 있는지 가늠할 수 있다.

게다가 오므리는 외교가 무엇인지 아는 사람처럼, 페니키아와 동맹을 맺음으로써, 국력을 강화했다. 그의 아들 아합도 아버지에게서 보고 배운 대로, 자기 딸을 유다 왕의 아들과 결혼시킴으로써 유다와 적대적인 관계를 청산한다. 앞 장에서도 언급했듯이, 왕국이 분열된 후 첫 50년 동안, 북왕국은 유다와 적대적인 관계에 있었고 간헐적으로 전쟁을 벌였다(왕상 15:6, 7, 16). 그런데 오므리 왕조가 들어서면서 이런 적대적인 관계가 우호적인 관계로 바뀌었다.

북왕국이 페니키아와 동맹을 맺은 이유가 주로 경제적인 문제 때문인 반면, 남유다와 동맹을 맺은 주된 이유는 다메섹의 압박 때문이다. 다메섹은 아합의 통치 초기에 사마리아를 포위할 정도로 이스라엘에 군사적인 압력을 가해왔다(왕상 20장). 이때만 해도 아합은 벤하닷(2세)에게 꼼짝 못한다. 벤하닷이 아합에게 "네 은금은 내 것이요 네 아내들과 네 자녀들의 아름다운 자도 내 것이라"라고 말하자, 아합은 벤하닷에게 "내 주 왕이여 왕의 말씀같이 나와 내 것은 다 왕의 것입니다"라고 대답한다(왕상 20:3-4).[15] 이것은 벤하닷의 종주권을 인정한다는 뜻이다.[16]

---

[15] 이 말은 배상금을 내라는 뜻이다(메릴, 『제사장의 나라』, 453). 이 요구를 거절하면 전쟁을 치를 명분으로 삼으려는 터무니없는 요구다(Patterson & Austel, 786 참고).

[16] Patterson & Austel, 786.

그러나 아합은 요단 동부에서의 전투에서 두 차례에 걸쳐 다메섹 군대에 큰 승리를 거둠으로써 판도를 바꾸었다. 이 전투에서 아합은 벤하닷을 사로잡은 후 다메섹에게 빼앗겼던 것을 돌려받는 조건으로 벤하닷과 조약을 맺고 그를 돌려보냈다. 아합의 이런 조치는 책망을 받았다. 하지만 이 일로 인해 이스라엘과 다메섹은 일시적이나마 적대적인 관계를 청산했다.

사실 이들은 공동의 적인 앗수르에 대항하기 위해 손을 잡아야만 하는 상황이었다.[17] 앗수르는 아닷 니라리 2세(기원전 911-891년) 때에 줄기차게 서쪽으로 진출해 오다가, 투쿨티 니누르타 2세(기원전 890-884년) 때 더 압박해 왔고, 아합과 여호사밧과 동시대의 인물인 앗수르 나시르팔 2세(기원전 883-859년) 때인 기원전 875년에는 유프라테스강 상류에 있는 비트 아디니까지 진출하고 그 지역의 모든 아람 국가를 정복했다. 이제 다메섹의 입장에선 앗수르의 위협이 코앞에까지 다가온 것이다. 지리적으로 볼 때 다메섹은 앗수르의 위협을 더 크게 느낀다. 다메섹은 이스라엘의 도움을 받을 수밖에 없는 입장이었다.

앗수르 나시르팔 2세가 죽자 왕위를 계승한 살만에셀 3세(기원전 858-825년)는 즉위하자마자(기원전 857년에), 유프라테스강을 건너 시리아 북부를 침략했고 아마누스 산맥과 지중해에까지 이르렀다. 벤하닷과 아합이 조약을 맺은 것은 이 침략이 있고 난 다음이다. 시리아-팔레스타인의 여러 왕은 살만에셀 3세에 대항하기 위해 연합군을 형성했다. 길리기아로부터 암몬까지 여러 나라가 군대를 파견했다.

연합군의 병력은 보병 71,700명과 전차 3,940기와 기병 1,900명과 낙타병 1,000명이었다. 아합은 10,000명의 보병과 전차 2,000기를 보냈고,

---

[17] 이하 브라이트, 309; 메릴, 『제사장의 나라』, 454-456; 혼, "분열 왕정: 유다 왕국과 이스라엘 왕국," 217-221 참고.

다메섹의 하사엘은 보병 20,000명과 기병 1,200명과 전차 1,200기를, 하맛의 이르훌레니는 보병 10,000명과 기병 700명과 전차 700기를 보냈다. 쿠에에서 보병 500명, 이르카나타에서 보병 10,000명과 전차 10기, 우사나타에서 보병 200명, 쉬안의 아두누-발루가 보병 10,000명과 전차 30기, 아르바다의 마티누 발루가 보병 200명, 아라비아의 긴다부가 낙타병 1,000명, 암몬의 바사 벤 루후비가 보병 10,000명을 이끌고 왔다. 이집트는 후원을 했지만 고작 군사 1,000명을 보내었기 때문에 크게 도움이 되지 않았다.

기원전 853년에 살만에셀 3세는 다시 강을 건너 시리아를 휩쓸었다. 이들 연합군은 다메섹에서 160km도 안 되는 거리에 있었던 오론테스 강변의 카르카르에서 살만에셀 3세와 접전을 벌였다. 이 전투 결과 연합군은 앗수르 군대를 저지했던 것으로 보인다. 살만에셀은 자신이 승리했다고 떠벌리지만, 실제로는 더이상 서쪽으로 진출하지 못했다. 그는 더이상의 전투를 중지하고 수도인 칼라까지 물러갔다. 연합군은 살만에셀의 진격을 잘 막아내었고 살만에셀은 4, 5년 이후에야 다시 군대를 일으킬 수 있었다.

4. 엘리야의 출현과 전쟁의 선포

앞에서 얘기했듯이, 페니키아와의 동맹은 이스라엘 백성들로 하여금 바알을 숭배하는 길을 열어주었다. 이세벨의 아버지인 엣바알 1세는 32년 동안 두로와 시돈을 통치하던 사람이다. 요세푸스에 의하면, 그는 원래 바알신의 제사장이었으나 히람 왕가의 펠레스 왕을 암살한 후 왕이 되었다고 한다. '바알의 사람'이라는 그의 이름이 암시하듯이 그는 두로의 국가

그림62. (왼쪽) 바알의 모습을 새긴 이 부조는 기원전 8세기 시리아에서 출토된 것인데, 한 손에는 번개, 한 손에는 도끼를 들고 있다. 바알을 폭풍우를 주관하는 신으로 묘사한 것이다. (오른쪽) 풍요의 신 바알의 피규어. 이런 유물들은 바알숭배가 백성들 사이에 널리 퍼졌음을 보여준다.

신인 바알 멜카르트(Melqart)의 열렬한 신봉자였다. 그의 딸 이세벨도 아버지 못지않게 열렬한 바알 숭배자였다. 이세벨은 이스라엘 왕비가 된 후 바알과 아세라 선지자들을 적극적으로 후원했다.

열왕기상 18:19을 보면, 엘리야가 "이세벨의 상에서 먹는 바알의 선지자 450명과 아세라 선지자 400명"을 언급하는데, 이 말을 통해 당시 이세벨의 후원을 받는 바알과 아세라 선지자가 850명 이상 있었다는 사실을 알 수 있다. 가뭄이 극심할 때 아합 왕의 왕궁 맡은 자인 오바댜가 여호와의 선지자 100명을 굴에 숨기고 떡과 물을 먹였던 사실과 비교해 보면, 이세벨이 얼마나 적극적으로 바알 숭배를 지원했는지 알 수 있다. 이세벨은 아합이 죽은 후에도, 아하시야와 여호람이 통치하는 10여 년 동안, 황후의 자리에서 영향력을 행사했다.

이세벨은 바알 숭배를 후원했을 뿐 아니라, 여호와를 믿는 신실한 신자들을 탄압했다. 엘리야는 이스라엘 자손이 언약을 파기하고 여호와의 제단을 헐고 여호와의 선지자들을 죽였고 자기 혼자 남았다고 하소연하는데

(왕상 19:10, 14), 엘리야가 이렇게 생각할 정도로 여호와를 믿는 경건한 선지자들이 핍박을 받았다.

하나님은 길르앗에 살고 있던 엘리야를 보내어 전쟁을 선포하신다. 이 전쟁은 두로의 국가 신 바알 멜카르트 제의를 이스라엘에 적극적으로 퍼뜨리고 있는 이세벨과 국가의 발전이라는 명목으로 그런 모든 악을 방치할 뿐 아니라, 적극적으로 돕고 있는 아합과 바알이 풍요를 가져다준다고 믿고 있던 이스라엘 백성들과의 전쟁이었다. 선지자를 대표하는 엘리야가 바로 이 시대에 나타났다는 사실은 이 시대가 그만큼 악한 시대였다는 것을 말해준다.

엘리야는 사회적으로 높은 지위에 있던 사람도 아니고 부나 지식을 갖고 있던 사람도 아니다(성경은 엘리야의 족보와 신분에 대해서 말하지 않고 단지 '길르앗에 우거하는 디셉 사람'이라고만 말한다). 다만 그는 하나님의 말씀에 순종하는 것을 제일의 덕목으로 삼는 하나님의 사람이었다.

엘리야가 어떻게 아합에게 접근할 수 있었는지 알 수 없으나, 어쨌든 그는 아합에게 가서 "내 말이 없으면 수년 동안 비도 이슬도 있지 아니하리라"고 선포하고 사라진다. 고대 이스라엘에서 비와 이슬은 농사를 위해서는 절대적으로 필요한 것이었다. 그가 이런 말을 하고 난 후 진짜로 이스라엘 땅에 3년 6개월 동안 비가 내리지 않고 이슬도 없자 기근이 닥쳤다.

이스라엘 땅에는 우기와 건기가 있는데, 우기는 10월에 시작되어 4월에 끝난다. 그래서 이스라엘의 주된 농사철은 겨울철 몇 달이었다. 비가 내리지 않으면 쇠처럼 단단한 땅을 경작할 수 없고, 샘물과 우물에도 물이 채워지지 않는다. 봄이 되면 늦은 비가 내려 곡물이 잘 자라도록 수분을 공급해 줘야 한다.

한편 여름철에 자라나는 작물들에겐 이슬이 필요했다. 이슬은 수증기가 응집하여 생기는데, 이런 응집 현상은 땅 표면에서 일어날 수도 있고(식물

위에 이슬방울이 맺힘) 대기 중에서 일어날 수도 있다(안개). 팔레스타인의 길고 건조한 여름밤엔 이 두 가지 현상이 다 일어난다. 이슬과 안개는 모두 작물이 자라는 데 큰 도움이 된다. 이슬이 가장 많이 내리는 계절은 여름이기 때문에 이슬은 부족한 비를 보충해 준다. 구약시대에 여름 작물이 익는 데 있어서 이슬은 매우 중요했다(창 27:28; 신 32:28; 삼하 17:12; 욥 28:19; 38:28; 사 18:4; 호 6:4; 14:5; 미 5:7; 학 1:10; 슥 8:12). 이슬은 현대에도 포도 수확에 특별한 기여를 하는 것으로 알려져 있다.[18]

3년 6개월 동안 비가 내리지 않고 이슬이 맺히지 않자, 먹을 양식이 바닥났다. 고대 세계에선 농업 기술이 지금처럼 발달한 것이 아니기 때문에 인구를 초과할 정도로 많은 식량이 생산되지 않았다. 이제 이스라엘 백성들은 모두 굶어 죽게 생겼다.

그림 63. 브엘세바에서 발견된 고대 우물(왼쪽)과 물 공급 시스템(오른쪽). 고대 세계에서 물이 얼마나 귀한 것인지는, 주요 도시들에서 발견되는 물 공급 시스템을 보면 알 수 있다.

그렇다면 하나님은 왜 엘리야를 보내어 "내 말이 없으면 수년 동안 비도 이슬도 있지 아니하리라"라고 선포하게 하시고 수년 동안 비와 이슬을 내려 주시지 않았을까?

---

[18] 존 빔슨, 『구약의 배경』, 윤종석 역 (서울: 성서유니온, 1993), 110-111.

이것은 출애굽 때, 모세가 바로에게 했던 행동과 유사하다. 하나님이 재앙을 내리기 전에 먼저 모세를 통해 재앙을 선포하셨고 애굽의 신들을 벌하기 위해 재앙을 내리셨던 것처럼, 엘리야를 통해 아합에게 재앙을 선포하신 후, 폭풍우를 주관하는 신으로 알려진 바알을 심판하신 것이다.

당시 이스라엘의 민간에 널리 퍼진 바알 숭배는 풍요 제의다. 바알 숭배자들은 바알이 비와 이슬을 내려 준다고 믿었다. 그들의 신화에서 바알은 '구름을 타는 자'로, 번개와 이슬이 바알의 아내들과 딸들로 불린다. 번개와 폭풍의 신이며 땅의 생산력을 책임지고 있는 바알이 비를 내려 주어야 식량을 풍족하게 얻을 수 있다고 믿었다. 가나안 사람들에게 바알은 풍요를 가져다주는 신이다.

엘리야의 주 활동 무대였던 이스르엘 골짜기(평원)에는 가을부터 봄까지 매일 아침 이슬이 많이 내려서 비가 오지 않아도 농작이 가능했다(기드온의 양털 이야기의 배경이 된 곳도 이곳이다). 그래서 엘리야가 이슬도 언급하는 것이다. 엘리야는 바알이 아니라 여호와 하나님이 비를 내려 주는 분이심을 사람들에게 보여주기 위해 이런 행동을 하고 있는 것이다.

"비를 내려 주는 분이 누구신가?"

"하나님이신가, 바알인가?"

그림64. 페니키아 사람 모습. 터번처럼 생긴 끝이 뾰족한 모자를 쓰고 짧은 소매의 긴 옷을 입고 있다.

엘리야는 더 나아가서 하나님의 명령에 순종하여 시돈으로 간다. 시돈은 이세벨의 고향이며 바알 신앙의 본거지다. 바알의 본거지인 시돈 땅에 죽음의 그림자가 짙게 드리웠다는 것은 바알이 무능력한 존재라는 것을 보여준다. 시돈으로 간 엘리야는 그곳에서 지내면서 사회의 가장 밑바닥층에 있는 과부로부터 음식을 공급받고, 또한 과부와 그녀의 아들을 먹여 살린다. 심지어 과부의 아들이 죽자 그 아들을 다시 살려주기까지 한다(왕상 17:11-24). 이 모든 사건을 통해 하나님은 자신이 생명을 주관하고 계시다는 사실을 보여주셨다. 이 이야기들은 우리의 생명과 호흡이 하나님의 전능하신 손에 달려있다는 사실을 분명하게 보여준다.

그러나 최고의 전사였던 엘리야조차 이 싸움을 끝내지 못했다. 그는 갈멜산에서 큰 승리를 거둬 바알 선지자들을 죽였지만, 이런 결정적인 승리에도 불구하고 상황은 크게 변하지 않았다. 오히려 엘리야는 이세벨의 칼을 피해 도망가는 신세가 된다. 엘리야는 남쪽으로 도망하여 시내산까지 간다.

600년 전 모세가 언약의 두 돌 판을 받았던 곳, 여호와께서 모세에게 이름을 반포하셨던 그곳에서 엘리야는 이 전쟁이 아직 끝나지 않았으며, 자기 혼자만의 외로운 싸움이 아니라는 사실을 깨닫는다. 하나님이 시작하신 이 전쟁을 하나님이 끝내실 것이다. 엘리야가 할 일은 전쟁이 계속 치러질 수 있도록 사람들을 세우는 것이다. 우리는 다음 장면에서 엘리사와 예후를 통해 이 싸움이 어떻게 끝나는지를 보게 될 것이다.

5. 아합은 영웅인가, 악인인가?

현대인들은 아합 같은 인물을 영웅으로 본다. 아합은 전쟁터에서는 나라를 구한 용감한 군인이었고, 왕실에서는 나라를 부요하게 만든 유능한 통치자였다. 그의 시대에 이스라엘의 상류층은 물질적인 풍요를 누렸다. 그의 시대가 얼마나 풍요로운 시대였는지는, 그가 상아궁을 건축했고(왕상 22:39), 그의 시대에 귀족들이 상아로 된 침대를 가지고 있었다는 사실(암 6:4) 등을 통해 확인할 수 있다.[19]

상아는 코끼리 엄니(송곳니)에서만 얻을 수 있다는 것은 널리 알려진 상식이다. 그만큼 귀하기 때문에 고대 세계에서는 상아가 재산의 일종이었다. 상아로 상자, 도박판, 작은 조각상, 화장용 순가락, 화장품 용기, 병, 빗 등을 만들었고, 의자나 침대 같은 가구도 만들었다.[20]

상아가 얼마나 탐나는 물건이었던지, 고대 근동의 군주들이 코끼리 사냥을 했다는 기록이 많이 있다. 기원전 15세기에 투트모세 3세의 군인이었던 아멘엠헷은 투트모세 3세가 니(Ni)에서 코끼리 사냥을 해서 120마리의 코끼리를 잡았다고 한다.[21] 기원전 11세기 앗수르의 왕인 디글랏 빌레셀 1세는 하란(Haran)에서 코끼리들을 잡아서 죽였다.

기원전 9세기에 앗슈르바니팔 2세는 30마리의 코끼리를 죽였고 살아있는 표본들을 동물원에 보냈다고 한다. 살만에셀 3세의 검은 오벨리스크에는 무스리에서 온 공물로 코끼리가 나타난다. 산헤립이 기원전 701년 팔

---

[19] 이런 기사들은 고고학을 통해 사실임이 입증되었다. 사마리아에서 이스라엘 궁전 유적지가 발굴되었는데, 그 안에는 500개가 넘는 상아 파편들이 바닥에 흩어져 있었고, 그 가운데 200개 이상이 정교하게 다듬어져 있었다(알란 밀라드, 『성서 시대의 보물들』(Treasures from Bible times), 정태현 역 [서울: 바오로딸, 1992], 181). 고고학자들이 상아 궁전을 발굴했을 때, "예술품들은 우윳빛 색깔을 지니고 있었으며 광택이 날 정도로 반질반질하였고 어떤 것들에는 붉은색 또는 푸른색을 띤 돌이나 유리가 박혀 있었고 몇 개에는 아직도 금박의 조각이 그대로 박혀 있었다"고 한다(밀라드, 『성서 시대의 보물들』, 177).

[20] J. B. Pritchard, "Ivory," *IDB* 2, 774.

[21] James B. Pritchard, (ed.) *Ancient Near Eastern Texts*(ANET). 3rd. ed. (Princeton: Princeton University Press, 1969), 241.

레스타인을 침공했을 때 히스기야에게 부과한 조공의 품목 가운데 상아로 만든 침대도 포함된다.

그림 65. (왼쪽) 아합 시대에 많은 상아 공예품이 제작되었는데, 이런 공예품들이 사마리아에서 많이 출토되었다. 이것은 스핑크스와 연꽃무늬를 조각한 장식판이다. (오른쪽) 사자가 황소를 삼키는 모습을 새긴 가구 장식. 기원전 9세기의 것으로서 높이 4.2cm, 길이 11.4cm.

기원전 2천 년 기에는 북 시리아 유프라테스강 상류에 코끼리 떼가 많이 서식했다고 한다. 이 인도 코끼리 떼가 고대 근동의 상아의 주공급원이었다. 남획으로 기원전 9세기 중엽에 그곳에서 자취를 감출 때까지 말이다. 솔로몬은 다시스의 배들로 금은과 함께 상아도 가져왔는데(왕상 10:22), 배들이 3년에 한 번씩 왔다는 것을 보면 대단히 멀리까지 갔다 왔다는 것이다. 드단 사람은 두로에 와서 상아와 박달나무를 두로의 물품과 교환했다고 한다(겔 27:15). 이런 본문들을 보면 고대 근동 국가들이 상아를 얻기 위해 대단히 먼 지역과 무역을 했던 것으로 보인다.

페니키아에는 상아 세공업자들의 조합이 있었는데, 이들이 중동 지역과 더 먼 지역에 수출되는 상아 제품을 만들었다. 오므리 왕조기 들어서면서 페니키아와의 관계가 정상화되고 상거래가 늘면서, 북왕국의 부유층들의 허영심과 탐욕을 충족시켜 주었을 것이다. 예를 들어, 사마리아에서 발견된 상아들 중에는, 기원전 9세기의 것으로 여겨지며, 사진틀처럼 생긴 사각형의 틀 속에 사자가 황소를 물어 죽이는 모습 같은 정교한 조각이 장식되어 있는 것으로서 가구나 목제품에 붙일 수 있는 장식품도 있다. 이 제품은 사마리아에서 조각된 것이며 아합 시대의 것으로 추정된다.[22] 이런 고급 품목들은 세련된 멋을 추구하는 주변 국가들의 문화가 유입된 결과로 보인다.

이처럼 오므리 왕조가 들어서면서, 평화와 번영이라는 축복의 시대가 온 것이다. 오므리나 아합 모두 그런 점에서 유능한 왕들이다. 오므리에 대해선 앞에서 충분히 이야기했다. 아합도 22년을 다스리면서 자기 딸을 여호사밧의 아들과 결혼시킴으로써 유다와의 관계를 개선했고 많은 건축물을 남겼고 다메섹의 침략을 잘 막아내었다. 두 왕은 외교라는 카드를 잘 활용하여 정치, 외교, 국방, 안보, 경제 등 모든 측면에서 국가의 발전을 이끌었다. 이들은 왕으로서의 역할을 충분히 잘 해냈으며, 당시의 이스라엘 귀족들이나 이방인들은 오늘날 세상 사람들이 생각하는 것처럼, 그들을 영웅으로 생각했을 것이다.

오므리는 국제적으로도 널리 알려진 인물이다. 흥미롭게도, 니므롯에서 출토된 검은 오벨리스크(Black Obelisk)를 보면, 앗수르의 왕 살만에셀 3세(기원전 859-824년)는 예후에게서 조공을 받은 사건을 기록하면서 예후를 '오므리의 아들'이라고 부른다(사실 예후는 오므리 왕가의 원수다).[23] 예후가

---

[22] Pritchard, "Ivory," 775.
[23] 살만에셀 3세는 자기가 정복한 지역의 통치자들이 자기에게 조공을 바치는 장면을 부조로 새겼는데, 이스라엘 왕, 혹은 그의 특사가 살만에셀 앞에 무릎을 꿇고 있고 살만에셀은 자기가 받은 그릇을 감상하고 있다. 탑에 새겨진 설형 문자 비문에는 무릎을 꿇은 인물은 '오므리의 아들 야우'라고 밝히고 있는데, 학자들은 이 사람을 예후라고 생각하는 것이다(혼, "분열 왕정: 유다 왕국과 이스라엘 왕국," 227).

오므리 왕가를 무너뜨렸다는 사실을 앗수르 인들이 몰랐다기보다는, 오므리가 그만큼 국제 사회에 널리 알려졌던 인물이었다는 증거다. 이후에도 여전히 앗수르의 디글랏 빌레셀 3세(기원전 745-727년)와 사르곤 2세(기원전 721-705년)는 이스라엘을 앗수르어로 '비트 후움리아'(Bit Hu-um-ri-a), 즉 '오므리의 땅'이라고 부른다.[24]

오므리 왕조가 멸망한 지 한 세기가 지났는데도 오므리의 이름은 사라지지 않고 있었으니 그가 얼마나 이스라엘 왕국에서 중요한 인물이었는지 알 수 있다. 그의 이름은 모압 왕 메사가 기록한 모압 비문(Moabite Stone)에도 나온다.[25]

이것은 모압 왕 메사가 이스라엘에 대항해 싸운 일과 많은 중요한 성읍들을 재건한 것을 기념하기 위해 디반(성경의 디본)에 세운 높이 120cm, 폭 60cm, 두께 6cm 정도의 납작한 현무암 비석으로서, 앞에 34줄의 글이 새겨져 있다. 약 1,100글자 중에서 3분의 2가 조금 못 되는 669자가 복원되었는데, 이 비문에는 다음과 같이, 오므리가 모압을 속국으로 삼았다는 내용(참고. 왕하 3:4)이 들어있다.[26]

> 이스라엘 왕 오므리, 그는 여러 해 동안 모압을 학대했다. … 중략 … 그리고 그(오므리)의 아들도 그를 따라 '나는 모압을 학대할 것이다'라고 말했다. … 중략 … 오므리가 메드바 땅을 차지했었고, (이스라엘이) 그의 시대와 그의 아들 시대 절반 동안, 그러니까 40년 동안 그곳에 거했다.

한 마디로 오므리는, 이스라엘 밖에서는 상당히 유명한 국제적인 인물

---

[24] *ANET*, 283-285. 프로반 외 2인, 『이스라엘의 성경적 역사』, 529 참고.
[25] 혼, "분열 왕정: 유다 왕국과 이스라엘 왕국," 217.
[26] J. A. Thompson, "Moabite Stone," *NBD*, 788.

이었다. 하지만, 성경이 오므리를 대하는 태도는 이런 모습들과는 전혀 다르다. 일단 성경은 오므리에게 관심이 없다. 열왕기상에서 그를 다루는 구절은 그에 관한 정보를 포함해도 10절뿐이며(왕상 16:16-17; 21-28), 열왕기상의 다른 구절이나 성경의 다른 책에선 이름만 언급된다(왕상 16:29-30; 왕하 8:26; 대하 22:2; 미 6:16).[27]

오므리를 조금이라도 다루는 열왕기는 그가 수도를 사마리아로 옮긴 사실은 언급하지만, 그 일에 대해 아무런 칭찬도 하지 않고 오히려 다음과 같이 악평한다.

> 오므리가 여호와 보시기에 악을 행하되 그 전의 모든 사람보다 더 악하게 행하여 느밧의 아들 여로보암의 모든 길로 행하며 그가 이스라엘에게 죄를 범하게 한 그 죄 중에 행하여 그들의 헛된 것들로 이스라엘의 하나님 여호와를 노하게 하셨다(왕상 16:25-26).

아합에 관해서도 마찬가지다. 오므리보다는 훨씬 긴 분량을 할애해서 이야기하지만, 비난 일색이다. 성경은 아합을 아주 나쁜 왕으로 평가한다. 성경은 아합의 행동에 이렇게 말한다.

아합의 이전의 모든 사람보다 여호와 보시기에 더욱 악을 행하여 느밧의 아들 여로보암의 죄를 따라 행하는 것을 오히려 가볍게 여기며 시돈 사람의 왕 엣바알의 딸 이세벨을 아내로 삼고 가서 바알을 섬겨 예배하고 사

---

[27] 대하 22:2은 왕하 8:26을 그대로 가져온 것이다. 이 두 구절은 아하시야를 소개하면서 그의 어머니 아달랴가 오므리의 손녀라고 말하는 과정에서 오므리의 이름이 언급되는데, 히브리어 본문(마소라 본문)에는 손녀가 아니라 딸로 나온다. 미 6:16은 이스라엘 백성이 오므리의 율례와 아합 집의 모든 예법을 지키고 그들의 전통을 따랐기 때문에 하나님이 이스라엘 백성을 심판하실 것이라고 말한다. 이 두 사람으로 대표되는 오므리 왕조의 죄는 바알과 우상을 숭배한 배교를 말하는 것이다(James L. Mays, *Micah*. OTL [London: SCM Press, 1976], 148).

마리아에 건축한 바알의 신전 안에 바알을 위해 제단을 쌓으며 또 아세라 상을 만들었으니 그는 그 이전의 이스라엘의 모든 왕보다 심히 이스라엘의 하나님 여호와를 노하시게 했다(왕상 16:30-33).

그림66. 송아지에게 젖을 먹이는 암소 상. 상아를 깎아 만든 이 암소는 페니키아에서 출토되었는데, 바알이 황소의 모습으로 나타나는 것처럼, 바알의 배우자를 표현한 것이다. 이 암소상은 여신이 인간들에게 필요한 영양분을 공급한다는 믿음을 반영한다.

아합이 잘한 일에 관해서는 한 마디도 칭찬하지 않고 잘못한 일만 집중적으로 추궁하며 원색적인 비난만 쏟아낸다. 아합에 대해 좋게 이야기하는 몇 안 되는 본문들은 모두 선지자의 말에 순종하거나(왕상 18:19, 41, 44; 20:13 이하), 선지자가 전하여 준 무서운 심판의 말씀(21:20b-24)을 듣고 "옷을 찢고 굵은 베로 몸을 동이고 금식하고 굵은 베에 눕는" 것처럼, 말씀에 반응을 보일 때뿐이다.

세상이 역사를 바라보는 관점을 가진다면, 이렇게 말할 수도 있다.

"이건 오므리에 대한 예의가 아니다. 적어도 그가 어떤 인물이었는지 바라볼 수 있도록 객관적인 자료들을 실어줘야 하는 것 아닌가?"

"아합에 관해서도 그렇다. 최소한 그의 통치의 공과(功過)를 꼼꼼히 따진 후, 잘한 것은 칭찬하고, 잘못한 것만 비판해야 하지 않는가?"

"이것은 객관적인 역사가 아니다."

사실 성경을 제대로 읽었다면, 성경이 대단히 주관적인 책이라는 것을 깨닫게 된다. 그리고 성경의 관점으로 한 인물을 평가하는 데 동의하기 전에, 좀 더 '객관적인' 관점에서 그 인물을 들여다볼 필요가 있다. 여기서 객관적이라는 말은 우리가 사는 세상에서 흔히 하듯이 이리저리 다른 각도에서 문제를 바라보는 것을 말한다. 그러면 오므리나 아합은 처음 생각했던 것보다 훨씬 인간적이고 괜찮은 사람으로 보일 것이다. 이런 지점에 이르렀을 때 비로소 성경이 그들을 나쁘게 평가하는 것의 참된 의미를 파악할 수 있다.

현대의 많은 그리스도인이 오므리나 아합과 같은 인물이 비난받는 이유는 그들이 나쁜 사람들이었기 때문이라고, 너무 쉽게 결론을 내린다.

그렇다면 뭐가 나쁘다는 말인가?

열왕기 저자는 왜 오므리의 뛰어난 업적들은 칭찬하지 않고 비난만 했을까?

그것은 저자가 통치자의 능력보다 신앙을 중요하게 여겼기 때문이다. 저자가 보는 것은 오직 하나뿐이다. 그의 통치가 이스라엘로 하여금 하나님을 기쁘시게 했는지, 혹은 하나님을 진노하게 하셨는지, 그 점만 본다. 아무리 유능해도 백성들로 하여금 신앙의 길에서 떠나게 한 통치자는 비난을 받는다. 반대로 아무리 무능해도(실제로는 하나님의 은혜로 결코 무능하지 않게 된다), 백성들로 하여금 하나님만 섬기도록 이끈 통치자는 칭찬을 받는다. 정치, 경제, 외교, 안보 등과 같이 통치 능력을 판단하는 중요한 요소들은 저자에겐 별로 중요하지 않다. 이것이 성경의 관점이다.

만약 남북왕국의 왕들을 세속화된 현대 그리스도인들이 평가한다면, 성경과는 전혀 다른 결과가 나올 것이다. 그만큼 현대 그리스도인들은 성경의 관점에서 멀리 벗어나 있다.

특히 국가주의, 혹은 민족주의라는 우상을 섬기는 그리스도인들은 오므리나 아합와 같은 인물에게 좋은 점수를 줄 것이다.

세상 나라는 통치자의 도덕성보다는 능력을 중요시한다. 그것은 이 세상이 작동하는 방식이 하나님 나라와 다르기 때문이다. 신실한 그리스도인들은 효율성이나 능력을 윤리보다 더 중요하게 생각하는 세상에서 믿음을 지키기 어렵다. 그래서 신앙을 사적인 영역에 두면 더이상 간섭하지 않겠다는 세상의 '관대한 처분'에 감사하며 그 타협안을 받아들인다. 결국, 일과 신앙을 분리시키는 것은 많은 그리스도인이 '이 험한 세상에서' 살아남기 위한 생존 비법인 셈이다. 즉 일은 잘 하느냐, 잘하지 못하느냐는 능력의 문제이거나, 생산성을 극대화하는 효율성의 문제일 뿐, 신앙과는 무관한 것이 되고 신앙은 사적인 영역에 갇히게 되는 것이다.

그렇다면 이 세상에서 믿음으로 산다는 것은 뭔가?

기독교를 자신의 종교로 받아들였다는 것 이상으로 할 수 있는 것이 무엇인가?

만약 하나님 나라와 너무나 다른 이 세상에서 믿음으로 살려고 발버둥치는 그리스도인이라면, 성경이 오므리와 아합을 악하다고 평가하는 부분을 읽을 때, 눈물을 흘릴 것이다. 그것이 회개의 눈물인지, 감사와 기쁨의 눈물인지는 모르겠지만 말이다.

성경이 오늘날 우리에게 말하고자 하는 메시지를 제대로 이해하려면, 통치와 신앙을 분리한 후 두 가지 서로 다른 잣대로 평가하는 태도를 버려야 한다. 성경은 결코 오므리나 아합이 능력은 있었으나 신앙이 없었다는 식으로 말하지 않는다. 성경은 오므리나 아합의 통치를 평가한다. 그들이 평생 왕으로서 이룬 일들을 하나님의 관점에서 평가하고 있는 것이다.

성경은 통치자의 능력과 신앙을 구분하지 않는다. 신앙을 사적인 영역으로 제한하지도 않는다. 극단적으로 말하자면 통치자의 능력은 그의 신앙에 달려있다. 왜냐하면, 하나님이 역사를 주관하시기 때문이다. 왕이 하나님을 믿고 의지하면 하나님이 현실의 문제들을 해결해 주실 것이다.

"성경의 이런 관점은 받아들이기 어렵습니다. 우리보고 광신자가 되라는 것인가요?"

아마 이 문제를 진지하게 생각했다면 대부분의 그리스도인은 이렇게 반응하는 것이 정상이다.

성경이 말하는 왕의 가장 중요한 사명은 백성으로 하여금 하나님만 믿고 섬기며 하나님의 말씀에 따라 살도록 지도하는 것이다.

"아니, 그러면 정치는 어떻게 하고 경제는 어떻게 합니까?"

"나라 살림이 엉망이 되게 두라는 말인가요?"

"국방은 어떻게 하고요?"

이렇게 질문하는 사람은 예수님이 가르치신 제자도의 핵심을 생각해 보라.

> 너희는 먼저 그의 나라와 그의 의를 구하라. 그리하면 이 모든 것을 너희에게 더하시리라 (마 6:33).

이스라엘 왕들은 이 땅에서 왕/여왕으로 살아야 할 그리스도인을 위한 좋은 모델들이다. 이스라엘 역사상 가장 위대한 왕으로 평가받는 다윗이, 하나님이 가장 마음에 들었던 인물인 이유는 그의 업적 때문이 아니라, 하나님을 향한 그의 마음, 즉 믿음 때문이라는 사실을 기억해야 한다. 그가 이룬 업적은 하나님이 그에게 베푸신 은혜로운 선물이다.

한 번 더 말하지만, 다윗이 가장 이상적인 왕인 이유는 그가 다른 어떤 왕들보다도 믿음의 사람이었기 때문이지, 그가 이룬 위대한 업적들 때문이 아니다. 그런 점에서 다윗이 무능력한 사람이었으면 좋을 뻔했다. 그러면 하나님이 무엇을 보시는지 더욱 확실히 알 수 있을 테니까. 하지만, 하나님이 온 맘과 정성을 다해 하나님을 섬기는 다윗에게 복을 주시지 않는다는 것은 불가능한 일이었다.

이스라엘 역사를 읽을 때, 항상 이 문제를 염두에 두고 읽어야 한다. 성경의 관점은 결코 편협하거나 편파적이지 않다. 성경이 오므리나 아합을 비난하는 이유는, 그들이 국가의 발전과 안정을 추구하는 과정에서 신앙을 버렸기 때문이다. 자신의 신앙을 버렸을 뿐 아니라, 이스라엘 백성들로 하여금 혼합주의 신앙을 갖게 만들었기 때문이다.

그림67. 사마리아에서 출토된 청동 황소 상. 바알 숭배와 관련된 것으로 추정된다. 이스라엘에서 바알 숭배가 얼마나 만연했는지를 보여준다.

요약 및 결론

우리는 이스라엘 최초의 왕인 사울부터 북이스라엘 왕국에 안정을 가져온 오므리 왕가의 아합까지 7명의 왕들을 중심으로 이스라엘 역사를 살펴보았다. 이스라엘이 왕정이 들어서게 된 것은 서쪽의 블레셋 사람들의 위협을 국가적인 위기로 느낀 이스라엘 사람들이 왕정을 요구했기 때문이다. 그들은 국가적 위기를 극복하는 길은 왕을 세우는 것뿐이라고 생각했다. 이 사건에서 우리는 이스라엘 백성들의 문제가 무엇인지를 보게 되는데, 문제의 원인은 영적인 것인데도 그 원인을 다른 데서 찾는 것, 이것이 바로 핵심적인 문제였다.

하나님이 그들의 요구를 들어주셔서 사무엘을 통해 왕을 세우시는데, 그 사람이 사울이다. 그러나 자신들에게 닥친 위기가 불신앙 때문임을 깨닫지 못한 이스라엘 백성들처럼, 이스라엘 최초의 왕도, 자신이 하나님 나라의 왕으로서 해야 할 일이 무엇인지를 알지 못했다. 결국, 그는 한편으론 블레셋과의 싸움에 매달리고, 한편으론 자신의 왕권을 위협하는 경쟁자를 없애려는 데 힘을 쏟으면서, 이스라엘 왕이 해야 할 일을 제대로 하지 못하고 실패한 왕으로 인생을 마감한다.

외모에서 흘러나오는 왕의 위엄, 전쟁터에서 물러날 줄 모르는 용기, 적의 손에 죽임당하느니 차라리 자결하겠다는 패기(霸氣), 권력을 이용하여 자신의 적들을 제어하고 수하에 추종자들을 모으는 권위주의적 지도력까지, 그는 인류 역사에 등장했던 수많은 영웅들처럼 백성들이 원하는 왕의 모습을 갖추었다. 그가 다른 나라의 왕이었다면 수많은 사람으로부터 존경받았을 것이다.

하지만 성경은 이 점에서 분명히 다른 평가를 내리고 있다(1장). 하나님은 사울을 대신해서, 마음에 드는 인물을 왕으로 세우셨는데, 그가 다윗이다. 다윗은 사울과는 정반대의 길을 걸어간 인물이다. 그는 이스라엘 왕이 추구해야 할 목표와 이상이 무엇인지를 보여줬다. 그는 온 마음을 다해 하나님을 사랑했고 하나님을 온전히 신뢰했다. 그가 블레셋의 영웅 골리앗을 죽인 사건부터 말년에 자신의 후계자로 솔로몬을 세울 때까지, 그의 중심에는 항상 야웨 하나님을 섬기려는 의지와 결단이 있었다.

다윗이 위대한 인물로 평가받는 것은 하나님을 전적으로 신뢰했기 때문이다. 그러나 그가 남긴 위대한 업적들 때문에 이 사실이 가리어지는 것 같아 안타깝다. 그는 통일 왕국을 이루고 예루살렘을 새로운 수도로 정하고 주변 국가들을 정복하여 이스라엘을 고대 근동에서 가장 강한 나라로 만들었다. 그러나 이런 업적들조차도 그의 믿음을 기뻐하신 하나님이 축복하신 결과로 볼 수 있다.

하나님이 그를 선택하시고 그에게 무조건적인 언약을 주시고 그를 메시야의 모형으로 세우셨다는 것은 우리가 다윗을 볼 때 항상 염두에 둬야 할 중요한 사실들이다. 그가 통치하던 시대에 야웨를 믿는 신앙이 국가 종교로 확실히 자리 잡았으며, 그는 말년에 솔로몬을 후계자로 세움으로써 자신이 이루지 못한 사명을 아들을 통해 이룬다(2장).

다윗을 뒤이어 왕위에 오른 솔로몬은 이스라엘 역사의 전성기를 이룬 왕이다. 그의 시대에 이스라엘은 전례 없는 평화와 번영을 누린다. 그도 통치 초기에는 믿음으로 시작하여 부왕 다윗이 이루려 했던 성전 건축이라는 사명을 이룬다. 하나님이 그에게 부귀, 영화, 지혜를 선물로 주셔서 그는 이집트와 동맹을 맺을 정도로 국가의 위상을 높였다. 하지만, 그는 많은 이방인 아내들과 결혼함으로써 말년에는 배교의 길을 걸었고, 결국 왕국이 둘로 갈라지게 만든 원인을 제공했다(3장).

솔로몬 통치 말년에 하나님이 그를 징계하기 위해 세우신 대적 중 하나인 여로보암과 솔로몬의 왕위를 계승한 르호보암은 협력하여 악을 이루었는데, 이 두 사람을 통하여 왕국은 분열되는 비극을 겪는다. 솔로몬 통치 말년에 여러 문제들이 불거지면서 여로보암과 그를 지지하는 세력은 반역을 도모했고, 르호보암의 어리석음은 이를 도왔다. 결국 나라는 둘로 갈라졌고, 그 이후로 다시 합치지 못하고 각각 앗수르와 바빌론에게 망한다.

여로보암은 새로운 왕국을 건설할 기회를 얻었으나, 신앙을 정치적으로 이용하려 한 그의 믿음 없음 때문에, 북왕국의 모든 왕이 결코 버리지 못한 잘못된 종교 정책을 수립한다. 르호보암 역시 다윗이 세웠던 야웨 신앙의 길을 가지 못하고 유다 땅에 우상을 끌어들이는 불신앙의 행동으로 솔로몬 사후 왕국은 심판을 자초하는 길로 들어선다(4장).

왕국은 갈라진 상태에서 국경을 설정하는 문제를 놓고 서로 적대적인 태도를 보이는데, 이러한 국경 분쟁은 아사 때에 이르러 종결된다. 아사는 처음에는 선지자를 통해 주시는 하나님의 말씀을 믿고 순종하는 자세로 통치를 시작하여, 후대 사람들로부터 개혁 군주라는 좋은 칭호를 얻는다. 통치 초기에 그는 르호보암이 저질러 놓은 온갖 우상 숭배를 척결하며 개혁을 실시한다.

하지만, 그의 믿음은 거기까지였다. 북왕국의 바아사가 수도 예루살렘 코앞에 요새를 건설하려 하자, 그는 북왕국의 북쪽에 있는 다메섹 아람의 힘을 빌려 이 문제를 해결하려 함으로써, 하나님을 의지하는 대신 세상 권세를 의지하려 했다. 이 일로 하나님께 책망을 받지만, 그는 회개하지 않고 고집을 부리다가 결국 안 좋은 최후를 맞이하게 된다(5장).

북왕국은 여로보암 사후 혼란을 거듭하다가 오므리가 정권을 잡으면서 안정을 찾는다. 오므리와 그의 아들 아합의 통치를 거치면서 북왕국은 대내적으로는 정치적 안정을 찾고 대외적으로는 유다, 페니키아 등과 동맹 관계를 수립하여, 경제 발전을 이루며 아람의 군사적 위협에 대처할 방책을 마련한다. 하지만, "이게 나라다"라고 할 정도로 국가 운영을 잘한 유능한 왕들이었지만, 오므리 왕가는 두로의 공주 이세벨을 이스라엘의 왕실로 불러들임으로써 이스라엘에 바알 숭배라는 악을 퍼뜨린다. 이제 북왕국에 본격적인 위기가 닥쳤고 하나님이 최고의 전사 엘리야를 보내 바알 숭배를 일삼는 이스라엘 백성들과 영적인 전쟁을 선포하신다(6장).

시간이 흐르면서 수많은 인물이 일어나고 수많은 사건이 발생한다. 하지만 기본적인 문제는 똑같다. 백성들은 정치, 경제, 안보, 문화 등 당면한 현실 문제를 해결해 줄 유능한 왕을 원한다. 그러나 하나님이 원하시는 왕은 하나님을 사랑하고 "무엇을 먹을까 무엇을 마실까 무엇을 입을까 염려하지 않고" 오직 하나님 나라를 추구할(마 6:31-33) 믿음의 사람이다. 이스라엘 왕이 해야 할 최고의 통치는 백성들로 하여금 하나님만 믿고 의지하도록 이끄는 것이다. 다윗처럼 왕이 그렇게 할 때, 하나님은 백성들이 필요로 하는 모든 것을 채워주실 것이다. 이것이 하나님 나라다! 그리고 이런 하나님의 약속을 믿고 믿음으로 나아가는 자가 진정한 하나님 나라의 왕이다.

그러나 대부분의 왕들은 처음부터 빗나가거나, 처음에는 잘 나가다가 나중에 다른 길로 벗어나는 등, 하나님 나라의 왕이 걸어야 할 정도를 걷지 못했다. 그런데도 하나님은 오래 참으시며 왕과 백성들이 하나님께로 돌아오길 기다리신다. 우리가 읽어온 역사는 바로 자비로운 하나님이 오래 참고 기다리신 자비와 긍휼의 역사였다. 그럼에도 불구하고, 이스라엘이 회개하지 않고 죄에 죄를 거듭할 때 하나님은 경고의 메시지를 보내신다. 다음 책(2권)에서 우리는 심판하시는 하나님의 두려움에 직면하게 될 것이다.

참고 문헌

번역서

노블쿠르 크리스티안 데로슈. 『먼나라 여신의 사랑과 분노』(*Amours et Fureurs Delalointaine*), 용경식 역. 서울: 영림카디널, 1999.

노트 마틴. 『이스라엘 역사』(*History of Israel*), 박문재 역. 서울: 크리스챤다이제스트, 1996.

드보 로랜드. 『구약시대의 생활 풍속』(*Das Alte Testament und Seine Lebensordnungen*), 이양구 역. 서울: 대한기독교출판사, 1983.

딜레 에드윈 R. 『히브리 왕들의 연대기』(*The Mysterious Numbers of the Hebrew Kings*), 한정건 역. 서울: CLC, 1990.

레스터 그래비. 『고대 이스라엘 역사』(*Ancient Israel*), 류광현 김성천 역. 서울: CLC, 2007.

르메르 앙드레, "연합왕정: 사울, 다윗, 솔로몬," 허셜 섕크스 엮음, 『고대 이스라엘』 (*Ancient Israel*), 김유기 역. 서울: 한국신학연구소, 2005.

밀라드 알란. 『성서 시대의 보물들』(*Treasures from Bible times*), 정태현 역. 서울: 바오로딸, 1992.

밀라드 앤, 페트리샤 바너스 공역. 조지프 맥큐언 그림. 『그림으로 보는 세계 생활사』, 홍순철 역. 서울: 창해, 2007.

메릴 유진 H. 『제사장의 나라』(*Kingdom of Priests*), 곽철호 역. 서울: CLC, 1997.

보스 하워드 F. 『성경 지리 개론』(*Introduction to Bible Geography*), 한정건, 신득일 공역. 서울: CLC, 1999.

브루거만 월터. 『사무엘상·하』(*First and Second Samuel*), 차종순 역. 서울: 한국장로교출판사, 2000.

브리스코 토마스 V. 『두란노 성서지도』(*Holman Bible Atlas*), 강사문 외 역. 서울: 두란노서원, 2008.

라솔 윌리엄 S. 『구약개관』(*Old Testament Survey*), 박철현 역. 서울: 크리스챤다이제스트, 1994.

링그렌 H. 『이스라엘의 종교사』(*Israelitische Religion*), 김성애 역. 서울: 성바오로출판사,

1990.

밀러 J. 맥스웰, 존 H. 헤이스. 『고대 이스라엘 역사』(History of Ancient Israel and Judah), 박문재 역. 서울: 크리스챤다이제스트, 1996.

빔슨 존. 『구약의 배경』(The World of the Old Testament), 윤종석 역. 서울: 성서유니온, 1993.

생크스 허셜 엮음. 『고대 이스라엘』(Ancient Israel), 김유기 역. 서울: 한국신학연구소, 2005

셀만 마틴 J. 『역대하』(2 Chronicles), 임요한 역. 서울: CLC, 2017.

아놀드 빌 T., 브렌트 A. 스트런 편집. 『구약성경 주변 세계 탐구』(The World Around the Old Testament), 임요한 역. 서울: CLC, 2019.

아이히로트 발터. 『구약 성서 신학 I』(Theology of the Old Testament), 박문재 역. 서울: 크리스챤다이제스트, 1994.

아하로니 요하난, 미카엘 아비요나. 『아가페 성서지도』(The Agape Bible Atlas), 문창수 역. 서울: 아가페출판사, 1983.

알베르츠 라이너. 『이스라엘 종교사 I』(Religionsgeschichte Israels in Alttestamentlicher Zeit), 강성열 역. 서울: 크리스챤다이제스트, 2003.

영 에드워드 J. 『이사야서 주석 II』(The Book of Isaiah), 조휘, 정일오 공역. 서울: CLC, 2008.

월튼 존, 빅터 매튜스, 마크 샤발라스. 『IVP 성경배경주석 구약』(The IVP Bible Background Commentary), 정옥배 외 역. 서울: 한국기독학생회출판부, 2001

카이저 월터. 『이스라엘의 역사』(History of Israel), 류근상 역. 서울: 크리스챤출판사, 2003.

쾨스텐베르거 안드레아스. 『BECNT 요한복음』(BECNT), 신지철, 전광규 공역. 서울: 부흥과개혁사, 2017.

페인, D. F. 『사무엘상·하』(1 and 2 Samuel). 박근용 역. 서울:기독교문사, 1985.

J. A. 모티어, G. J. 웬함, D. A. 카슨, R. T. 프란스 편집. 『IVP 성경주석』(IVP Bible Commentary), 김순영 외 역. 서울: 한국기독학생회출판부, 2010.

프로반 이안 V., 필립스 롱, 트렘퍼 롱맨 3세. 『이스라엘의 성경적 역사』(Biblical History of Israel), 김구원 역. 서울: CLC, 2013.

허트 알프레드 J. 외 2인. 『고대 근동 문화』(Peoples of the Old Testament World), 신득일, 김백석 공역. 서울: CLC, 2012.

국내 도서

홍순화. 『GPS 성경지명사전』, 서울: 한국성서지리연구원, 2012.

21세기 중동 이슬람 문명권 연구사업단. 『중동 종교 운동의 이해 1』, 서울: 한울아카데미, 2004.

해외 도서

Aberbach, M. & Smolar, L. "Jeroboam." *Interpreter's Dictionary of the Bible Supplementary book*(IDBS), 473-475.

Aharoni, Y. *The Land of the Bible. trans. from the Hebrew & ed.* by A. F. Rainey. Philadelphia: Westminster Press, 1979.

Aharoni, Y. *The Archaeology of the Land of Israel*. trans. A. F. Rainey. Philadelphia: Westminster Press, 1982.

Anderson, A. A. *2 Samuel. WBC*. Waco: Word Books, 1983.

Baker, David W. /Nel, Phillip J. "srr." *New International Dictionary of Old Testament Theology & Exegesis*(NIDOTTE), vol. 3, 1294-1295. W. A. Gemeren ed. Grand Rapids: Zondervan, 1997.

Barrois, G. A. "Rephaim, Valley of." *Interpreter's Dictionary of the Bible*(IDB) 4, 35-36.

Bimson, John J. "1 and 2 Kings." *New Bible Commentary*, 334-387. eds. G. J. Wenham, et. al. Nottingham: Inter-Varsity Press, 1994.

Biran, A. "Dan." *IDBS*, 205.

Blank, S. H. "Folly." *IDB* 2, 303-304.

Blenkinsopp, Joseph. *Gibeon and Israel*. Cambridge: Cambridge University Press, 1972.

Bodenheimer, F. S. "Fauna." *IDB* 2, 246-256.

Bowman, R. A. "Arameans." *IDB* 1, 190-193.

Braun, Roddy. *1 Chronicles. WBC*. Waco: Word Books, 1986.

Brockington, L. M. "1 and 2 Samuel." *Peake's Commentary on the Bible:318-337*. eds. Matthew Black and H. H. Rowley. Hong Kong: Nelson, 1981.

Browns, Francis, Driver S. R. and Briggs, Charles A. *A Hebrew and English Lexicon of the Old Testament*. Oxford: Clarendon Press, 1978.

Bruce, F. F. "Hebron." *New Bible Dictionary(NBD)*, 471-472. Wheaton: Tyndale House, 1982.

Bruce, F. F. "Melchizedek." *NBD*, 759.

Burrows, M. "Jerusalem." *IDB* 2:843-866

Cansdale, G. S. "Animals of the Bible." *NBD*, 38-49.

Chan, Alan Kam-Yau and Thomas B. Song/Michael L. Brown, "(rp')," *NIDOTTE* 3, 1162-1173.

Christensen, Duane L. *Deuteronomy 1:1-21:9. 2nd ed. WBC*. Nashville: Thomas Nelson Publishers, 2001.

Cohen, S. "Helam." *IDB* 2, 578.

Cohen, S. "Tadmor." *IBD* 4, 509-510.

Cohen, S. "Tob." *IDB* 4, 657.

Cornelius, I. "haras." *NIDOTTE* 2, 298-300.

Craigie, P. C. *The Book of Deuteronomy. NICOT*. Grand Rapids: Eerdmans, 1976.

Cundall, A. E. "Samson." *NBD*, 1063-1064.

Davies, G. Henton. "High Place, Sanctuary." *IDB* 2, 602-604 de Vaux, Roland. *The Early History of Israel*. trans. D. Smith. Philadelphia: Westminster Press, 1978.

DeVries, Simon J. *1 Kings. WBC*. Waco: Word Books, 1985.

Dillard, Raymond B. *2 Chronicles. WBC*. Waco: Word Books, 1987.

Domeris, W. R. "Nekasim." *NIDOTTE* 3, 107-108.

Douglas, J. D. "Kiriath-Jearim." *NBD*, 665.

Douglas, J. D. "Tiphsah." *NBD*, 1204.

Driver, S. R. *Notes on the Hebrew Text and the Topography of the Books of Samuel*. Winona Lake: Alpha Publications, 1984.

Durham, John I. *Exodus*. Waco: Word Books, 1987.

Elliger, K. "Judah." *IBD* 2, 103-104.

Ellison, H. C. "Judah." *NBD*, 626-631.

Fensham, F. C. "Tadmor." *NBD*, 1161.

Funk, R. W. "Axe." *IDB* 1, 323-324.

Gold, V. R. "Aijalon." *IDB* 1, 73.

Goldingay, J. E. "Chronicles, Books of." *NBD*, 187-188.

Gooding, D. W. "Rehoboam." *NBD*, 1016-1017.

Gray, John. *I & II Kings. OTL*. London: SCM Press, 1980.

Greenfield, J. C. "Philistine." *IDB* 3, 791-795. Nashville: Abingdon Press, 1962.

Grohman, E. D. "Beth-car." *IDB* 1, 389.

Gunner, R. A. H. "Nob." *NBD*, 838.

Haldar, A. "Damascus." *IDB* 1, 757-758.

Hall, Gary H. "(znh)." *NIDOTTE* 1, 1122-1125.

Hamilton, Victor P. The Book of Genesis 1-17. *NICOT*. Grand Rapids: Eerdmans, 1990.

Hamilton, Victor P. "(pileges)." *NIDOTTE* 3, 618-619.

Hepper, F. N. "Trees." *NBD*, 1215-1217.

Herbert, A. S. "I and II Chronicles." *Peake's Commentary on the Bible*, 357-369. eds. Matthew Black and H. H. Rowley. Hong Kong: Nelson, 1981.

Hertzberg, H. W. *I & II Samuel*. *OTL*. London: SCM Press, 1982.

Holm-Nielsen, S. "Shiloh." *IDBS*, 822-823.

Houston, J. M. "Palestine." *NBD*, 865-871.

Hubbard, D. A. "Jeroboam." *NBD*, 565-566.

Hubbard, D. A. "Solomon." *NBD*, 1127-1131.

Jones, T. H. "David." *NBD*, 265-269.

Kapelrud, A. S. "Gebal." *IBD* 2, 359-360.

Kelso, J. L. "Bethel." *IDB* 1, 391-393.

Kitchen, K. A. "Egypt." *NBD*, 301-310.

Kitchen, K. A. "Sukkim." *NBD*, 1148.

Koehler, L. and Baumgartner, W. *The Hebrew & Aramaic Lexicon of the Old Testament(HALOT)*. Leiden: Brill, 2001.

Klein, R. W. *1 Samuel*. *WBC*. Waco: Word Books, 1983.

Lambdin, T. O. "Sukkim." *IDB* 4, 454.

Lilley, J. P. U. "Aijalon," *NBD*, 23.

Longman III, Tremper & David E. Garland eds. *The Expositor's Bible Commentary* 3. 1 Samuel~2 Kings. Grand Rapids: Zondervan, 2009.

Manley, G. T. & G. I. Davies. "Ebal, Mount." *NBD*, 294.

Mauchline, J. "I and II Kings." *Peake's Commentary on the Bible*, 338-356. eds. Matthew Black and H. H. Rowley. Hong Kong: Nelson, 1981.

Mays, James L. *Hosea*. *OTL*. London: SCM Press, 1978.

Mays, James L. *Micah*. *OTL*. London: SCM Press, 1976.

Mazar, A. *Archaeology of the Land of the Bible*. New York: Doubleday, 1990.

McCarter, Jr., P. *Kyle 1 Samuel*. *AB*. New York: Doubleday, 1980.

McCarter, Jr., P. *Kyle 2 Samuel*. *AB*. New York: Doubleday, 1984.

McComiskey, Thomas Edward. ed. The Minor Prophets Volume One. A Commentary on

Hosea, Joel, Amos. Grand Rapids: Baker Acaemic, 1992.

McCown, C. C. "Palestine, geography of." IDB 3, 626-639.

McCullough, W. S. "Ass." *IDB* 1, 260-261.

McKelvey, R. J. "Temple." *NBD*, 1168-1173.

Millard, A. R. "Gebal." *NBD*, 407.

Mitchell, T. C. "Bethshean, Bethshan." *NBD*, 135-136.

Mitchell, T. C. "Cyprus." *NBD*, 257-258.

Mitchell, T. C. "Philistines, Philistia." *NBD*, 931-933.

Mitchell, T. C. "Rephaim." *NBD*, 1018-1019.

Morton, W. H. "Geba." *IDB* 2, 359.

Morton, W. H. "Ramah." *IDB* 4, 8.

Myers, Jacob M, *I Chronicles. AB*. New York: Doubleday & Company, 1965.

Myers, Jacob M, *II Chronicles. AB*. New York: Doubleday & Company, 1965.

Myers, J. M. "David." *IDB* 1, 771-782.

Nel, Philip J. "(mlk)." *NIDOTTE* 2, 956-965.

Palphot Ltd. *The Holy Land*. Herzlia: Palphot.

Pan, Chou-Wee "(sakal)." *NIDOTTE* 3, 254-256.

Payne, D. F. "1 and 2 Samuel." *New Bible Commentary*, 296-333. eds. G. J. Wenham, et. al. Nottingham: Inter-Varsity Press, 1994.

Payne, D. F. "Jerusalem." *NBD*, 566-572.

Payne, J. Barton. "1, 2 Chronicles." *The Expositor's Bible Commentary* vol. 4. 1&2 Kings, 1&2 Chronicles, Ezra, Nehemiah, Esther, Job. Grand Rapids: Zondervan, 1988, 301-562.

Peterson, Eugene H. *First and Second Samuel*. Louisville: Westminster John Knox Press, 1999.

Pritchard, James B. (ed.) *Ancient Near Eastern Texts*. 3rd. ed. Princeton: Princeton University Press, 1969.

Pritchard, James B. (ed.) *The Times Atlas of the Bible*. London: Time Books, 1987.

Pritchard, J. B. "Ivory." *IDB* 2, 773-775.

Reed, W. L. "Shiloh." *IDB* 4, 328-330.

Reed, W. L. "Bezek." *IDB* 1, 407.

Richardson, H. N. "Mattock." *IDB* 3, 314-315.

Schnell, R. F. "Rephaim." *IDB* 4, 35.

Seevers, Boyd. *Warfare in the Old Testament*. Grand Rapids: Kregel Academic, 2013.

Sellers, O. R. "Nob." *IDB* 3, 556-557.

Stinespring, W. F. "Temple, Jerusalem." *IDB* 4, 534-560.

Sweeny, Marvin A. *I & II Kings*. OTL. Westminster: John Knox Press, 2007.

Thompson, J. A. "Moabite Stone." *NBD*, 787-789.

Thompson, J. A. "Ramah." *NBD*, 1010-1011.

Tomasino, Anthony. "(ohel)." *NIDOTTE* 1, 300-302.

Toombs, L. E. "War, ideas of." *IDB* 4, 796-801.

Tsumura, D. T. *The First Book of Samuel*. NICOT. Grand Rapids: Eerdmans, 2007.

Tsumura, D. T. *The Second Book of Samuel*. NICOT. Grand Rapids: Eerdmans, 2019.

Wakely, Robin. "(gbr)." *NIDOTTE* 1, 806-816.

Wevers, J. W. "Army." *IDB* 1, 228-230.

Wevers, J. W. "Sling." *IDB* 4, 391-392.

Webb, Barry G. *The Book of the Judges*. *JSOT Supplement Series* 46. Sheffield: Sheffield Academic Press, 1987.

Webb, Barry G. *The Books of Judges*. NICOT. Grand Rapids: Eerdmans, 2012.

Wenham, Gordon J. *Genesis 1-15*. Waco: Word Books, 1987.

Whitney, J. T. "High Place." *NBD*, 483-484.

Wilcock, Michael. "1 and 2 Chronicles." *New Bible Commentary*, 388-419. eds. G. J. Wenham, et. al. Nottingham: Inter-Varsity Press, 1994.

Williamson, H. G. M. 1 and 2 Chronicles. *New Century Bible Commentary*. Eugene: Wipf & Stock, 1982.

Wilson, J. A. "Egypt." *IDB* 2, 39-66.

Winnett, F. V. "Iron." *IDB* 2, 725-726.

Wiseman, D. J. (ed.) *People of Old Testament Times*. Oxford: Clarendon Press, 1973.

Wisemam, D. J. *1 and 2 Kings*. TOTC. Downers Grove: Intervarsity Press, 1993.

Wiseman, D. J. "Phoenicia, Phoenicians." *NBD*, 935-937.

Wiseman, D. J. and Davey, C. J. "Jachin and Boaz." *NBD*, 544-45.

Wolff, Hans Walter. *Hosea*. trans. Gary Stansell. Philadelphia: Fortress Press, 1974.

Wolff, Hans Walter. *Joel and Amos*. trans. W. Janzen etc. ed. S. D. McBride, Jr. Philadelphia: Fortress Press, 1977.

Zohary, M. "Flora." *IDB* 2, 284-302.

고대 근동 시리즈

1. 이스라엘의 역사
레온 J. 우드 지음 | 김의원 옮김 | 신국판 양장 | 560면

2. 고대 근동 문자와 성경
장국원 지음 | 신국판 | 208면

3. 이스라엘의 종교
리차드 S. 히스 지음 | 김구원 옮김 | 신국판 양장 | 512면

4. 고대 근동 역사
마르크 반 드 미에룹 지음 | 김구원 옮김 | 신국판 양장 | 480면

5. 페르시아와 성경
에드윈 M. 야마우찌 지음 | 박응규 외 2인 옮김 | 신국판 양장 | 688면

6. 이집트와 성경 역사
찰스 F. 에일링 지음 | 신득일, 김백석 옮김 | 신국판 양장 | 184면

7. 고대 이스라엘 역사
레스터 L. 그래비 지음 | 류광현, 김성천 옮김 | 신국판 양장 | 440면

8. 고대 근동 문화
알프레드 J. 허트 외 2인 편집 | 신득일, 김백석 옮김 | 신국판 양장 | 552면

9. 이스라엘의 성경적 역사
이안 프로반 외 2인 지음 | 김구원 옮김 | 신국판 양장 | 656면

10. 성서 고고학
에릭 H. 클라인 지음 | 류광현 옮김 | 신국판 양장 | 216면

11. 고대 이스라엘 문화
필립 J. 킹.로렌스 E. 스태거 지음 | 임미영 옮김 | 크라운판 양장 | 592면

12. 고대 근동 사상과 구약성경
존 H. 월튼 지음 | 신득일 옮김 | 신국판 양장 | 520면

13. 고대 근동 문학 선집
제임스 프리처드 편집 | 김구원 외 5인 옮김 | 크라운판 양장 | 1024면

14. 고고학으로 읽는 성경
임미영 지음 | 신국판 변형 | 408면

15. 이스라엘과 고대 근동의 점술
강승일 지음 | 신국판 양장 | 360면

16. 고대 이스라엘 문화와 구약성경

수잔 니디치 지음 | 곽계일 옮김 | 신국판 양장 | 288면

17. 고대 이집트와 구약성경

존 D. 커리드 지음 | 신득일, 김백석 옮김 | 신국판 양장 | 390면

18. 고대 근동 문화와 성경의 권위

존 H. 월튼 지음 | 신득일 옮김 | 신국판 양장 | 440면

19. 고대 근동 문헌과 구약성경

크리스토퍼 B. 헤이즈 지음 | 임요한 옮김 | 신국판 양장 | 744면

20. 고대 근동과 성경의 우상

한민수 지음 | 신국판 양장 | 432면

21. 고대 근동과 이스라엘 종교

패트릭 D. 밀러 지음 | 김병하 옮김 | 신국판 양장 | 528면

22. 고대 근동과 이스라엘 정치

노만 K. 갓월드 지음 | 윤성덕 옮김 | 신국판 양장 | 544면

23. 고대 근동과 구약 문헌사

콘라드 슈미트 지음 | 이용중 옮김 | 신국판 양장 | 480면

24. 이스라엘의 선지자

레온 우드 지음 | 김동진 옮김 | 신국판 양장 | 546면

25. 이스라엘의 통일왕국사

레온 우드 지음 | 윤종훈 옮김 | 신국판 | 480면

26. 신의 얼굴을 그리다

강승일 지음 | 신국판 양장 | 304면

27. 구약성경 주변 세계 탐구

빌 T. 아놀드 외 편집 | 임요한 옮김 | 신국판 양장 | 720면

28. (고대 성경 해석가들이 본) 모세오경

제임스 쿠걸 지음 | 김은호, 임승환 옮김 | 신국판 양장 | 776면

29. 모세오경의 문화적 배경

G. 허버트 리빙스턴 지음 | 김의원 옮김 | 신국판 무선 | 412면

30. 고대 근동과 구약의 양자신학

노남근 지음 | 신국판 양장 | 224면

31. 16명의 왕을 통해서 본 이스라엘 왕정사

박성혁 지음 | 신국판 양장 | 400면

※ 세트 구입 문의: 031-942-8761, 031-923-8763

고대 이집트와 구약성경(고대 근동 시리즈 17)

존 D. 커리드 지음 | 신득일, 김백석 옮김 | 신국판 양장 | 392면

고대 이집트와 구약성경 간의 상호관계는 매우 밀접하게 연관되어 있다. 저자는 이 책에서 성경 연구를 위한 이집트의 가치와 잠재력을 잘 보여 준다. 이집트는 지리적으로도 팔레스타인의 히브리인들과 이후의 이스라엘 사람들과 그리고 멀리 메소포타미아도 매우 연관되어 있다. 특별히, 저자는 고대 이집트의 전문가로서 창세기나 출애굽기 본문이 후대 편집자에 의해 역사로 탈바꿈된 신화들이라는 주장은 단호하게 거부하지만, 고고학적인 증거들의 의미를 신중하게 다룬다. 성경 세계에 공통된 개념과 견해를 다루면서 이집트나 메소포타미아나 우가릿 등 주변의 사상과 문화적인 특징을 잘 소개하고 있다.

구약성경 주변 세계 탐구 (고대 근동 시리즈 27)

빌 T. 아놀드, 브렌트 A. 스트런 편집 | 임요한 옮김 | 신국판 양장 | 720면

이 책은 구약성경 시대의 이스라엘 주변 국가들에 대한 탐구서다. 이스라엘 주변 국가 사람들인 아모리 족속, 앗수르와 앗수르 사람들, 바빌론, 우가릿, 이집트, 히타이트족, 아람, 페니키아, 트랜스요르단에 속한 암몬 사람들, 모압 사람들, 에돔 사람들, 블레셋 사람들, 페르시아 사람들, 아라비아 사람들, 그리스 사람들과 구약성경의 관계에 대하여 각 분야별 전문 학자들이 연구한 글들을 모아 놓은 책으로, 각 국가나 민족의 개별적 특성과 그들의 성경과의 연관성을 연구하는 데 큰 도움을 준다.

고대 근동과 구약의 양자신학(고대 근동 시리즈 30)

노남근 지음 | 신국판 양장 | 224면

하나님이 어떻게 우리의 아버지 되시고, 우리가 어떻게 하나님의 친자녀가 되는 역사적·성경적 근거를 고대 근동과 구약의 입양 제도를 통해 밝혀준다. 특별히 믿음으로 하나님의 의를 받아 하나님의 양자가 된 아브라함처럼, 그의 믿음의 후손 된 우리가 어떻게 양자의 영이신 성령을 받아 하나님의 친자녀가 되는 특권을 지게 되는지 깨닫게 해준다.